प्रेमचन्द और उनका युग

रामविलास शर्मा

राजकमल प्रकाशन

ISBN : 978-81-267-0504-7

मूल्य : ₹995

पहला संस्करण : 1952
सत्रहवाँ संस्करण : 2023

प्रकाशक : राजकमल प्रकाशन प्रा.लि.
1-बी, नेताजी सुभाष मार्ग, दरियागंज
नई दिल्ली-110 002
शाखाएँ : अशोक राजपथ, साइंस कॉलेज के सामने, पटना-800 006
पहली मंजिल, दरबारी बिल्डिंग, महात्मा गांधी मार्ग, प्रयागराज-211 001
वेबसाइट : www.rajkamalprakashan.com
ई-मेल : info@rajkamalprakashan.com

मुद्रक : बी.के. ऑफसेट
नवीन शाहदरा, दिल्ली-110 032

PREMCHAND AUR UNKA YUG
A Critical Study by Dr. Ram Bilas Sharma

चौथे संस्करण की भूमिका

इस संस्करण में मैंने एक नया अध्याय जोड़ा है : 'प्रेमाश्रम और गोदान—कुछ अन्य समस्याएँ।' दोनों उपन्यासों में प्रेमचन्द ने अवध के किसानों का चित्रण किया है। 'प्रेमाश्रम' के आरम्भ में उन्होंने लिखा है : "लखनपुर बनारस नगर से बारह मील पर उत्तर की ओर एक बड़ा गाँव है।" इस गाँव की भौगोलिक स्थिति वही है जो 'गोदान' में बेलारी की है और बेलारी के लिए कहा गया है कि वह अवध में है। 'प्रेमाश्रम' में कुछ पात्र जब-तब अवधी बोलते हैं, भोजपुरी उनमें कोई नहीं बोलता। मनोहर और होरी, बिलासी और धनिया, बलराज और गोबर, राय कमलानन्द और राय अमरपाल सिंह—दोनों उपन्यासों के अनेक पात्रों में यथेष्ट समानता है। कमलानन्द और अमरपाल सिंह—ये दोनों 'राय साहब', बड़े ताल्लुकेदार हैं और दोनों की लखनऊ में कोठियाँ हैं। अवध ताल्लुकदारी का गढ़ है, दोनों उपन्यासों में प्रेमचन्द की निगाह के सामने अवध के किसान हैं।

इन दोनों उपन्यासों को एक साथ पढ़ने से प्रेमचन्द की कला के विकास को समझने में सहायता मिलेगी। इन उपन्यासों के अनेक पात्र एक-दूसरे से मिलते-जुलते हैं, किन्तु ज्ञानशंकर 'गोदान' में नहीं हैं। कारण यह है कि 'प्रेमाश्रम' में प्रेमचन्द ने किसान-जमींदार सम्बन्धों पर ध्यान केन्द्रित किया है, 'गोदान' में किसान-महाजन सम्बन्धों पर। कुछ विद्वानों ने यह दिखाने का प्रयत्न किया है कि 'प्रेमाश्रम' में वास्तविक समस्या भारतीय-पाश्चात्य संस्कृतियों के द्वंद्व की है। यह उपन्यास की सामाजिक विषयवस्तु के अवमूल्यन का असफल प्रयास है, असफल इसलिए कि जिस तथ्य को वे एक जगह अस्वीकारते हैं, उसी को दूसरी जगह स्वीकार भी कर लेते हैं। यही स्थिति 'गोदान' की ऋण-समस्या को लेकर भी है। पर यहाँ वे होरी को नई कविता के मोहभंग से जोड़कर उसे आंतरिक विघटन का प्रतीक बना देते हैं। 'प्रेमाश्रम' में गांधीवाद की विजय है, 'गोदान' में अस्तित्ववाद की! फिर वे यह प्रश्न भी करते हैं : होरी लड़ते-लड़ते

क्यों नहीं मरता? लड़ते-लड़ते मरता तो वह ट्रैजेडी का हीरो होता। ऐसे लोग यह समझ बैठे हैं कि 'गोदान' में ऋण-समस्या के अलावा और कोई समस्या नहीं है। इस उपन्यास में प्रेमचन्द ने पारिवारिक सम्बन्धों पर बहुत गहराई से विचार किया है और सामाजिक मान-मर्यादा के नये मानदंड प्रस्तुत किये हैं। धनिया और उसके नेतृत्व में होरी ने गर्भवती विधवा झुनिया को आश्रय देकर गाँव के मुखिया-महाजनों के विरोध का जिस दृढ़ता से सामना किया है, उसकी मिसाल प्रेमचन्द-साहित्य में अन्यत्र नहीं है।

'गोदान' में प्रेमशंकर नहीं हैं, इच्छापूर्ति का स्वप्न नहीं है। सन् '32 में प्रेमचन्द, जयशंकर प्रसाद और निराला नये यथार्थवाद की भूमि पर आगे बढ़ रहे हैं। इस व्यापक विकास के सन्दर्भ में 'गोदान' का मूल्यांकन उचित होगा। इस यथार्थवाद की एक विशेषता यह है कि कांग्रेसी नेतृत्व के प्रति उसका रुख आलोचनात्मक है, वह उसके विकल्प की खोज करता है। दूसरी विशेषता यह है कि उसका झुकाव वामपक्ष की ओर है, वह स्वाधीन भारत में नई समाज-व्यवस्था चाहता है। प्रेमचन्द ने कई जगह बोल्शेविज्म, बोल्शेविक उसूलों की बात की है, समाजवाद का समर्थन किया है, पर उनके सामने मजदूर वर्ग की भूमिका स्पष्ट न थी : न तो स्वाधीनता आन्दोलन में, न समाजवाद के निर्माण में। फिर भी प्रेमचन्द और निराला, ये दोनों लेखक व्यक्तिगत सम्पत्ति (सामन्ती और पूँजीवादी सम्पत्ति) के आलोचक हैं और उनकी आलोचना समाजवादी विचारधारा के प्रसार के लिए महत्त्वपूर्ण है।

प्रेमचन्द के समय में समाजवादी विचारधारा की मुख्य भूमिका थी—स्वाधीनता आन्दोलन को साम्राज्यविरोधी मार्ग पर सुसंगत रूप से आगे बढ़ाना। यद्यपि 'प्रेमाश्रम' और 'गोदान' में किसान-जमींदार और किसान-महाजन की समस्याएँ मुख्य हैं, फिर भी 'प्रेमाश्रम' में किसान को सीधे साम्राज्यवादी शासनतंत्र का सामना करना होता है और 'गोदान' में भी महाजनी शोषण की पृष्ठभूमि में बैंकपतियों का पूँजीवाद मौजूद है। प्रेमचन्द की 'महाजनी सभ्यता' केवल सामान्य पूँजीवादी सभ्यता नहीं है, वह अन्तरराष्ट्रीय बैंकपतियों की सभ्यता भी है। प्रेमचन्द ने संसार की बहुसंख्यक जनता को इन बैंकपतियों के चंगुल में फँसा हुआ देखा था। लिखा था : "किसी देश पर राज्य किया जाता है, तो इसलिए कि महाजनों, पूँजीपतियों को ज्यादा से ज्यादा नफा हो। इस दृष्टि से मानो आज दुनिया में महाजनों का ही राज्य है। मनुष्य समाज दो भागों में बँट गया है : बड़ा हिस्सा तो मरने और खपनेवालों का है, और बहुत ही छोटा हिस्सा उन लोगों का, जो अपनी शक्ति और प्रभाव से बड़े समुदाय को अपने बस में किये हुए हैं।" (मंगलसूत्र व अन्य रचनाएँ, पृ. 191)। उस समय लेनिन की रचनाएँ भारत में सुलभ नहीं थीं। दुनिया में महाजनों के राज्य की बात, मनुष्य

समाज के दो भागों में बँटे होने की बात लेनिनवाद के अनुरूप है। हिन्दी में यह बात सबसे पहले प्रेमचन्द ने कही थी।

भारत पर इजारेदार पूँजी का दबाव बना हुआ है। स्वाधीनता के बावजूद यह दबाव बढ़ा है। देश के राजनीतिक, आर्थिक-सांस्कृतिक जीवन का कोई पहलू नहीं है जो इस पूँजी की घुसपैठ से मुक्त हो। प्रेमचन्द ने महाजनी पूँजीवाद की जो आलोचना की है, वह आज के भारत के लिए अत्यत प्रासंगिक है। प्रेमचन्द ने सामान्य पूँजीवाद की जो आलोचना की है, वह भी अत्यन्त महत्त्वपूर्ण है। "यह हवा इतनी जहरीली हो गई है कि इसमें जीवित रहना कठिन होता जा रहा है" (उप., पृ. 192)। प्रेमचन्द के इस वाक्य से समाज-व्यवस्था को बदलने की उत्कट आकांक्षा व्यक्त होती है। प्रेमचन्द-साहित्य के इस प्रेरणादायक सामाजिक महत्त्व को पूँजीपति वर्ग से चिपके हुए लेखक निरन्तर अस्वीकारते रहे हैं। पहले वे कहते थे, प्रेमचन्द तात्कालिक समस्याओं पर लिखते हैं, उनके साहित्य में शाश्वत मूल्य नहीं हैं। अब वे कहते हैं, प्रेमचन्द ने भारतीय संस्कृति की श्रेष्ठता दिखाने के लिए उपन्यास लिखे हैं और इस संस्कृति का सारतत्त्व है : अध्यात्मवाद। अध्यात्मवाद से अधिक शाश्वत संसार में और क्या होगा?

यही लेखक प्रेमचन्द-साहित्य के अवमूल्यन की ओर एक अन्य दिशा से भी प्रयत्नशील होते हैं। वे कहते हैं, लेखक प्रेमचन्द महान थे किन्तु व्यक्ति प्रेमचन्द अत्यन्त क्षुद्र थे। लेखक का व्यक्तित्व उसके साहित्य में प्रतिबिम्बित होता ही है, इसलिए प्रेमचन्द के साहित्य में कहीं क्षुद्रता भी छिपी होगी। आप उसे न ढूँढ़ पाएँ तो वे आपकी मदद करते हैं : प्रेमचन्द पहले विधवा-विवाह का समर्थन करते थे, बाद को उन्होंने अपनी प्रगतिशील विचारधारा त्याग दी थी!

'मंगलसूत्र' के देवकुमार लेखक हैं। साठ साल के होनेवाले हैं। अब साहित्य-रचना से संन्यास ले रहे हैं। उनकी नई कृतियों का सम्मान नहीं होता। उन्हें लगता है : "मानो साहित्य-संसार संगठित होकर उनका अनादर कर रहा हो" (उप., पृ. 206)। साठवीं सालगिरह मनाने का प्रस्ताव है। देवकुमार सोचते हैं (या उनका कोई भक्त सोचता है) : "क्या यह लज्जा और दुख की बात नहीं है कि जिस महारथी ने अपने जीवन के चालीस वर्ष साहित्यसेवा पर अर्पण कर दिये, वह इस वृद्धावस्था में भी आर्थिक चिन्ताओं से मुक्त न हो" (उप., पृ. 235)? ये दोनों बातें प्रेमचन्द को निराला से जोड़ती हैं। प्रेमचन्द कवि नहीं थे पर उनकी सृजनशील प्रतिभा कवियों की प्रतिभा से बहुत भिन्न नहीं थी। चेतना में कुछ बिम्ब उभरे, किसी कहानी में व्यक्त हुए। फिर कहीं डूब गए, परिपक्व हुए, अस्फुट अनुभवों को समेटे हुए पुनः उभरे, उपन्यास में व्यक्त हुए। पूस

की अँधेरी रात! हल्कू खेत के किनारे पुरानी गाढ़े की चादर ओढ़े, घुटनियों को गरदन में चिपकाते हुए, जबरा से बातें करता है—'पूस की रात में'। माघ के दिन थे। घटाटोप अँधेरा छाया हुआ था। होरी मटर के खेत की मेंड़ पर अपनी मड़ैया में लेटा हुआ था। तार-तार कम्बल, फटी हुई मिर्जई और शीत के झोंकों से गीली पुआल। होरी बेवाय फटे पैरों को पेट में डालकर अपनी ही गर्म साँसों से अपने को गर्म करने की चेष्टा कर रहा था—'गोदान' में।

प्रेमचन्द के उपन्यासों के अनेक सन्दर्भ उनकी कहानियों में हैं।

छापे की दो-चार भूलें मैंने सुधार दी हैं। शेष पुस्तक पूर्ववत् है।

—रामविलास शर्मा

दिल्ली
8 अगस्त, 1987

पहले संस्करण की भूमिका

'हंस' के 'प्रेमचन्द-स्मृति-अंक' में श्री चन्द्रहासन ने लिखा था : "प्रेमचन्द जी का स्वर्गवास उत्तर के हिन्दी-भाषियों को उतना न खटका होगा जितना कि दक्षिण के हिन्दी-प्रेमियों को।"

इस बार की दक्षिण-यात्रा में इस सत्य का कुछ अनुभव मुझे भी हुआ। मद्रास में एक रात अपने घर की सीढ़ियों पर बैठे हुए एक तेलगू-कवि मित्र ने प्रेमचन्द की एक कहानी से गद्य का रस लेते हुए लगभग एक पैराग्राफ सुना डाला। उन्हें प्रेमचन्द के न जाने ऐसे कितने पैराग्राफ कंठस्थ थे। दक्षिण में जहाँ भी लोग हिन्दी जानते थे, प्रेमचन्द को भी जानते थे। कहीं-कहीं जो लोग हिन्दी न भी जानते थे, वे अपनी भाषा के माध्यम से प्रेमचन्द को जानते थे। तुलसीदास के बाद हिन्दी में यह पहला इतना बड़ा कलाकार पैदा हुआ था जिसकी रचनाएँ अपनी ही भाषा के क्षेत्र में नहीं, सुदूर दक्षिण के गाँवों में भी पहुँच गई थीं। 'हंस' के उसी अंक में मद्रास के हिन्दी-प्रचारक श्री ब्रजनन्दन शर्मा ने लिखा था : "मैं यह नि:संकोच कह सकता हूँ कि प्रेमचन्द जी का उपयोग दक्षिण में ज्यादा हुआ है, पर हिन्दीभाषी जनता ने अभी तक प्रेमचन्द जी से पूरा लाभ नहीं उठाया है।"

तेनकाशी के पास जब सुन्दर झरनों के नजदीक एक हिन्दी-लेखक-बन्धु से साहित्य-चर्चा हो रही थी, तब यह सुनने को मिला कि प्रेमचन्द ने विषय-वस्तु में जरूर ऊँची चीज दी है लेकिन कला की दृष्टि से वह 'सेकेंड रेट' थे!

ब्रजनन्दन जी ने कुछ झूठ न लिखा था कि हिन्दी-भाषी जनता ने प्रेमचन्द जी से पूरा लाभ नहीं उठाया। बल्कि जनता ने तो लाभ उठाया है, हिन्दी-लेखकों ने लाभ नहीं उठाया। लाभ उठाने का प्रमाण यह होना चाहिए कि हमने प्रेमचन्द की स्वस्थ परम्परा का अनुसरण किया हो, उसे आगे बढ़ाया हो। लेकिन कितने लेखकों ने उस परम्परा को पहचाना है, उसे हिन्दी-साहित्य की मूल्यवान विरासत समझा है? हिन्दी के अनेक महान कथाकारों को चीरहरण से फुरसत न मिली; वह अन्तस्थल की निगूढ़ भावनाओं का चित्रण करने में हिन्दुस्तान की जनता का दुख-दर्द भूल गए।

'प्रेमचन्द-स्मृति-अंक' में एक हिन्दी-आलोचक ने लिखा था : "रवि बाबू और शरत् बाबू से तुलना करने में यदि प्रेमचन्द कुछ हल्के उतरते हैं तो यह प्रेमचन्द अथवा हिन्दी की कोई मान-हानि नहीं है। प्रेमचन्द का क्षेत्र ग्रामीण जग और किसानों का हृदय है। यहाँ वे अद्वितीय हैं। किन्तु भावों की जिस गहराई में रवि बाबू अथवा शरत् बाबू पैठते हैं, वह अभी प्रेमचन्द की सीमा से बाहर थी।"

आश्चर्य की बात है कि किसान जीवन के अद्वितीय चित्रकार होते हुए भी प्रेमचन्द में भावों की वह गहराई न आ पाई जो एक चोटी के कलाकार में मिलती है। लेकिन बच्चन और अज्ञेय को क्रान्तिकारी कलाकार माननेवाले आलोचकों से यह आशा भी कैसे की जा सकती है कि वह प्रेमचन्द के भावों की गहराई तक पैठेंगे।

दूसरे हिन्दी-आलोचक ने लिखा : "जीवन की वे बुनियादी जो शक्तियाँ पूँजीवाद को नष्ट करने और समाजवाद को स्थापित करने के लिए काम कर रही हैं, मौजूदा समाज के ह्रास और जन-क्रान्ति की अनिवार्यता की जड़ें जमानेवाली कोई संगठित योजना वे नहीं दे सके।" यह आलोचक उपन्यासकार भी हैं। उन्होंने संगठित योजनाओं और कामशास्त्र का अपूर्व समन्वय किया है।

एक दूसरे समालोचक उपन्यासकार ने लिखा है : "प्रेमचन्द ने अपनी रचनाओं में मनोविज्ञान को किंचित् प्रश्रय देने का प्रयास अवश्य किया, पर अव्यक्त में जिस स्तर के मनोविज्ञान को वह प्रश्रय देना चाहते थे, वह यों भी अत्यन्त छिछला और केवल ऊपरी सतह को छूनेवाला था, तिस पर वह ऊपरी सतह के मनोविज्ञान को भी ठीक से अपना नहीं पाए।" काश, इन महोदय ने कम-से-कम हिन्दी लिखना ही प्रेमचन्द से सीख लिया होता!

'हंस' में कुछ साल पहले एक लेख निकला था : 'प्रेमचन्द से पाँच सौ कदम आगे' (मुमकिन है, हजार कदम रहे हों, ठीक याद नहीं)। उसमें लेखकों की एक लम्बी पाँति गिनाई गई थी जो प्रेमचन्द से आगे भागती चली जा रही थी। जहाँ तक याद है, उस पाँति में उस लेख के लेखक और पत्र के (उस समय के) सम्पादक भी शामिल थे। प्रेमचन्द से जिस चीज को हिन्दी के इन दिग्गज आलोचकों और कलाकारों ने नहीं सीखा, वह यह है कि जनता कला की स्रोत है और उससे अलग रहकर महान साहित्य की रचना नहीं की जा सकती।

जनता से अलग रहकर ये कलाकार महान उपन्यास लिखते रहे हैं और अगर जनता ने उन्हें प्रेमचन्द की तरह सम्मानित नहीं किया तो इसमें कसूर जनता का है। प्रेमचन्द के साहित्य की परख समालोचक की राजनीतिक सूझ-बूझ और उनके वैज्ञानिक दृष्टिकोण की परख है। टिटिहरी समुद्र की गहराई नहीं नाप सकती। उसके लिए समुद्र क्या है?—नीला-नीला पानी, जिसमें कहीं-कहीं लहरें उठती हैं, वरना समतल! प्रेमचन्द का महत्त्व दिन-पर-दिन निखरेगा और उनको हम उतना ही ज्यादा समझेंगे जितनी ज्यादा गहराई हिन्दुस्तान के स्वाधीनता-आन्दोलन में आएगी और

उस आन्दोलन से आलोचक का सम्बन्ध दृढ़ होगा। सोवियत आलोचक बेस्क्रोव्नी ने उचित गर्व से कहा है : "यह बात बिलकुल साफ है और उसका कारण भी सब जानते हैं कि इस भारतीय लेखक को बहुत दिनों तक उसका प्राप्य नहीं मिलेगा, जो कि उसे अपनी महान साहित्यिक परम्परा के लिए मिलना चाहिए। सिर्फ हमारे देश में, जो कि देशों के बीच सच्चे सहयोग और भाईचारे का देश है, जिसने लेनिन और स्तालिन की जातियों-सम्बन्धी नीति के फलस्वरूप एक खुशहाल जिन्दगी को हासिल कर लिया है, प्रेमचन्द का सही गम्भीर अध्ययन किया जा सकता है।

प्रेमचन्द उन लेखकों में हैं जिनकी रचनाओं से बाहर के साहित्य-प्रेमी हिन्दुस्तान को पहचानते हैं। उन्होंने हिन्दुस्तान के राष्ट्रीय सम्मान को बढ़ाया है; हमारे देश को अन्तरराष्ट्रीय क्षेत्र में गौरव दिया है। प्रेमचन्द पर सारा हिन्दुस्तान गर्व करता है, दुनिया की शान्ति-प्रेमी जनता गर्व करती है, सोवियत-संघ के आलोचक मुक्त कंठ से उनका महत्त्व घोषित करते हैं, हम हिन्दी-भाषी प्रदेश के लोग उन पर खास तौर से गर्व करते हैं, क्योंकि वह सबसे पहले हमारे थे। जिन विशेषताओं को उन्होंने अपने कथा-साहित्य में झलकाया है, वे हमारी जनता की जातीय विशेषताएँ थीं।

हिन्दी-साहित्य में आज जो समस्याएँ उठ रही हैं, उन्हें हल करने में प्रेमचन्द का अध्ययन बड़ी सहायता करता है।

शान्ति-आन्दोलन में आज के साहित्यकार को वैसे ही सत्य के पक्ष का समर्थन करना है, वैसे ही साम्राज्यवादी झूठ का भंडाफोड़ करना है, अपने पड़ोसी देशों से भाईचारा कायम करना है, जैसे प्रेमचन्द ने किया था।

स्वाधीनता-आन्दोलन के साथ आज के साहित्यकार को वैसे ही सम्बन्ध जोड़ना है, अपने साहित्य के उद्‌देश्य को वैसे ही घोषित करना है, उसके लिए वैसे ही कर्म-क्षेत्र में आगे बढ़ना है, जैसे प्रेमचन्द बढ़े थे।

साहित्यकार सामयिक समस्याओं पर लिखे या शाश्वत सत्य को अपनी विषयवस्तु बनाए, इस मसले को आज के साहित्यकार को वैसे ही हल करना है जैसे प्रेमचन्द ने उसे 'प्रेमाश्रम' और 'रंगभूमि' में हल किया था।

साहित्यकार किसी की तरफदारी करे या तटस्थ रहे, इस समस्या को आज का लेखक जनता की वैसी ही तरफदारी करके हल कर सकता है, जैसे 'कर्मभूमि' और 'गोदान' में प्रेमचन्द ने जनता की तरफदारी करके उसे हल किया था।

कला जनता के लिए हो या कला कला के लिए, इस समस्या को आज कलाकार वैसे ही हल कर सकता है, जैसे प्रेमचन्द ने उसे अपने समूचे साहित्य से हल किया था।

हिन्दी और उर्दू एक भाषा है या दो, ये आगे चलकर एक होंगी या अलग-अलग ढर्रों पर ही चलती रहेंगी, इस मसले को आज के लेखक सिर्फ उस तरीके से हल कर सकते हैं जिस तरीके पर प्रेमचन्द ने अपने भाषणों में और अमल से उसे हल करने की कोशिश की थी।

प्रेमचन्द ने फासिस्ट जंगबाजों का विरोध करके विश्व-शान्ति के पक्ष को मजबूत किया। वह पहले लेखक थे जिन्होंने दिखलाया कि हिन्दुस्तान पर हुकूमत करने के लिए साम्राज्यवाद का मुख्य अस्त्र आतंक है। वह पहले लेखक थे जिन्होंने दिखलाया कि हिन्दुस्तान के स्वाधीनता-आन्दोलन की रीढ़ यहाँ का किसान-आन्दोलन है। वह पहले लेखक थे जिन्होंने जनसाधारण की शूरता, धीरता, त्याग और बलिदान के सद्गुणों का चित्रण करके हिन्दी-साहित्य को वास्तविक जीवन के 'हीरो' दिये। प्रेमचन्द हिन्दुस्तानी कौम की भीतरी एकता कायम करनेवाली एक जबरदस्त ताकत थे, इस कौम को तोड़नेवालों के वह सबसे बड़े दुश्मन थे। वह जाति को पतन के गड्ढे में ढकेलनेवाले साहित्य के कटु समालोचक थे; वह हिन्दुस्तानी जनता के नये सांस्कृतिक जागरण को प्रगट करनेवाले प्रगतिशील साहित्य के अलम्बरदार थे। प्रेमचन्द निकट भविष्य में एक नये हिन्दुस्तान की एकता और जन-संस्कृति के महान प्रेरणादायक स्रोत बननेवाले हैं।

प्रेमचन्द का साहित्य हमें सिखलाता है कि किस तरह क्रान्तिकारी लफ्फाजी से बचकर सीधे-सादे ढंग से जनता की सेवा करनेवाला साहित्य रचा जा सकता है। इसी महीने की एक हिन्दी-पत्रिका में एक लेख देखने को मिला जिसमें प्रेमचन्द की परम्परा को आगे बढ़ानेवाले एक हिन्दी-कलाकार की रचनाओं को दाद दी गई है। एक उद्धरण पर नजर अटक गई : "वह नई रंगारंग सुबह मुझसे, तुमसे, हर एक आदमी से कह रही है कि मुझे तुम्हारे दिल का खून चाहिए। मुझे अपने उस धड़कते हुए दिल का खून दो, जहाँ पर गोली लगी। अपने सिर का खून दो, जहाँ पर गोली लगी। अपने सिर का खून दो, जिस पर लोहे के कुन्दे बरसे हैं। अपने कटे हुए हाथों और पैरों का खून दो, जिन्हें कासिम रिजवी के रजाकारों ने काट डाला है। अपनी लहू-लुहान अँगुलियों का खून दो, जिनके नाखूनों में जालिम ने खंजर के काँटे चुभोए हैं। अपनी आँख के सूने कोरों का खून दो, जिनका मानिक अब किसी नौलखा हार में जड़ दिया गया हो, क्योंकि अब तो वह भी महज एक पत्थर है...खून दो, खून दो, खून दोगे तभी उस रंगीन सुबह के आने पर कह सकोगे कि उसमें तुम्हारा दिया हुआ रंग भी शामिल है।"

इस उद्धरण में खून कुछ कम होता और जनता की यथार्थ तसवीर ज्यादा होती तो उसका लेखक प्रेमचन्द की परम्परा से इतनी दूर न होता। 'कर्मभूमि' में प्रेमचन्द ने अमरकान्त को क्रान्ति का ऐसा भक्त दिखलाया है कि उसका ओढ़ना-बिछाना, खाना-पीना, सब क्रान्तिमय हो गया है। लेकिन मौके पर वह किसान नेता आत्मानन्द को गिरफ्तार कराने से नहीं झिझकता। यह इन्कलाबवाद एक बीमारी है जो लेखक के जनता से अलगाव को शब्दों की आतिशबाजी से ढकने की कोशिश करती है।

प्रेमचन्द का साहित्य साम्राज्यवादियों के फैलाए हुए भ्रमों को छिन्न-भिन्न कर देता है। समाज पीछे, व्यक्ति पहले, सोवियत रूस में व्यक्ति को आजादी नहीं है;

हत्या और लूट का साहित्य जनवादी है; साहित्य का कोई जातीय या राष्ट्रीय रूप नहीं होता; जिनाकारी का वर्णन मनोवैज्ञानिक साहित्य है; कलाकार को जीवन-संग्राम से तटस्थ रहना चाहिए—हिन्दी के पत्रों में इस तरह की धारणाओं को जो प्रश्रय मिलता है, प्रेमचन्द का साहित्य उनका ध्वंस करता है।

प्रेमचन्द का साहित्य अपने जमाने के हिन्दुस्तान और उसके स्वाधीनता-आन्दोलन का प्रतिबिम्ब है। उसमें उस जमाने के सामाजिक जीवन और स्वाधीनता-आन्दोलन की असंगतियाँ भी झलकती हैं। आलोचक बेस्क्रोव्नी के शब्दों में : "प्रेमचन्द यह नहीं देखने कि मजदूर-वर्ग वह अकेली शक्ति है जो कष्ट पाती हुई किसान जनता को मुक्त कर सकती है। तो भी इतना जरूरी है कि जब वे किसान-परिवारों के टूटने को चित्रित करते हैं और दिखलाते हैं कि आर्थिक शक्तियाँ किस प्रकार उनको सहानुभूति-शून्य नगरों में जाने के लिए बाध्य करती हैं, उस समय लेखक मजदूर-वर्ग से हमदर्दी प्रकट करता है, क्योंकि वह मजदूर-वर्ग में गरीबी और मजदूरी का रास्ता पकड़ने के लिए मजबूर किसान को ही देखता है।"

आज की राजनीति में मजदूर-वर्ग के नेतृत्व में जनता के साम्राज्यविरोधी संयुक्त मोर्चे का बनाना, मजदूरों और किसानों की एकता दृढ़ होना देश की प्रगति में एक बहुत बड़ी मंजिल की फतह होगी। इसलिए प्रेमचन्द के युग और उनके साहित्य में जो असंगति मिलती है, उसे नजरअन्दाज नहीं किया जा सकता। बेस्क्रोव्नी के लेख पर एक हिन्दी-सम्पादक ने टिप्पणी देते हुए लिखा है : "इस लेख में आलोचक ने मुख्य रूप से प्रेमचन्द की आरम्भिक कृतियों—जैसे 'प्रेमाश्रम', 'सेवासदन', 'संग्राम'—को आधार बनाया है। उनके विश्लेषण से आलोचक ने बड़ी गहरी पैठ से यह तो बतलाया है कि प्रेमचन्द के विचारों की दिशा क्या थी लेकिन उस दिशा में उनकी प्रगति के सीमान्त क्या थे, यह आलोचक नहीं बतला सका है और वह उनकी बाद की कृतियों—जैसे 'गबन', 'गोदान', 'कर्मभूमि', 'मंगलसूत्र', 'मानसरोवर' आदि—पर भी विचार किये बिना सम्भव नहीं है। हो सकता है, आलोचक को बाद की कई पुस्तकें उपलब्ध न हुई हों। बहरहाल प्रेमचन्द पर विचार करने की ऐतिहासिक दृष्टि आलोचक ने दी है जिसका प्रेमचन्द के अध्येताओं के लिए बड़ा महत्त्व है। उससे यह भी पता चलता है कि सोवियत के साहित्य-प्रेमी किस प्रकार प्रेमचन्द की ओर झुक रहे हैं।"

बेस्क्रोव्नी ने अपने लेख में 'रंगभूमि' का जिक्र किया है, उससे उद्धरण भी दिया है। 'गोदान' और 'मंगलसूत्र' के बारे में उन्होंने खास तौर से लिखा है : "अपने अन्तिम उपन्यास 'गोदान' में ही आकर प्रेमचन्द ने गाँव की जिन्दगी को पहले जैसा बढ़ा-चढ़ाकर, उसका गुणानुवाद करते हुए चित्रण नहीं किया है, जैसाकि वे पहले शहर की जिन्दगी की बुराइयों की पृष्ठभूमि में किया करते थे। अपने अन्तिम और अपूर्ण उपन्यास 'मंगलसूत्र' में उन्होंने शहर की जिन्दगी की बड़ी भयानक

तसवीर खींची है। भारतीय आलोचक इस उपन्यास को क्रान्ति की पुकार के रूप में देखते हैं।" इससे साफ जाहिर है कि बेस्क्रोव्नी प्रेमचन्द की अन्तिम रचनाओं से अपरिचित नहीं हैं। सम्पादक ने शायद उनके लेख को सरसरी निगाह से देखकर ही उस पर नोट लिख दिया था। मुख्य बात यह है कि प्रेमचन्द में मजदूर-वर्ग के नेतृत्व की भूमिका के बारे में एक असंगति है और जो लेखक उससे इनकार करते हैं, वे प्रेमचन्द या हिन्दी जनता का कोई उपकार नहीं करते।

प्रेमचन्द की परम्परा को 'अलका', 'कुल्ली भाट', 'बिल्लेसुर बकरिहा 'के निराला ने अपनाया। उसे 'चकल्लस' और 'क्या-से-क्या' आदि कहानियों के लेखक पढ़ीस ने अपनाया। उस परम्परा की झलक नरेन्द्र शर्मा, अमृतलाल नागर आदि की कहानियों और रेखाचित्रों में मिलती है। जैनेन्द्रकुमार, अज्ञेय, अश्क, यशपाल भगवतीचरण वर्मा आदि के कथा-साहित्य का उस परम्परा से काफी फासला है।

मौजूदा पुस्तक में प्रेमचन्द की मुख्य-मुख्य रचनाओं की ही विवेचना की गई है। यह पुस्तक प्रेमचन्द पर मेरी पहली पुस्तक से बिलकुल भिन्न है। मैं यह भी नहीं कह सकता कि उन पर यह मेरी आखिरी पुस्तक होगी।

हिन्दी-उर्दू में खोज करनेवाले विद्यार्थियों से एक विशेष निवेदन है कि वे प्रेमचन्द के खतों को इकट्ठा करने की जिम्मेदारी लें और पत्रिकाओं में उनके जो लेख बिखरे पड़े हों, उन्हें भी एकत्र करें। इससे प्रेमचन्द-साहित्य के अध्ययन में सहायता मिलेगी।

प्रेमचन्द हिन्दुस्तानी जनता के उज्ज्वल भविष्य की पेशगी थे। हिन्दी लेखक उस उज्ज्वल भविष्य को लाने में सहायक हों, हमारी संस्कृति और कला प्रेमचन्द की जातीय परम्परा का अनुकरण करती हुई फले-फूले, इस पुस्तक को लिखने का यही उद्‌देश्य है।

—रामविलास शर्मा

आगरा
विजयादशमी
संवत् 2009 वि.

तीसरे संस्करण की भूमिका

इस संस्करण में श्री अमृतराय और श्री मदनगोपाल की प्रेमचन्द-सम्बन्धी पुस्तकों की आलोचना जोड़ दी है। एक नया अध्याय 'समस्याएँ' है जिममें मुख्यत: प्रेमचन्द, टॉल्स्टॉय-पंथ और गांधीवाद की चर्चा है। दो-चार बातें आलोचना में वामपंथी अवसरवाद की भूमिका पर भी हैं।

10.12.65

—रामविलास शर्मा

क्रम

1

प्रेमचन्द का जीवन

प्रेमचन्द हिन्दुस्तान की नई राष्ट्रीय और जनवादी चेतना के प्रतिनिधि साहित्यकार थे। जब उन्होंने लिखना शुरू किया था, तब संसार पर पहले महायुद्ध के बादल मँडरा रहे थे। जब मौत ने उनके हाथ से कलम छीन ली, तब दूसरे महायुद्ध की तैयारियाँ हो रही थीं। इस बीच विश्व-मानव-संस्कृति में बहुत-से परिवर्तन हुए। इन परिवर्तनों से हिन्दुस्तान भी प्रभावित हुआ और उसने उन परिवर्तनों में सहायता भी की। विराट मानव-संस्कृति की धारा में भारतीय जन-संस्कृति की गंगा ने जो कुछ दिया, उसके प्रमाण प्रेमचन्द के लगभग एक दर्जन उपन्यास और उनकी सैकड़ों कहानियाँ हैं।

करोड़ों मनुष्यों का संहार करनेवाले दो महायुद्धों के बीच प्रेमचन्द की वाणी अपने भविष्य में अटल विश्वास रखनेवाली भारतीय जनता की वाणी है। राजनीतिज्ञों के कोलाहल और तोपों की गड़गड़ाहट को भेदती हुई यह वाणी आज और स्पष्ट सुनाई देती है। तमाम कठिनाइयों और बाधाओं को पार करती हुई भारतीय जनता से प्रेमचन्द कहते हैं : "यह अन्त नहीं है; और आगे बढ़ो, और आगे बढ़ो जब तक कि 'रंगभूमि' में विजय न हो, जब तक कि देश का कायाकल्प न हो, जब तक कि इस 'कर्मभूमि' में 'गबन' और 'गोदान' के होरी और रमानाथ का त्रस्त होना बन्द न हो और हमारा देश एक नई तरह का 'सेवासदन', एक नई तरह का 'प्रेमाश्रम' न बन जाए।"

आज से सत्तर-बहत्तर साल पहले सन् 1880 में बनारस के पास लमही गाँव में प्रेमचन्द एक किसान के घर में पैदा हुए थे। बहुत-से गरीब किसानों की तरह उनके पिता का गुजारा किसानी से न हुआ और उन्होंने नौकरी कर ली। जब प्रेमचन्द का जन्म हुआ, तब इनके पिता को बीस रुपये तनख्वाह मिलती थी। जब वे सात साल के थे, तभी उनकी माता का स्वर्गवास हो गया। जब पन्द्रह साल के हुए तब उनकी शादी कर दी गई और सोलह साल के होने पर उनके पिता का भी देहान्त हो गया। जैसाकि लोग कहते हैं; लड़कों की यह उम्र खेलने-खाने

की होती है लेकिन प्रेमचन्द को तभी से घर सँभालने की चिन्ता करनी पड़ी। तब वह नवें दर्जे में पढ़ते थे और उनकी गृहस्थी में दो सौतेले भाई, सौतेली माँ और खुद उनकी स्त्री थीं। क्रिया-कर्मों में साधारण आदमी को किस तरह ठगा जाता है, इसका कड़वा अनुभव प्रेमचन्द को लड़कपन ही में हो गया। सौतेली माँ का व्यवहार, बचपन में शादी, पंडे-पुरोहित का कर्मकांड, किसानों और क्लर्कों का दुखी जीवन—यह सब प्रेमचन्द ने सोलह साल की उम्र में ही देख लिया था। इसीलिए उनके ये अनुभव एक जबर्दस्त सचाई लिये हुए उनके कथा-साहित्य में झलक उठे थे।

उन दिनों नाज बीस सेर का था लेकिन तब के लिए यह महँगाई थी। प्रेमचन्द गाँव में रहते थे; ट्यूशन करते थे। शहर पढ़ने जाते थे और पाँच मील वापस आकर रात को कुप्पी जलाकर खुद पढ़ने बैठते थे। हाई स्कूल पास करने के बाद कॉलेज में वह तभी भर्ती हो सकते थे जब उनकी फीस माफ हो जाए और इसके लिए सिफारिशों की जरूरत थी। इसी समय मेहनत से चूर होकर वह बीमार पड़ गए और दो हफ्ते तक नीम का काढ़ा पीते रहे। बड़ी मुश्किल से कॉलेज में भर्ती हुए और जैसे-तैसे पढ़ाई जारी रखी, लेकिन हिसाब में दो बार फेल हुए। तब इंटरमीडिएट में गणित ऐच्छिक विषय न था।

प्रेमचन्द अब शहर में रहने लगे। पाँच रुपये का ट्यूशन किया। एक वकील के लड़के को पढ़ाते थे और उसी के अस्तबल के ऊपर एक कच्ची कोठरी में रहा करते थे। खुद खाना पकाते थे, बर्तन धोते थे और उपन्यास पढ़ते थे। कहानियाँ और उपन्यास पढ़ने का चस्का उन्हें शायद पहले ही लग चुका था। श्री रघुपति सहाय 'फिराक' ने लिखा है कि उनकी दोस्ती अपने एक ऐसे सहपाठी से हो गई थी जिसका बाप तमाखू बेचता था। तमाखू के पिंडों के पीछे जमकर दोनों दोस्त हुक्का पीते थे और 'तिलिस्म होशरूबा' पढ़ते थे जिसे उर्दू का 'चन्द्रकान्ता' और 'भूतनाथ' समझना चाहिए। 13 साल की उम्र में ही प्रेमचन्द ने रतननाथ 'सरशार', मिरजा रुसवा और मौलाना शरर के उपन्यासों से परिचय प्राप्त कर लिया था। गोरखपुर के बुद्धिलाल बुकसेलर से कुंजियाँ और नोट्स लेकर वह अपने स्कूल के लड़कों को बेचा करते थे और इसके बदले उसकी दुकान पर उपन्यास पढ़ा करते थे। उर्दू में पुराणों के जो अनुवाद छपे थे, वे भी उन्होंने पढ़ डाले थे। प्रेमचन्द में पढ़ने का बेहद चाव था। पढ़ने के रास्ते में जितनी ही ज्यादा कठिनाइयाँ आईं, उतना ही पढ़ने के लिए उनका चाव और बढ़ गया। वह कितना पढ़ते थे, इसका अन्दाज 'तिलिस्म होशरूबा' के आकार-प्रकार का ध्यान करने से लग जाता है। इसके बारे में उन्होंने खुद लिखा है : "इस बृहद् तिलस्मी ग्रंथ के 17 भाग उस वक्त निकल चुके थे और एक-एक भाग बड़े सुपर रायल के आकार के दो-दो हजार पृष्ठों से कम न

होगा। और इन 17 भागों के उपरान्त उसी पुस्तक के अलग-अलग प्रसंगों पर पचासों भाग छप चुके थे" ('मेरी पहली रचना')।

ये उपन्यास प्रेमचन्द के दुखी बचपन के साथी थे। वे मुसीबतों में उन्हें ढाढ़स बँधाते थे और कुछ देर के लिए उन्हें ट्यूशनों, सौतेली माँ और महाजनों की दुनिया से दूर ले जाते थे। इन्हें पढ़ने से उनकी कल्पनाशक्ति प्रखर हुई और खुद भी लिखने की उन्हें प्रेरणा मिली। लेकिन प्रेमचन्द ने 'तिलिस्म होशरूबा' का रास्ता नहीं अपनाया। उनकी रचनाएँ भारतेन्दु हरिश्चन्द्र, बालकृष्ण भट्ट और राधाकृष्णदास के कथा-साहित्य का अगला और स्वाभाविक कदम थीं।

स्कूल में पढ़ते हुए कर्ज लेने और महाजनों से निगाह बचाने का अनुभव भी प्रेमचन्द को हुआ। एक दर्जी से कपड़े बनवाए थे। उसे दो-ढाई रुपये की रकम भुगताने में तीन साल लग गए। एक बेलदार उनसे हिन्दी पढ़ा करता था। उससे उन्होंने आठ आने उधार लिये थे जो उसने पाँच साल बाद उनके गाँव पहुँचकर वसूल किये।

प्रेमचन्द ने बेलदार को हिन्दी पढ़ाने का जिक्र अपने स्कूली जीवन के सिलसिले में किया है जिससे मालूम होता है कि उन्होंने तब हिन्दी का अभ्यास भी कर लिया था। उनका वह जीवन हिन्दुस्तान के औसत गरीब विद्यार्थी का जीवन था। एक बार महाजन से उधार न मिलने पर सिर्फ रोटी का प्रबन्ध करने के लिए उन्हें अपनी किताबें तक बेचनी पड़ी थीं। इसका मार्मिक वर्णन उन्होंने इस तरह किया है : "जाड़ों के दिन थे। पास एक कौड़ी न थी। दो दिन एक-एक पैसे का खाकर काटे थे। मेरे महाजन ने उधार देने से इनकार कर दिया था। संकोचवश मैं उससे माँग न सका था। चिराग जल चुके थे। मैं एक बुकसेलर की दुकान पर एक किताब बेचने लगा। एक चक्रवर्ती-गणित-कुंजी दो साल हुए खरीदी थी, अब तक उसे बड़े जतन से रखे हुए था; पर आज चारों ओर से निराश होकर मैंने उसे बेचने का निश्चय किया। किताब दो रुपये की थी; लेकिन एक रुपये पर सौदा ठीक हुआ" ('जीवन सार')।

यह उन्नीसवीं सदी का आखिरी साल था। किताब बेचते हुए उनकी मुलाकात एक मामूली स्कूल के हेडमास्टर से हो गई जिसने अठारह रुपये पर इन्हें अपने यहाँ मास्टर रख लिया। इस तरह प्रेमचन्द ने बींसवीं सदी में प्रवेश किया।

1904 में उन्होंने उर्दू-हिन्दी में ओरियंटल इलाहाबाद यूनिवर्सिटी का स्पेशल वर्नाक्युलर इम्तहान पास किया। इसके बाद 1905 में ट्रेनिंग कॉलेज से पढ़ाने की सनद पाई। उनके सर्टीफिकेट पर खास तौर से लिख दिया गया था कि वह हिसाब पढ़ाने के अयोग्य हैं : 'Not qualified to teach Mathematics'। 1910 में उन्होंने अंग्रेजी, दर्शन, फारसी और इतिहास लेकर इंटर किया और 1919 में अंग्रेजी, फारसी और इतिहास लेकर बी.ए. किया। प्रेमचन्द को जहाँ वास्तविक शिक्षा मिली,

वे विश्वविद्यालय दूसरे ही थे। उनके अध्यापक लमही के किसान, बनारस के महाजन और किताबों के नोट्स बिकवानेवाले बुकसेलर थे। उनकी टेक्स्ट बुकें वे सैकड़ों उपन्यास थे जो उन्होंने लाइब्रेरियों, बुकसेलरों की दुकानों और तमाखूवाले दोस्त के घर पर पढ़े थे। भले ही वह गणित पढ़ने योग्य न रहे हों, वह हिन्दुस्तानी समाज का बीजगणित अच्छी तरह समझ गए थे और अपने उपन्यासों में बहुत से प्रश्न हल करने की तैयारी भी कर चुके थे।

प्रेमचन्द ने औसत गरीब विद्यार्थी की जिन्दगी देखी तो उन्होंने औसत गरीब अध्यापक की जिन्दगी भी अच्छी तरह देखी।

गोरखपुर, कानपुर, बनारस आदि कई जगह रहकर प्रेमचन्द ने अध्यापक का काम किया। वह अपने में मस्त रहनेवाले शिक्षक थे जो लड़कों से बेहद प्रेम करते थे और हेडमास्टरों, इंस्पेक्टरों वगैरह की परवाह न करते थे। गोरखपुर के स्कूल में इंस्पेक्टर के आने पर सभी लोग साफ सूट पहनकर आए थे, लेकिन अपने शिष्य के अनुसार प्रेमचन्द का हुलिया यह था : "नंगे सिर, बाल परेशान, कोट का कॉलर खुला हुआ।"

प्रेमचन्द ने डिस्ट्रिक्ट बोर्ड के सब-इंस्पेक्टर की हैसियत से छह साल महोबे में बिताए और उसके बाद तीन साल तक उन्होंने बस्ती के सरकारी स्कूलों में मास्टरी की। इन दो जगहों का रहना उनके जीवन में काफी महत्त्व रखता है। इस तरह उन्हें पूर्वी और पश्चिमी हिन्द प्रदेश का, जहाँ की जनता बेहद गरीब है, अच्छा ज्ञान हो गया। इसीलिए जब प्रेमचन्द पांडेपुर के किसानों का चित्रण करते हैं तो हम उसमें समूचे हिन्द प्रदेश के गरीब किसानों का दर्शन करते हैं।

प्रेमचन्द ने अपना साहित्यिक जीवन एक उपन्यासकार और आलोचक की हैसियत से शुरू किया था। मुंशी श्यामनारायण निगम के अनुसार उन्होंने 1905 में उर्दू पत्र 'जमाना' के लिए एक आलोचनात्मक लेख भेजा था और उनकी राय जानने के लिए उन्हें एक उपन्यास का मसौदा भी भेजा था। प्रेमचन्द ने अपनी पहली रचनाओं के बारे में लिखा है कि 1901 में उन्होंने उपन्यास लिखना शुरू किया था। उनका एक उपन्यास 1901 में प्रकाशित हुआ और दूसरा 1904 में। प्रेमचन्द ने रवीन्द्रनाथ की कहानियों का अनुवाद भी किया था और खुद 1907 से कहानियाँ लिखना शुरू किया। उनकी शुरू की कहानियाँ 'जमाना' में छपीं।

प्रेमचन्द की पहली रचना, जो अप्रकाशित ही रही, शायद उनका वह नाटक था जो उन्होंने अपने मामा जी के प्रेम और उस प्रेम के फलस्वरूप चमारों द्वारा उनकी पिटाई पर लिखा था। इसका जिक्र उन्होंने 'पहली रचना' नाम के अपने लेख में किया है।

यूरोप में जब पहले महायुद्ध की जोरों से तैयारियाँ हो रही थीं, तभी प्रेमचन्द का पहला कहानी-संग्रह 'सोज़े वतन' प्रकाशित हुआ। इस संग्रह की पाँच कहानियों से अंग्रेज शासक घबरा उठे। वे जानते थे कि युद्ध की तैयारियों का असर हिन्दुस्तान पर क्या पड़ेगा। यहाँ के लोगों की जिन्दगी पर और भी तबाही बरपा होगी। नतीजा यह होगा कि यहाँ का स्वाधीनता-आन्दोलन और भी तेजी से आगे बढ़ेगा। अपने साम्राज्यवादी हितों की रक्षा के लिए वे यहाँ के जन-आन्दोलन को ही नहीं कुचल देना चाहते थे बल्कि उसकी अगुवाई करनेवाले साहित्य का भी गला घोंट देना चाहते थे। मुंशी दयानारायन निगम के शब्दों में : "संकीर्ण हृदय अफसरों का बस चलता तो आज हिन्दुस्तानी साहित्य में प्रेमचन्द का वजूद ही न होता, मगर नदी का प्रवाह किसने रोका है?"

पहले महायुद्ध में कांग्रेस के नेताओं ने अंग्रेजों का साथ दिया। महात्मा गांधी ने रंगरूट भर्ती करने के लिए दिन को दिन और रात को रात नहीं गिना। लेकिन प्रेमचन्द ने अपनी कहानियों से पहले ही असह्योग-आन्दोलन छेड़ दिया था। पुस्तक को छपे छह महीने भी न बीते थे कि एक दिन कलक्टर का बुलावा पाकर रात में ही 30-40 मील का सफर बैलगाड़ी से तै करके प्रेमचन्द ने उसका सामना किया। अभी उनका नाम प्रेमचन्द न पड़ा था। असली नाम धनपतराय बदलकर वह नवाबराय के नाम से लिखते थे। खुफिया पुलिस ने असली लेखक का पता लगा लिया था। प्रेमचन्द को 'सोज़े वतन' की बाकी सब प्रतियाँ मँगवाकर कलक्टर को देनी पड़ीं और उसने प्रेमचन्द पर यह पाबन्दी लगा दी कि उसकी आज्ञा के बिना वह कोई चीज न छपवाएँ। श्री रघुपति सहाय 'फिराक' के अनुसार : 'सोज़े वतन' की पाँच सौ प्रतियों में प्रेमचन्द को आग लगा देने पर मजबूर किया गया। दुनिया-भर में जनतंत्र की हिफाजत का ठेका लेनेवाले अंग्रेजों ने इस तरह भारतीय जनता के सबसे बड़े लेखक की रचनाओं का स्वागत किया!

प्रेमचन्द ने अब नवाबराय नाम छोड़कर प्रेमचन्द नाम से लिखना शुरू किया। जो लोग उर्दू को विदेशी भाषा समझते हैं, उन्हें यह सुनकर दुख होगा कि 'प्रेमचन्द', यह प्यारा नाम, उन्हें एक उर्दू लेखक और सम्पादक दयानारायन निगम ने दिया था।

पाँच-छह साल में नवाबराय के नाम से प्रेमचन्द ने जो ख्याति पाई थी, वह समाप्त हो गई और उन्हें नये सिरे से, एक नया नाम लेकर साहित्य के मैदान में उतरना पड़ा।

युद्ध-काल ही में उन्होंने अपना पहला महान उपन्यास 'सेवासदन' लिखा और युद्ध खत्म होने पर 'प्रेमाश्रम' पूरा किया। जलियाँवाला बाग के हत्या-कांड और असह्योग-आन्दोलन के छिड़ने पर प्रेमचन्द ने नौकरी छोड़ दी। यह बीस साल की सरकारी नौकरी थी जिस पर उन्होंने लात मारी थी। इससे कुछ ही साल पहले हिन्दी

के एक दूसरे महान लेखक बालकृष्ण भट्ट ने कॉलेज की प्रोफेसरी से इस्तीफा दिया था। लोकमान्य तिलक के कारावास के विरोध में प्रयाग में सभा हुई थी। बालकृष्ण भट्ट उसके सभापति थे। शिक्षा-विभाग के डायरेक्टर ने उन्हें चेतावनी देने के लिए बुलाया। भट्ट जी ने बिना आगा-पीछा सोचे हुए नौकरी पर लात मार दी। यह घटना 1907 की है। प्रेमचन्द ने भी हिन्दी-लेखकों की इस स्वाधीनता-प्रेमी परम्परा का अनुसरण किया।

कुछ दिन तक उन्होंने कानपुर के एक स्कूल में अध्यापन-कार्य किया; कुछ दिन तक काशी विद्यापीठ में। 'ज़माना' पत्र में वह सम्पादन-कार्य कर चुके थे। हिन्दी में 'मर्यादा', 'माधुरी', 'जागरण' आदि पत्रों का सम्पादन भी उन्होंने किया। 1929-30 में वह 'माधुरी' का सम्पादन करते थे। यद्यपि उनके समय की 'माधुरी' ने हिन्दी की अपूर्व सेवा की, फिर भी वह उसे राष्ट्रीय आन्दोलन का साथ देनेवाली नये जनवादी विचारों की समर्थक पत्रिका न बना सकते थे। ऐसी पत्रिका को वह बहुत जरूरी समझते थे; इसीलिए सन् '30 के अवज्ञा-आन्दोलन के शुरू होते-होते उन्होंने 'हंस' का प्रकाशन भी आरम्भ कर दिया। इस तरह 'हंस' का जन्म स्वाधीनता-आन्दोलन की प्रगति के साथ हुआ और इसलिए अंग्रेज हुकूमत की कोप-दृष्टि भी उस पर पड़ी। प्रेमचन्द किस बहादुरी से अपने प्रिय पत्र 'हंस' के लिए लड़े थे, इसका पता श्री जैनेन्द्रकुमार को लिखे हुए उनके पत्र से लगता है। उन्होंने लिखा था : " 'हंस' पर जमानत लगी। मैंने समझा था, आर्डिनेंस के साथ जमानत भी समाप्त हो जाएगी। पर नया आर्डिनेंस आ गया और उसी के साथ जमानत भी बहाल कर दी गई। जून और जुलाई का अंक हमने छापना शुरू कर दिया है, पर मैनेजर साहब जब नया डिक्लेरेशन देने गए तो मैजिस्ट्रेट ने पत्र जारी करने की आज्ञा न दी, जमानत माँगी। अब मैंने गवर्नमेंट का एक स्टेटमेंट लिखकर भेजा है। अगर जमानत उठ गई तो पत्रिका तुरन्त ही निकल जाएगी। छप, कट, सिलकर तैयार रखी है। अगर आज्ञा न दी तो समस्या टेढ़ी हो जाएगी। मेरे पास न रुपया है, न प्रोफेसरी नोट, न सिक्योरिटी। किसी से कर्ज लेना नहीं चाहता। यह शुरू साल है, चार-पाँच सौ वी.पी. जाते, कुछ रुपये हाथ आते। लेकिन वह नहीं होना है" (प्रेमचन्द-स्मृति अंक, 'हंस', मई, 1937)।

सन् '36 में 'हंस' से फिर जमानत माँगी गई। तब वह हिन्दी-साहित्य परिषद् की देख-रेख में निकलता था। परिषद् ने जमानत देने के बदले पत्र को बन्द कर देना ही अच्छा समझा। प्रेमचन्द ने बीमारी की हालत में भी जमानत देने का प्रबन्ध कराया और पत्र को जिन्दा रखा।

प्रेमचन्द ने 'हंस' को स्वाधीनता-संग्राम का एक सबल सैनिक बना दिया था। उनके जीवन की सबसे सुन्दर उमंगें इस पत्र के साथ जुड़ी हुई थीं। जैनेन्द्रकुमारजी

के शब्दों में : " 'हंस' के समारम्भ को लेकर वह उस समय नवयुवक की भाँति अपने को अनुभव करते थे" ('हंस' मई, 1937)।

हाथ-पैर हिला सकने में भी असमर्थ जब प्रेमचन्द रोग-शय्या पर पड़े हुए जैनेन्द्र से अपने जीवन की अन्तिम रात में बातें कर रहे थे, तब भी उन्हें अपने परिवार से ज्यादा 'हंस' का ध्यान था।

"रात के बारह बजे 'हंस' की बात होकर चुकी थी। अपनी आशाएँ, अपनी अभिलाषाएँ, कुछ शब्दों से, और अधिक आँखों से, वह उस समय मुझ पर प्रकट कर चुके थे। 'हंस' की और साहित्य की चिन्ता उन्हें तब भी दबाए थी। प्रकार-प्रकार की चिन्ता-दुश्चिन्ता उस समय प्रेमचन्द जी के प्राणों पर बोझ डालकर बैठी हुई थी। मैं या कोई उसको उस समय किसी तरह नहीं बँटा सकता था। चिन्ता का केन्द्र यही था कि 'हंस' कैसे चलेगा, नहीं चलेगा तो क्या होगा। 'हंस' के लिए तब भी जीने की आस उनके मन में थी और 'हंस' न जिएगा, यह कल्पना उन्हें असह्य थी" ('हंस', उप.)।

'हंस' के भावी जीवन की कल्पना करते हुए प्रेमचन्द ने अपनी जीवन-यात्रा समाप्त की।

प्रेमचन्द बड़ी जीवट के आदमी थे। बिना उफ किये वह तकलीफें सह सकते थे।

मृत्यु-शय्या पर : "उन्हें नींद न आती थी, तकलीफ बेहद थी। पर कराहते न थे, चुपचाप आँख खोलकर पड़े थे" (जैनेन्द्रकुमार, उप.)।

यही प्रेमचन्द कुप्रिन का उपन्यास 'यामा 'पढ़ते-पढ़ते बच्चों की तरह फूट-फूटकर रोने लगे थे। वह एक अत्यन्त सहृदय और परदुख-कातर व्यक्ति थे। उन्होंने जीवन-भर कठिनाइयों का सामना किया, लेकिन अपने मन में उन्होंने कभी कटुता नहीं आने दी। उनके आँसू हृदय में छिपे रहते थे, तरल आँखों में हँसी नाचा करती थी। जिस किसी ने भी उनके संस्मरण लिखे हैं, उसने उनके कहकहों का जिक्र अवश्य किया है। प्रेमचन्द ने निराशावादी कवियों की तरह वेदना के गीत नहीं गाए। कठिनाइयों को चुनौती देते हुए उन्होंने उनका मुकाबला किया। मनुष्य में अटूट विश्वास—यह उनके हास्य का स्रोत था।

प्रेमचन्द और नवाबराय—इन नामों को लेकर सुदर्शन जी से उनकी बातचीत इस तरह हुई :

"आपने नवाबराय नाम क्यों छोड़ दिया?"

"नवाब वह होता है जिसके पास कोई मुल्क भी हो। हमारे पास मुल्क कहाँ?"

"बे-मुल्क नवाब भी होते हैं।"

"यह कहानी का नाम हो जाए तो बुरा नहीं, मगर अपने लिए यह नाम घमंडपूर्ण है। चार पैसे पास नहीं और नाम नवाबराय! इस नवाबी से प्रेम भला; जिसमें ठंडक भी है, सन्तोष भी है" ('हंस' मई, 1937)।

प्रेमचन्द का नवाबराय नाम किस तरह छिना था, यह हम ऊपर लिख चुके हैं, लेकिन अपनी मुसीबतों पर हँसते हुए उन्होंने 'नवाब' को निरर्थक ठहराया और 'प्रेम' की ठंडक और सन्तोष का अकाट्य तर्क पेश किया।

प्रेमचन्द का हास्य उनसे मिलनेवाले को नि:शस्त्र कर देता था—गर्व या संकोच जो भी अस्त्र उसके पास होता, उसे डालना पड़ता। श्री इलाचन्द्र जोशी ने किन्हीं बातों पर प्रेमचन्द का विरोध किया था। उनसे अपने मिलने का हाल जोशी जी ने यों लिखा है : "प्रारम्भ में उन्होंने कुछ संकोच के साथ बातें अवश्य कीं, पर कुछ ही देर बाद वह ऐसे खुले कि दोनों को ऐसा लगा जैसे हम लोगों की बड़ी पुरानी मैत्री हो। यह बात प्रेमचन्द जी के हृदय की असाधारण उदारता के कारण ही सम्भव हुई थी।"

पहले से अपरिचित एक सज्जन से वह यों मिले :

"पता लगाकर शाम के वक्त उनके मकान पर पहुँचा। बाहर थोड़ी देर ठहरकर खाँ-खूँ करने पर भी कोई नजर न आया तो दरवाजे पर गया और झाँककर भीतर कमरे में देखा। वहाँ एक आदमी, बड़ी-बड़ी मूँछों के कारण जिसका चेहरा छिपा-सा था, फर्श पर बैठकर एकाग्रचित्त से कुछ लिख रहा था। मैंने सोचा कि लेखक श्रेणी का होगा और आगे बढ़कर बोला कि मैं श्रीयुत प्रेमचन्द जी से मिलना चाहता हूँ। उन्होंने झट आँखें उठाकर आश्चर्य से मुझे निहारा, कलम रख दी और मुँह-भर हँसी भरते हुए बोले—खड़े-खड़े क्या मुलाकात करेंगे? बैठिए और मुलाकात कीजिए। हमने करीब दो घंटे तक अनेक विषयों पर बातचीत की। ऐसी बेतकल्लुफी, ऐसी सादगी, ऐसी सरलता एकदम अप्रतीक्षित थी" (श्री ए. चन्द्रहासन, 'हंस', मई, 1937)।

इस तरह प्रेमचन्द अपने अपरिचित प्रेमियों का संकोच दूर कर देते थे। काम में बुरी तरह व्यस्त होते हुए भी वह मिलनेवालों के लिए, विशेष कर नये लेखकों के लिए, घंटों समय निकाल लेते थे। दक्षिण भारत से चन्द्रहासन आए हैं; लिखना छोड़कर दो घंटे उनसे बातों में गुजार दिये। जब तरुण लेखक जैनेन्द्रकुमार से मिले तो "सात बज गए, साढ़े सात बज गए, आठ होने आए, बातों का सिलसिला टूटता ही न था। बातों का सिलसिला अभी और चलता लेकिन भीतर से खबर आई कि अभी डॉक्टर के यहाँ से दवा तक लाकर नहीं रखी गई है, ऐसा हो क्या रहा है! दिन कितना चढ़ गया, क्या, इसकी भी खबर नहीं है?"

प्रेमचन्द अप्रत्याशित भाव से उठ खड़े हुए। बोले : "जरा दवा ले आऊँ जैनेन्द्र! देखो, बातों में कुछ खयाल ही न रहा।"

"कहकर इतने जोर से कहकहा लगाकर हँसे कि छत के कोनों में लगे मकड़ी के जाले हिल उठे" (उप.)।

प्रेमचन्द को बातें करने का शौक नहीं था, लेकिन वह किसी भी लेखक और साहित्य-प्रेमी से ऐसे मिलते थे, जैसे कोई सगा मिला हो। बिरादरी का आदमी मिले, फिर भी दिल खोलकर कोई लेखक बात न करे? यही बात प्रेमचन्द के समसामयिक निर्द्वंद्व कलाकार निराला में भी रही है, जो बातें करने के सिवा अपनी शक्ति-भर, और शक्ति के बाहर भी, साहित्य-प्रेमियों का सत्कार भी करते थे। एक पीड़ित जाति के लेखकों में ऐसा सुहृदभाव होना आवश्यक और स्वाभाविक, दोनों है।

फिफ्थ इयर के विद्यार्थी जनार्दनराय ने पहली ही बार उनके दर्शन किये थे। लेकिन तभी : "मैंने कहानियाँ निकालीं, उपन्यास का पोथा निकाला और प्रेमचन्द जी के आगे रख दिया और उन्होंने सब काम छोड़कर वे कृतियाँ हाथ में ले लीं। शायद किसी की कृतियाँ हाथ में लेकर उसे जाँच-पड़ताल के बिना वे नीचे न रखते थे" (उप.)।

प्रेमचन्द से मिलनेवालों ने जो संस्मरण लिखे हैं, उनमें अक्सर इस बात का जिक्र मिलता है कि प्रेमचन्द बैठे लिख रहे थे। वह सवेरे तो लिखते ही थे, काम आ पड़ने पर किसी भी वक्त कलम चलाते रहते थे। सन् '34 में जब सुदर्शन जी उनसे मिलने गए तब शाम हो गई थी और प्रेमचन्द लिखते जा रहे थे। लिखने में वह एक मजदूर की तरह परिश्रम करते थे और जो लोग लिखना बन्द कर देते थे, उन्हें फटकारते भी थे। उन्होंने श्री जनार्दनदराय से कहा था : "हिन्दी में आज हमें न पैसे मिलते हैं, न यश मिलता है। दोनों ही नहीं। इस संसार में लेखक को चाहिए, किसी की भी कामना किये बिना लिखता रहे" (उप.)।

इस दृढ़ निश्चय से प्रेमचन्द ने साहित्य-रचना की थी, इसलिए कि वह जानते थे कि भले ही धन और यश न मिले, उनके साहित्य से जनता का हित अवश्य होगा। प्रेमचन्द पर जिसने भी लिखा है, उनकी सादगी की तारीफ किये बिना नहीं रहा। वह ऐसे लेखक थे जो हमेशा आगे बढ़ना चाहते थे और कितनी भी बड़ी सफलता पाने पर हाथ पर हाथ रखकर बैठना जिन्होंने सीखा न था। इसलिए उनमें एक महान लेखक का आत्मविश्वास था तो वैसी ही नम्रता भी। बनावट उन्हें छू न गई थी। जो भीतर थे, वही बाहर। मन, वचन, कर्म की एकता उनके चरित्र की सबसे बड़ी विशेषता थी। यही विशेषता उनके उपन्यासों के नायकों में भी मिलती है। जैसा उनका सीधा और सच्चा मन था, वैसा ही सरल उनका जीवन था। मृत्यु से एक साल पहले जैनेन्द्रकुमार जी ने उन्हें नीम की सींक से दाँत कुरेदते हुए धूप में खाट पर बैठे देखा था जहाँ होली खेलनेवालों ने उन्हें रंग से तर कर दिया था। श्री बैजनाथ केडिया ने देखा था, बाहर बरामदे में चटाई पर बैठे कुछ लिख रहे हैं। किसी संस्था के बुलावे पर पटना पहुँचे तो वहाँ वाले सज्जन इन्हें पहचान न सके, क्योंकि उन्होंने जो चित्र उपन्यास-सम्राट का बना रखा था, प्रेमचन्द उससे

बिलकुल भिन्न थे। दूसरे दिन मुलाकात होने पर उन सज्जन ने न पहचान पाने की अपनी बेबसी का जिक्र किया तो उन्होंने कहा : "जब तुम मुझे नहीं पहचानते थे और न मैं तुम्हें, तो प्रेमचन्द कहकर पुकारते। तो इससे मेरी इज्जत थोड़े कम हो जाती" ('हंस', मई, पृष्ठ 1937)।

"प्रेमचन्द नौजवानों के लेखक थे, नई पीढ़ी के लेखक थे। वह साहित्य के सौदागरों से दूर रहते थे; दिखावे और प्रदर्शन से घृणा थी। श्री शान्तिप्रसाद वर्मा ने इस सिलसिले की एक मनोरंजक घटना का वर्णन किया है। उन्होंने नागपुर स्टेशन के पास प्रेमचन्द को धूप में खड़े तपते हुए देखा। साहित्य-सम्मेलन का अधिवेशन था। प्रेमचन्द उसमें बुलाए गए थे। धूप में इसलिए खड़े थे कि दूसरी गाड़ी आने पर और सवारियाँ बिठाकर शहर ले जाएँ; अकेले प्रेमचन्द को ले जाने से पैसे ज्यादा खर्च होते। इसके बाद एक दिन जब साहित्य-परिषद् के लिए सभापति न मिल रहा था तब किसी ने आकर कहा कि आप ही सभापति हो जाइए। प्रेमचन्द ने सप्रेम अस्वीकार कर दिया" (प्रेमचन्द : उनकी कृतियाँ और कला; 1949, पृष्ठ 134)।

एक बार वह दिल्ली साहित्य-सम्मेलन में गए थे। वहाँ लोगों को शब्दों पर और पदों के लिए झगड़ते देखकर उन्होंने जैनेन्द्रकुमार जी से कहीं ठंडी हवा खाने की इच्छा प्रकट की और सम्मेलन के कर्णधारों के लिए भी यह क्रिया लाभदायक बतलाई। भारतीय साहित्य परिषद् के काम में उन्होंने काफी भाग लिया था लेकिन उससे भी उन्हें निराशा हुई, कारण कि जिस सेवा-भाव से प्रेमचन्द काम करते थे, शतरंज के खिलाड़ियों में उसका अभाव था। श्री आनन्द कौसल्यायन को उन्होंने भारतीय साहित्य परिषद् के बारे में लिखा था : "क्या आप समझते हैं, अंग्रेजों की गुलामी से भारतीय साहित्य परिषद् मुक्त है? जब कांग्रेस की सारी लिखा-पढ़ी अंग्रेजी में होती है, तो भारतीय साहित्य परिषद् तो उसी का बच्चा है" ('हंस', मई, 1937; पृष्ठ 859)।

हिन्दुस्तान के लेखकों के लिए अभी यह सम्भव नहीं है कि वे अपने मन का काम करें और उससे अपनी जीविका भी चलाते रहें। हिन्दी के बड़े-से-बड़े लेखकों और कलाकारों को ऐसा बेकार का काम करना पड़ा है जो उनकी प्रतिभा के अयोग्य था, लेकिन जो उनकी जीविका के लिए अनिवार्य था। प्रेमचन्द को भी ऐसा ही काम करना पड़ा था जिसके बारे में उन्होंने जैनेन्द्र जी को लिखा था : "काम की कुछ न पूछो। बेहूदा काम कर रहा हूँ। कहानियाँ केवल दो लिखी हैं, उर्दू और हिन्दी में। हाँ, कुछ अनुवाद का काम किया" (उप., पृष्ठ 783)।

जब उपन्यास-सम्राट की यह हालत थी तब साधारण लेखकों की स्थिति का अन्दाज आसानी से लगाया जा सकता है।

प्रेमचन्द बड़े ही स्वाभिमानी व्यक्ति थे लेकिन अपने सम्मान से ज्यादा उन्हें देश के सम्मान का ध्यान रहता था। मुंशी दयानारायन निगम ने अपने घर पर एक

समारोह में जब कुछ अंग्रेजों को भी बुलाया तो प्रेमचन्द ने उनके इस कार्य का विरोध किया।

प्रेमचन्द के लिए देश-भक्ति और जनतंत्र, दो विरोधी चीजें नहीं थीं। वह राष्ट्रीय और जनवादी भावनाओं के समर्थक थे। निर्भीकता से वह अपने विचार दूसरों के सामने रखते थे और उनके लिए लड़ते थे। एक बार हिन्दुस्तानी का समर्थन करते हुए उन्होंने गांधी जी का भी विरोध किया था और श्री चतुरसेन शास्त्री की पुस्तक 'इस्लाम का विषवृक्ष' के बारे में लिखा था : "इस कम्यूनल प्रोपेगेंडा का जोरों से मुकाबला करना होगा।"

प्रेमचन्द ने अपने प्रिय 'हंस' को चलाने के लिए कुछ दिन सिनेमा के लिए लिखा, लेकिन उन्हें गुलाम बनकर लिखना मंजूर न था। पग-पग पर उन्हें अनुभव हुआ कि इस समाज में लेखक स्वाधीन नहीं है, उसे कलम बेचकर अनैतिक रचनाओं से पूँजीपतियों के मुनाफे का साधन बनना पड़ता है। फिल्मी जीवन के कटु अनुभवों का जिक्र करते हुए उन्होंने जैनेन्द्र जी को लिखा था : "मैं जिन इरादों से आया था, उनमें एक भी पूरा होता नजर नहीं आता। ये प्रोड्यूसर जिस ढंग की कहानियाँ बनाते आये हैं, उस लीक से जौ भर नहीं हट सकते। Vulgarity को ये Entertainment value कहते हैं। अद्‌भुत ही में इनका विश्वास है। राजा-रानी, उनके मंत्रियों के षड्यंत्र, नकली लड़ाई, बोसेबाजी—ये ही उनके, मुख्य साधन हैं।"

'मजदूर' फिल्म के बारे में लिखा था : "मजदूर में भी मैं इतना जरा-सा आया हूँ कि नहीं के बराबर।"

मुनाफा कमानेवाली संस्कृति के ठेकेदारों के यहाँ लेखक की कितनी इज्जत होती है, प्रेमचन्द के पत्र इसे स्पष्ट कर देते हैं।

वह बम्बई से लौट आए। गरीबी में ठोकरें खाना कबूल किया; आत्मसम्मान बेचना उनके बस की बात न थी। एक स्मरणीय बात यह है कि प्रसाद जी ने प्रेमचन्द को बम्बई जाने से रोका था। 'हंस' के 'प्रेमचन्द-स्मृति-अंक' में एक चित्र छपा है जिसमें प्रसाद और प्रेमचन्द साथ खड़े हुए हैं। धोती, कुर्ते के साधारण वेश में देखकर अचानक विश्वास न होगा कि यही हिन्दी के महान साहित्यकार प्रसाद और प्रेमचन्द हैं। लेकिन प्रेमचन्द की पैनी दृष्टि, जिससे कुछ भी छिपा न रहता था, इस धुँधले चित्र में भी उन्हें असाधारण प्रतिभाशाली घोषित करती है और प्रसाद का ऊँचा माथा उनका विशद अध्ययन और आत्मविश्वास प्रकट करता है। इन दो साहित्यकारों की मित्रता हिन्दी साहित्य के इतिहास की एक स्मरणीय घटना है। प्रेमचन्द जी ने प्रसाद जी का 'कंकाल 'उपन्यास छपने पर उनकी बड़ी सुन्दर आलोचना लिखी थी।

कहते हैं कि जिस समय प्रेमचन्द की अरथी उठी थी, उस समय उसे कन्धा देनेवालों में स्वर्गीय जयशंकर 'प्रसाद' भी थे।

किसी ने एक बार प्रेमचन्द से पूछा था : "आपकी सबसे अच्छी कहानी कौन-सी है?"

प्रेमचन्द ने जवाब दिया था : "वह अभी लिखी नहीं गई।"

दरअसल वह लिखी नहीं गई थी, क्योंकि प्रेमचन्द उसे जी रहे थे। वह कहानी लिखी जा भी नहीं सकती थी। उनकी सबसे अच्छी कहानी उनका जीवन थी।

प्रेमचन्द में विचारों की दृढ़ता चट्टान-जैसी थी। उनके कई मित्रों ने लिखा है कि उन्हें ईश्वर में विश्वास नहीं था। मृत्यु-शय्या पर पड़े हुए प्रेमचन्द से लोग ईश्वर का स्मरण करने के लिए कहते थे। उन्होंने उस अन्तिम रात्रि को जैनेन्द्र से कहा था : "जैनेन्द्र, लोग ऐसे समय याद किया करते हैं ईश्वर, मुझे भी याद दिलाई जाती है। पर अभी तक मुझे ईश्वर को कष्ट देने की जरूरत नहीं मालूम हुई है।"

यह प्रेमचन्द का मनुष्यत्व था जो मृत्यु को देखकर मुस्करा रहा था। प्रेमचन्द की जीवन-कथा एक दूसरे महान लेखक की याद दिलाती है जिसका जीवन इतने कटु अनुभवों से भरा हुआ था कि उसने अपना नाम ही गोर्की (तिक्त) रख लिया था। जिस साल प्रेमचन्द का देहावसान हुआ, उसी साल गोर्की का भी। दोनों की समानताओं का जिक्र करते हुए श्री शान्तिप्रिय द्विवेदी ने लिखा था : "गोर्की की भाँति ही उन्होंने छुटपन से ही कठिनाइयों का कड़वा घूँट पिया था। उनका दुख ही उनके लिए अमृत बन गया।"

प्रेमचन्द दुखी हिन्दुस्तान के गरीबों के लेखक थे। उनका साहित्य तमाम पीड़ितों का मानसिक सम्बल है।

प्रेमचन्द की आवश्यकताएँ हिन्दुस्तान के एक साधारण किसान की आवश्यकताएँ थीं। उन्हें भी पूरा करने के लिए उन्हें जी-तोड़ परिश्रम करना पड़ा। उनकी प्रतिभा पूरे विकास पर थी, जब 'मंगलसूत्र' को अधूरा छोड़कर उनकी लेखनी ने विश्राम लिया। वह जिन्दगी को प्यार करते थे; मौत से न डरते थे लेकिन मरना भी न चाहते थे। वह लिखना चाहते थे, अपने देश और जनता की और भी सेवा करना चाहते थे। जब 'सोज़े वतन' की प्रतियाँ जलाई गईं, तब से लेकर 'हंस' के लिए जमानतें देने तक—और आखिरी जमानत उन्होंने अपनी मृत्यु के साल ही दी थी—उन्हें बराबर ब्रिटिश साम्राज्यवाद से टक्कर लेनी पड़ी। यह कहना सच होगा कि प्रेमचन्द देश की आजादी के लिए लड़ते हुए शहीद हुए और उनका खून अंग्रेज साम्राज्यवादियों के सिर पर है।

जिस समय मजबूर होकर उन्होंने 'हंस' साहित्य-परिषद् को दे दिया था, इस विचार से कि छपाई से प्रेस चलेगा, उस समय उनके पेट में अल्सर था और मुँह से खून आता था। साहित्य-परिषद् ने पचास रुपये की बचत के लिए उसे सस्ता-साहित्य-मंडल को दे दिया। प्रेमचन्द ने एक मित्र को सच्ची कड़वी बात

लिखी थी : "बनियों के साथ काम करके यह सिला मिला कि तुमने 'हंस' में ज्यादा रुपया खर्च कर दिया। इसके लिए मैंने दिलो-जान से काम किया। बिलकुल अकेले अपने वक्त और सेहत का कितना खून किया, इसका किसी ने लिहाज न किया" (अख्तर हुसैन रायपुरी को पत्र, श्री हंसराज 'रहबर' द्वारा 'प्रेमचन्द : जीवन और कृतित्व' में उद्धृत)।

भले ही कुछ स्वार्थियों ने लिहाज न किया हो, हिन्दुस्तान के तमाम देशप्रेमी लेखकों और पाठकों के लिए प्रेमचन्द की जीवन-स्मृति एक निधि है, जिसकी वे प्राण-पन से रक्षा करेंगे।

2

सेवासदन

'सेवासदन' से पहले हिन्दी उपन्यास-साहित्य में क्या था? कई आलोचकों ने लिखा है कि देवकीनन्दन खत्री के 'चन्द्रकान्ता' आदि के सिवा कुछ नहीं था। हिन्दी साहित्य का इतिहास देखने पर यह धारणा निर्मूल सिद्ध होती है।

'सेवासदन' से पहले हिन्दी में कथा-साहित्य की एक परम्परा कायम हो रही थी जिस पर ध्यान देने से 'सेवासदन' उसी का एक अगला बढ़ा हुआ कदम मालूम होता है। इससे प्रेमचन्द की मौलिकता पर बट्टा नहीं लगता, बल्कि वह अपने वास्तविक रूप में हमारे सामने आती है। भारतेन्दु-युग के बहुत-से निबन्ध चरित्र-चित्रण और कथोपकथन की दृष्टि से उपन्यास की सीमा को छूते हुए दिखाई देते हैं। खास कर उनके व्यंग्य और हास्य में, सजीव शैली में और सामाजिक समस्याओं की छान-बीन में प्रेमचन्द के उपन्यासों से बहुत बड़ी समानता दिखाई देती है। भारतेन्दु के निबन्ध 'एक अद्‌भुत स्वप्न', 'स्वर्ग में विचार-सभा का अधिवेशन'; राजा शिवप्रसाद सितारेहिन्द का 'राजा भोज का सपना', राधाचरण गोस्वामी का 'यमपुर की यात्रा' आदि का वहाँ जिक्र किया जा सकता है। वर्तमान समाज में शिक्षा की विडम्बना, धार्मिक पाखंड द्वारा समाज-सुधार का विरोध, अंग्रेज-शासकों द्वारा जनता का उत्पीड़न इन निबन्धों के विषय हैं। प्रेमचन्द ने इन्हीं विषयों को लेकर अपना विशाल कथा-साहित्य रचा था। इसलिए यह समझना भूल होगी कि हिन्दी लेखकों ने जनता की शिक्षा और उसके मनोरंजन के लिए तिलिस्माती किस्से-कहानियों के अलावा और कुछ न दिया था।

बात निबन्धों तक सीमित नहीं है। भारतेन्दु हरिश्चन्द्र की प्रेरणा से सामाजिक उपन्यासों का सूत्रपात हो चुका था। भारतेन्दु ने अपने एक पत्र में लिखा था : "जैसे भाषा में अब कुछ नाटक बन गए हैं, अब तक उपन्यास नहीं बने हैं। आप या हमारे पत्र के योग्य सहकारी सम्पादक जैसे बाबू काशीनाथ व गोस्वामी राधाचरण जी कोई भी उपन्यास लिखें तो उत्तम हो।"

श्रीनिवासदास का 'परीक्षा गुरु' और बालकृष्ण भट्ट का 'सौ अजान एक सुजान' उल्लेखनीय हैं। इन उपन्यासों में पुरानी आलंकारिक शैली को तिलांजलि दे

दी गई है; भाषा और चरित्र-चित्रण में स्वाभाविकता है, यद्यपि कहीं-कहीं उपदेशों के बोझ से कथा दब भी गई है। भट्ट जी के 'सौ अजान एक सुजान' से एक उद्धरण देना काफी होगा। गर्मी की दोपहर का वर्णन है :

"कोई-कोई बड़ी जंगैरैतिन गृहस्थी का सब काम शेष होते देख जेठ के दीर्घ दोपहर की ऊब दूर करने को सूप की फटकार से अपने पड़ोसी के विश्राम में विक्षेप डाल रही हैं। हवा के साथ लड़नेवाली कोई कर्कशा न लड़ेगी, तो खाया हुआ अन्न कैसे पचेगा, यह सोच अपने पड़ोसियों पर बाण से तीखे और रूखे वचन की वर्षा कर रही है।...खेलवाड़ी बालक, जिन्हें इस दोपहर में भी खेलने से विश्राम नहीं है, गधे हाँकते हुए दूसरे-दूसरे खेल का बन्दोबस्त कर रहे हैं। बंगलों पर साहब लोंगों के पदाघात का रसिक पंखा-कुली अपने प्रभु के पाद-पद्म को मानो झुक-झुककर प्रणाम करता-सा ऊँघ रहा है; पर पंखे की डोरी हाथ से नहीं छोड़ता।"

बालकृष्ण भट्ट में उपन्यासकार की व्यापक दृष्टि थी जो सूप फटकारने से लेकर अंग्रेज बहादुर के लिए कुली के पंखा खींचने तक सभी घटनाओं को देखती थी। उनके पास सफल उपन्यासकार की वह सजीव व्यंग्यपूर्ण शैली थी जो पाठक के राष्ट्रीय आत्मसम्मान को सचेत कर देती थी।

'सेवासदन' इस वाक्य से शुरू होता है : "पश्चात्ताप के कड़वे फल कभी-न-कभी सभी को चखने पड़ते हैं, लेकिन और लोग बुराइयों पर पछताते हैं, दरोगा कृष्णचन्द्र अपनी भलाइयों पर पछता रहे थे।"

इस तरह का व्यंग्य भारतेन्दु-युग की अपनी विशेषता थी और प्रेमचन्द उसके सच्चे उत्तराधिकारी थे। लेकिन भारतेन्दु-युग के निबन्धों और उपन्यासों के पढ़नेवाले बहुत थोड़ी संख्या में थे। 'चन्द्रकान्ता' और 'तिलिस्म होशरूबा' के पढ़नेवाले लाखों थे। प्रेमचन्द ने इन लाखों पाठकों को 'सेवासदन' का पाठक बनाया, यह उनका युगान्तरकारी काम था। इन पाठकों की संख्या का अन्दाज किताबों की बिक्री और संस्करणों से नहीं लगाया जा सकता। शहर या कस्बे के किसी पुस्तकालय में जाकर प्रेमचन्द की किताबों की हालत देखिए। तरकारी काटनेवाली स्त्रियों के हाथों से लेकर लाठी को तेल पिलानेवाले दरबानों की उँगलियों तक से उनके सफे पलटे जाने से वे किस खस्ता हालत में दिखाई देती हैं। प्रेमचन्द ने 'चन्द्रकान्ता' के पाठकों को अपनी तरफ ही नहीं खींचा, 'चन्द्रकान्ता' में अरुचि भी पैदा की, जन-रुचि के लिए उन्होंने नये मापदंड कायम किये और साहित्य के नये पाठक-और पाठिकाएँ भी पैदा किए। यह उनकी जबरदस्त सफलता थी।

यह सफलता उन्हें आसानी से नहीं मिली। उपन्यास को जनता तक पहुँचाने में ही उन्हें वर्षों लग गए। 'सेवासदन' उन्होंने युद्ध-काल में लिखा था। सरशार और मिर्जा रुसवा को काले कोसों पीछे छोड़ते हुए प्रेमचन्द ने यह उपन्यास पहले उर्दू में लिखा था। उर्दू में अपना साहित्य प्रकाशित करने और उसे जनता तक

पहुँचाने में वह अनेक कठिनाइयों का अनुभव कर चुके थे। अन्त में उन्होंने उसे हिन्दी में छपवाया।

वेश्या-जीवन पर हिन्दी में पहले भी उपन्यास लिखे गए थे और बाद को भी। हिन्दी के इन उपन्यासों में कहीं पर तो वेश्या-जीवन मूल कथा के सिलसिले में आ गया है, कहीं-कहीं वह स्वयं मूल कथा है। कुछ उपन्यासों में धनी लड़कों को बिगड़ते दिखाकर—जिनके घर में अक्सर सुन्दर स्त्री भी होती थी—लेखक पाठकों को सावधान करता था कि वे इस तरह कुमार्ग पर जाने से बचें। कुछ उपन्यासों में, जो विशेष कर 'सेवासदन' प्रकाशित होने के बाद लिखे गए, यथार्थ चित्रण के नाम पर वेश्या-जीवन का झूठा-सच्चा चित्रण करके पाठकों की दिलचस्पी का सामान तैयार किया गया। अगर प्रेमचन्द का लक्ष्य इन धनी और सुन्दर स्त्रीवाले नौजवानों को कुमार्ग पर पैर रखने से बचाना ही होता तो वे उन्हीं हल्के समाज-सुधारकों की पाँति से आगे न बढ़ पाते।

प्रेमचन्द का यह उपन्यास लोगों को सस्ती शिक्षा देने के लिए नहीं लिखा गया। वास्तव में वेश्या-जीवन उसका मुख्य विषय है भी नहीं, सुमन कथा पर छाई हुई है, इसलिए ऐसा आभास हो सकता है कि उपन्यास वेश्या-जीवन पर है। लेकिन इस बात की जाँच की जाए कि कितने सफों में वेश्या-जीवन की चर्चा है तो पता चलेगा कि एक-तिहाई से ज्यादा भाग यह चर्चा नहीं घेरती।

तब 'सेवासदन' की मुख्य समस्या क्या है?

'सेवासदन' की मुख्य समस्या भारतीय नारी की पराधीनता है। प्रेमचन्द ने किसी तरह तमाम पुरानी सांस्कृतिक परम्पराओं को तोड़ते हुए वर्तमान समाज में नारी की पराधीनता को अपने निठुर और बीभत्स रूप में चित्रित किया है, इस पर सहसा विश्वास नहीं होता। हमारे साहित्य में कितने नाटक, कितने उपन्यास नारी के आत्म-बलिदान, उसके सतीत्व, उसकी पतिसेवा पर नहीं लिखे गए? लेकिन कितने लेखकों ने उसकी निस्सहायता, पराधीनता, उसके साथ पशुओं और दासों-जैसे व्यवहार पर नजर डाली है?

तमिलनाडु के महाकवि 'भारती', तेलगू साहित्य के भारतेन्दु वीरेशलिंगम् उन थोड़े-से साहित्यकारों में थे जिन्होंने नारी की पराधीनता के विरुद्ध आन्दोलन छेड़ा था। प्रेमचन्द ने नकली आदर्शों की रामनामी खींचकर पंडितों और मौलवियों, समाज के 'प्रतिष्ठत' सज्जनों और धनपतियों का वास्तविक रूप जनता के सामने प्रकट कर दिया। कबीर के बाद किसी ने इतनी सचाई से, ऐसे मर्मभेदी व्यंग्य से हिन्दू-धर्म और इस्लाम, दोनों धर्मों के ढोंगियों और पाखंडियों का पर्दाफाश न किया न था।

सुमन एक अच्छे स्वभाव की सुन्दर-सी लड़की है। उसे हम एक औसत दर्जे की लड़की कह सकते हैं। उसमें अगर कोई विशेषता है तो यह कि वह अन्याय

के सामने झुकना नहीं जानती; वह अपने आत्म-सम्मान को ठुकराया जाना नहीं देख सकती। उसके पिता थानेदार हैं और अगर किसी "अच्छे घर में उसका ब्याह हो जाता तो शायद उसके जीवन में ऐसी कोई घटना न होती, जिस पर उपन्यास लिखा जाता।"

उसकी माँ चाहती थी कि उसका ब्याह छुटपन में ही कर दिया जाए और इस तरह लड़की के ऋण से मुक्त हो जाएँ। लेकिन उसके पिता को नये विचारों की हवा लग चुकी थी और वे इतनी छोटी उम्र में ब्याह करने के विरोधी थे। जब लड़की सयानी हुई तब उन्होंने वर देखना शुरू किया। वह शिक्षित वर चाहते थे लेकिन भारत में अंग्रेजी राज्य ने नौजवानों को कितनी अच्छी शिक्षा दी थी। जितना भी ज्यादा पढ़े हों—यानी ऊँची डिगरियाँ पास हों—उतनी ही ज्यादा रकम माँगो। प्रेमचन्द ने उन शिक्षितों की हकीकत जाहिर कर दी जो विवाह और सतीत्व के नाम पर लेन-देन करते थे।

यही नहीं, पतिव्रत और सतीत्व के हामी सज्जन लड़के-लड़की में जो चीज सबसे पहले देखते थे, वह उनकी राशि और वर्ण था। इन अन्धविश्वासों की रक्षा के लिए वह सैकड़ों लड़के-लड़कियों की जिन्दगी बर्बाद करने के लिए तैयार रहते थे।

समाज के ये तथाकथित शिक्षित लोग, जिनके लिए मनुष्यता कुछ नहीं थी, धन सब कुछ था, कितने कायर और झूठे थे, यह प्रेमचन्द ने बहुत ही कलात्मक ढंग से दिखाया है। हिन्दी में इन समस्याओं पर इतनी गहराई से विचार करते हुए किसी ने इतना सुन्दर व्यंग्य न किया था।

प्रेमचन्द सुमन के पिता कृष्णचन्द्र की कठिनाइयों का जिक्र करते हुए लिखते हैं : "इसमें सन्देह नहीं कि शिक्षित सज्जनों को उनसे सहानुभूति थी; पर वह एक-न-एक ऐसी पख निकाल देते थे कि दारोगा जी को निरुत्तर हो जाना पड़ता। एक सज्जन ने कहा, महाशय, मैं स्वयं इस कुप्रथा का जानी दुश्मन हूँ लेकिन करूँ क्या, अभी पिछले साल लड़की का विवाह किया, दो हजार रुपये केवल दहेज में देने पड़े, दो हजार और खाने-पीने में खर्च करने पड़े, आप ही कहिए कि यह कमी कैसे पूरी हो?"

दूसरे महाशय इनसे अधिक नीति-कुशल थे। बोले, "दारोगा जी, मैंने लड़के को पाला है, सहस्रों रुपये उसकी पढ़ाई में खर्च किये हैं। आपकी लड़की को इससे उतना ही लाभ होगा जितना मेरे लड़के को। तो आप ही न्याय कीजिए कि यह सारा भार मैं अकेले कैसे उठा सकता हूँ?"

प्रेमचन्द ऐसे पाखंडियों से नफरत करते थे जो ऊपर से तो दहेज की कुप्रथा की बुराई करते थे लेकिन उसे कायम रखने के लिए हमेशा बहाने ढूँढ़ लिया करते थे। ऐसे लोगों ने शिक्षा से जो पाया था, वह यह कि बात बनाने में वह तमाम पुराणपंथियों के कान काट सकते थे। नौजवानों में यह हिम्मत नहीं थी कि वे

घरवालों का विरोध करें। उनकी शिक्षा ने उन्हें नौकरी को जीवन का सबसे बड़ा लक्ष्य समझना सिखाया था। अपने दब्बूपन की वजह से अन्याय का विरोध करने की हिम्मत उनमें न थी; बहाना था पिता की आज्ञा मानने का!

सुमन के पिता कृष्णचन्द्र को लाचार होकर बेईमानी पर उतरना पड़ा। बेईमानी से धन पैदा करो, समाज में इज्जत पाओ—दिखाने के दाँत और खाने के और, यह थी नीति, जिसे समाज के ठेकेदार बरतते थे। कृष्णचन्द्र को घूस न लेने का आदर्श छोड़ना पड़ा। घूस ली लेकिन सिद्धहस्त न थे; पकड़े गए। फिर ईमानदारी में आकर सब कुछ स्वीकार कर लिया और सजा पा गए।

सुमन पढ़े-लिखे वर से वंचित ही रह गई। अब उसके मामा ने शहरों का रास्ता छोड़ गाँवों की तरफ रुख किया। गाँवों के बारे में हमारे यहाँ बहुत-से ऐसे उपन्यास और कविताएँ लिखी गई हैं जिनमें वहाँ की गरीबी और अशिक्षा पर या तो पर्दा डाला गया है या उन्हें आदर्श रूप में चित्रित किया गया है। प्रेमचन्द गाँवों से और गाँवों में रहनेवालों से प्रेम करते थे, वह उनकी जिन्दगी बदलना चाहते थे, इसलिए वह उनकी गरीबी और अशिक्षा को भोलापन कहकर या 'थोड़े में निर्वाह यहाँ है' ऐसे गीत बेचकर अपने कर्तव्य से बच निकलना न चाहते थे। उन्होंने गाँवों में प्रचलित सामन्ती कुप्रथाओं और मध्यकालीन संस्कारों पर भी प्रकाश डाला। गाँव में वर ढूँढ़नेवाले के पहुँचने पर कैसा दृश्य आँखों के सामने आता है, प्रेमचन्द ने हास्य का पुट देते हुए उसे यों पेश किया है :

"ज्योंही वह किसी गाँव में पहुँचते, वहाँ हलचल मच जाती। युवक गठरियों से वह कपड़े निकालते जिन्हें वह बरातों में पहना करते थे। अँगूठियाँ और मोहनमाल मँगनी माँगकर पहन लेते। माताएँ अपने बालकों को नहला-धुलाकर आँखों में काजल लगा देतीं और धुले हुए कपड़े पहनाकर खेलने को भेजतीं। विवाह के इच्छुक बूढ़े नाइयों से मूँछ कटवाने और पके हुए बाल चुनवाने लगते। गाँव के नाई और कहार खेतों से बुला लिये जाते, कोई अपना बड़प्पन दिखाने के लिए उनसे पैर दबवाता, कोई धोती छँटवाता। जब तक उमानाथ वहाँ रहते, स्त्रियाँ घरों से न निकलतीं, कोई अपने हाथ से पानी न भरती, कोई खेत में न जाता।"

सामन्ती संस्कारों का कैसा अनुपम चित्रण है। रोज खेतों में काम करनेवाले किसान क्यों हल नहीं छूते? पानी भरनेवाली स्त्रियाँ क्यों कुएँ पर नहीं जातीं? इसलिए कि इस समाज में इज्जत उनकी होती है जो अपने हाथ से काम नहीं करते, जिनकी स्त्रियाँ दूसरों से काम कराने में अपना गौरव समझती हैं। उन्हीं जागीरदारों, जमींदारों और महन्तों की नकल करते हुए मेहनती किसान मेहनत के काम को छिपाना चाहते हैं। इस समाज में मेहनत की इज्जत नहीं होती, क्योंकि मेहनत करनेवाला आजाद नहीं है। अपनी मेहनत का फल वह खुद नहीं पाता बल्कि समाज के 'प्रतिष्ठित' लोग पाते हैं। इसलिए माँगे की अँगूठियों और मोहनमाल से एक घड़ी के लिए वह भी

इज्जतदार बनना चाहता है। और जैसे 'प्रतिष्ठित' लोगों को जवानी से लेकर—कहना चाहिए, बचपन से लेकर—चिता पर चढ़ने तक औरतों की कमी नहीं रहती, वैसे ही उम्र पाए हुए किसान भी मूँछें छँटवाकर और सफेद बाल चुनवाकर एक बार अपना भाग्य परखना चाहते हैं।

हिन्दी उपन्यासों में यह एक नया यथार्थवाद था, जिसे प्रेमचन्द जन्म दे रहे थे।

शहर के पढ़े-लिखे कायरों और गाँव के इन अपढ़ किसानों का चित्रण करते हुए प्रेमचन्द की शैली बदलती जाती है। उनकी सहज सहानुभूति किसानों के साथ है, जो अपनी अशिक्षा और कुल संस्कारों के लिए खुद जिम्मेदार नहीं हैं। इसलिए उनकी शैली परिहास का पुट लिये है। शहर के पढ़े-लिखे दहेजप्रेमी आँखें होते हुए भी अन्धे हैं इसलिए वहाँ प्रेमचन्द की शैली व्यंग्यपूर्ण और मर्म पर चोट करनेवाली होती है।

अन्त में उमानाथ एक दोहाजू वर तलाश करते हैं। यानी ऐसा वर जिसकी पहली स्त्री मर चुकी है लेकिन जो दहेज बिना एक और कन्या का 'उद्धार' करने के लिए तैयार है। उमानाथ अपनी बहन को यों समझाते हैं : "शहर में कोई बुड्ढा तो होता ही नहीं। जवान लड़के होते हैं और बुड्ढे जवान, उनकी जवानी सदाबहार होती है। वही हँसी-दिल्लगी, वही तेल-फुलेल का शौक। लोग जवान ही रह जाते हैं और जवान ही मर जाते हैं।"

जब इस तरह के सदाबहार से सुमन का ब्याह हुआ तो सुमन की माँ उसे देखकर बहुत रोई और उसे ऐसा लगा 'मानो किसी ने सुमन को कुएँ में डाल दिया' हो! उपन्यास की वास्तविक समस्या यह है—लड़कियों को कुएँ में ढकेलना और फिर सतीत्व और पतिव्रत धर्म के गीत गाना। इम समूचे व्यापार में बेचारी सुमन की इच्छा-अनिच्छा का सवाल नहीं उठता। बलिपशु की तरह जिस खूँटे से भी बाँध दी जाए, उसे बँधना पड़ता है।

जैसीकि आशा की जा सकती है, सुमन का जीवन सुखी नहीं था। एक तो गरीबी थी, दूसरे अनमेल ब्याह हुआ था। उसकी सारी आशाओं, भविष्य के तमाम सुन्दर सपनों पर पानी फिर गया। जब वह वकील पद्ममिंह के यहाँ आने-जाने लगी, तब पति ने उस पर व्यर्थ सन्देह भी किया। सुमन ने अच्छी तरह देख लिया कि इस समाज में स्त्री की कोई इज्जत नहीं है। इज्जत है तो उन स्त्रियों की, जो अपनी इज्जत बेचने के लिए तैयार हैं।

सुमन के सामने भोली नाम की वेश्या रहती है। स्त्रियाँ में किसी ने पुरुषों से इज्जत पाई है तो भोली ने। वही लोग जो घर की स्त्री को पैर की जूती समझते थे, भोली के तलवे सहलाने में अपने को धन्य मानते थे।

एक दिन सुमन ने देखा कि भोली के दरवाजे पर मौलूद की तैयारियाँ हो रही हैं। भिश्ती ने पानी छिड़का, शामियाना लगा और गैस का हंडा जला। टमटम, फिटन

और साइकिल पर भद्र पुरुष आने लगे। फिर वेश्या के द्वार पर मौलवी साहब पधारे। प्रेमचन्द लिखते हैं :

"फिर मौलाना साहब की सवारी आई। उनके चेहरे से प्रतिभा झलक रही थी। वह सजे हुए सिंहासन पर मसनद लगाकर बैठ गए और मौलूद होने लगा।"

इन सब लोगों में सुमन का पति गजाधर भी जाकर बैठ जाता है। सुमन ने सुना था कि वेश्याएँ दुश्चरित्र होती हैं और इसलिए भले आदमी उनके यहाँ नहीं जाते। वह पति से पूछती है : "तुम्हें तो वहाँ जाते हुए संकोच हुआ होगा?"

पति उत्तर देता है : "जब इतने भले मानस बैठे हुए थे तो मुझे क्यों संकोच होने लगा? वह सेठ जी भी आए हुए थे जिनके यहाँ मैं शाम को काम करने जाया करता हूँ।"

मालिक और नौकर, धर्मगुरु और शिष्य—किसी को भी वेश्या के दरवाजे जाते हिचक नहीं थी। वे सब उसकी इज्जत करते थे और अपने को इज्जतदार समझते थे। उस भोली के घर जाकर, जिसका पेशा ही इज्जत बेचना था, जो अपने तन और मन की मालिक न थी, जिसका रंग-रूप बाजार के बिकाऊ माल की तरह पैसे के बल पर कोई खरीद सकता था।

वकील पद्मसिंह म्युनिसिपैलिटी के मेंबर चुने जाते हैं। उनके हर्ष प्रकट करने का साधन है—भोली का मुजरा कराना। तारीफ की बात यह कि "वह वेश्याओं के नाच-गाने के कट्टर शत्रु थे। इस कुप्रथा को मिटाने के लिए उन्होंने एक सुधारक संस्था स्थापित की थी।" उन शिक्षितों की तरह, जो दहेज के विरोधी होते हुए भी उसे लेते जाते थे, पद्मसिंह ने भी मुजरा कराना निश्चित किया।

जब भोली गा रही शी तब पद्ममिंह की स्त्री आश्चर्य कर रही थी कि "लोग इतने एकाग्रचित्त होकर क्या सुन रहे हैं।" सुमन ने गाना पसन्द किया और उसने धीरे-धीरे दोहराया भी लेकिन : "वह देखती थी कि सैकड़ों आँखें भोली बाई की ओर लगी हुई हैं। उन नेत्रों में कितनी तृष्णा थी! कितनी विनम्रता, कितनी उत्सुकता!" ये सब सदाचार और सतीत्व के ठेकेदार थे।

और सुमन सोचती थी : "इस स्त्री में कौन-सा जादू है?"

सुमन भी सुन्दर थी, गला सुरीला था लेकिन उसकी इज्जत करना तो दूर, उसके आत्मसम्मान को पग-पग पर ठुकराया जाता था। इसका कारण क्या था? राशि और वर्ण सब मिला लिये गए थे। मंत्रों के साथ भाँवरें पड़ चुकी थीं। फिर भी गृहस्थ नारी का सम्मान क्यों न होता था? इसलिए कि यह विवाह-प्रथा स्वेच्छा से दो मनुष्यों का मिलन नहीं थी वरन् स्वामी-पुरुष के लिए एक दासी प्राप्त करने का साधन-मात्र थी। सत्य यह था कि पुरुष शासक था और स्त्री शासित। अपने दास की वह जितनी और जब चाहता, इज्जत करता; जब चाहता, उसे ठुकरा देता। इस दास-स्वामी सम्बन्ध को ढकने के लिए उसने जितने आदर्शों के दुपट्टे ओढ़

रखे थे, प्रेमचन्द ने उन्हें खींचकर एक तरफ फेंक दिया। उन्होंने दिखाया कि ये पुरुष-स्वामी उसी स्त्री की इज्जत करते हैं जो किसी एक की दासी नहीं है, जो इस हद तक अपनी स्वामिनी है कि अपना तन बेच सकती है। जिस समाज की स्त्रियों में वेश्याएँ ही स्वाधीन हों और पुरुष उन्हीं को सम्मानित करें, ऐसे में समाज के भविष्य की कल्पना की जा सकती है। इस जर्जर समाज-व्यवस्था की विडम्बना को प्रेमचन्द ने अच्छी तरह प्रकट कर दिया।

क्यों भोली का सम्मान होता है, इस बारे में बहुत सोच-विचार करने के बाद सुमन जिस नतीजे पर पहुँचती है, वह प्रेमचन्द के शब्दों में यह है :

"अन्त में वह इस परिणाम पर पहुँची कि वह स्वाधीन है, मेरे पैरों में बेड़ियाँ हैं।"

सुमन ने परिस्थिति का सही विश्लेषण किया था। इस सत्य का सामना करने की ताब बड़े-बड़े समाज-शास्त्रियों में आज भी नहीं है, पहले महायुद्ध के दिनों की तो बात ही क्या!

पद्मसिंह के यहाँ से सुमन देर में लौटती है। गजाधर उस पर शक करता है। वह सुमन से उसी तरह व्यवहार करता है जिस तरह पुरुष-स्वामी अपनी खरीदी हुई दासी से। वह धमकाता है : "अब यह धाँधली एक न चलेगी। साफ-साफ बताओ, तुम अब तक कहाँ रहीं? ठीक-ठीक बता दो, नहीं तो आज जो कुछ होना है, हो जाएगा।"

इसी परिस्थिति में कितनी स्त्रियों ने मार नहीं खाई, पति की गालियाँ नहीं सुनीं। लेकिन बीसवीं सदी के भारतीय समाज में धीरे-धीरे एक परिवर्तन हो रहा था। साम्राज्यवादी सामन्ती जुए के नीचे जनता कसमसाने लगी थी और समाज का सबसे दलित अंग नारी—राष्ट्रीय पराधीनता और घरेलू दासता दोनों से पिसती हुई नारी—स्वाधीनता के लिए हाथ फैलाने लगी थी। प्रेमचन्द ने सबसे पहले इस परिवर्तन को देखा था, उसका स्वागत किया था, उसे बढ़ावा दिया था।

सुमन का चरित्र पाठकों को ऊँचा उठाता है; वह उनके मन में एक नई स्फूर्ति, एक नया विश्वास जगाता है।

पति, पुरानी रीति के अनुसार, घर से निकालने की धमकी देता है : "चली जा मेरे घर से, राँड़ कोसती है।"

सुमन न पैरों पड़ती है, न गिड़गिड़ाती है। उसके स्वर में भारत का नवजाग्रत नारीत्व उत्तर देता है : "हाँ, यों कहो कि मुझे रखना नहीं चाहते। मेरे सिर पर पाप क्यों लगाते हो? क्या तुम्हीं मेरे अन्नदाता हो? जहाँ मजूरी करूँगी, वहीं पेट पाल लूँगी।"

प्रेमचन्द ने संघर्ष का वास्तविक रूप पूरी सचाई के साथ चित्रित किया है। पति अपने को अन्नदाता न समझता तो उसे घर से निकालने की धमकी क्यों देता? लेकिन स्वाभिमानी सुमन ऐसे अन्नदाता की गुलामी करने और ऊपर से उसकी गालियाँ खाने के लिए तैयार नहीं है। वह घर से निकलकर चल देती है।

वह पद्ममिंह के घर आश्रय लेती है। अब उसके पति का सन्देह पक्का हो जाता है। वेश्या की इज्जत करनेवाले महापुरुष औरत-मर्द में व्यभिचार छोड़कर दूसरे सम्बन्ध की कल्पना नहीं कर पाते। जो लोग पद्मसिंह को अच्छी तरह जानते थे, उन्होंने भी अपवाद पर विश्वास कर लिया। ये धर्मरक्षक मंजिल-दर-मंजिल सुमन को भोली के जीवन-पथ पर ठेल रहे थे। प्रेमचन्द ने विस्तार से दिखलाया है कि इस समाज-व्यवस्था में सम्पत्ति के रक्षक सदाचार की आड़ में वेश्यावृत्ति को प्रश्रय ही नहीं देते, वेश्याओं को जन्म भी देते हैं। प्रेमचन्द ने सामाजिक सम्बन्धों की छानबीन कितनी गहराई से की है, यह इसी से जाहिर होता है कि उन्होंने वेश्यावृत्ति की मूल प्रेरक शक्तियों को कठघरे में खड़ा कर दिया है, जहाँ से उपन्यासकार और पाठकों की नजर बचाकर भाग जाना उनके लिए सम्भव नहीं है। दहेज, अनमेल विवाह, पति का सन्देह, घर से निकालना और वेश्या की देहरी। मानो इस विवाह-प्रथा और वेश्यावृत्ति में कोई अन्योन्याश्रय सम्बन्ध हो कि एक होगी तो दूसरी होगी ही। और जिस समाज में विवाह का मतलब कन्या-विक्रय हो, उससे वेश्यावृत्ति कौन उठा सका है?

नारी की पराधीनता के बारे में जो कटु अनुभव सुमन को हुआ था, वही कटु अनुभव उससे पहले भोली को हो चुका था। वह सुमन को बतलाती है : "मेरे माँ-बाप ने भी मुझे एक बूढ़े मियाँ के गले में बाँध दिया था। उसके यहाँ दौलत थी और सब तरह का आराम था, लेकिन उसकी सूरत से मुझे नफरत थी। मैंने किसी तरह छह महीने तो काटे, आखिर निकल खड़ी हुई।"

प्रेमचन्द यह दिखलाते हैं कि नारी की पराधीनता और वेश्यावृत्ति हिन्दुओं और मुसलमान, दोनों में है। वह इस्लामी संस्कृति और हिन्दू संस्कृति का डंका बजानेवालों से कहते हैं : "देखो, यह है तुम्हारी संस्कृति जो हिन्दू और मुसलमान, दोनों ही धर्मों की स्त्रियों से वेश्यावृति कराती है। तुम्हारे यहाँ नारीत्व का तभी सम्मान किया जाता है जब वह बिकाऊ हो।"

प्रेमचन्द नारी के आदर और सम्मान की समस्या को तीखेपन से और बार-बार पाठक के सामने लाते हैं। पद्मसिंह से खबर पाकर समाज-सुधारक विट्ठलदास सुमन को अपनी नई वृत्ति छोड़ने के लिए समझाते हैं : "तुम्हारा कितना आदर था, लोग तुम्हारी पद-रज माथे पर चढ़ाते थे, लेकिन आज तुम्हें देखना भी पाप समझा जाता है...।"

विट्ठलदास एक आदर्शवादी दुनिया में रहते हैं, इसलिए जिसे वह सुधारने गए हैं, उसके रोग का उन्हें पता ही नहीं है। उनकी लच्छेदार वक्तृता के मुकाबले में सुमन अपने जीवन का कटु सत्य पेश करती है :

"सुमन ने बात काटकर कहा, महाशय, यह आप क्या कहते हैं? मेरा तो यह अनुभव है कि जितना आदर मेरा अब हो रहा है, उसका शतांश भी तब नहीं होता था। एक बार मैं सेठ चिम्मनलाल के ठाकुरद्वारे में झूला देखने गई थी, सारी रात

बाहर खड़ी भीगती रही, किसी ने भीतर न जाने दिया, लेकिन उसी ठाकुरद्वारे में मेरा गाना हुआ तो ऐसा जान पड़ता था, मानो मेरे चरणों से वह मन्दिर पवित्र हो गया!"

मौलूद का उत्सव और भोली, ठाकुरद्वारे में गाना और सुमन। धार्मिक पाखंड और वेश्यावृत्ति में कितना निकट सम्बन्ध है, प्रेमचन्द से छिपा नहीं है। कबीर की परम्परा को आगे बढ़ाते हुए प्रेमचन्द न मन्दिर के पुजारियों को बख्शते हैं और न मस्जिद के मौलवियों को।

विट्ठलदास सुमन के तर्कों से परास्त हो जाते हैं। उन्होंने सत्य की कल्पना ही की थी, उसे इतने नजदीक से कभी न देखा था। लेकिन जब पद्मसिंह सुमन से मिलते हैं, तब वह उन्हें परास्त ही नहीं करती, उनके मर्म-स्थानों को व्यंग्य-बाणों से बुरी तरह छेद भी देती है। उनकी कायरता याद करके उसकी घृणा और प्रतिहिंसा जाग उठती है।

पद्मसिंह अफसोस जाहिर करता है कि वह उस समय सुमन को घर से बाहर न करता तो उसकी यह दशा न होती। सुमन इस तरह की सहानुभूति को अपना अपमान समझती है। वह कड़ककर जवाब देती है : "तो इसके लिए आपको लज्जित होने की क्या आवश्यकता है? अपने घर से निकालकर आपने मुझ पर बड़ी कृपा की, मेरा जीवन सुधार दिया।"

पद्मसिंह बगलें झाँकता ही दिखाई देता है।

सुमन को वेश्यावृत्ति से प्रेम नहीं है। वह विट्ठलदास और पद्मसिंह की बात मानकर एक विधवाश्रम में दाखिल हो जाती है।

उसकी एक बहन भी है। शादी तय होती है लेकिन लड़के के बाप को जब पता चलता है कि उसकी बहन वेश्या है तो वह बरात लौटा ले जाता है। एक बार 'कलंकित' होने पर सुमन खुद ही मुसीबत नहीं उठाती, वह दूसरों की राह में भी काँटे बिखेरती जाती है। उसके 'कलंक' से बहन की शादी नहीं होती और पितृ-भक्त वर महोदय में इतना साहस कहाँ कि विवाह कर ही लें। नतीजा यह कि शान्ता भी विधवाश्रम पहुँच गई। लेकिन समाज की मर्यादा के रखवालों ने दोनों बहनों को विधवाश्रम में भी न रहने दिया। भूतपूर्व वेश्या के सम्पर्क से विधवाओं के सतीत्व के लिए भय उत्पन्न हो गया। दोनों बहनों को आश्रम छोड़ना पड़ा।

शान्ता का पति अन्त में बाप से लड़कर नाव चलाने लगा और उसने शान्ता से विवाह भी कर लिया। लेकिन इस गृहस्थ घर में कलंकिनी सुमन कैसे रहती? शान्ता के पुत्र होता है; उसके ससुर आते हैं और सुमन को वह जगह भी छोड़नी पड़ती है। एक स्त्री, जो अत्याचार नहीं सहना चाहती, कितनी कठिनाइयों का मुकाबला करती है। सामाजिक सम्बन्धों की अवहेलना होने से उसे ऐसा दंड दिया जाता है कि दूसरा व्यक्ति फिर विरोध करने का दुस्साहस न करे। सुमन गंगा की शरण ले, इसके सिवा और कोई चारा नहीं रहता। कथा का यही तर्कसंगत परिणाम भी था। यहाँ तक एक वीर नारी का संघर्ष, आत्मसम्मान की रक्षा के लिए सभी कठिनाइयों

का सामना करना, यह कथा को रोचक और बलशाली बनाये हुए था। इसके बाद प्रेमचन्द एक काल्पनिक समाधान पेश करते हैं।

सुमन का पति गजाधर संन्यासी हो गया है। उसे अपने कर्मों पर पश्चात्ताप हुआ है और अब वह स्त्रियों के उद्धार का काम करने लगा है। वह सुमन को बचा लेता है और वह सेवासदन का काम सँभालने लगती है। सभी आलोचकों ने लक्ष्य किया है कि यह अन्त उपन्यास का निर्बल अंश है।

प्रेमचन्द समस्या का समाधान देना चाहते थे, लेकिन उचित समाधान देने में ऐतिहासिक सीमाएँ बाधक थीं। नारी की स्वाधीनता और सम्मान-रक्षा का प्रश्न देश की आम सामाजिक और राजनीतिक समस्याओं का ही अंग है। नारी की स्वाधीनता देश में एक स्वाधीन जनतंत्र कायम हुए बिना सम्भव नहीं। वे शक्तियाँ, जिन्होंने सुमन को पहले वेश्या बनाया, पीछे कलंकिनी कहकर उसे गंगा की तरफ ठेला, समाज पर अपना प्रभुत्व जमाए हुए थीं। इनके विरुद्ध संघर्ष—समस्या का यही समाधान हो सकता था। लेकिन पहले महायुद्ध के दिनों में स्वाधीनता-आन्दोलन असंगठित और कमजोर था। इसलिए प्रेमचन्द उसे चित्रित नहीं कर सके। वे समाज की प्रगति रोकनेवाली शक्तियों को देख रहे थे, लेकिन पुरानी व्यवस्था को बदलनेवाली शक्तियाँ उनके सामने तब मैदान में आई न थीं।

इस ऐतिहासिक सीमा के होते हुए भी 'सेवासदन' का मुख्य कथा-भाग यथार्थ जीवन का बहुत ही सफल चित्र प्रस्तुत करता है। सुमन वेश्या-जीवन की प्रतिनिधि पात्र नहीं है। वह थोड़े ही दिन तक वेश्या रहती है और तब भी और वेश्याओं की तरह वह तन नहीं बेचती। बेचना तो दूर, वह किसी को उसे समर्पित भी नहीं कर सकती। ऐसा होना असम्भव नहीं है—लेकिन जो कुछ सम्भव है, वह सभी उपन्यास का विषय नहीं होता। उपन्यासकार किसी वर्ग या वृत्ति के अनेक व्यक्तियों की विशेषताएँ लेकर एक प्रतिनिधि पात्र की रचना करता है। इस दृष्टि से सुमन का चरित्र-चित्रण पूरी तरह स्वाभाविक नहीं बन पाया; वह वेश्या-जीवन की प्रतिनिधि किसी भी तरह नहीं कही जा सकती। लेकिन प्रेमचन्द का यह लक्ष्य था भी नहीं। वह नारी की पराधीनता पर हर तरफ से प्रकाश डालना चाहते थे और उसमें वह सफल हुए।

केवल होरी से सुमन की तुलना की जा सकती है। 'गोदान' एक दुखान्त उपन्यास है, प्रेमचन्द की सबसे यथार्थवादी कृति, जीवन के सत्य को पूरे प्रकाश में व्यक्त करते हुए। होरी का मृत्यु-पर्यंत संघर्ष और उसका अन्त पाठक के हृदय को झकझोर देता है। वह मनुष्य के दुखों की यह मर्मस्पर्शी गाथा सुनकर चकित रह जाता है। 'सेवासदन' उसी लेखक का पहला महान उपन्यास है। सुमन के संघर्ष और दुखों की गाथा कम रोमांचकारी नहीं है। वह नारी है, इसलिए उसके कष्ट, उसके संघर्ष होरी से दूसरी तरह के हैं। हिन्दी कथा-साहित्य की वह पहली नारी है जो आत्मसम्मान की रक्षा के लिए संघर्ष की डगर पर पाँव उठाती है। बचपन

में वह सीधी और निस्सहाय है। उसकी इच्छाओं को आसानी से कुचलकर उसे एक अवांछित पुरुष के हवाले किया जा सकता है। लेकिन उसके भीतर कहीं वीर नारी का दर्प सो रहा था—वह दर्प, जो भारतीय नारी की विशेषता है, और ठोकर खाकर वह जाग उठता है।

प्रेमचन्द ने सुमन को एक साँचे में ढली हुई सुन्दर मूर्ति की तरह पाठक के सामने नहीं रख दिया। उसके चरित्र-चित्रण में एक मौलिकता है जो उनकी कला की सबसे बड़ी विशेषता है। वह यह कि वे परिस्थितियों के उतार-चढ़ाव के साथ अपने पात्रों के चरित्र में भी उतार-चढ़ाव दिखाते हैं। सुमन जैसे-जैसे कठिनाइयों का सामना करती है, वैसे-वैसे उसका व्यक्तित्व निखरता है। वह एक लड़ने-मरनेवाली स्वावलम्बी नारी है जो अपने ही नहीं, दूसरों के प्रति भी अन्याय सहन नहीं कर सकती।

शान्ता को छोड़नेवाले सदन को वह इस तरह फटकारती है जिस तरह उसने गजाधर और पद्मसिंह को भी न फटकारा था। सुमन के वेश्या-जीवन के लिए शान्ता को क्यों दंड मिले, यह निरुत्तर कर देनेवाला प्रश्न वह सदन से करती है : "इसका उत्तर तुम्हें देना पड़ेगा! देखो, अपने बड़ों की आड़ मत लेना, यह कायर मनुष्यों की चाल है। सच्चे हृदय से बताओ, यह अन्याय था या नहीं? और तुमने कैसे ऐसा घोर अन्याय होने दिया? क्या तुम्हें एक अबला बालिका का जीवन नष्ट करते हुए तनिक भी दया न आई?"

वह एक कुशाग्र बुद्धि नारी है। मनुष्य के चरित्र को अच्छी तरह समझती है। वह अपने रूप और गुणों के प्रति सचेत है; लेकिन उसे घमंड नहीं है। नम्रता का अर्थ अपमानित होना भी वह नहीं मानती। वह अन्याय का विरोध करती है। बुराई को चुपचाप सहते रहना उसके शास्त्र में नहीं लिखा। वह दूसरों को दुःख नहीं देना चाहती लेकिन प्रतिहिंसा को भी बुरा नहीं समझती। उसके रोषपूर्ण व्यंग्य से पाठक को सन्तोष होता है; क्योंकि अन्याय का प्रतिकार करने का यह भी एक तरीका है। जब वह अपने एक प्रेमीजन की दाढ़ी जला देती है और दूसरे पर वार्निश गिराती है तो पाठक का मनोविनोद भी होता है और पाखंडियों की गत बनने से तृप्ति भी। वह क्रोध छिपाना नहीं जानती; वह प्रेमचन्द के उन नारी पात्रों का लम्बा सिलसिला शुरू करती है, जो अपने रोष से पुरुषों को चुनौती देती हैं।

अपनी बहन शान्ता की दशा देखकर वह सदन को ऐसी फटकार सुनाती है कि कोई हयादार होता तो डूब मरता। उसे याद आता है कि यही सदन लोगों की नजर बचाकर सुमन से प्रेम की भीख माँगता था; लेकिन उसकी बहन से इसलिए विवाह नहीं करता कि वह एक वेश्या की बहन है! सुमन जब सदन की भर्त्सना करती है तब वह समूची नारी जाति के अधिकारों के लिए लड़ती हुई पाठक की दृष्टि में ऊँची उठ जाती है।

वह सदन से कहती है : "...तुमने उसके साथ यह अत्याचार केवल इसलिए किया कि मैं उसकी बहन हूँ जिसके पैरों पर तुमने बरसों नाक रगड़ी है; जिसके तलुवे तुमने बरसों सहलाए हैं; जिसके कुटिल प्रेम में तुम महीनों मतवाले हुए रहते थे। उस समय भी तो तुम अपने माँ-बाप के आज्ञाकारी पुत्र थे या कोई और थे? उस समय भी तो तुम वही उच्चकुल के ब्राहमण थे या कोई और थे? तब तुम्हारे दुष्कर्मों से खानदान की नाक न कटती थी? आज तुम आकाश के देवता बने फिरते हो! अँधेरे में जूठा खाने पर तैयार, पर उजाले में निमंत्रण भी स्वीकार नहीं!"

प्रेमचन्द से भिन्न जब हम दूसरे लेखकों के कथा-साहित्य में ऐसी नारी ढूँढ़ते हैं जिसके हृदय में अन्याय के प्रति ऐसा ही रोष हो, तब हमें निराश होना पड़ता है। हमारे महान मनोवैज्ञानिक लेखक न नारी का अपमानित होना समझ पाते हैं, न उसके रोष को। उनकी कथा के ताने-बाने को हटाकर देखा जाए तो नारी उनके लिए वैसी ही वासना-पूर्ति का साधन है—यदि इसकी सामर्थ्य भी उनमें हो—जैसे वह सम्पत्तिशाली वर्ग के लोगों के लिए रही है। प्रेमचन्द नारी को मनुष्य का दर्जा देने के लिए लड़ रहे थे—बत्तीस करोड़ में सोलह करोड़ को जानवर के बदले इनसान समझने के लिए। इस उपन्यास का और सुमन का यह ऐतिहासिक महत्त्व है।

सुमन को मुख्य पात्र बनाते हुए भी प्रेमचन्द उसी पर दृष्टि केन्द्रित नहीं रखते। अनेक उपन्यासकारों की यह विशेषता होती है कि वे प्रधान पात्र को दृष्टि से ओझल नहीं होने देते। इससे कथानक में कसाव पैदा होता है; पाठक की तृष्णा अटूट घटना-प्रवाह से बराबर तृप्त होती रहती है। लेकिन प्रेमचन्द 'तिलिस्मे होशरूबा' और पुराणों के पाठक रह चुके थे। एक सीधे-सादे कथानक से उनका काम क्या चलता! वह मूल कथा उसकी समूची पृष्ठभूमि के साथ पाठक को सुनाना चाहते थे। इसलिए 'सेवासदन' में महन्त रामदास भी हैं, जिनका सारा कारोबार बाँकेबिहारी के नाम पर चलता है। उसमें म्युनिसिपैलिटी के सदस्य भी हैं जो अपनी सजी हुई शब्दावली से जाहिर कर देते हैं कि वे सत्य से कितनी दूर हैं। उसमें वकील, समाज-सुधारक, वक्ता, पत्रकार, मल्लाह, गृह-स्त्रियाँ, वेश्याएँ—सभी कुछ है, इतना कुछ कि एक उपन्यास में तब तक किसी ने न दिया था और अब तक भी कम ही ने दिया है।

प्रेमचन्द के कथोपकथन स्वाभाविकता लिये हुए हैं, उनका व्यंग्य, विशेष कर सुमन की बातचीत में, खूब निखरा हुआ है। इसकी जड़ में उनका चौदह साल पहले का अभ्यास काम कर रहा था। अधिकतर हिन्दी पाठक उनकी उस साधना से अपरिचित थे। इसलिए हिन्दी में 'सेवासदन' एक चमत्कार की तरह कौंध गया। हिन्दी पाठकों के हृदय में सोए हुए करुणा और वीरता के भाव जाग उठे।

आलोचकों को भले ही देर लगी हो, साधारण पढ़नेवालों ने पहचान लिया, यह उनका अपना लेखक है।

प्रेमचन्द ने 'सेवासदन' ही में 'प्रेमाश्रम' की सूचना दे दी थी। उनकी निगाह में वह किसान चढ़ चुके थे जो शोषण और अत्याचार का विरोध करने के लिए कमर कस रहे थे। 'सेवासदन' का चेतू 'प्रेमाश्रम' के बलराज और मनोहर का पूर्वज है। महन्त रामदास ने यज्ञ के लिए हल पीछे पाँच रुपये उगाहे थे। फसल खराब होने से, इजाफा-लगान की नालिश से निपटते हुए कर्ज के बोझ से दब जाने के कारण वह रुपये नहीं दे सका। उसे इतना मारा गया कि उसके प्राण निकल गए। "हाथ तो बँधे हुए थे, मुँह से लात-घूँसों का जवाब देता रहा।" इसके बाद की मंजिल है : 'प्रेमाश्रम'।

3

प्रेमाश्रम

ऊपर से देखने में 'प्रेमाश्रम' 'सेवासदन' से बिलकुल दूसरी तरह का उपन्यास लगेगा, लेकिन वास्तव में दोनों एक-दूसरे के बहुत निकट हैं। प्रेमचन्द ने 'सेवासदन' में नारी-समस्या की छानबीन हल्के-फुल्के सतही ढंग से न की थी। उन्होंने दिखलाया कि वेश्यावृत्ति को पैदा करनेवाले और पालने-पोसनेवाले स्वार्थ समाज में मौजूद थे। इन स्वार्थों के निर्मूल हुए बिना किसी तरह का समाज-सुधार सम्भव नहीं था। महन्त रामदास और बूढ़े किसान चेतू की घटना से उन्होंने दिखला दिया था कि ये स्वार्थ किस तत्परता और क्रूरता से अपनी रक्षा करते हैं। धर्म और कानून, सभी उनकी मदद के लिए आ जाते हैं। महन्त रामदास ही दारोगा को घूस देते हैं। घूस देनेवाला हत्यारा तो बन जाता है, कृष्णचन्द्र और उनका परिवार तबाह हो जाते हैं।

प्रेमचन्द उन उपन्यासकारों में थे जो पेड़ का पत्ता देखकर सन्तोष न करते थे, बल्कि उसकी जड़ें खोदकर देखते थे—चाहे वे पाताल तक ही क्यों न गई हों। यही सबब है कि नारी-समस्या और वेश्यावृत्ति की छानबीन करते हुए उन्होंने धर्म, कानून और सम्पत्ति के सम्बन्धों पर भी अच्छी तरह प्रकाश डाला था। सामाजिक अन्याय के विष-वृक्ष की जड़ों को उन्होंने 'प्रेमाश्रम' में पूरी तरह उघाड़ दिया, शब्द-जाल और छल-कपट की मिट्टी हटाकर दिखला दिया कि अन्याय और अत्याचार के फल किन डालों में लगते हैं और कहाँ से उन्हें खाद-पानी मिलता है।

'सेवासदन' में कुँवर अनिरुद्धसिंह ने वेश्यावृत्ति पर जो विचार प्रकट किये हैं, उन पर ध्यान देने से यह सन्देह नहीं रह जाता कि वे विचार प्रेमचन्द के ही हैं। उनसे प्रेमचन्द के व्यापक सामाजिक अनुभव और उनकी सूक्ष्म तर्क-बुद्धि का पता चलता है। कुँवर अनिरुद्धसिंह कहते हैं :

"हमें वेश्याओं को पतित समझने का कोई अधिकार नहीं। यह हमारी परम धृष्टता है। हम रात-दिन जो रिश्वतें लेते हैं, सूद खाते हैं, दीनों का रक्त चूसते हैं, असहायों का गला काटते हैं, कदापि इस योग्य नहीं हैं कि समाज के किसी अंग को नीच या तुच्छ समझें। सबसे नीच हम हैं। सबसे बड़े पापी, दुराचारी, अन्यायी

हम हैं, जो अपने को शिक्षित, सभ्य, उदार और उच्च समझते हैं। हमारे शिक्षित भाइयों ही की बदौलत दालमंडी आबाद है, चौक में चहल-पहल है, चकलों में रौनक है। यह मीनाबाजार हम लोगों ने ही सजाया है, ये चिड़ियाँ हम लोगों ने ही फँसाई हैं। ये कठपुतलियाँ हमने ही बनाई हैं। जिस समाज में अत्याचारी जमींदार, रिश्वती कर्मचारी, अन्यायी महाजन, स्वार्थी बन्धु आदर और सम्मान के पात्र हों, वहाँ दालमंडी क्यों न आबाद हो? हराम का धन हरामकारी के सिवा और कहाँ जा सकता है! जिस दिन नजराना, रिश्वत और सूद-दर-सूद का अन्त होगा, उसी दिन दालमंडी उजड़ जाएगी, ये चिड़ियाँ उड़ जाएँगी—पहले नहीं।"

अनिरुद्धसिह जोर देकर कहते हैं : "पहले नहीं।" वह उन लोगों को चेतावनी देते हैं जो नजराना, रिश्वत और सूद-दर-सूद का अन्त किये बिना ही आत्मसुधार से समाज को बदल डालना चाहते हैं। समाज-सुधार का एक ही रास्ता है—सामाजिक सम्बन्धों को बदलना। आत्म-सुधार से सामाजिक अन्याय और उत्पीड़न का अन्त नहीं हो सकता। 'प्रेमाश्रम' में उन्हीं अत्याचारी जमींदारों, रिश्वती राजकर्मचारियों, अन्यायी महाजनों और स्वार्थी बन्धुओं की कहानी लिखी गई है जिनको प्रेमचन्द 'सेवासदन' में ही वेश्यावृत्ति का जनक और पोषक बतला चुके थे।

'प्रेमाश्रम' पहले महायुद्ध के बाद के दौर का उपन्यास है। यूरोप की बड़ी-बड़ी ताकतों ने युद्ध के जरिये अपना संकट हल करने की कोशिश की; लेकिन युद्ध से संकट हल नहीं हुआ। गुलाम देशों की हालत और बुरी हो गई। वहाँ की जनता को और भी दबाकर रखने के लिए पश्चिमी ताकतों ने जोर-जुल्म बढ़ाया। आजादी चाहनेवाली जनता को रौलट कानून और जलियाँवाला बाग मिला। लेकिन दूसरों को गुलाम बनानेवाले अब पहले जैसे ताकतवर न थे। वे अब दुनिया को मनमाने ढंग से बाँट-चुँटकर लूट न सकते थे। उन्हें खास तौर से डर पैदा हो गया था, सोवियत रूस से। उस देश में मजदूरों और किसानों ने जमींदारों और पूँजीपतियों का राज खत्म कर दिया है—यह खबर दुनिया के सभी देशों में फैल गई थी। इसे हिन्दुस्तान की जनता ने भी सुना था—पढ़े-लिखे लोगों ने ही नहीं, गाँवों के किसानों ने भी। हिन्दुस्तान के लोग अंग्रेजों की गुलामी का जुआ उतार फेंकने के लिए और भी कोशिश करने लगे।

प्रेमचन्द साहित्यकार की तटस्थता के हामी न थे। वह यह उपदेश देते थे कि अगर जनसाधारण के आन्दोलन और संघर्षों को लेकर साहित्य न रचा जाएगा, तो वह अमर न होगा। उनका सिद्धान्त था—साहित्यकार का कर्तव्य है कि वह जनता की सेवा करने के लिए साहित्य रचे। हिन्दुस्तान की बहुसंख्यक जनता किसानी करती है। इस जनता को छोड़कर औरों के बारे में लिखने से उपन्यासकार अपने देश और युग का प्रतिनिधि कैसे होता? इसलिए उन्होंने किसानों के बारे में लिखा।

सन् '20 और '30 के आन्दोलनों में किसानों के जमींदार-विरोधी संघर्ष को बराबर दबाकर रखने या उसे एकाध जगह सीमित करने की बराबर कोशिश की

गई थी। इन आन्दोलनों की असफलता का बहुत बड़ा कारण यह भी था कि देश की बहुसंख्यक किसान जनता को अपनी माँगों के लिए लड़ने से रोका गया था। प्रेमचन्द के लिए राष्ट्रीय स्वाधीनता का आन्दोलन तभी सफल हो सकता था जब वह करोड़ों किसानों की अपनी माँगों का आन्दोलन बन जाए। वह जानते थे कि किसानों के आन्दोलन से स्वाधीनता का आन्दोलन कमजोर न पड़ेगा, बल्कि उसे विजय की मंजिल तक ले जाएगा। हिन्दुस्तान की सामन्ती ताकतें विदेशी प्रभुत्व का आधार थीं; इसलिए प्रेमचन्द के लिए आजादी का मतलब था : इस आधार को खत्म करना।

जमींदार अंग्रेजों के दलाल हैं—प्रेमचन्द ने इस बात को बहुत ही स्पष्ट शब्दों में राय कमलानन्द से कहलाया है। रायसाहब ज्ञानशंकर से कहते हैं :

"यह जायदाद नहीं है, इसे रियासत कहना भूल है, यह निरी दलाली है। इस भूमि पर मेरा क्या अधिकार है! मैंने इसे बाहुबल से नहीं लिया। नवाबों के जमाने में किसी सूबेदार ने इलाके की आमदनी वसूल करने के लिए मेरे दादा को नियुक्त किया था। मेरे पिता पर भी नवाबों की बड़ी कृपादृष्टि रही। इसके बाद अंग्रेजों का जमाना आया और यह अधिकार पिता जी के हाथ से निकल गया। लेकिन राजद्रोह के समय पिता जी ने तन-मन से अंग्रेजों की सहायता की। शक्ति स्थापित होने पर हमें वही पुराना अधिकार फिर मिल गया। यही इस रियासत की हकीकत है।"

प्रेमचन्द ने यहाँ बड़ी खूबी से दिखला दिया है कि अंग्रेजों के खिलाफ लड़ाई से जमींदारों के विरुद्ध संघर्ष का क्या सम्बन्ध था। प्रेमचन्द ने दिखलाया कि जमीन के वास्तविक स्वामी किसान हैं जबकि उसके मालिक बन बैठे हैं अंग्रेज और उनके दलाल। इसीलिए अंग्रेजों के बनाए हुए कानून—उनकी कायम की हुई कचहरियाँ और शान्ति और व्यवस्था की रखवाली पुलिस—किसानों को दबाने में सबसे आगे रहते थे।

अंग्रेजी साम्राज्यवाद और जमींदारों-जागीरदारों के आपसी सम्बन्ध समझे बिना 'प्रेमाश्रम' की रचना न हो सकती थी। प्रेमचन्द में यह समझ उनके अध्ययन और मनन से पैदा हुई थी। इस समझ के बिना वह ज्ञानशंकर और गायत्री, ज्वालासिंह और गौसखाँ, मनोहर और कादिर—इन तरह-तरह के पात्रों को एक जगह न तो इकट्ठा कर पाते, न उनके जीवन-सूत्रों को एक-दूसरे से जोड़ पाते। हिन्दी में किसानों की समस्याओं पर ज्यादा उपन्यास लिखे ही नहीं गए, जो लिखे भी गए हैं, उनमें प्रेमचन्द की सूझबूझ का अभाव है। इसीलिए आज तीस साल बाद भी 'प्रेमाश्रम' हिन्दी में अपने विषय का सर्वश्रेष्ठ उपन्यास है।

'प्रेमाश्रम' उपन्यास-रचना के साधारण नियम तोड़कर रचा गया है। कौन है इसका नायक, कौन है इसकी नायिका? जिन आलोचकों ने 'प्रेमाश्रम' में नायक न होने पर खेद प्रकट किया है, उसके कथानक की शिथिलता दिखलाकर प्रेमचन्द को घटिया कलाकार माना है, उसमें मनोविज्ञान की गहराई या तलछट न पाकर प्रेमचन्द को विश्व-साहित्यकार के पद से वंचित कर दिया है, उन्हें प्रेमचन्द ने, एक

वाक्य में उत्तर दे दिया था : "आजाद-रौ आदमी हूँ मसलेहतों का गुलाम नहीं" ('हंस', मई, 1937; पृष्ठ 914)।

बड़े कलाकार अपने कायदे-कानून खुद बनाते हैं। प्रेमचन्द भी कायदे पढ़कर उपन्यास लिखने न बैठे थे। 'प्रेमाश्रम' में वे उन किसानों की जिन्दगी की तसवीर खींचना चाहते थे जिन्हें साहित्य के लक्षण-ग्रंथों में जगह न मिली थी। वे उस अत्याचार और अन्याय की कहानी सुनाना चाहते थे जिसे उपक्रम, उपसंहार, प्रयोजन और उत्पत्ति की चर्चा करनेवाले सज्जन अक्सर भूल जाया करते थे।

प्रेमचन्द ने बेगार करनेवाले, हल जोतनेवाले, प्लेग और सरकार का मुकाबला करनेवाले किसानों को नायक बना दिया। मनोहर, बलराज, कादिर, दुखरन आदि इस उपन्यास के हीरो हैं। ये नई तरह के नायक हैं—गुण और अवगुण, दोनों से विभूषित। इनकी कहानी का आरम्भ किसी रमणी से आँख लड़ जाने से नहीं होता और न उस कहानी का अन्त नायक-नायिका के विवाह से होता है। लखनपुर का गाँव—संक्षेप में इस उपन्यास का नायक है; ज्ञानशंकर, गौसखाँ, कचहरी-कानून और पुलिस की जमात खलनायक है।

हिन्दी में इस तरह का उपन्यास किसी ने पहले लिखा न था। एक तो किसानों पर लिखना ही रसराज का अपमान करना था। उस पर किसी खास आदमी को नायक न बनाना और भी अनोखा प्रयोग था। प्रेमचन्द ने पाप और पुण्य के राक्षस और देवता नहीं रचे। उन्होंने उस धड़कन को सुना जो करोड़ों किसानों के दिल में हो रही थी। उन्होंने उस अछूते यथार्थ को अपना कथा-विषय बनाया जिसे भरपूर निगाह देखने का हियाव ही बड़ों-बड़ों को न हुआ था। उन्होंने दिखलाया कि हिन्दुस्तान की साधारण जनता में साहस, धीरता और मनोबल के कौन-से स्रोत छिपे पड़े हैं। प्रेमचन्द ने अपना कथा-विषय चुना—सदियों से पिसते हुए दासों की चेतना को, जो अब जाग रही थी और उनके हृदय में इनसान की तरह जीने की तीव्र लालसा पैदा कर रही थी। 'प्रेमाश्रम' लिखना एक अद्‌भुत साहस का काम था। साहित्य का झंडा लिये हुए प्रेमचन्द ऐसे मार्ग पर चल पड़े जिसे पहले किसी ने तै न किया था। उनकी प्रतिभा का यह प्रमाण है कि उन्होंने जो साहस किया, वह दु:साहस साबित नहीं हुआ। 'प्रेमाश्रम' एक अत्यन्त लोकप्रिय उपन्यास के रूप में आज भी जीवित है।

'प्रेमाश्रम' किसान-जीवन का महाकाव्य है। उसमें उस जीवन का एक पहलू नहीं दिखाया गया, वह एक विशाल नदी की तरह है जिसमें मूलधारा के साथ आसपास के नालों का पानी, जड़ से उखड़े हुए पुराने खोखले पेड़ और खेतों का घासपात भी बहता हुआ दिखाई देता है।

यहाँ हमें दरवाजे पर बैठा मनोहर बैलों के लिए कड़वी छाँटता दिखाई देता है। कसरत और लावनी का शौकीन बलराज अपनी लाठी में तेल लगा रहा है। डपटसिंह

मनोहर से उन डिप्टी साहब की चर्चा करता है जिनके इजलास में इजाफा-लगान का मामला तै होना है लेकिन जो जमींदार ज्ञानशंकर के दोस्त हैं। मनोहर सोचता है, कोई कानून ऐसा बन जाता जिससे इस तरह के मुकदमे इन हाकिमों के यहाँ न जाते तो कितना अच्छा होता! कानून सबके लिए एक-सा है; फिर वह हाकिमों से क्यों डरता है? मनोहर का कहना है : "हाकिम लोग आप भी तो जमींदार होते हैं, इसलिए वह जमींदारों का पच्छ करते हैं।" फिर वह उम्मीद करता है कि शायद लाट साहब की पंचायत में किसानों की फरियाद सुनी जाए; लेकिन डपटसिंह इस आशा पर पानी फेर देते हैं। कहते हैं : "यहाँ भी तो सब जमींदार ही होते हैं, काश्तकारों की फरियाद कौन सुनेगा?"

किसानों के भय का कारण यह है कि पुराने जमींदार जटाशंकर के जमाने से उसके बेटे ज्ञानशंकर के जमाने में जोर-जुल्म और भी बढ़ गया है। जटाशंकर को अपनी इज्जत का बड़ा खयाल रहता था। लड़कियों का विवाह हो तो ठाठ-बाट से, उत्सव मनाए जाएँ तो धूमधाम से, घर से निकलें तो पालकी पर चढ़कर। लेकिन ज्ञानशंकर के लिए पैसा ही इज्जत है। वह एक नये जमाने का जमींदार है जब महायुद्ध खत्म हो चुका था और सारे हिन्दुस्तान में दमन और लूट-खसोट का दौरदौरा था। वह अपने बाप का श्राद्ध भी करता है तो सोच-समझकर कि पैसा ज्यादा खर्च न हो जाए। अपनी 'रियासत' का इन्तजाम करने में वह चचा-ताऊ के रिश्ते भूल जाता है, उसके लिए पैसे का रिश्ता ही सबसे बड़ा रिश्ता है। वह अपने भतीजे को ही जेल भिजवाना चाहता है लेकिन जब वह बरी हो जाता है, तो उसके श्रेय में हिस्सा बटाने भी पहुँच जाता है। उसका भाई अमरीका पढ़ने गया था। जब वह लौटकर आता है तो उसे खुशी नहीं होती, उसे डर लगता है कि वह जायदाद में हिस्सा माँगेगा। उसका ससुर नि:सन्तान है, इसलिए वह उसकी जमींदारी पर भी दाँत लगाए हुए है। वह उसे जहर देकर मार डालने में भी आगा-पीछा नहीं करता, ससुर न मरा तो इसमें उसका दोष नहीं। उसकी एक साली है, गायत्री, जिसकी अपनी जमींदारी है। ज्ञानशंकर साली और जमींदारी दोनों को हड़पने की काफी कोशिशें करता है।

ज्ञानशंकर अपने वर्ग का प्रतिनिधि पात्र है। वह जितना धूर्त है, उतना चतुर नहीं। इसलिए उसकी बहुत कम योजनाएँ सफल हो पाती हैं। वह जितना धन का लोभी है, उतना ही कामी भी। इसलिए उसकी कामुकता कभी-कभी उसका बना-बनाया खेल बिगाड़ देती है। वह अपना काम बनाने के लिए दु:साहस कर सकता है; लेकिन वह दूसरों का चरित्र समझने में असमर्थ है। इसलिए उसे दूसरों से अपनी निन्दा सुननी पड़ती है। वह कपटी, छली और दगाबाज है, लेकिन उसमें हिम्मत चोरों के बराबर भी नहीं है। उसकी कायरता पाठक की सहानुभूति दूर कर देती देती है। वह जितना कायर है, उतना ही कठोर और निर्दयी भी है। वह

लखनपुर के किसानों का मुख्य प्रतिद्वंद्वी है लेकिन उनके सामने वह अपने पैरों खड़ा नहीं होता। उसे कानून और पुलिस की बैसाखियों में खड़ा रखनेवाली ताकत अंग्रेजी राज की है।

प्रेमचन्द के उपन्यास-साहित्य में ज्ञानशंकर तमाम खल पात्रों का सिरमौर है। उसके चित्रण में प्रेमचन्द ने अद्‌भुत कौशल का परिचय दिया है। कथानक को सुसम्बद्ध रखने के लिए भी वह कथाकार की बड़ी सहायता करता है।

उसके विरुद्ध लखनपुर की जनता है, जो उससे उतनी ही भिन्न है जितनी मौत से जिन्दगी।

प्रेमचन्द ने बलराज को हिन्दुस्तान के किसान-नौजवानों का प्रतिनिधि बनाया है। वह कसरत-कुश्ती का शौकीन है, गाना-बजाना, दोस्तों में गपशप करना उसे पसन्द है। दुनिया का अनुभव कम है; इसलिए उतावलापन उसमें ज्यादा है। वह एक नये आदर्श से प्रभावित है, जिसके अनुसार हर इनसान को इनसान की तरह रहने का हक मिलना चाहिए। वह किसी भी तरह का अन्याय बर्दाश्त करने के लिए तैयार नहीं है। वह उस लोहे की तरह है जो आग में तपकर इस्पात बनने की क्षमता रखता है।

गौसखाँ ने जब बेदखली की धमकी दी तो मनोहर ने जवाब दिया : "बेदखली की धमकी दूसरों को दें, यहाँ हमारे खेतों के मेंड़ पर कोई आया तो उसके बाल-बच्चे उसके नाम को रोएँगे।"

बलराज इसी मनोहर का बेटा है। उसने पढ़ना-लिखना भी सीखा है अखबारों से बदलती हुई दुनिया का हाल भी वह जानता है।

डपटसिंह जब मजाक करता है : "बलराज से कहो, सरकार के दरबार में हम लोगों की ओर से फरियाद कर आए", तब मजाक में किसानों की बेबसी का छिपा हुआ भाव देखकर बलराज उत्तर देता है :

"तुम लोग तो ऐसी हँसी उड़ाते हो, जानो काश्तकार कुछ होता ही नहीं। वह जमींदार की बेगार ही भरने के लिए बनाया गया है। लेकिन मेरे पास जो पत्र आता है, उसमें लिखा है कि रूस में काश्तकारों ही का राज है, वह जो चाहते हैं, करते हैं। उसी के पास कोई देश बलगारी है। वहाँ अभी हाल की बात है, काश्तकारों ने राजा को गद्‌दी से उतार दिया है और अब किसानों और मजदूरों की पंचायत राज करती है।"

प्रेमचन्द का हृदय संकुचित राष्ट्रवाद से ऊपर था। वह जानते थे कि इंसाफ और नई जिन्दगी के लिए तमाम दुनिया की आम जनता जो लड़ाई लड़ रही है, हिन्दुस्तान का स्वाधीनता-आन्दोलन उसी का एक हिस्सा है। वह हिन्दुस्तान के लोगों में एक नया भाव पैदा होते देख रहे थे कि दुनिया के तमाम मेहनत करनेवाले लोग भाई-भाई हैं। बलराज में उन्होंने इसी नई चेतना की किरनें फूटती दिखाई हैं।

बलराज दुनिया के तमाम मेहनत करनेवालों को अपना भाई समझता है इसलिए वह खुद हिन्दुस्तान के गरीब किसानों और खेत-मजदूरों के लिए लड़ने-मरने के लिए तैयार रहता है।

मनोहर, बलराज और हलवाहा रंगी चमार खाना खाने बैठते हैं। तीनों की थालियों में जौ की मोटी रोटियाँ, अरहर की दाल और बथुए का साग है। बलराज की माँ ने एक कटोरा दूध उसके सामने रख दिया। औरों को दूध क्यों नहीं मिला? इसलिए कि बाकी दूध बेगार में चला गया था। बलराज इस पर बिगड़ उठता है। वह एक नया सिद्धान्त पेश करता है : "जो हमसे अधिक काम करता है, उसे हमसे अधिक खाना चाहिए।" उसे दूध-घी मिले और उसका हलवाहा सूखी रोटियों से ही सन्तोष करे : "ऐसा दूध-घी खाने पर लानत है।"

गायत्री पर घात लगानेवाले, भाई के घर आने से दुखी होनेवाले, किसानों पर क्रूर अत्याचार करनेवाले ज्ञानशंकर की चरित्र-कालिमा के मुकाबले में बलराज की यह मानवता घी के दीये जैसी प्रकाशमान दिखाई देती है।

किसानों में यह मानववादी चेतना जमींदारों और हाकिमों को भयभीत कर देती है। किसानों को आतंकित करने के लिए वे उन पर तरह-तरह से अत्याचार करते हैं। डिप्टी का दौरा होता है तो चपरासी एक किसान के पेड़ की लकड़ियाँ उठा ले जाते हैं। वह ठंड में दिन कैसे काटेगा, इसकी उन्हें चिन्ता नहीं। बकरीद मनाने के लिए कादिर मियाँ ने जो बकरा पाला था, वह हाकिमों के पेट में पहुँच जाता है। प्रेमचन्द इस बात का संकेत करते हैं कि इस जुल्म के शिकार हिन्दू-मुसलमान दोनों हैं। पंसारी की दुकान से माल लूटा जाता था, उसकी कमी वह किसानों से ब्याज में पूरी करता था। हाकिमों को रोगी, नीरोग, बूढ़े, बच्चे, किसी का लिहाज नहीं। एक बूढ़ी अपने बेटे के साथ गाड़ी में अस्पताल जा रही थी, उसे उतारकर गाड़ी में लकड़ियाँ लादते उन्हें जरा भी संकोच नहीं होता।

एक बार हाकिम के आने पर गाँव के किसान इकट्ठे किये जाते हैं। बलराज किसी काम से गया है। आने में देर होती है। दो सिपाही उसे पकड़ लेते हैं और उसे बाँधना चाहते हैं, तभी मनोहर : "बाज की तरह टूटकर बलराज के पास पहुँचा और दोनों कांस्टेबिलों को धक्का देकर बोला—छोड़ दो, नहीं तो अच्छा न होगा। इतना कहते-कहते उसकी जुबान बन्द हो गई और आँखों से आँसू निकल पड़े।" कुछ आलोचक कहते हैं कि प्रेमचन्द में मनोवैज्ञानिक गहराई नहीं है। मनोविज्ञान का अर्थ विकृत काम-विकार ही न हो तो यह भी बड़ा सूक्ष्म मनोवैज्ञानिक चित्रण है। बेटे की दुर्दशा देखकर बाप अपने को रोक नहीं पाता। तैश में आकर सिपाहियों को धक्का देता है; लेकिन दूसरे ही क्षण अपनी बेबसी समझकर रोने लगता है।

ज्ञानशंकर लखनपुर के आसामियों पर इजाफा-लगान का दावा करता है। परिस्थितियाँ किसानों की चेतना को और पैना करती हैं और वे अपना एका और

मजबूत करते हैं और जमींदार का मुकाबला करने की ठानते हैं। गाँव में ताऊन फैल जाता है; लेकिन हाकिमों-जमींदारों की तरफ से कोई रियायत नहीं होती। उनकी जिन्दगी कितनी कड़वी हो चुकी है, इसका अन्दाज इस बात से लग सकता है कि जब ज्ञानशंकर के भाई प्रेमशंकर डपटसिंह के पास पहुँचते हैं, जिसका एक लड़का जाता रहा है और दूसरा जानेवाला है, तो वह कहता है :

"क्या जाफा वसूल करने आए हो? उसी से ले लीजिए जो वहाँ धरती पर पड़ा हुआ है। वह आपकी कौड़ी-कौड़ी चुका देगा। गौसखाँ से कह दीजिए, उसे पकड़ ले जाएँ, बाँधे, मारें, मैं न बोलूँगा। मेरा खेती-बारी से, घर-द्वार से इस्तीफा है।"

इस किसान के लिए जिन्दगी जहर का घूँट बन गई है। सहन करने की सामर्थ्य खो चुका है। उसका सारा आवेग उसके व्यंग्य-वचनों में फूट पड़ता है जिससे सुननेवाला तिलमिला उठे। प्रेमचन्द का व्यंग्य उपन्यासों में पात्रों का रोष, क्षोभ और प्रतिहिंसा प्रकट करने का साधन है। जितना ही किसान हाथ उठाने में असमर्थ होकर मन में घुटता है, उतना ही उसका व्यंग्य आँच में तपकर पैना हो जाता है। इन तमाम कठिनाइयों के बावजूद गाँववाले जीत गए। इनकी एकता के आगे सरकारी कचहरियों को झुकना पड़ा। लेकिन मुकदमा हारने पर भी जमींदार शक्तिशाली है। प्लेग की वजह से लोगों ने अपने झोंपड़े जमींदार के बाग में डाले थे। ज्ञानशंकर उनमें आग लगवा देता है। इसके बाद उसने ताल का पानी बन्द कराने की कोशिश की। जिन चीजों पर किसानों का हजारों साल से पंचायती हक था, जमींदार उन्हें भी हड़पने की कोशिश कर रहा था। प्रेमचन्द लिखते हैं : "लोगों को कभी स्वप्न में भी यह अनुमान न हुआ था कि जमींदार इतनी जबरदस्ती कर सकता है। उनका चिरकाल से इस पर अधिकार था। पर आज उन्हें ज्ञात हुआ है, इस पर हमारा स्वत्व नहीं है।"

कादिर हाथ-पैर जोड़कर किसानों को हमेशा मनाता रहता है कि वे झगड़ा न करें। जब तालाब को लेकर जमींदार के आदमी फसाद करना शुरू करते हैं, तब सुलह की राह न देखकर वह खिसक जाना चाहता है। लेकिन सुक्खू चौधरी उसका हाथ पकड़कर रोक लेता है और कहता है कि निपटारा होने तक रुकना पड़ेगा। तब क्या झगड़ा मोल लिया जाए? गाँव के किसानों की एकता किस तरह मजबूत हो रही है, यह कादिर और सुक्खू की संक्षिप्त बातचीत से मालूम हो जाता है :

"कादिर खाँ : तो क्या कहते हो, लाठी चलाऊँ?

सुक्खू : और लाठी है किस दिन के लिए?

कादिर : किसके बूते पर लाठी चलेगी? गाँव में रह कौन गया? अल्लाह ने पट्ठों को चुन लिया।

सुक्खू : पट्ठे नहीं हैं, न सही, बूढ़े तो हैं। हम लोगों की जिन्दगानी किस रोज काम आएगी?"

परिस्थितियों की मार खाते-खाते किसान अब प्रतिरोध के लिए तैयार हो उठे थे। सुक्खू चौधरी उन लोगों में थे जो किसी हालत में जमींदार का विरोध न करना चाहते थे। लेकिन मजबूर होकर उन्हें भी मनोहर और बलराज की तरह बातें करनी पड़ीं।

जमींदार पर फिर दावा हुआ और किसान फिर जीते। सत्यनारायण की कथा हुई, ब्राह्मणों का भोज हुआ। गौस खाँ ने दरोगा से मिलकर सुक्खू के यहाँ कोकीन बरामद करा दी और उन्हें दो साल की कैद की सजा सुना दी गई।

गाँव में एक पुलिस-अफसर आता है। लोगों से बेगार कराई जाती है। कादिर खाँ बलराज को याद करते हैं, उसके अखबार में लिखी बातों को याद करते हैं : "देखते तो हो, बलराज के अखबार में कैसी-कैसी बातें लिखी रहती हैं। यह सब अपनी तकदीर की खूबी है।"—और रोने लगते हैं।

प्रेमचन्द ने कादिर जैसे किसानों के पुरानपंथी विचारों की दीवार को जर्जर होकर ढहता हुआ दिखाया है। वह अन्याय का विरोध नहीं करना चाहते; हर चीज अल्लाह और किस्मत के नाम पर सह लेना चाहते हैं; लेकिन बलराज की कही हुई बातों ने एक नया भाव पैदा कर दिया है। एक देश है जहाँ किसान घास छीलने के लिए मजबूर नहीं किये जाते। यह भाव उन्हें अपनी 'तकदीर' पर आँसू बहाने के लिए विवश करता है।

दुखरन साफ की हुई जमीन लीपने से इनकार करता है। उसे बुरी तरह जूतों से पीटा जाता है। कादिर खाँ अपना सिर आगे कर देते हैं कि पहले इसे पीट लो। धक्का देकर उन्हें गिरा दिया जाता है। तभी प्रेमशंकर आते हैं और वे प्रेम से सब मसले तय करने के पक्षपाती हैं। वह लोगों से काम करने को कहते हैं। दुखरन ने घर आकर शालिगराम की बटिया एक तरफ फेंक दी। ईश्वर से उसका विश्वास उठ गया था। तहसीलदार प्रेमशंकर से कहता है : "हम लोग एक तौर पर आपके मददगार हैं, रिआया को सताकर, पीसकर मजबूत बनाते हैं और आप जैसे कौमी हमदर्दों के लिए मैदान साफ करते हैं।" प्रेमशंकर के पास इस नीचता का कोई उत्तर नहीं है। प्रेमचन्द ने दृढ़ता से सत्य को चित्रित करते हुए सिद्ध किया है कि किसानों को जिनसे निपटना पड़ता है, वे हृदयहीन राक्षस हैं।

गौस खाँ गाँव की चरावर पर रोक लगाता है। जिन मैदानों में किसानों के पुरखे सदा से अपने जानवर चराते आए थे, उन पर अन्याय से अब जमींदार अधिकार करना चाहता है। बलराज की माँ वहाँ अपने जानवर लिये पहुँचती है। उसे सुनाया जाता है कि सरकारी हुक्म है कि अब कोई जानवर वहाँ न चरे।

जो काम सुमन न कर सकी थी, वह बलराज की माँ बिलासी करती है। वह गाँव की पंचायती जमीन के लिए लड़ती है। प्लेग, मुकदमा, आगजनी—इन सबसे निपटकर बिना आतंकित हुए वह कहती है :

"कैसा सरकारी हुकुम? सरकार की जमीन नहीं है।...हमारे मवेशी सदा से यहाँ चरते आए हैं और सदा यहीं चरेंगे। अच्छा सरकारी हुकुम है, आज कह दिया, चरावर छोड़ दो, कल कहेंगे, अपना-अपना घर छोड़ो। पेड़ तले जाकर रहो। ऐसा कोई अँधेर है?" गौस खाँ के कहने से उसके जानवर घेर लिये जाते हैं और जमींदार के चाकर उन्हें मवेशीखाने ले चलते हैं। बिलासी रास्ता रोककर खड़ी हो जाती है।

फिर गौस खाँ से यह बातचीत होती है :

"गौस खाँ : न हटे तो इसकी मरम्मत कर दो।

बिलासी : कहे देती हूँ, इन जानवरों के पीछे लहू की नदी बह जाएगी। माथे गिर जाएँगे।

फैजू : हटती है या नहीं चुड़ैल?

बिलासी : तू हट जा, दाढ़ीजार।"

फैजू के धक्के से गिरकर वह बेहोश हो जाती है, लेकिन जैसा उसने कहा था—माथे गिर गए। गौस खाँ को जान से हाथ धोना पड़ा। मनोहर औरत की इज्जत के लिए मर मिटा।

ज्ञानशंकर किसानों को इतना सताता है कि मनोहर अपने को धिक्कारने लगता है। गाँव के लोग उसके विरुद्ध हो जाते हैं, बलराज भी मनोहर का विरोध करने लगता है। ज्ञानशंकर पुलिस को मिलाकर बहुत से किसानों को हत्या के मामले में फँसा देता है। कादिर गाँववालों की आलोचना का उत्तर देते हुए मनोहर के समर्थन में कहते हैं : "यारो! ऐसी बातें न करो, बेचारे ने तुम लोगों के लिए, तुम्हारे हक की रक्षा करने के लिए यह सब कुछ किया। उसके जीवट और हियाव की तारीफ तो नहीं करते और उसकी बुराई करते हो! हम सब-के-सब कायर हैं, वही एक मर्द है।"

कादिर के ये शब्द बहुत ही महत्त्वपूर्ण हैं। प्रेमचन्द पाठक को याद दिलाते हैं कि मनोहर ने जो कुछ किया, वह अपनी स्त्री की इज्जत रखने के लिए ही नहीं, वह सभी के हक की लड़ाई थी, जिस हक को जमींदार छीनना चाहता था। प्रेमचन्द ने बड़े कलात्मक ढंग से ये शब्द उस कादिर से कहलाए हैं जो हमेशा मनोहर और बलराज को रोका करता था, उन्हें ईश्वर का भरोसा करके अन्याय सहने का उपदेश दिया करता था। कादिर ने जिन्दगी के स्कूल में नया सबक सीखा था—अन्याय का विरोध न करना कायरता है। इसीलिए वह कहता है : "हम सब-के-सब कायर हैं, वही एक मर्द है।"

लेकिन मनोहर को इससे सन्तोष न हुआ। वह अपने ही उन भाइयों से दुर्व्यवहार की आशा न करता था, जिनके जिनके लिए उसने क्या कुछ न सहा था। वह निराश होकर आत्महत्या कर लेता है। धीर-वीर मनोहर मानसिक दृढ़ता की सीमा पार कर

रहा था। हर व्यक्ति की सहनशीलता की सीमा होती है। उस सीमा तक पहुँचकर वह टूट जाता है।

प्रेमचन्द के किसान देवता नहीं हैं; वे मनुष्य हैं। उनमें कमजोरियाँ हैं : वे उनसे लड़ते हैं। कभी जीतते हैं, कभी हारते हैं। प्रेमचन्द ने चरित्र का उत्थान-पतन दिखाने में, एक साहसी लेकिन अति व्यथित किसान का हृदय पढ़ने में, अपनी ज्वलंत प्रतिभा का परिचय दिया है और प्रेमचन्द ही विधवा बिलासी में गर्व-भाव का उदय होना दिखा सकते थे कि विधवा हुई तो क्या, उसने अन्याय के सामने कभी सिर नहीं झुकाया।

वह कहती है : "मैं विधवा हो गई तो क्या, घर सत्यानाश हुआ तो क्या, किसी के सामने आँख तो नीची नहीं हुई।"

लेकिन उसकी मुसीबतों का अन्त नहीं हुआ। प्रेमचन्द एक विशाल संघर्ष को निर्मम यथार्थवादी की तरह उसके तर्कसंगत परिणाम की तरफ बढ़ाकर ले चलते हैं। अमन और कानून की ताकतें अब भी बहुत मजबूत हैं। लखनपुर के किसान अकेले पड़ जाते हैं। किसी दूसरे गाँव में जूँ तक नहीं रेंगती, क्योंकि अभी उनका कोई संगठन नहीं है। शहर से उन्हें कोई मदद नहीं मिलती, क्योंकि मजदूर से उनका एका नहीं है। सन् '19-20 में जब प्रेमचन्द ने यह उपन्यास लिखा था, तब ऐतिहासिक परिस्थिति ऐसी ही थी। प्रेमशंकर की प्रेम से सब झगड़े निपटाने की नीति किसानों को एक तकलीफ से भी नहीं बचा सकी।

बलराज और कादिर को काला पानी हो गया। बिलासी पर बकाया लगान का दावा किया गया। उसके जानवर, जिन्हें चरावर में ले जाने के लिए वह लड़ी थी, कुर्क कर लिये गए। चपरासियों द्वारा खुद बिलासी बुरी तरह पीटी गई।

किसानों के पास मालगुजारी देने के लिए कुछ न था। उन पर ज्ञानशंकर किस तरह जुल्म करता है, इसका वर्णन करते हुए प्रेमचन्द ने लिखा है :

"फैजुल्लाह ने सख्ती करनी शुरू की। किसी को चौपाल के सामने धूप में खड़ा करते, किसी को मुश्कें कसकर पिटवाते। दीन नारियों के साथ और भी पाशविक व्यवहार किया जाता, किसी की चूड़ियाँ तोड़ी जातीं, किसी के जूड़े नोचे जाते। इन अत्याचारों को रोकनेवाला अब कौन था? सत्याग्रह में अन्याय को दमन करने की शक्ति है, यह सिद्धान्त भ्रान्तिपूर्ण सिद्ध हो गया।"

यथार्थवादी चित्रण का इससे अच्छा निर्वाह और क्या हो सकता था? 'सेवासदन' की तरह यह उपन्यास भी वास्तव में दुःखान्त है। सत्याग्रह शान्तिपूर्ण सिद्ध हो गया। ऐसा मार्ग जो अन्याय का दमन कर सके, किसानों के सामने न था। यह ट्रेजडी व्यक्तिगत या घरेलू समस्याओं को लेकर लिखे हुए दुखान्त उपन्यासों और नाटकों से कहीं ज्यादा विशद और मार्मिक है। यह एक युग की ट्रेजेडी है। जब किसान पर अत्याचार बढ़े हैं, उसने उनका प्रतिरोध करने की कोशिश की है लेकिन सफल

नहीं हो पाया। यह दुखान्त परिणति एक दीर्घकालीन और संहारकारी संघर्ष के बाद हुई थी। एक तरफ लखनपुर का गाँव अपनी शक्ति बटोरता है, लड़ता है, परास्त होता है, फिर बिखर जाता है। दूसरी तरफ ज्ञानशंकर और कारिन्दे, थानेदार और तहसीलदार, जज, वकील और पेशकारों की फौज है जो अपनी सारी ताकत से गाँव को कुचल देना चाहती है। प्रेमचन्द ने इस संघर्ष को विस्तार से चित्रित किया है और ऐसा प्रभावशाली कौशल, घटनाक्रम को सजीव कर देने की ऐसी क्षमता खुद उनके उपन्यासों में भी कम देखी जाती है।

इस संघर्ष में दोनों प्रतिद्वंद्वी बराबर के नहीं हैं। जमींदार और राजसत्ता असंगठित किसानों के मुकाबले में बहुत शक्तिशाली हैं। फिर भी पाठक की पूरी सहानुभूति लखनपुर के निवासियों के साथ रहती है, इसलिए कि वे नये जीवन के लिए, एक नये हिन्दुस्तान के लिए लड़ते हैं। जहाँ तक किसानों का सम्बन्ध है, उनकी कहानी में पाठक की दिलचस्पी कम नहीं होने पाती। और अन्त में प्रेमचन्द, 1920 में ही पाठक के सामने यह निष्कर्ष रखते हैं : "सत्याग्रह में अन्याय को दमन करने की शक्ति है, यह सिद्धान्त भ्रान्तिपूर्ण सिद्ध हो गया।"

इसके बाद वही काल्पनिक समाधान है जिसने 'सेवासदन' को कमजोर बनाया था। 'प्रेमाश्रम' का समाधान और भी कमजोर है। जो प्रेमशंकर लखनपुर को एक आदर्श गाँव बना देते हैं, वह किसानों के संघर्ष के दिनों में न उन्हें संगठित कर पाते हैं, न दमन और जुल्म का मुकाबला करने में उनका साथ देते हैं। वह विदेश में पढ़े हुए एक अच्छे-खासे भलेमानुस हैं जो सपने देख सकते हैं लेकिन जीवन-संघर्ष की आँच सहने में असमर्थ हैं। वह 'प्रेमाश्रम' के सबसे निर्जीव पात्रों में हैं, खास कर उन तपे हुए और मार खाए हुए किसानों के मुकाबले में, जिनके गाँव को वह स्वर्ग बना देते हैं। उपन्यास का अन्त अस्वाभाविक ही नहीं है, वह उसके प्रभाव को भी कम कर देता है। जिन शक्तियों ने लखनपुर के किसानों को पीस डालने में कुछ उठा नहीं रखा, वे सब बरकरार रहती हैं। उस अवस्था में कोई परिवर्तन नहीं होता, जिसमें अंग्रेजों के दलाल किसानों की कमाई का फल कुछ खुद लूटते थे और बाकी अंग्रेज स्वामियों को भेंट कर देते थे। तब लखनपुर एक सुखी और आदर्श गाँव कैसे बन गया?

उपन्यास के काल्पनिक अन्त का यही महत्त्व स्वीकार किया जा सकता है कि उससे प्रेमचन्द की आशाएँ जाहिर होती हैं कि भविष्य में वह किस तरह के गाँव चाहते थे। उससे यह जाहिर होता है कि प्रेमचन्द समझते थे कि जमींदारी प्रथा खत्म हो जाए तो किसानों का जीवन इस तरह सुखी हो सकता है। यह मान लेने पर भी ज्ञानशंकर-सम्बन्धी कथा को जितना विस्तार दिया गया है, वह अनावश्यक ही साबित होता है और उससे उपन्यास की मूल कथा का प्रभाव काफी कम हो जाता है।

इस तरह की खामियों से मामूली कलाकार भी बच सकता है, लेकिन मुख्य बात यह है कि 'प्रेमाश्रम' हिन्दी का पहला 'हीरोइक' उपन्यास है जिसे लिखना एक असाधारण कलाकार ही का काम था। उसमें जनता की वीरता का चित्रण है, बिना शब्दों की झंकार-टंकार का सहारा लिये हुए, बिना अलंकारों से साहित्य की आत्मा को ढाँके हुए। तुलसीदास ने भारतीय जनता के शौर्य का चित्रण किया था—पौराणिक गाथाओं के पात्रों द्वारा। प्रेमचन्द तुलसीदास के त्याग, सहृदयता और शूरता की परम्परा के उत्तराधिकारी हैं।

'प्रेमाश्रम' की कला किस बात में है? कथा गढ़ने में, कथोपकथन में, चरित्र-चित्रण में? इन सबमें भी, लेकिन इन सबसे अलग भी। उस कला का विश्लेषण उपन्यास के इन अंगों का अलग-अलग विवेचन करने से नहीं हो सकता। वह कला जीवन का सम्पूर्ण चित्र देने में है, उस चित्र से जीवन को एक नई गीत देने में है।

प्रेमचन्द हमें ठेठ किसानों के बीच ले जाते हैं। उनके अलाव, उनके खेत और ताल, उनके अखाड़े और लावनी-ख्याल, उनके अन्धविश्वास और नये जीवन के कसमसाते हुए भावांकुर—'प्रेमाश्रम' में यह सब कुछ सजीव है। उसके पृष्ठों में इतिहास जी रहा है। प्रेमचन्द किसानों की प्राचीन परम्परा दिखाते हैं तो यह भी कि कहाँ उनकी कड़ियाँ टूट रही हैं। प्रेमचन्द की कला इस बात में है कि वे हिन्दुस्तान के बदले हुए किसान का चित्र खींच सके हैं। घटनाएँ साधारण हैं लेकिन उनसे वह अपने पात्रों का पुरानापन और नयापन, उनको पीछे ठेलनेवाली और आगे बढ़ानेवाली विशेषताएँ प्रकट करते हैं। पहाड़ की तसवीर खींचना आसान है, नदी के बहाव को चित्रित करना मुश्किल। प्रेमचन्द ने यथार्थ के बहाव को पकड़ लिया है। उसे उन्होंने भावी पीढ़ियों के लिए 'प्रेमाश्रम' में सुरक्षित कर दिया है।

प्रेमचन्द की कला उपन्यास की चित्रमयता में है। प्रेमचन्द अपने पात्रों पर मनोवैज्ञानिक लेख लिखने नहीं बैठ जाते, जैसाकि कुछ अद्‌भुत कलाकार किया करते हैं। वह अपने पात्रों से लम्बी-लम्बी स्पीचें भी नहीं दिलवाते जिनमें थोथे तर्कजाल का विस्तार करके उपन्यास को वजनी बना दिया जाता है। प्रेमचन्द पात्रों के, घटनाओं के, दृश्यों के ऐसे चित्र आँकते हैं कि पाठक उन्हें हमेशा याद रखता है और वे उसकी स्मृति में छिपे हुए उसके विचारों और कर्मों को प्रभावित करते हैं।

प्रेमचन्द ने 'मनोवैज्ञानिक' कलाकारों की तरह इस उपन्यास को तर्कजाल और अपनी टीका से लाद दिया होता तो वह साधारण जनता में कभी इतना लोकप्रिय न होता। वह जो कुछ कहना चाहते हैं, उसे चित्रों द्वारा ही कहते हैं। पात्रों के संवादों में तर्कजाल भरनेवाले सज्जन वास्तव में अपने यथार्थ जीवन के अज्ञान को छिपाते

हैं। उनका अनुभव बहुत ही सीमित और संकुचित होता है, लेकिन वह उसे हिन्द महासागर की तरह गहरा दिखाना चाहते हैं। प्रेमचन्द में यथार्थ जीवन की गहरी जानकारी है; उनके उपन्यासों में महत्त्वपूर्ण जीवन-दर्शन, सुलझा हुआ दृष्टिकोण और गम्भीर विचार मिलते हैं।

प्रेमचन्द के दृष्टिकोण की खूबी इस बात में है कि वह समाज में देख सकते हैं कि कौन-सी चीज मर रही है और कौन-सी चीज उग रही है। वह समाज को एक गतिशील क्रम के रूप में देखते हैं। यहाँ स्थिरता नहीं है लेकिन क्षणभंगुरता का नाम संसार नहीं है। यहाँ कुछ शक्तियाँ पतनशील हैं तो कुछ शक्तियाँ उदयशील भी। लखनपुर के किसान उगनेवाली शक्ति हैं। वे निरस्त्र हैं, संघर्ष में मार खा जाते हैं, भयानक यातनाएँ सहते हैं, अन्धविश्वासों और कुसंस्कारों से पूरी तरह पीछा नहीं छुड़ा पाते, लेकिन भविष्य उन्हीं का है; समाज की उदीयमान-शक्ति वही हैं। ज्ञानशंकर, ज्वालासिंह, गौस खाँ वगैरह भले ही शक्तिशाली दिखाई दें लेकिन उनका भविष्य अन्धकारमय है। वे समाज की प्रगति को रोकनेवाली मरणशील शक्ति हैं। इन दो तरह के दलों में वर्षों तक संघर्ष चलता है और उसके दौरान नई नैतिकता पुरानी सामन्ती संस्कृति को चुनौती देती है, उससे टक्कर लेती है और दृढ़ होती है।

प्रेमचन्द का जीवन-दर्शन इसी संसार में जूझनेवाले मनुष्यों के दुःख-सुख, आशा-निराशा, विजय-पराजय का चित्रण करने में प्रकट होता है। वह पाठक को यह नहीं सिखाते कि यह संसार झूठा है, इसमें रहनेवाले मनुष्य झूठे हैं, उनका संघर्ष झूठा है। वह दिखलाते हैं कि मनुष्य जिन परिस्थितियों में पैदा हुआ है, उनसे प्रभावित होते हुए भी उन्हें बदलने की कोशिश करता है।

प्रेमचन्द का गम्भीर चिन्तन, उनके ऊँचे विचार, एक नई मनुष्यता, एक नई नैतिकता का चित्रण करने में प्रकट होते हैं, जो हिन्दुस्तान के किसानों में किरण की तरह फूट रही थी। इस घटना का अन्तरराष्ट्रीय महत्त्व था। हिन्दुस्तान को आधार बनाकर हिन्दुस्तान के जान-माल की मदद से अंग्रेजों ने ऐसा साम्राज्य कायम किया था जिसमें सूरज न डूबता था। उस साम्राज्य के स्तम्भ थे, अंग्रेजों के दलाल, भारत के राजा, जागीरदार और जमींदार। हिन्दुस्तान के किसान उनके खिलाफ संघर्ष करके सिर्फ अपने सुखी जीवन के लिए न लड़ रहे थे बल्कि वह संसार के सभी दासों की शान्ति और स्वाधीनता के लिए लड़ रहे थे। प्रेमचन्द हिन्दी के पहले लेखक थे जिन्होंने अन्तरराष्ट्रीय महत्त्व का ऐसा उपन्यास लिखा था।

यह उपन्यास असहयोग-आन्दोलन के बाद छपा, यह हमारा दुर्भाग्य था। फिर भी उसने स्वाधीनता-आन्दोलन को दृढ़ करने के लिए उसे एक नई गति देने में, किसान-समस्या को आजादी की मूल समस्या के रूप में स्वीकार करने में बहुत बड़ा काम किया है। ऐसा सामाजिक महत्त्व विरले ही उपन्यासों का होता है।

प्रेमचन्द की कला उनकी सजीव शब्दावली, वर्णन की काव्यमयता, उनके गद्य के वे सजीव अंश, जिन्हें पाठक कविता की पंक्तियों की तरह रट लेते हैं—इन सबमें प्रकट होती है। प्रेमचन्द की कला मनोहर, बलराज, कादिर के सजीव चित्रण में प्रकट होती है जिनसे बिछुड़ने पर एक आत्मीय के बिछोह का-सा दु:ख होता है।

किसी समय जब प्रेमचन्द के मनोहर, बलराज और कादिर का जीवन बदल जाएगा और लखनपुर वास्तव में एक सुखी गाँव बनेगा, तब मनोहर, बलराज और कादिर की सन्तान 'प्रेमाश्रम' पढ़ेगी और कहेगी—हाँ, हमारे पुरखे वीर थे; उन्होंने अन्याय के सामने सिर नहीं झुकाया; वे अपना रक्त न बहाते तो यह गाँव सुखी न होता। और यह सब कहते-सोचते उनका हृदय प्रेमचन्द के प्रति कृतज्ञता से भर उठेगा।

4

निर्मला और गबन

'निर्मला' और 'गबन' प्रेमचन्द के ऐसे उपन्यास हैं, जिनमें नारी-समस्या प्रधान है।

'सेवासदन' को देखते हुए 'निर्मला' की कहानी का क्षेत्र संकुचित है; लेकिन कई जगह इसके स्थल 'सेवासदन' से ज्यादा करुण और मर्मस्पर्शी हैं।

'निर्मला 'में कई तरह के दंपती हैं। उदयभानुलाल और कल्याणी, भालचन्द्र और रंगीलीबाई, डॉक्टर और सुधा, तोताराम और निर्मला।

कल्याणी और उदयभानु—निर्मला के माता-पिता—का झगड़ा उपन्यास के अगले संघर्षों की अग्रसूचना है। उदयभानु का कहना है : "ऐसे मर्द और होंगे जो औरतों के इशारे पर नाचते हैं।" और कल्याणी का कहना है : "ऐसी स्त्रियाँ भी और होंगी, जो मर्दों की जूतियाँ सहा करती हैं।" मर्द को घर का अभिमान; सोचता है—यह घर छोड़कर कहाँ जाएगी? कल्याणी चलने को होती है तो वह ताना देता है—मैके का घमंड होगा। कल्याणी मैके जाने पर लानत भेजती है। तैश में घर छोड़कर चली तो जाती लेकिन बच्चों का मोह उसे रोक लेता है। पति उसे सबक सिखाने के लिए नदी के किनारे कपड़े छोड़कर कुछ दिन बाहर जाने का विचार करते हैं, लेकिन रात में एक गुंडा, जिसे उन्होंने सजा कराई थी, उनकी हत्या कर डालता है। कल्याणी समझती है कि उसी की जली-कटी बातों से उसके पति का अन्त हुआ।

इससे उल्टा जोड़ा भालचन्द्र और रंगीलीबाई का है। भालचन्द्र आबकारी के ऊँचे ओहदे पर थे। खूब रिश्वत लेते थे। काला भुजंग शरीर था; लेकिन पत्नी : "गोरे रंग की प्रसन्न-मुख महिला थीं। रूप और यौवन उनसे विदा हो रहे थे; पर किसी प्रेमी मित्र की भाँति मचल-मचलकर तीस साल तक जिसके गले से लगे रहे, उसे छोड़ते न बनता था।" पतिदेव हिन्दी के अक्षर बिलकुल न पहचानते थे लेकिन रंगीलीबाई खत पढ़ लेती थीं। इन्हीं के लड़के से निर्मला का ब्याह होनेवाला था, यह सुनकर कि उदयभानु नहीं रहे—यानी भारी दहेज अब न मिलेगा—भालचन्द्र ने शादी करने से इनकार कर दिया। रंगीलीबाई कोमल हृदय की थीं, लेकिन पति पर

कठोर शासन करती थीं। वह चाहती हैं कि शादी हो जाए लेकिन पति को हीले-हवाले करते देखकर डपटकर कहती हैं : "क्यों जी, तुम मुझसे भी उड़ते हो, दाई से पेट छिपाते हो? मैं तुम्हारी बातें मान जाती हूँ तो तुम समझते हो, इसे चकमा दिया; पर मैं तुम्हारी एक-एक नस पहचानती हूँ।"

रंगीलीबाई के द्वारा प्रेमचन्द ने बहुत-सी सताई हुई स्त्रियों का मानो बदला ले लिया हो, मानो यह दिखला रहे हों कि हमारे समाज में स्त्रियाँ पतियों को नचा भी सकती हैं। ब्याह तय हो जाता अगर लड़का ही दहेज पर न अड़ जाता। वह कॉलेज में पढ़ता है लेकिन सीधे अपनी माँ से कहता है : "कहीं ऐसी शादी कराइए कि खूब रुपये मिलें।"

और रंगीलीबाई उससे परास्त होकर कहती है : "तुम बाप-पूत दोनों एक ही थैली के चट्टे-बट्टे हो।"

सुधा निर्मला की घनिष्ठ मित्र है। अपने पति से बड़ा प्रेम करती है, लेकिन पतिदेव के हृदय में निर्मला के लिए प्रेम का दीपक जला करता है। जब सुधा को पता लगा तो उसने उन्हें खूब आड़े हाथों लिया। पति हयादार थे इसलिए जल्दी ही मर गए, फिर भी सुधा को अपने किये पर पश्चात्ताप नहीं हुआ। वह कहती है : "ऐसे सौभाग्य से मैं वैधव्य को बुरा नहीं समझती।"

कल्याणी और सुधा-जैसी नारियाँ हिन्दी उपन्यासों और नाटकों की उन तमाम महिलाओं से भिन्न हैं जो व्यभिचारी पति के चरणों को आँसुओं से तर कर देती हैं और उसके अन्याय का प्रतिकार करने की बात भी नहीं सोचतीं। वे विशेष रूप से शरत् बाबू की देवियों से भिन्न हैं, जो अधिकतर अपने दुःख में घुट-घुटकर मरना पसन्द करती हैं, लेकिन समाज का खुला विरोध नहीं करतीं। प्रेमचन्द अपने उपन्यासों में नये ढंग के नारी पात्रों को रच रहे थे जो अन्याय और दुःख सहती हैं लेकिन उनका विरोध भी करती हैं। यदि नारी घुट-घुटकर मरा करे और सामाजिक रुकावटों का विरोध न करे तो कुछ लोग इसे बहुत गम्भीर मनोविज्ञान समझते हैं। वास्तव में उससे उनके सामन्ती संस्कारों को सन्तोष होता है जिनके वश में रहकर वे नारी को दासी ही बनाकर रखना चाहते हैं।

मुख्य कहानी निर्मला की है। उसके पिता की मृत्यु के बाद उसके ब्याह में बहुत-सी अड़चनें आती हैं। दहेज में लोग लम्बी रकमें माँगते हैं। विधवा कल्याणी यह सब कहाँ से लाए? आखिर जैसे गजाधर ने सुमन का उद्धार किया था, वैसे ही तोताराम ने निर्मला का उद्धार किया। सुमन का पति उससे लड़ता था, निर्मला का पति उसे खुश रखने की हजार कोशिशें करता है। लेकिन इससे निर्मला का जीवन सुखी नहीं होता, बल्कि सुमन से हजार गुना दुखी हो जाता है।

तोताराम की उम्र चालीस के करीब थी लेकिन बाल पक गए थे और तोंद निकल आई थी। मन्दाग्नि और बवासीर से भी परेशान थे। घर में तीन लड़के थे और विधवा बहन। नई बीवी को खुश रखने के लिए वह उपहार भेंट किया करते थे। कंजूस थे

लेकिन उसे खुश रखने के लिए धन की परवाह न करते। लड़कों को न देते; बीवी को मेवे और मिठाइयाँ खिलाते। वकालत से फुरसत पाकर उसे ग्रामोफोन सुनाते थे।

तोताराम जितना ही उसे रिझाने की कोशिश करते थे, उतना ही निर्मला का मन उससे भागा-भागा फिरता था। उसकी परिस्थिति का भयावनापन प्रेमचन्द ने तीखे शब्दों में यों व्यक्त किया है :

"लेकिन निर्मला को न जाने क्यों तोताराम के पास बैठने और हँसने-बोलने में संकोच होता था। इसका कदाचित् यह कारण था कि अब तक ऐसा ही एक आदमी उसका पिता था, जिसके सामने वह सिर झुकाकर, देह चुराकर निकलती थी, अब उसकी अवस्था का एक आदमी उसका पति था। वही बातें, जिन्हें किसी युवक के मुख से सुनकर उसका हृदय प्रेम से उन्मत्त हो जाता, वकील साहब के मुँह से निकलकर उसके हृदय पर शर के समान आघात करती थीं।...वह अपना रूप और यौवन उन्हें न दिखाना चाहती थी, क्योंकि वहाँ देखनेवाली आँखें न थीं।"

पति के प्रेम से उसका क्रोध और अवज्ञा अच्छे थे। सुमन का पति उस पर सन्देह करता था, मुँह पर कह देता था, लड़ लेता था, सुमन को लड़ने का मौका देता था। निर्मला का पति उस पर सन्देह करता है—गजाधर की तरह पर-पुरुष से प्रेम का नहीं वरन् अपने बड़े लड़के मंसाराम से भावी सम्बन्ध की आशंका से वह निर्मला को अपने प्रेम का बन्दी बना लेना चाहता है। वह वकील है, अंग्रेजी पढ़ा-लिखा है, इसलिए अपना सन्देह छिपाकर रखता है और ऊपर से प्रेम का अभिनय करते हुए वह निर्मला को जीवित नरक में ठेल देता है। उसे विरोध करने का, लड़ने-झगड़ने का मौका ही नहीं देता। अतृप्त नारी दर्पण में अपना श्रृंगार देखकर मन-ही-मन भस्म हुआ करती है : "निर्मला जब वस्त्राभूषणों से अलंकृत होकर आईने के सामने खड़ी होती और उसमें अपने सौन्दर्य की सुषमापूर्ण आभा देखती, तो उसका हृदय एक सतृष्ण कामना से तड़प उठता था।" जिस विवाह-प्रथा का आधार रुपये-पैसे का लेन-देन था, निर्मला उसी की वेदी पर उस पशु की तरह छटपटाया करती थी जिसका सिर पूरी तरह धड़ से जुदा न हुआ हो।

इस दुःखभरी कहानी में तोताराम की फिर जवान बनने की कोशिशें हास्यरस पैदा करके पाठक के मन को हल्का करती हैं। मित्र ने सलाह दी : "यह ढीला-ढाला कोट फेंको, तंजेब की चुस्त अचकन हो, चुन्नटदार पाजामा, गले में सोने की जंजीर पड़ी हुई, सिर पर जयपुरी साफा बँधा हुआ, आँखों में सुर्मा और बालों में हिना का तेल पड़ा हुआ। तोंद का पिचकना भी जरूरी है। दोहरा कमरबन्द बाँधो। जरा तकलीफ तो होगी, पर अचकन सज उठेगी। खिजाब मैं लगा दूँगा। सौ-पचास गजलें याद कर लो, और मौके-मौके से शेर पढ़ो।"

प्रेमचन्द गजलों की परम्परा को कितनी प्रगतिशील समझते थे, यह इसी से जाहिर है कि उन्होंने सुर्मा और दोहरे कमरबन्द के साथ गले में सदाबहार सदासोहाग

गजलों की माला पहनने की सलाह दिलवाई है, मानो गजलों के बिना सारे बनावटी काम अधूरे ही रह जाते।

तोताराम ने इन सब बातों पर अमल किया और वे सींग कटाकर बछड़ों में शामिल हो गए। बाँके का स्वाँग करते हुए उन्होंने शेक्सपियर के प्रसिद्ध हास्य-पात्र फालस्टाफ की बहुत-सी बातें उतार लीं। एक छड़ी से तीन तलवार लिये हुए हमलावरों को उन्होंने मार भगाया। निर्मला ने फालस्टाफ के दोस्तों की तरह सवाल किया : "इस छड़ी पर तो तलवारों के बहुत-से निशान बने हुए होंगे?" तोताराम ने वारों को खाली जाने दिया था, इसलिए छड़ी साफ बच गई थी। तभी उनकी बहन के कमरे में एक साँप निकल आया। तोताराम के हाथों के तोते उड़ गए और उनकी बहन ने कह ही तो दिया : "हैं-हैं! मर्द होकर डरते हो?" आखिर साँप को उनके बड़े लड़के ने मारा; लेकिन तोताराम बोले : "मैं तो आ ही रहा था, तुमने क्यों जल्दी की?" फिर भी मुर्दा साँप से डर लगता था, इसलिए यह भी कहा : "दे दो, कोई फेंक आए।"

निर्मला तोताराम के इस अभिनय से इतना दुखी रहने लगी कि उसने भाग्य से समझौता करने का फैसला कर लिया। लेकिन इससे तोताराम का मन शान्त न हुआ। जब तक निर्मला खिंची-खिंची रहती थी, तब तक वह उसे मनाने-रिझाने में लगे रहते थे। एक बार जब उसने आत्मसमर्पण कर दिया, तब वह उसके स्वामी और शासक बन बैठे। यह अकाल-वृद्ध पति अपने लड़के से ही ईर्ष्या करने लगता है और स्कूल में रखकर निर्मला और मंसाराम दोनों को काला पानी दे देता है। ऊपर से मंसाराम को यह जताता है कि इसका मूल कारण निर्मला है।

तोताराम का सारा घिनौना चरित्र निर्मला से छिपा नहीं रहता। पहले वह उनकी देह से ही घृणा करती थी, अब उसे उनके चरित्र से भी घृणा हो जाती है। प्रेमचन्द ने उनकी असह्य पीड़ा—वास्तविक पीड़ा का वर्णन यों किया है :

"जिस देह का स्पर्श उसे सर्प के शीतल स्पर्श के समान लगता था, उससे आलिंगित होकर उसे जितनी घृणा, जितनी मर्म-वेदना होती थी, उसे कौन जान सकता है?"

सुमन उससे कितनी सौभाग्यशाली थी, जिसे इस तरह के पति-प्रेम से वंचित ही रहने का सुख मिला था!

स्कूल में मंसाराम बीमार पड़ जाता है। निर्मला सहनशीलता की सीमा पर पहुँच चुकी है। वह अब पति को बतला देती है कि वह सब समझती है और उसकी नजरों में पति महाशय क्या हैं। वह कहती है : "यह सब आप करा रहे हैं!" लेकिन पति निर्दोष होने का अभिनय करता है। निर्मला फिर कहती है : "खूब सोचिए इसीलिए आपने उन्हें वहाँ भेजा था? आपके मन में कोई और बात न थी?" लेकिन तोताराम बेशर्म आदमी हैं। इशारों से समझने से इनकार करते हैं। निर्मला में अभी

इतनी हिम्मत नहीं आई कि वह खुलकर उनका तीव्र विरोध करे। मंसाराम को घर लाने की सलाह देकर वह इतना ही कहती है : "मेरे कारण न लाना चाहते हों, तो मुझे मेरे घर भेज दीजिए। मैं वहाँ आराम से रहूँगी।" तोताराम से इसका कोई जवाब देते नहीं बन पड़ता।

मंसाराम को टी.बी. हो जाती है। तोताराम को मरते हुए लड़के से भी भय लगता है कि कहीं वह उनकी धर्मपत्नी का सतीत्व नष्ट न कर दे। निर्मला अब पति के सन्देह और समाज की कानाफूसी की परवाह न करके सीधे अस्पताल पहुँच जाती है। तोताराम का हृदय मृत्यु-शय्या पर पड़े हुए लड़के को देखकर भी नहीं पिघलता। अब भी पत्नी को डाँटकर कहते हैं, मानो घर में जिस कुत्ते को बाँध आए हों, वह रस्सी तुड़ाकर वहाँ भाग आया हो : "तुम यहाँ क्या करने आईं?" लेकिन निर्मला अब वह निर्मला नहीं है। एक क्षण वह इस प्रश्न से स्तंभित रह जाती है। जब तोताराम ने अपना प्रश्न दोहराया तो :

निर्मला ने निःशंक भाव से उत्तर दिया : "आप यहाँ क्या करने आए हैं?"

इस पर तोताराम का स्वामी-भाव जाग उठा। नथने फड़कने लगे। शायद अस्पताल था, वर्ना हाथ चला बैठते। फिर भी निर्मला का हाथ पकड़ लिया और बोले : "तुम्हारे यहाँ आने की कोई जरूरत नहीं। जब मैं बुलाऊँ तब आना, समझ गईं?"

पुरुष ने अपने अधिकार का उपयोग किया। अब विजयी होना उसके हाथ में नहीं था। विमाता और उसका बेटा, दोनों मिलकर उस नीच तोताराम का सामना करते हैं। मंसाराम ने सारी ताकत बटोरी और जिस निर्मला ने उसके लिए इतना सहा था, वह उसके पैरों पर गिरकर कहता है : "अम्मा जी, इस अभागे के लिए आपको व्यर्थ इतना कष्ट हुआ। मैं आपका स्नेह कभी न भूलूँगा। ईश्वर से मेरी यही प्रार्थना है कि मेरा पुनर्जन्म आपके गर्भ से हो, जिससे मैं आपके ऋण से उऋण हो सकूँ। ईश्वर जानता है, मैंने आपको विमाता नहीं समझा। मैं आपको अपनी माता समझता रहा। आपकी उम्र मुझसे ज्यादा न हो लेकिन आप मेरी माता के स्थान पर थीं और मैंने आपको सदैव इसी दृष्टि से देखा...अब नहीं बोला जाता अम्मा जी, क्षमा कीजिए! यह अन्तिम भेंट है!"

मंसाराम के एक-एक शब्द में तोताराम की पराजय थी। उसके शब्दों ने समझा दिया कि उनकी नीचता किसी से छिपी नहीं है। मंसाराम उनके सन्देहों की असलियत प्रकट करके अपनी विमाता के लिए निर्भय होकर अपना स्नेह व्यक्त कर देता है।

निर्मला ने निर्भय नेत्रों से देखते हुए कहा : "डॉक्टरों ने क्या सलाह दी?"

उसका भय दूर हो गया है; लेकिन बहुत देर में दूर हुआ। वह मंसाराम की जान बचा सकती थी और बचा लेती अगर इतनी हिम्मत उसने जरा पहले दिखाई होती। निर्मला सुमन नहीं है। वह कभी न कह पाती : "जहाँ मजूरी करूँगी, वहीं

पेट पाल लूँगी।" अपने चरित्र की इस निर्बलता की वजह से वह मंसाराम को खो देती है और उसके बाद भी कष्ट उठाती है।

तोताराम की गृहस्थी चौपट हो जाती है। लड़के शरारती हो जाते हैं। निर्मला, जिसका स्वभाव पहले इतना मधुर था, अब कर्कशा बन जाती है। फिर सुधा के पति का प्रेम-निवेदन, निर्मला की फटकार, डॉक्टर की मृत्यु, तोताराम के एक लड़के का घर से लापता होना, निर्मला से झगड़ा, लड़के का पता लगाने के लिए तोताराम का बाहर निकलना और निर्मला का घुल-घुलकर मरना और अन्त में :

"उसी समय जब पशु-पक्षी अपने-अपने बसेरे को लौट रहे थे, निर्मला का प्राण-पक्षी भी, दिन-भर शिकारियों के निशानों, शिकारी चिड़ियों के पंजों और वायु के प्रचंड झोंकों से आहत और व्यथित अपने बसेरे की ओर उड़ गया।" जिस समय लोग निर्मला की लाश बाहर निकालते हैं और इस पसोपेश में होते हे कि इसका दाह कौन करेगा, उसी समय एक बूढ़ा पथिक एक बुकचा लटकाए आकर खड़ा हो गया। यही मुंशी तोताराम थे।

यहीं उपन्यास समाप्त हो जाता है।

शायद यह प्रेमचन्द का पहला दुखान्त उपन्यास है।

दुःखपूर्ण अन्त केवल निर्मला के जीवन का नहीं होता। एक ट्रैजिक पात्र और है, मंसाराम। यह एक नये तरह का पात्र है, जिसे प्रेमचन्द ने अपने उपन्यास में जगह दी है। हिन्दी कथा-साहित्य में वयस्क स्त्री-पुरुषों की समस्याओं पर काफी लिखा गया है, लेकिन स्कूली उम्र के लड़कों की तरफ कलाकारों का ध्यान कम गया है। मंसाराम एक मातृहीन बालक है। इस जर्जर सामन्ती समाज में स्त्रियों की तरह लड़कों को भी स्वाधीनता नहीं है—यह तथ्य सबसे पहले प्रेमचन्द ने पेश किया। मंसाराम अपनी विमाता का गुलाम नहीं है। वह गुलाम का-सा सलूक पाता है अपने पिता से। तोताराम के लड़के चोरी-बदमाशी सीखने की आजादी हासिल कर लेते हैं, लेकिन जहाँ मंसाराम के सहज विकास और उसकी स्वाभाविक इच्छाओं से पिता का स्वार्थ टकराता है, वहाँ लड़के को दबना पड़ता है। पिता उसे उसी तरह अपनी सम्पत्ति समझता है, जैसे स्त्री को।

मंसाराम एक कच्ची उम्र का लड़का है। घर-गृहस्थी की बातें कम समझता है, खास कर यह तो वह सपने में भी न सोचता था कि उसके पिता निर्मला और उसके सम्बन्ध में किसी तरह के अनौचित्य की आशंका करते होंगे। वह मेहनती और सच्चरित्र लड़का था। जिन्दगी में बहुत-कुछ कर सकता था। लेकिन इस सड़ी-गली समाज-व्यवस्था में, जहाँ नौजवानों के कोई अधिकार नहीं हैं; वह पिस गया।

मंसाराम की ट्रेजेडी और भी करुण इसलिए हो उठती है कि वह मातृहीन बालक है। उसका दुःख कम करने के बदले परिवार की व्यवस्था उसके अन्तस के दुःख को हर वक्त कुरेदा करती है।

"ज्यों-ज्यों मातृस्नेह की पूर्व-स्मृतियाँ जाग्रत होती थीं, उसके आँसू उमड़ते आते थे। वह कई बार अम्मा-अम्मा पुकार उठा, मानो वह खड़ी सुन रही है। मातृहीनना के दु:ख का आज उसे पहली बार अनुभव हुआ। वह आत्माभिमानी था, साहसी था; पर अब तक सुख की गोद में लालन-पालन होने के कारण वह इस समय अपने को निराधार समझ रहा था।"

आत्माभिमान और साहस के गुण उसी परिवार में पूरी तरह विकसित हो सकते हैं जिसका आधार पैसा न हो। निर्मला का विवाह योग्य वर से न हुआ; क्योंकि उसके परिवार के पास पैसा न था। वह तोताराम की दासी है; क्योंकि उसके पास अपना एक पैसा नहीं। मंसाराम के लिए परिवार में उसका अपना कोई अधिकार नहीं, क्योंकि धन के स्वामी पिता हैं और वह उनके अन्याय के विरुद्ध कहीं फरियाद नहीं कर सकता।

'निर्मला' प्रेमचन्द के कथा-साहित्य के विकास में एक मार्ग-चिह्न है। यह पहला उपन्यास है जिसमें उन्होंने किसी 'सेवासदन' या 'प्रेमाश्रम' का निर्माण करके पाठक को झूठी सान्त्वना नहीं दी। कहानी अपने निर्मम तर्कसंगत परिणाम की तरफ अविराम गति से बढ़ती जाती है। उन्होंने कहानी लिखने में यथार्थवाद को पूरी तरह निबाहा है। यह क्रान्तिकारी यथार्थवाद नहीं है; निर्मला और मंसाराम में काफी निष्क्रियता है; सुमन की तरह वे अन्याय का प्रतिकार करने नहीं बढ़ते। फिर भी यथार्थवाद को लाने और पुष्ट करने में 'निर्मला' का महत्त्वपूर्ण स्थान है। यह उपन्यास असहयोग आन्दोलन की असफलता के बाद लिखा गया था और जाहिर करता है कि किस तरह हिन्दी लेखक कल्पित समाधानों से सतुष्ट न होकर यथार्थ जीवन का सामना करने के लिए आगे बढ़ रहे थे।

'गबन' में जालपा और रमानाथ ऐसे दंपती हैं जो सुखी हैं। इनका ब्याह दहेज की वजह से नहीं रुका और न पति के सन्देह से स्त्री को यम-यातना भोगनी पड़ती है। लेकिन जालपा को गहनों का शौक है। बचपन से उसने चन्द्रहार का सपना देखा है। ब्याह में गहने मिलते हैं लेकिन वे उसके अपने नहीं हो पाते। उसका मन रखने के लिए रमानाथ और उसके पिता ने उसे ठगा था और एक दिन रमानाथ उन्हें चुरा लेता है और वे सर्राफ को वापस कर दिये जाते हैं।

रमानाथ चुंगी की नौकरी करता है। जालपा की मित्र रतन उसे कंगन खरीदने के लिए रुपये देती है। वे रुपये भी सर्राफ के यहाँ पहुँच जाते हैं। रतन बराबर तकाजे करती है। एक दिन जालपा चुंगी के रुपये उठाकर रतन को दे देती है। गबन में पकड़े जाने के भय से जालपा से सच्ची बात कहने की हिम्मत न होने से रमा भाग खड़ा होता है। बूढ़े खटिक देवीदीन के यहाँ आश्रय पाता है। सरकारी गवाह बनकर

वह क्रान्तिकारियों को सजा कराता है लेकिन जालपा से फटकारे जाने पर—जो उसे ढूँढ़ती हुई कलकत्ता पहुँच गई है—वह जज के सामने सच्ची बात कह देता है। मुकदमा फिर होता है और क्रान्तिकारी रिहा कर दिये जाते हैं। अन्त में रमा, जालपा, देवीदीन वगैरह इलाहाबाद में आकर खेती-बाड़ी करने लगते हैं।

प्रेमचन्द के नारी-पात्रों में जालपा एक नये ढंग की स्त्री है। वह परिस्थितियों से टक्कर लेती है लेकिन कभी धैर्य नहीं खोती। भारी-से-भारी मुसीबत पड़ने पर वह विवेक से काम लेती है और कठिनाइयों का सामना करने के लिए नये-नये दाँव-पेंच निकाल लेती है। वह निर्मला की तरह घुल-घुलकर प्राण देनेवाली नहीं है और न सुमन की तरह तैश में आकर जल्दी ही किसी अनजानी राह पर कदम उठानेवाली। उसका चरित्र कठिनाइयों का सामना करते हुए बराबर निखरता रहता है, क्योंकि वह अपनी खामियों को पहचान सकती है। वह एक ईमानदार और साहसी स्त्री है।

वह गाँव की लड़की है। सावन की घटाओं के नीचे बाग में झूला झूल चुकी है। कजली और बारहमासा ने उसके मनोभावों को सरस बनाया है। लेकिन वह किसी खेत-मजूर की लड़की न थी। उसके पिता उसके भविष्य के लिए यह न सोचते थे कि वह मर्द के साथ खेत में काम करेगी। उसके भविष्य के नक्शे में पति और गहने ही बनाए गए थे।

स्त्रियों को अक्सर गहनों से प्रेम होता है। इसके लिए उन्हें कभी-कभी कोसा भी जाता है और अनेक पुरुष अपने ऊपर गर्व भी करते हैं कि वह गहनों-जैसी तुच्छ चीजों से प्रेम करनेवाली स्त्रियों से ऊँचे हैं। लेकिन गहनों से स्त्रियों के इस प्रेम का कारण क्या है?

प्रेमचन्द लिखते हैं : "जालपा को गहनों से जितना प्रेम था, उतना कदाचित् संसार की और किसी वस्तु से न था; और उसमें आश्चर्य की कौन-सी बात थी? जब वह तीन वर्ष की अबोध बालिका थी, उस वक्त उसके लिए सोने के चूड़े बनवाए गए थे। दादी जब उसे गोद में खिलाने लगती, तो गहनों ही की चर्चा करती : तेरा दूल्हा तेरे लिए बड़े सुन्दर गहने लाएगा। ठुमुक-ठुमुककर चलेगी।"

जब वह कुछ और बड़ी हुई, तब उसने गुड़ियों को गहने पहनाए थे। और बढ़ने पर अपने गाँव-घर की स्त्रियों से वह गहनों की चर्चा सुना करती थी। इस तरह उसका जीवन एक ऐसी दुनिया में बीता था जिसे प्रेमचन्द ने 'आभूषण-मंडित संसार' कहा है।

स्त्री के लिए काम-काज के दरवाजे बन्द होंगे तो वह जरूर गहनों के लोक में घूमती रहेगी।

जालपा और रमा एक-दूसरे को प्यार करते थे। लेकिन यह प्यार का भ्रम ही था। जालपा गहनों को प्यार करती थी और रमा उसके रूप और जवानी को। गहनों के चले जाने के बाद जालपा के व्यवहार में अन्तर आ जाता है। वह रमा से खिंची-खिंची रहने लगती है।

रमा जालपा से अपने मन की बात नहीं कह पाता। कई बार संकल्प करता है कि कहे; लेकिन हर बार संकल्प टूट जाता है। ऐसा क्यों होता है? इसलिए कि परस्पर विश्वास का आधार अभी बन नहीं पाया। रमा जालपा का रूप-यौवन चाहता है लेकिन बदले में क्या दे? वह गहने ही दे सकता है और गहनों से ही वह प्रसन्न हो सकती है। लेन-देन का व्यापार यहाँ भी है। रिश्वत, झूठ, मर्यादा बनाए रखने के लिए दाँव-घात—ये सब रमा के चरित्र की विशेषताएँ हैं, जो सम्पत्ति की पूजा करनेवाले समाज में पैदा हुई हैं।

रमा और जालपा के चरित्र में एक मौलिक अन्तर है। जालपा को सच कहने और सोचने की शिक्षा मिली है। वह नारी है; इसलिए पीड़ितों की व्यथा को पुरुष से ज्यादा अच्छी तरह समझती है। जब रमा नौकरी के अलावा ऊपरी आमदनी की बात करता है तो जालपा टोकती है : "तो तुम घूस लोगे? गरीबों का गला काटोगे?"

रमा की तरह वह आत्मसम्मान के भाव से रीती नहीं है। जब उसकी माँ उसे अपना चन्द्रहार भेजती है, तो यह सोचकर कि उन्होंने बड़े संकट में उसे भेजा होगा, वह उसे वापस कर देती है। वह कहती है : "मैं किसी का दान न लूँगी, चाहे वह माता ही क्यों न हो।" जालपा यहाँ पर जता देती है कि उसके गहनों के प्रेम की सीमा है और वह किसी भी कीमत पर गहने लेने को तैयार न हो पाएगी। उसका यही आत्मसम्मान उसका सबसे बड़ा रक्षक साबित होता है, जबकि रमानाथ में इसी का अभाव उसके दु:ख और कठिनाइयों का सबसे बड़ा कारण बन जाता है।

गहने न पाकर जालपा ने क्षोभ में अपनी सहेलियों वगैरह को पत्र लिखे और रमा को डालने को दिये, फिर उसे पश्चात्ताप हुआ। रमा ने उन्हें पढ़ लिया था और बिना पोस्ट किये वापस ले आया था। जालपा यह न जानते हुए पहले ही अपने मन की कहानी कह देती है और रमा की निन्दा करने के लिए क्षमा माँग लेती है। रमा ने कभी भी इतने विश्वास से अपने मन की बात जालपा से नहीं कही।

जालपा को जब गहने मिल जाते हैं तो वह पति की सेवा करने लगती है यानी उसके नहाने का सामान रख देती है, दफ्तर जाने के वक्त कपड़े ला देती है, वगैरह। अब वह प्रसन्न रहने लगी और अपनी सहेलियों में गाने-बजाने से लेकर सिनेमा तक का आनन्द लेने लगी। लेकिन रमा के साथ अपने सम्बन्ध की असलियत को भी वह ज्यादा अच्छी तरह समझने लगी। उससे यह छिपा नहीं रहा कि रमा उससे मन की बात नहीं करता। क्यों नहीं करता, इस पर विचार करते हुए वह सत्य का पता लगा लेती है।

रमानाथ से वह कहती है : "मुझसे प्रेम होता तो मुझ पर विश्वास भी होता। बिना विश्वास के प्रेम हो भी कैसे सकता है? जिससे तुम अपनी बुरी-सी-बुरी

बात न कह सको, उससे तुम प्रेम नहीं कर सकते। बोलो, है या नहीं? आँखें क्यों छिपाते हो?"

सत्य, कठोर फिर भी सत्य। वेश्या जोहरा की तरफ आकृष्ट होकर मानो रमानाथ ने आगे चलकर जालपा की बात को अपने जीवन में सच कर दिखाया।

गबन के बाद जब रमा भागता है तब जालपा का साहस और धीरज अपने निखरे हुए रूप में प्रकट होते हैं। वह अपना प्रिय हार बेच डालने का निश्चय कर लेती है। उसे अपनी सहेलियों से रुपये मिल सकते थे। ये सहेलियाँ रमा के दोस्तों-जैसी नहीं थीं जो वक्त पड़ने पर दगा दे गए। प्रेमचन्द स्त्रियों और पुरुषों की अपनी-अपनी मैत्री का भेद बतलाते हुए लिखते हैं : "स्त्रियों में बडा स्नेह होता है। पुरुषों की भाँति उनकी मित्रता केवल पान-पत्ते तक ही समाप्त नहीं हो जाती।" इस स्नेह का कारण यह है कि वे सभी दोहरी दासता के बन्धनों में जकड़ी हुई हैं और पुरुषों से ज्यादा एक-दूसरे के दुख-दर्द को समझती हैं।

रमानाथ के चले जाने पर जालपा खुद अपने अन्तस्तल को टटोलती है और इस सत्य को स्वीकार करती है कि पति को खोने के लिए वह भी जिम्मेदार है। फिर भी वह धीरज से काम लेती है। वह अपनी सास पर जाहिर नहीं होने देना चाहती कि कोई गम्भीर घटना हो गई है। वह सारी रात अकेले जागते बिता देती है।

सर्राफों के तकाजे आने पर वह अपने गहने बेच डालती है और उनके रुपये चुका देती है। उसे अपने बनाव-सिंगार की पिछली चीजों से घृणा हो जाती है। अपने मखमली स्लीपर, रेशमी मोजे, बेलें, फीते वगैरह सब एक झोले में भरकर गंगा में प्रवाहित कर आती है।

अपनी सखी रतन से वह मन का भेद कहती है। अगर वह रमा की जगह होती तो इस तरह न भागती। कठिनाइयों से भाग खड़े होना जालपा के स्वभाव में नहीं है।

शतरंज का नक्शा बनाकर पति का पता लगाने में वह अपनी चतुरता और सहज बुद्धि का परिचय देती है।

जालपा एक देश-भक्त नारी है। देश की सेवा करनेवालों के लिए उसके दिल में सहज सम्मान है और देश के साथ विश्वासघात करनेवालों के लिए उसके पास केवल रोष और घृणा है। रमा ने मुखबिरी करके जब क्रान्तिकारियों को सजा करा दी तो जालपा के लिए वह उसका सबसे बड़ा शत्रु हो गया।

"वह उससे कहना चाहती थी—तुम्हारा धन और वैभव तुम्हें मुबारिक हो, जालपा उसे पैरों से ठुकराती है। तुम्हारे खून से रँगे हुए हाथों के स्पर्श से मेरी देह में छाले पड़ जाएँगे। जिसने धन और पद के लिए अपनी आत्मा बेच दी, उसे मैं मनुष्य नहीं समझती। तुम मनुष्य नहीं हो, तुम पशु भी नहीं हो, कायर हो! कायर!"

कहते हैं कि पुराने जमाने में भारत की वीर नारियाँ समर-भूमि जाते हुए पति को स्वयं कवच पहनाती थीं और वह पीठ दिखाकर भाग आए तो उसके लिए घर का द्वार बन्द कर लेती थीं। वह वीरता वर्तमान भारत की नारियों में मिट नहीं गई बल्कि और निखर रही है। जालपा उन्हीं की प्रतिनिधि है। वह स्नेह में जितनी कोमल है, घृणा में उतनी ही कठोर।

पति का ध्यान छोड़कर वह उन क्रान्तिकारियों की बात सोचने लगती है जिन्हें फाँसी की सजा दी गई। उनकी बूढ़ी माँ और स्त्री के दु:ख का विचार करके रमा के लिए उसका मन और भी घृणा से भर जाता है।

और जब सरकारी गवाह रमानाथ रेशमी साफा बाँधे, सुनहरी ऐनक लगाए देवीदीन के घर आता है और बूढ़ी खटकिन की फटकार सुनकर अपनी सफाई पेश करने लगता है कि पुलिस की सख्तियों और धमकियों से उसे ऐसा करना पड़ा, तब जालपा :

"बाज की तरह कूदकर धम्-धम् करती हुई नीचे आई और जहर में बुझे हुए नेत्र-बाणों से उस पर प्रहार करती हुई बोली—अगर तुम सख्तियों और धमकियों से इतना दब सकते हो, तो तुम कायर हो। तुम्हें अपने को मनुष्य कहने का कोई अधिकार नहीं! क्या सख्तियाँ की थीं? जरा सुनूँ? लोगों ने हँसते-हँसते सिर कटा लिये हैं, अपने बेटों को मरते देखा है, कोल्हू में पेले जाना मंजूर किया है पर सचाई से जौ-भर भी न हटे। तुम भी तो आदमी हो, तुम क्यों धमकी में आ गए? क्यों नहीं छाती खोलकर खड़े हो गए कि इसे गोली का निशाना बना लो; पर मैं झूठ न बोलूँगा? क्यों नहीं सिर झुका दिया? देह के भीतर इसीलिए आत्मा रखी गई है कि देह उसकी रक्षा करे। इसलिए नहीं कि उसका सर्वनाश कर दे।"

जालपा भारत का उगता हुआ नारीत्व है। वह भविष्य के तूफानों की अग्रसूचना है। उसने वर्तमान की राह पर मजबूती से पाँव रखा है और भविष्य की तरफ वह नि:शंक दृष्टि से देखती है। वह एक नई आग है, जो झूठी संस्कृति के कागजी फूलों को भस्म कर देती है। वह सदियों की लांछना और अपमान को पहचाननेवाली नई शूरता है जिसके आगे कोई बाधा ठहर नहीं सकती। वह हिन्दुस्तान के नये आनेवाले इतिहास की भूमिका है—वह इतिहास, जिसमें लाखों जालपा एक साथ आगे बढ़ेंगी और ऐसे नारीत्व का चित्र आँकेंगी जिसके सामने अतीत के सभी चित्र फीके लगेंगे।

प्रेमचन्द के शब्द ही सरकारी गवाह और देशभक्त नारी के मिलन की पेचीदा परिस्थिति को इतने सीधे ढंग से पाठक के हृदय में उतार सकते थे। कहीं अलंकारों का बोझ नहीं; कहीं भारी-भरकम शब्दावली नहीं। परिस्थिति का सारा तनाव, जालपा का आहत आत्मसम्मान, रमा की आत्महीनता, अंग्रेजों के पुलिसराज की कुरूपता, हिन्दुस्तान के शहीदों की गौरवशाली परम्परा—थोड़े-से ही शब्दों में यह सब व्यंजित करके प्रेमचन्द ने जालपा-रमा की भेंट के इस दृश्य को हिन्दी-कथा-साहित्य में चिरस्मरणीय बना दिया है।

उसका चरित्र जितना ही महान है, रमा का उतना ही हल्का और घृणित। उसने कजली और बारहमासा नहीं गाए, न झूले पर बढ़-बढ़कर पेंगें मारी हैं। रतन के साथ झूला झूलते हुए उसके प्राण सूख जाते हैं। उसने संस्कृति के नाम पर शहर में सैर-सपाटा और सिनेमा देखना ही सीखा है। वह शहरी मध्यम वर्ग की कमजोरियों का प्रतीक है। सचाई और आत्मसम्मान से ज्यादा महत्त्व उसकी नजरों में झूठी मान-मर्यादा का है। उसके पतन का इतिहास इस झूठी मर्यादावाले समाज के पतन का इतिहास है।

फिर भी वह दोषों-ही-दोषों का भंडार नहीं है। वह सचाई की जिन्दगी बसर कर सकता था, इसकी चाह उसमें है; लेकिन इसके लिए उसमें मनोबल का अभाव है, वह झूठ बोलता है, बहाने बनाता है, फिर अपनी नीचता पर रोता है। कहीं इनसानियत के अंकुर उसके हृदय में दबे पड़े हैं। जालपा की फटकार सुनकर वह अपना बयान वापस लेने का निश्चय कर लेता है। उसके चरित्र में काफी परिवर्तन होता है। प्रेमचन्द की कला और मनोविज्ञान की बारीकी इस बात में दिखाई देती है कि वह उसे न तो पहले राक्षस बनाकर खड़ा करते हैं और न बाद में उसे देवता बना देते हैं। जब नदी में एक स्त्री अपनी बच्ची को लिये हुए डूबती दिखाई देती है, तब रमा एक बार फिर अपनी कायरता का परिचय देता है। जोहरा कूदने को तैयार होती है, तब वह लजाकर कहता है : "जाने को मैं तैयार हूँ लेकिन वहाँ तक पहुँच भी सकूँगा, इसमें सन्देह है। कितना तोड़ है!"

और जब जोहरा बाढ़ के पानी में आगे बढ़ जाती है, तब वह पछताकर कहता है : "मुझे अपनी कायरता पर लज्जा आ रही है।" इस पर जालपा व्यंग्य करती है : "इसमें लज्जा की कौन-सी बात है? मरी लाश के लिए जान को जोखिम में डालने से फायदा? जीती होती तो मैं खुद तुमसे कहती, जाकर निकाल लाओ।" आखिर रमा पानी में कूदता है लेकिन तब, जब जोहरा डूबने लगती है और आखिर डूब ही जाती है।

मानो यह दिखाने के लिए कि जिस परिवार में पति-पत्नी दोनों मेहनत करते हैं, वह कितना सुखी रह सकता है, प्रेमचन्द ने देवीदीन खटिक और उसकी बूढ़ी स्त्री की तसवीर खींची है। ये दोनों बूढ़े हैं लेकिन इनमें परस्पर इतना प्रेम है जितना रमा और जालपा ने कभी सपने में सोचा भी न था। उनका यह प्रेम एक साथ मेहनत-मजूरी करने से पैदा हुआ है, जिन्दगी में एक साथ दुःख-सुख सहने से पैदा हुआ है, और ऐसा प्रेम ही वास्तविक और टिकाऊ होता है।

उनके दो जवान बेटे अंग्रेजी राज से लड़ते हुए शहीद हुए हैं; लेकिन देवीदीन इस पर रोता नहीं है, गर्व करता है। इतना ही नहीं, वह यह भी समझने लगा है कि हिन्दुस्तान को आजाद करेंगे तो उस-जैसे मेहनत-मजूरी करनेवालों के बेटे ही। वह सफेदपोश नेताओं की असलियत समझ गया है। वह बड़े-बड़े सेठों के धर्म की

असलियत भी जानता है जो प्रयाग में गंगा-स्नान करके मजदूरों को हंटरों से पिटवाते हैं। उसकी पत्नी उसी की तरह देशभक्त है। रमा की लाई हुई सोने की चूड़ियों को वह उठाकर फेंक देती है क्योंकि वे एक सरकारी गवाह की लाई हुई चूड़ियाँ हैं। और देवीदीन बहुत ही मजाक-पसन्द आदमी है। वह दिल खोलकर हँसता है और जिन्दगी की असंगतियों को अपनी पैनी निगाह से देखकर हँसी की थोड़ी-सी सामग्री भी हाथ से जाने नहीं देता।

देवीदीन भारत के उन साधारण जनों का प्रतिनिधि है जो जनता से दगा करनेवाले नेताओं की असलियत पहचान गए हैं और जो एक आजाद, सुखी जिन्दगी हासिल करने के लिए नया रास्ता ढूँढ़ रहे हैं।

देवीदीन मौत पर हँसता है। उसकी हँसी की एक मिसाल यह है। रेल में रमा के साथ वह कलकत्ते जा रहा है। जरा देर बाद बोला—बुढ़िया अभी जीती है। देखें, हम दोनों में पहले कौन चलता है। वह कहती है, पहले मैं जाऊँगी; मैं कहता हूँ, पहले मैं जाऊँगा। देखो, किसकी टेक रहती है!"

देवीदीन ने जमाने को गहराई से देखा है। वह मानो भविष्य को देखता हुआ कहता है : "अरे, तुम क्या देश का उद्धार करोगे! पहले अपना उद्धार कर लो। गरीबों को लूटकर विलायत का घर भरना तुम्हारा काम है। इसीलिए तुम्हारा इस देश में जनम हुआ है। एक बार यहाँ एक बड़ा भारी जलसा हुआ। एक साहब बहादुर खड़े होकर खूब कूदे। जब वह नीचे आए तो मैंने उनसे पूछा—साहब, सच बताओ, जब तुम सुराज का नाम लेते हो, उसका कौन-सा रूप तुम्हारी आँखों के सामने आता है? तुम भी बड़ी-बड़ी तलब लोगे; तुम भी अंग्रेजों की तरह बँगलों में रहोगे, पहाड़ों की हवा खाओगे, अंग्रेजी ठाठ बनाए घूमोगे; इस सुराज से देश का क्या कल्याण होगा? तुम्हारी और तुम्हारे भाई-बन्दों की जिन्दगी भले आराम और ठाठ से गुजरे; पर देश का तो कोई भला न होगा। बस, बगलें झाँकने लगे। तुम दिन में पाँच बेर खाना चाहते हो, और वह भी बढ़िया माल; गरीब किसान को एक जून सूखा चबेना भी नहीं मिलता। उसी का रक्त चूसकर तो सरकार तुम्हें हुद्दे देती है। तुम्हारा ध्यान कभी उनकी ओर जाता है? अभी तुम्हारा राज नहीं है, तब तो तुम भोग-विलास पर इतना मरते हो; जब तुम्हारा राज हो जाएगा, तब तो तुम गरीबों को पीसकर पी जाओगे।"

प्रेमचन्द गरीब जनता का पक्ष लेनेवाले लेखक थे। वह जीवन-संग्राम में तटस्थ रहनेवाले लेखक नहीं थे, वरन् अंग्रेजों और उनके दलालों के खिलाफ कलम को अचूक अस्त्र की तरह इस्तेमाल करते थे। "गरीबों को लूटकर विलायत का घर भरना"—इस एक टुकड़े में प्रेमचन्द ने अपने जमाने और आज के हिन्दुस्तान की कथा कह दी है। किसी लेखक ने उस समय इतिहास की गहराइयों तक पैठनेवाली यह निगाह हिन्दुस्तान में न पाई थी। महान लेखक सचमुच भविष्यद्रष्टा होते हैं।

"जब तुम्हारा राज हो जाएगा, तब तो गरीबों को पीसकर पी जाओगे।" यह निर्मम सत्य देखने और कहने की ताब प्रेमचन्द ही में थी।

प्रेमचन्द ने इस उपन्यास में देवीदीन के मुँह से पहले-पहल मजदूरों की सच्ची हालत का वर्णन कराया है। ये मजदूर जूट-मिलों में काम करते हैं। वे सभी एक ही गाँव-देश के रहनेवाले और एक ही भाषा बोलनेवाले नहीं हैं। लेकिन उन सबकी जिन्दगी एक-सी है; उन सबके साथ एक-सा ही जानवरों-जैसा बर्ताव किया जाता है। "उसकी जूट की मिल है। मजूरों के साथ जितनी निर्दयता इसकी मिल में होती है, और कहीं नहीं होती। आदमियों को हंटरों से पिटवाता है, हंटरों से।"

देवीदीन किसानों और मजदूरों की हालत से अच्छी तरह परिचित है, इसलिए भविष्य में कैसा राज बनेगा, इस पर काफी सोचता है। वह कुछ दिन और जीना चाहता है, वह दिन देखने के लिए जब रमा के अनुसार "बहुमत किसानों और मजूरों का ही होगा।"

रमा से अपने मन की बात सुनकर देवीदीन कहता है : "भैया, तुम भी इन बातों को समझते हो। यही मैंने भी सोचा था। भगवान् करें, अभी कुछ दिन और जीऊँ। मेरा पहला सवाल यह होगा कि विलायती चीजों पर दुगुना महसूल लगाया जाए और मोटरों पर चौगुना।"

प्रेमचन्द ने देवीदीन की यह इच्छा एक विरासत की तरह हिन्दुस्तान की नई पीढ़ी के लिए छोड़ दी है। वह प्रेमचन्द की ही विरासत है जो उन्होंने अपने पीछे आनेवालों के लिए छोड़ी है। जिस देश में जालपा जैसी वीर नारी हो, देवीदीन जैसा सदा जवान रहनेवाला सच्चा देशभक्त हो, वहाँ गरीबों को लूटकर विलायत का घर भरने का काम ज्यादा दिन तक नहीं चल सकता।

'निर्मला' के बाद 'गबन' हिन्दी साहित्य के यथार्थवाद में एक और आगे बढ़ा हुआ कदम है। वह जीवन की असलियत की छानबीन और गहराई से करता है, भ्रम के पर्दे उठाता है, नये रास्ते ढूँढ़ने के लिए वह जनता को नई प्रेरणा देता है। एक साधारण लेखक के हाथों में जालपा की कहानी गहनों से प्रेम करने का बुरा नतीजा दिखानेवाली एक मामूली उपदेश-मूलक कहानी बन जाती। प्रेमचन्द ने उसे नारी-समस्या का व्यापक चित्र बनाने के साथ-साथ इस समस्या को हिन्दी साहित्य में पहली बार देश की स्वाधीनता की समस्या से जोड़ दिया है। जालपा को सच्चा सुख उनकी देखभाल करने में मिलता है जिनके बेटों और पतियों को अंग्रेजी राज फाँसी देने की तजवीज करता है। सामाजिक जीवन और कथा-साहित्य के लिए यह एक नई दिशा की तरफ संकेत था।

5

कायाकल्प और रंगभूमि

'कायाकल्प' दो वर्गों की कहानी है—एक तरफ जागीरदार और रानियाँ हैं और दूसरी तरफ—किसान जनता है। 'कायाकल्प' किसानों का नहीं होता, बल्कि जगदीशपुर की रानी देवप्रिया का होता है। रानी देवप्रिया को हम विलासप्रिया के रूप में देखते हैं। अपने पूर्वजन्म के पति को पाकर वह अपनी रियासत विशाल सिंह को देकर चली जाती है। चक्रधर का लड़का शंखधर आगे चलकर देवप्रिया से मिलता है। वह भी पूर्वजन्म में देवप्रिया का पति था। ऐसा लगता है कि देवप्रिया को जितने नौजवान मिलते हैं, वह उन्हें अपने पूर्वजन्म का पति कहकर इस जन्म का पति भी बना लेती है। शंखधर की मृत्यु के बाद देवप्रिया भोगविलास का जीवन त्याग देती है और जगदीशपुर में फिर राज करने लगती है। इस तरह उसका कायाकल्प हो जाता है।

कथा का यह भाग चमत्कारों से भरा हुआ है और प्रेमचन्द की कलम भी इसमें जान नहीं डाल सकी। 'कायाकल्प' की इस कमजोरी की तरफ सभी आलोचकों ने संकेत किया है। इस उपन्यास के जोरदार हिस्से वे हैं जहाँ प्रेमचन्द ने हाड़-मांस के आदमियों के इस जीवन पर दृष्टि केंद्रित करके उनके चरित्र की अच्छाइयों-बुराइयों को चित्रित किया है। इससे पता चलता है कि प्रेमचन्द की कलम की ताकत यथार्थ जीवन को आँकने से पैदा हुई थी। उनकी कला इसलिए प्रभावशाली थी कि वे अपनी आँखों से देखी हुई सचाई को चित्रित करते थे। जहाँ गलत आदर्शों या विचारों के प्रभाव से उन्होंने यह रास्ता छोड़ दिया, वहाँ उनकी कला प्रभावहीन हो गई और उनकी कलम का जादू उड़ गया।

रानी देवप्रिया के जाने के बाद जब विशाल सिंह का राज-तिलक होता है, तब जागीरदारों और राजाओं की संस्कृति अपना असली रूप अच्छी तरह प्रकट करती है। अंग्रेज हाकिमों की दावतें करना है, दूसरे राजाओं का आदर-सत्कार करना है। राजा विशाल सिंह खुद तो कुछ करते नहीं हैं। पैसा कहाँ से आए? उनका दीवान सलाह देता है कि हल पीछे दस रुपया चन्दा लगा दिया जाए। राजा साहब को

प्रजा का बड़ा ध्यान है। चाहते हैं कि प्रजा को कष्ट न हो। लेकिन उससे भी ज्यादा उन्हें अंग्रेज हाकिमों का ध्यान है। इसलिए पैसा इकट्ठा करने की आज्ञा देते हुए हिदायत करते हैं : "इतना खयाल रखिए कि किसी को कष्ट न होने पाए। आपको ऐसी व्यवस्था करनी चाहिए कि असामी लोग सहर्ष शरीक हों।"

जोर-जबरदस्ती से रुपया इकट्ठा किया जाता है। प्रेमचन्द दिखलाते हैं कि इन रियासतदारों की हुकूमत आतंक पर ठहरी हुई है। गाली गुफ्तार, मार-पीट, कुड़की-बेदखली—इन सभी साधनों से अंग्रेजों और उनके भक्तों की खातिर के लिए रुपये बटोरे जाते हैं। जब चमार पोलो के खेलवाले घोड़ों को घास नहीं पहुँचाते, तब उन्हें हंटरों से पीटा जाता है। राजा, दीवान, पुलिस—सभी बन्दूकें लेकर आ पहुँचते हैं। चक्रधर चाहता है कि फसाद न हो और शान्ति से समझौता करा दिया जाए; लेकिन बन्दूक के कुन्दे से उसे गिरा दिया जाता है। मजदूर मिलकर बन्दूकधारियों को पीछे ठेल देते हैं। अपने दलालों को यों भागते देखकर अंग्रेजी राज अपने हिंसक रूप में प्रकट हो जाता है। अंग्रेजों के कैम्पों से मजदूरों पर गोलियाँ चलनी शुरू होती हैं और बहुत-से मारे जाते हैं, बहुत-से घायल होते हैं। लेकिन संगठित मजदूर अंग्रेजों की बन्दूकें छीनकर उन्हें भी भगा देते अगर चक्रधर ने उन्हें पीछे हटने के लिए न कहा होता। गाँव के ये खेत-मजदूर जीवट के आदमी हैं। वे काले-सफेद, किसी बन्दूकधारी से नहीं डरते। वे अंग्रेजों और उनके दलालों को निकाल बाहर करते, अगर उन्हें चक्रधर-जैसे लोगों की असलियत का पता लग जाता। इतना पता लगने में देर लगती है, लेकिन पता लग जरूर जाता है।

चक्रधर को सजा हो जाती है। वहाँ पर कैदियों और जेल-अधिकारियों में संघर्ष होने पर वह एक तरफ कैदियों का पक्ष लेता है, दूसरी तरफ अधिकारियों पर भी आँच न आने पाए, इस बात का ध्यान रखता है।

जेल से छूटने पर स्वयं राजा साहब चक्रधर का स्वागत करने पहुँचते हैं। उन्हें ऐसे नेताओं की जरूरत है जो जनता को अपने काबू में रखें और राजा पर आँच न आने दें। चक्रधर के तमाम सिद्धान्त—जो उसने जनता को मोहने के लिए गढ़े थे—रियासत में टूट जाते हैं। "उन्हें स्वयं कभी-कभी कर्मचारियों की तम्बीह करनी पड़ती थी, कई बार उन्हें विवश होकर नौकरों को मारना भी पड़ा था। सबसे कठिन समस्या यही थी कि यहाँ उनके पुराने सिद्धान्त भंग होते चले जा रहे थे।" मुँह से सिद्धान्त-चर्चा और अमल में उन्हें तोड़ना, इस तरह के नेताओं की यह विशेषता थी।

प्रेमचन्द ने एक घटना के जरिये चक्रधर के पतन का सुन्दर चित्र खींचा है। मोटर पर हवा खाते हुए रास्ते में एक सांड मिलता है जो रास्ता रोककर खड़ा हो जाता है। जब वह उसे हटाने निकले तो उसने उनका पीछा किया। एक पेड़ पर चढ़कर चक्रधर ने अपनी जान बचाई, लेकिन सांड ने मोटर को चूर-चूर कर दिया।

पास एक गाँव में जाकर चक्रधर तुरन्त मोटर ठेलकर ले चलने के लिए कहते हैं। "किसान लोग अभी थोड़ी ही देर पहले ऊख की सिंचाई करके आए थे। कोई बैलों को सानी-पानी दे रहा था, कोई खाने जा रहा था, कोई गाय दुह रहा था।" जब किसान पूछते हैं—कहाँ से आते हो, तो चक्रधर अपना प्रजा के नेतावाला रूप भूलकर सीधा जवाब देता है : "हम महाराज ही के यहाँ से आते हैं।"

किसान जब चलने से इनकार करते हैं, तब चक्रधर उनसे जबरदस्ती बेगार लेना चाहता है। एक किसान को डाँटते हुए कहता है : "मैं सीधे से कहता हूँ तो तुम लोग उड़नघाइयाँ बताते हो, अभी कोई चपरासी आकर दो घुड़कियाँ जमा देता, तो सारा गाँव भेड़ की भाँति उसके पीछे चला जाता।" इस पर किसान उलटकर जवाब देता है : "सिपाही क्यों घुड़कियाँ जमाएगा, कोई चोर हैं? हमारी खुशी, नहीं जाते। आपको जो करना हो, कर लीजिएगा।" चक्रधर उस आदमी को धक्के देकर गिरा देता है। उसमें यह सुनने की ताब न थी कि किसान अपनी खुशी को बेगार न करने का सबब बतलाएँ।

तभी उस गाँव में चक्रधर का जेल का साथी धन्नासिंह उसे पहचान लेता है—चक्रधर के रूप में नहीं, जेल के अहिंसावादी भगत जी के रूप में—और कहता है : "हाँ, साहब, यह आदमी, जिसे आप ठोकरें मार रहे हैं, मेरा सगा भाई है।"

चक्रधर ने उस आदमी को इतने जोर से ठोकरें मारी थीं कि वह कुछ दिन में मर ही गया। जब उसकी लाश को लोग उठाकर ले जाते हैं, तब चक्रधर उधर से निकलता है; लेकिन लोगों को मुँह दिखाने की हिम्मत नहीं होती। धन्नासिंह और एक बूढ़े किसान की यह बातचीत उसे सुनाई देती है :

बूढ़ा आदमी : भैया, जेहल की दूसरी बात थी। तब दयावान रहे होंगे। तब राजा ठाकुर तो नहीं थे। राज पाकर दयावान रहें, तो जानो।

धन्नासिंह : दादा, वह राज पाकर फूलनेवाले आदमी नहीं थे। तुमने देखा, यहाँ से जाते-ही-जाते माफी दिला दी।

बूढ़ा : अरे पागल, जान का बदला कहीं माफी से चुकता है! जान का बदला जान है। मुन्ना की अभागिनी विधवा माफी लेकर चाटेगी, उसके अनाथ बालक माफी की गोद में खेलेंगे, या माफी को दादा कहेंगे। तुम बाबू जी को दयावान कहते हो, मैं उन्हें सौ हत्यारों का एक हत्यारा कहता हूँ। राजा हैं, इससे बच जाते हैं, दूसरा होता तो फाँसी पर लटकाया जाता। मैं तो बूढ़ा हो गया हूँ लेकिन उन पर इतना क्रोध आ रहा है कि मिल जाएँ, तो खून चूस लूँ।

चक्रधर से वहाँ से भागते ही बन पड़ा।

इस उपन्यास में प्रेमचन्द ने निष्काम राजाओं की कामचेष्टाओं का बड़ा सुन्दर वर्णन किया है। विशाल सिंह ने तीन-चार ब्याह किये; पुत्र का मुँह देखने से वंचित रहे। उनकी रानियों का वाद-विवाद सुनने लायक होता है।

इनमें लौंगी बड़ी सजीव पात्र है। अपने आदर्शों पर हमेशा तो टिकी नहीं रहती, फिर भी वह बड़ी कर्मठ है। वह राजा से मनोरमा को ब्याहने का विरोध करती है। कहती है : "ब्याह जोड़ का अच्छा होता है। ऐसा ब्याह किस काम का कि वर बहू का बाप मालूम हो, बेचारी कन्या के दिन रोते ही बीतें!"

मुंशी वज्रधर झिनकू नाम के सज्जन को ज्योतिषी बनाकर लाता है। जब झिनकू ज्योतिषी का भेस धरकर आता है, तब वज्रधर कहता है : "यार, जरा-सी कसर रह गई। तोंद के बगैर पंडित कुछ जँचता नहीं। लोग यही समझते हैं कि इनको तर माल नहीं मिलते, जभी तो ताँत हो रहे हैं। तोंदल आदमी की शान और होती है, चाहे पंडित बने, चाहे सेठ, चाहे तहसीलदार ही क्यों न हो जाए।..."

झिनकू जवाब देता है : "सरकार, तोंद होती तो आज मारा-मारा क्यों फिरता? मुझे भी न लोग झिनकू उस्ताद कहते? कभी तबला न होता तो तोंद ही बजा देता, मगर तोंद न रहने में कोई हरज नहीं है, यहाँ कई पंडित बिना तोंद के भी हैं।"

जिरह में हारकर उसे स्वीकार करना पड़ता है : "नहीं सरकार, कोई बड़ा पंडित तो नहीं है। तोंद के बिना कोई बड़ा हो ही कैसे जाएगा?..."

जब लौंगी के सामने ज्योतिषी बनकर खड़ा होता है, तब वह तुरन्त भाँप जाती है कि यह बना हुआ है। उसने कजरौटा निकालकर उसके मुँह पर काजल पोत दिया। "बहुत उछले-कूदे, बहुत फड़फड़ाए; पर लौंगी ने जौ-भर भी न हिलने दिया, मानो बाज ने कबूतर को दबोच लिया हो।"

मुंशी वज्रधर ने कोशिश की कि लौंगी का हाथ पकड़कर झिनकू को छुड़ा दे; लेकिन उल्टा उसी के नाग-पाश में फँसकर रह गए। लौंगी ने झिनकू को तो न छोड़ा, एक हाथ से उसकी गरदन पकड़े हुए थी, दूसरे हाथ से मुंशी जी की गरदन पकड़ ली और बोली : "मुझसे जोर दिखाते हो लाला! बड़े मर्द हो तो छुड़ा लो गरदन! बहुत दूध-घी बेगार में लिया होगा। देखें, वह जोर कहाँ है!"

बेगार के घी-दूध ने कुछ भी साथ न दिया। उस औरत से दोनों मर्द परास्त होकर घर आए। ज्योतिषियों की नकल का यह दृश्य जिसने दिखाया है, उसके लिए यह विश्वास करना कठिन हो जाता है कि वह पूर्वजन्म में विश्वास करता था।

चक्रधर का चरित्र आँकते हुए प्रेमचन्द ने पाठकों के हृदय में वही सत्य उतारा है जिसे 'गबन' का देवीदीन अपने ओजपूर्ण शब्दों में रमा से कहता है। उपन्यास में चमारों से बेगार कराए जाने का विरोध, राजा और अंग्रेजों द्वारा बन्दूकें चलाए जाने का प्रतिरोध, संगठित होकर उनकी बन्दूकें छीनने के लिए बढ़ना, जेल में कैदियों की दुर्दशा और उनके ऊपर दमन, वहाँ भी कैदियों का संगठित होकर बन्दूकें छीन लेना, चक्रधर द्वारा मन्नासिंह की हत्या और लाश जाते समय उस बूढ़े का क्रोध—ये सब घटनाएँ दृढ़ता से पाठक के मन पर अंकित हो जाती हैं। प्रेमचन्द ने

जनता पर दमन होते पहले भी दिखलाया था। इस उपन्यास में वह एक नई चीज दिखलाते हैं—जनता दमन से आतंकित न होकर उसका मुकाबला करने बढ़ती है। और वह सफल हो सकती है अगर चक्रधर जैसे लोग आकर अंग्रेजों और राजाओं की रक्षा न करने लगें।

'रंगभूमि' की मुख्य कथा अन्धे भिखारी सूरदास को लेकर रची गई है, जो अपनी और गाँव की जमीन के लिए मरते दम तक लड़ता है। उसकी जमीन पर जॉन सेवक अपना कारखाना बनाना चाहता है लेकिन वहाँ गाँव के जानवर भी चरते हैं। सूरदास वह जमीन बेचने से इनकार करता है। वह बड़ा सहृदय और परोपकारी व्यक्ति है। वह सुभागी को अपने घर में टिका लेता है, जब उसका पति भैरों उसको बहुत मारता है। लोग सूरदास को बदनाम करते हैं और कुछ सलाह भी देते हैं कि यह जमीन बेच दे; लेकिन वह अपनी बात पर अटल रहता है। झूठे मुकदमे में जेल हो जाती है, जनता उसका जुर्माना भरकर उसे छुड़ा लाती है।

सूरदास अपनी जमीन को पुरखों की यादगार समझता है। वह मरने से पहले वहाँ अपनी यादगार में कुछ बनवाकर छोड़ जाना चाहता है। सूरदास का विचार है कि वहाँ कारखाना बनेगा तो गाँव में दुराचार फैलेगा। कुँवर भरतसिंह का भी विचार है कि तम्बाकू की खेती हुई तो अनाज महँगा हो जाएगा। जॉन सेवक के ताल्लुकात एक तरफ कुँवर भरतसिंह जैसे ताल्लुकेदारों से हैं तो दूसरी तरफ क्लार्क जैसे अंग्रेज हाकिमों से भी। दोनों के साथ मिलकर वह अपना काम निकालना चाहता है। कहने को कहता है : "हमारी जाति का उद्धार कला-कौशल और उद्योग की उन्नति में है।" वास्तव में वह लूट का जाल रचता है जिसमें जमींदार और अंग्रेज भी शामिल रहते हैं। क्लार्क को वह अपनी लड़की सोफिया भी देने के लिए तैयार हो जाता है। वह अपने दिल में स्वीकार करता है : "तुमने देश की व्यावसायिक उन्नति के लिए नहीं, अपने स्वार्थ के लिए यह प्रयत्न किया है।"

सूरदास अगर एक अत्यन्त सहृदय और परोपकारी मनुष्य है तो जॉन सेवक कठोर और घोर स्वार्थी पुरुष है। उसे अपने स्वार्थ के आगे कुछ नहीं सूझता, लोगों में फूट डालने और अपना काम बनाने में वह एक ही है। पंडे से कहता है : "यात्रियों के लिए सड़क के किनारे खपरैल के मकान बनवा दिये जाएँगे।" अहीर से कहता है : "हाते में गाय-बैल चराने की इजाजत दे दी जाएगी।" पानवाले से कहता है : "मिल खुलने पर तुम्हारी बिक्री चौगुनी हो जाएगी।" लड़कों के लिए मदरसा खुलवा देने का वादा करता है। सूरदास अकेला पड़ जाता है, फिर भी वह लड़ता है। जॉन सेवक उससे कहता है : "अब व्यापार का राज्य है, और जो इस राज्य को स्वीकार न करे, उसको तारों का निशाना मारनेवाली तोपें हैं।"

जब्र और फरेब से उसकी जमीन छीन ली जाती है। अब पाँड़ेपुर की बस्ती में मजदूरों का जन्म होता है। उनमें अभी संगठन नहीं है। उन्होंने अपने एके की

ताकत पहचानी नहीं है। मिल की नौकरी ने उन्हें जानवरों की तरह जिन्दगी बिताने पर मजबूर किया है। वे अपनी पुरानी परम्पराएँ खो रहे हैं और नई अभी गढ़ नहीं पाए। सूरदास उनके बारे में कहता है : "वे सारी बस्ती में फैले हुए हैं, और रोज ऊधम मचाते हैं। हमारे महल्ले में किसी ने औरतों को नहीं छेड़ा था, न कभी इतनी चोरियाँ हुईं, न कभी इतने धड़ल्ले से जुआ हुआ, न शराबियों का हुल्लड़ रहा। जब तक मजदूर लोग यहाँ पर नहीं आ जाते, औरतें घरों से पानी भरने नहीं निकलतीं। रात को इतना हुल्लड़ होता है कि नींद नहीं आती।"

जॉन सेवक, उसके जागीरदार और अंग्रेज दोस्त मजदूरों की इस बर्बाद जिन्दगी के लिए जिम्मेदार हैं। वे चाहते हैं कि ये लोग जानवरों की तरह रहें ताकि इन्हें अपने अधिकारों का ज्ञान न हो और उनके स्वार्थ सुरक्षित रहें। मजदूरों के लिए मकानों की जरूरत होती है तो किसानों से उनके घर खाली कराए जाते हैं। अंग्रेज हाकिम किसानों के साथ इस सब धाँधली में तटस्थ दिखाई देते हैं। वास्तव में वे जॉन सेवक का साथ देते हैं। उसकी मदद के लिए पुलिस पहुँच जाती है। लोग अपने बाप-दादों की देहरी छोड़ना नहीं चाहते। उन्हें जो मुआवजा दिया जा रहा है, वह खुली डकैती है। उसमें वे कहीं छप्पर डालकर भी नहीं रह सकते। अगर जॉन सेवक, कुँवर भरतसिंह वगैरह को उद्योग-धन्धों की उन्नति से सचमुच प्रेम होता तो वे कहीं और जमीन खरीदकर मिल बनवा सकते थे। लेकिन अन्धे भिखारी से ज्यादा सस्ती जमीन उन्हें और कौन दे देता? सवाल था कौड़ी मोल जमीन लेने का। अगर जॉन सेवक और उसके दोस्त सचमुच औद्योगिक उन्नति के पक्षपाती थे तो वे मजदूरों को इतनी बुरी हालत में क्यों रखते थे, जो मिल को चलानेवाले थे, वे किसानों पर क्यों अत्याचार कर रहे थे, जो तम्बाकू की खेती करके उन्हें कच्चा माल दे सकते थे? जॉन सेवक के लिए स्वार्थ मुख्य चीज थी, उसे छिपाने के लिए दूसरी बातें बाद में याद आती थीं।

जब सिपाही लोगों के घरों में घुसकर सामान फेंकना शुरू करते हैं तो ऐसा मालूम होता है कि "मानो दिन-दहाड़े डाका पड़ रहा हो! सूरदास अपनी झोंपड़ी छोड़ने से इनकार कर देता है। चारों तरफ से जनता इकट्ठी हो जाती है और पुलिस को मजबूर होकर गोलियाँ चलानी पड़ती हैं। कई आदमी मारे जाते हैं, कई घायल होते हैं। इस तरह अंग्रेजी राज किसानों की जमीन उन्हीं के खून से तर करके अपने वफादार दोस्त जॉन सेवक को भेंट करता है।"

सूरदास प्रेमचन्द के उन पात्रों में है जो जिन्दगी को एक सघर्ष समझते हैं और कितनी भी कठिनाइयाँ पड़े, उनके सामने पीठ दिखाना नहीं जानते। सूरदास का चरित्र मिठुआ से उसकी बातचीत में बहुत अच्छी तरह झलकता है :

मिठुआ : दादा, अब, हम रहेंगे कहाँ?

सूरदास : दूसरा घर बनाएँगे।

मिठुआ : और जो कोई फिर आग लगा दे?
सूरदास : तो फिर बनाएँगे।
मिठुआ : और फिर लगा दे?
सूरदास : तो हम भी फिर बनाएँगे।
मिठुआ : और जो कोई हजार बार लगा दे?
सूरदास : तो हम हजार बार बनाएँगे।
मिठुआ : और जो कोई सौ लाख बार लगा दे?
सूरदास : तो हम भी सौ लाख बार बनाएँगे।

मिठुआ बच्चों की तरह सवाल करता है और सूरदास बच्चों की ही तरह जवाब देता है; उसके जवाब में चरित्र की दृढ़ता छिपी है। सूरदास हिन्दुस्तान के उन किसानों में है जिनमें रचने की, निर्माण करने की तीव्र आकांक्षा है। उनकी बनाई हुई चीजों को लाख बार बरबाद कर दो, नये निर्माण के लिए वे फिर कमर कसकर तैयार हो जाते हैं।

अंग्रेजी राज का प्रतिनिधि क्लार्क सूरदास से डरता है, इसलिए सूर अन्याय नहीं सह सकता और जनता उसका आदर करती है। वह उन लोगों से नहीं डरता जो देशभक्ति का नाटक करते हैं, जो अमल में अंग्रेजी राज का बाल भी बाँका नहीं कर सकते। क्लार्क राजा महेन्द्रसिंह से कहता है : "हमें आप-जैसे मनुष्यों से भय नहीं है, भय ऐसे मनुष्यों से है जो जनता के हृदय पर शासन करते हैं।"

सूरदास मृत्युशय्या पर पड़ा हुआ कहता है : "हमारा दम उखड़ जाता है, हाँफने लगते हैं, खिलाड़ियों को मिलाकर नहीं खेलते, आपस में झगड़ते हैं गाली-गलौज, मारपीट करते हैं। कोई किसी को नहीं मानता। तुम खेलने में निपुण हो, हम अनाड़ी हैं। बस, इतना ही फरक है।"

सूरदास की जीत क्यों नहीं हुई? इसलिए कि खिलाड़ी आपस में मिलकर न खेले थे, आपस में झगड़ते रहे थे। क्या उसकी बात सच है? किसान आपस में झगड़ते रहे थे; मजदूरों में न आपसी एका था, न उन्होंने किसानों से एका किया था। फिर क्लार्क और जॉन सेवक की जीत क्यों न होती? इसके अलावा सूरदास के शत्रु ज्यादा निपुण हैं। वह कहता है : फिर जीतना है तो सावधान होकर इनसे खेलना। सूरदास मानो अपनी मृत्यु-शय्या से सन्देश देता है : "अगर अपने उजड़े हुए घर बसाने हैं तो अपना एका मजबूत करो।"

तब उसका संघर्ष व्यर्थ हुआ? नहीं, व्यर्थ नहीं हुआ। उसके संघर्ष ने उसके और उसके साथियों के आत्मसम्मान की रक्षा की। सूरदास को गर्व है कि वह कायरों की तरह मैदान छोड़कर नहीं भागा; उसे दृढ़ विश्वास है कि वह जीतेगा यानी न्याय का पक्ष जीतेगा, भले ही सूरदास व्यक्तिगत रूप से दुनिया में न रहे। वह कहता है : "हम हारे तो क्या, मैदान से भागे तो नहीं, रोए तो नहीं, धाँधली तो

नहीं की। फिर खेलेंगे, जरा दम ले लेने दो, हार-हारकर तुम्हीं से खेलना सीखेंगे और एक-न-एक दिन हमारी जीत होगी, अवश्य होगी।"

'रंगभूमि' उपन्यास सन् '30 का आन्दोलन छिड़ने के पहले लिखा गया था। प्रेमचन्द ने मानो भविष्य की ओर देखते हुए तमाम हिन्दुस्तान की जनता की तरफ से अंग्रेजी राज को चुनौती देते हुए सूरदास से कहलाया था : "फिर खेलेंगे, जरा दम ले लेने दो।"

प्रेमचन्द ने सूरदास का सबसे बड़ा गुण बताया है : "अन्याय देखकर उससे न रहा जाता था, अनीति उसके लिए असह्य थी।"

इस गुण के कारण 'रंगभूमि' के और सभी पात्र उससे नीचे ठहरते हैं।

सोफिया और विनय की प्रेम-कहानी का मुख्य कथा से कोई सम्बन्ध नहीं है और इसलिए 'रंगभूमि' के पूरे कथा-गठन में एक शिथिलता है, जो 'सेवासदन' या 'प्रेमाश्रम' जैसे उपन्यासों में नहीं है।

सोफिया एक मानवतावादी विचारों की लड़की है। वह धर्म के बन्धन नहीं मानती। 'रंगभूमि' शायद हिन्दी का पहला उपन्यास है जिसमें एक ईसाई लड़की और एक हिन्दू लड़के का प्रेम दिखाया गया है। प्रेमचन्द प्रेम-सम्बन्ध को धार्मिक पाबंदियों से ऊँची चीज समझते थे, इसलिए उन्हें कोई तोड़े तो इसे अच्छा मानते थे। आगे चलकर 'कर्मभूमि' में उन्होंने मुसलमान लड़की सकीना से हिन्दू लड़के अमरकान्त का प्रेम दिखाया है। सकीना सोफिया से ज्यादा बहादुर लड़की है। वह गरीब है, इसलिए उस पर एक हद तक पाबन्दी भी और सख्त है, फिर भी वह पाबंदियाँ तोड़ने के लिए ज्यादा तत्पर है।

सोफिया से विनय के प्रेम की बात जानकर उसकी माँ उसे राजस्थान भेज देती है। वहाँ वह राजाओं के विचित्र रूप देखता है। एक राजा साहब शिव के परम भक्त हैं, लेकिन अंग्रेज रेजिडेंट से जितना डरते हैं, उतना शिव जी से भी नहीं। प्रेमचन्द ने दिखलाया है कि राजा और जागीरदार अंग्रेज की कठपुतलियाँ हैं। वहाँ की प्रजा को दोहरा जुल्म सहना पड़ता है—एक तो अंग्रेज का; दूसरा, उसकी कठपुतली का। रियासतों में प्रजा के दुख-सुख की चिन्ता कोई नहीं करता। प्रजा राजा के सुख का सामान जुटाने के लिए है। रियासत का दीवान विनय से कहता है : "रियासतों को आप सरकार की महलसरा समझिए, जहाँ सूर्य के प्रकाश का भी गुजर नहीं हो सकता। हम सब इस हरमसरा के बख्शी ख्वाजासरा हैं। हम किसी की प्रेम-रस-पूर्ण दृष्टि को इधर उठने न देंगे, कोई मनचला जवान इधर कदम रखने का साहस नहीं कर सकता।"

विनय की मुलाकत वीरपाल नाम के आतंकवादी से होती है। वह किन परिस्थितियों में आतंकवादी हुआ, इसकी कहानी रोचक है। वह अपने गाँव का मुखिया था। उसका इलाकेदार गाँव की एक नौजवान विधवा को निकाल ले जाना चाहता था। इलाकेदार के आदमी जब उस विधवा के घर में घुसे, तब वीरपाल

भी उनके साथियों के साथ मुकाबले पर पहुँच गया। इलाकेदार के आदमी पिटकर भाग गए; लेकिन वह प्रभावशाली आदमी था। चोरी के झूठे मुकदमे में वीरपाल को फँसाते उसे देर न लगी। वीरपाल को मजबूर होकर राजा से लड़ते हुए जंगलों में रहना पड़ता है। उसे डाकू कहकर बदनाम किया जाता है लेकिन प्रजा उससे प्रेम करती है और उसके पास अच्छा-खासा दल इकट्ठा हो जाता है।

विनय राजा से मिल जाता है। 'गबन' के रमानाथ और 'कर्मभूमि' के अमरकान्त की तरह उसे भी फिसलते देर नहीं लगती। वह दलील देता है : "वह उन्हीं साँगा और प्रताप के वंशज हैं, जिन्होंने हिन्दू जाति की रक्षा के लिए अपने प्राणों की आहुति दे दी थी।" इसलिए वह इस नतीजे पर पहुँचता है कि "वे हमारे साथ अन्याय भी करें, तो भी हम जबान न खोलेंगे।"

रियासतों में किस तरह के आतंक से जनता को दबाया जाता है, प्रेमचन्द ने इसका बड़ा प्रभावशाली वर्णन किया है। 'डाकुओं' को इस तरह दबाया जाता है कि "वहाँ कोई जवान आदमी न रहा।" जनता का नाश—यह था खूनी आतंक का तरीका। विनय जिस रियासत में हिन्दू जाति के गौरव की रक्षा कर रहा था, उसी में अंग्रेज और उनके दलाल हिन्दुस्तान के नौजवानों के खून से होली खेल रहे थे। जब रेजिडेंट दौरे पर निकलते तब "एक अँगरेजी रिसाला साथ ले लेते, और इलाके-के-इलाके उजड़वा देते। गाँव-के-गाँव तबाह करवा देते। यहाँ तक कि स्त्रियों पर भी अत्याचार होता था।" विनय इन सब कामों में अंग्रेज रेजिडेंट और उसके देशी चाकरों का साथ देता था : "रियासत और क्लार्क के इन सारे दुष्कृत्यों में विनय भी मनसा, वाचा, कर्मणा सहयोग करते थे। विद्रोहियों के दमन में कोई इतना हृदयहीन, विचारहीन, न्यायहीन न बन सकता था।"

विनय ने जो पुनरुत्थानवाद का दृष्टिकोण अपनाया था, उसका यही नतीजा हो सकता था। वह खुद एक राजा का लड़का था। मान और प्रतिष्ठा के लिए उसने देशभक्ति का अभिनय किया था। प्रजा उसकी नजरों में कुछ न थी। वह अपने जागीरदारी वर्ग का सच्चा हिमायती था। इसलिए जब उसने जनता को अपने वर्ग के अधिकारों पर हमला करते देखा तो आपे से बाहर हो गया। हिन्दू जाति की गौरव-गाथा उसके लिए एक चादर थी जिससे वह अपनी वास्तविकता को ढकना चाहता था। विनय का पतन दिखाकर प्रेमचन्द इस पुनरुत्थानवादी दृष्टिकोण से पाठक को आगाह करते हैं। हिन्दू जाति का गौरव-रक्षक प्रजा पर ऐसे अत्याचार करता है कि पुलिस और रियासत के कर्मचारी भी उसकी बराबरी नहीं कर सकते।

विनय ने एक बुढ़िया के लड़के को 'विद्रोह' करने के अपराध में जेल भिजवा दिया था। बुढ़िया भीख माँग-माँगकर खाती है। विनय से मिलने पर उसे बिना पहचाने हुए कहती है : "भगवान् उस अधम पापी विनय सिंह का बुरा करे। उसी के कारण बुढ़ापे में यह दिन देखना पड़ा।" एक पंडित जी कहते हैं : "सैकड़ों घर उजाड़कर

न जाने कहाँ चल दिया! पुरश्चरण का पाठ कर रहा हूँ। जिस दिन सुनूँगा कि उस हत्यारे पर देवी ने कोप किया, उसी दिन मेरी तपस्या पूरी हो जाएगी।"

सारी जनता विनय से घृणा करने लगती है। उसकी हिम्मत नहीं होती कि अकेले-दुकेले किसी को मुँह दिखाए। जब वह सूरदास के गाँव पहुँचता है, तब वहाँ भी लोग उसका विश्वास नहीं करते और उनके तानों से परेशान होकर वह आत्महत्या कर लेता है।

उसके बहनोई राजा महेन्द्रप्रताप सिंह कम नहीं हैं। पहले बड़े ऐयाश थे; बाद में सादा जीवन बिताने लगे। वह म्युनिसिपैलिटी के प्रधान हैं और लोगों में समानता और न्याय के विचारों के समर्थक होने का अभिनय भी करते हैं। वास्तव में वह न्याय और समानता की बातें कहकर अपने सामन्ती विशेषाधिकारों की रक्षा करना चाहते हैं। जॉन सेवक से इनकी साठ-गाँठ रहती है। सूरदास के बारे में वह जॉन सेवक से कहते हैं : "मुझे तो वह बहुत ही गरीब सीधा-सा आदमी मालूम होता है, मगर है छँटा हुआ। उसकी दीनता पर तरस खाकर मैंने निश्चय किया था कि आपके लिए कोई जमीन तलाश करूँ। लेकिन उन सब लोगों ने शरारत पर कमर बाँधी है और आपको जबर्दस्ती वहाँ से हटाना चाहते हैं, तो इसका उन्हें अवश्य दंड मिलेगा।"

यह दिलचस्प बात है कि राजा महेन्द्रप्रताप सिंह जैसे सामन्तवादी लोग जॉन सेवक के सहायक हैं। उसकी औद्योगिक क्रान्ति से इनका बाल भी बाँका नहीं होता; बल्कि वे इस नई लूट-खसोट में भी शरीक होना चाहते हैं। जॉन सेवक की औद्योगिक क्रान्ति से नुकसान होता है केवल किसानों का। प्रेमचन्द ने 'रंगभूमि' में बड़ी खूबी में दिखलाया है कि ऐसे पूँजीपति, जिनकी साँठ-गाँठ जमींदारों और राजाओं से होती है, अंग्रेजी राज के परम भक्त और सहायक होते हैं। सूरदास इन सबकी ताकत को चुनौती देता है। उसकी लड़ाई वस्तुत: सामन्त-विरोधी और साम्राज्य-विरोधी है।

राजा महेन्द्रप्रताप के अनुसार सूरदास जैसे लोग अशान्ति फैलानेवाले हैं। इसीलिए राजा साहब न्याय और समानता के समर्थक होते हुए भी इन लोगों पर दमन-चक्र चलाया जाना बुरा नहीं समझते। सूरदास अपनी पैतृक भूमि के लिए लड़ता है, गाँववालों के हित के लिए लड़ता है, यह राजा साहब की नजरों में अशान्ति फैलाता है। अंग्रेजी राज और अपने सामन्ती हितों की रक्षा के लिए ऐसे लोग ऐसी ही थोथी दलीलें दिया करते हैं।

राजा महेन्द्रप्रताप कहते हैं : "यों मैं स्वयं जनवादी हूँ और उस नीति का हृदय से समर्थन करता हूँ, पर जनवाद के नाम पर जो अशान्ति फैली हुई है, उसका मैं घोर विरोधी हूँ। ऐसे जनवाद से, धनवाद, एकवाद सभी वाद अच्छे हैं।"

राजा साहब उन राजनीतिज्ञों में हैं—जो सिद्धान्त-चर्चा में तब तक किसी से पीछे नहीं रहते जब तक कि उनके सिद्धान्तों को अमल की आँच न लगे। जहाँ

उनके विशेषाधिकार के लिए खतरा पैदा हुआ, वहीं वे अशान्ति-अशान्ति की पुकार मचाने लगते हैं।

'रंगभूमि' सन् '20 और '30 के आन्दोलनों के बीच हिन्द-प्रदेश की रंगभूमि है।

इसमें राजा, ताल्लुकेदार, पूँजीपति, अंग्रेज-हाकिम, किसान, मजदूर—हिन्दुस्तानी जीवन की एक विशद झाँकी देखने को मिलती है। नायकराम का हास्य, सोफिया की सरलता, विनय का साहस, राजा महेन्द्रप्रताप की धूर्तता, जॉन सेवक की स्वार्थपरता, वीरपाल का साहस, सूरदास की दृढ़ता पाठक के हृदय पर गहरी छाप छोड़ जाते हैं। अभी तक प्रेमचन्द के किसी भी उपन्यास में इतने अविस्मरणीय पात्र एक साथ न आए थे। यह उनके बढ़ते हुए कौशल का परिचय था।

'रंगभूमि' का सम्बन्ध ठेठ हिन्दुस्तानी जनता से है। उसे किसी विदेशी कृति की नकल या उससे अनुप्राणित समझना भ्रम है। प्रेमचन्द की पैनी निगाह देख रही थी कि हिन्दुस्तान की जनता लड़ रही है—बिना किसी पार्टी की मदद के, बिना किसी राजनीतिक नेता की सलाह का फायदा उठाए। यह सन् '20 और '30 के बीच का उपन्यास है जब हिन्दुस्तान में बड़े-बड़े नेताओं की तरफ से राष्ट्रीय आन्दोलन का संचालन न हो रहा था, जब अंग्रेज कहते थे कि देश में शान्ति है। तब भी सूरदास लड़ रहा था और मृत्यु-शय्या से पुकारकर कह रहा था : "फिर खेलेंगे, जरा दम ले लेने दो।" यह भारत की अजेय जनता का स्वर था।

6

कर्मभूमि

'कर्मभूमि' हिन्दुस्तान के स्वाधीनता-आन्दोलन की गहराई और प्रसार का उपन्यास है। यह आन्दोलन एक जबरदस्त सैलाब की तरह तमाम जनता को अपने अन्दर समेट लेता है। विद्यार्थी, किसान, अछूत, स्त्रियाँ, शिक्षक, व्यापारी, मजदूर—सभी इसके प्रवाह में आगे बढ़ चलते हैं। 'प्रेमाश्रम' के किसान अब अकेले नहीं हैं। लड़ाई के साथ तमाम जनता अपनी आजादी की लड़ाई में आगे बढ़ रही है। आन्दोलन में जनता से नये नेता पैदा होते हैं। लाठी-चार्ज होते हैं, गोलियाँ चलती हैं। लेकिन लोग अपनी सफ़ें मजबूत करते हुए आगे बढ़ते हैं।

प्रेमचन्द ने यह उपन्यास सविनय आज्ञा-भंग आन्दोलन के दिनों लिखा था। यह एक दिलचस्प बात है कि नमक-कानून तोड़ने का आन्दोलन इसका विषय नहीं है। प्रेमचन्द की दृष्टि जनता के उन स्तरों की तरफ जाती है जो अपनी जिन्दगी और मौत की समस्या हल करने के लिए इस आन्दोलन में आगे बढ़ते हैं। 'कर्मभूमि' हिन्दुस्तानी जनता के उन स्तरों को रंगमंच पर ला खड़ा करती है जिनके दर्शन पहले हिन्दी कथा-साहित्य में कम हुए थे। ये शहर और गाँवों के गरीब अछूत हैं।

प्रेमचन्द केवल यथार्थ का अक्स उतारनेवाले कलाकार नहीं थे। वे यथार्थ के महत्त्वपूर्ण पहलुओं को परखकर उन्हें उपन्यास में विशेष स्थान देते थे। यही सबब है कि 'कर्मभूमि' में वह सबसे ज्यादा जोर जमीन की समस्या, लगान कम करने की समस्या, खेत-मजदूरों और गरीब किसानों के लिए जमीन की समस्या पर देते हैं।

अमरकान्त महाजन लाला समरकान्त के बेटे हैं। राष्ट्रीय आन्दोलन के प्रभाव से समाज-सेवा के कामों में भाग लेते हैं। पिता और पत्नी विरोध करते हैं। घर से झगड़ा करते हैं और एक गाँव में जाकर किसानों का संगठन करते हैं। आगे चलकर घरवाले भी आन्दोलन में शामिल होते हैं और वह अपने घर वापस आते हैं।

अमरकान्त अच्छे खाते-पीते खानदान के आदमी हैं, लेकिन इस उपन्यास में प्रेमचन्द ने हिन्दुस्तान की गरीबी पर ध्यान केन्द्रित किया है। उन्होंने यह दिखलाया है कि हिदुस्तान की आजादी इन गरीबों के लिए सबसे पहले है और वे आजादी

की लड़ाई में सबसे बड़ी ताकत भी हैं। विद्यार्थी जीवन में अमरकान्त अपने दोस्त सलीम के साथ गाँवों की आर्थिक दशा का अध्ययन करने जाता है। उनकी गरीबी देखकर उसकी आँखें खुल जाती हैं और उसके राष्ट्रीय विचार और दृढ़ होते हैं। उसे ताज्जुब होता है कि अमलों और महाजनों को उन पर दया नहीं आती। उसके प्रोफेसर शान्ति कुमार जवाब देते हैं : "दया और धर्म की बहुत दिनों परीक्षा हुई और ये दोनों हल्के पड़े। अब तो न्याय-परीक्षा का युग है।" यहाँ प्रेमचन्द ने वह सूत्र लिख दिया है, पूरा उपन्यास जिसकी व्याख्या मालूम होता है।

गरीबी देहात तक सीमित नहीं है। प्रेमचन्द की निगाह शहर के अन्दर दो तरह के घर और महल्ले देखती है—एक गरीबों के, दूसरे अमीरों के। जब अमरकान्त सकीना की माँ को छोड़ने उसके घर जाता है तो वहाँ की बदबू और रहन-सहन देखकर सिहर उठता है। ऐसा मालूम होता है कि शहर का नाम एक है लेकिन वास्तव में शहर दो हैं। प्रेमचन्द लिखते हैं :

"गली में बड़ी दुर्गंध थी। गन्दे पानी के नाले दोनों तरफ बह रहे थे। घर प्राय: सभी कच्चे थे। गरीबों का महल्ला था। शहरों के बाजारों और गलियों में कितना अन्तर है! एक फूल है—सुन्दर, स्वच्छ, सुगंधमय; दूसरी जड़ है—कीचड़ और दुर्गंध से भरी, टेढ़ी-मेढ़ी; लेकिन क्या फूल को मालूम है कि उसकी हस्ती जड़ से है?"

प्रेमचन्द के अनुसार समरकान्त और उनके वर्ग के लोगों का सुख और विलास इन्हीं गन्दे महल्ले में रहनेवालों की मेहनत पर टिका हुआ है, यद्यपि धनी लोग यह नहीं समझते कि उनकी संस्कृति और वैभव से दूसरों की मेहनत का भी कोई सम्बन्ध है।

सकीना का घर शहर के औसत गरीब का घर है। प्रेमचन्द ने उसका वर्णन यों किया है :

"द्वार एक परदे की दीवार में था। उस पर एक टाट का फटा-पुराना परदा पड़ा हुआ था। द्वार के अन्दर कदम रखते ही एक आँगन था, जिसमें मुश्किल से दो खटोले पड़ सकते थे। सामने खपरैल का एक नीचा सायबान था और सायबान के पीछे एक कोठरी थी, जो इस वक्त अँधेरी पड़ी हुई थी। सायबान में एक किनारे चूल्हा बना हुआ था और टीन और मिट्टी के दो-चार बरतन, एक घड़ा और एक मटका रखे हुए थे।"

इन तंग गलियों और गन्दे मकानों में आजादी के आन्दोलन की हवा टाट के परदे उठाकर घुस रही थी। हिन्दू और मुसलमान, औरत और मर्द, बूढ़े और जवान—सभी देश को स्वाधीन करने के लिए और अपनी नरक की जिन्दगी से छुटकारा पाने के लिए आगे बढ़ रहे थे। प्रेमचन्द अपने उपन्यासों में बराबर इस चीज पर जोर देते हैं कि हिन्दुओं और मुसलमानों की बुनियादी समस्याएँ एक हैं, इसलिए मिलकर उन्हें हल करना चाहिए। दोनों की आर्थिक समस्याएँ एक हैं, एक आजाद इनसानियत की संस्कृति गढ़ने में उनकी सांस्कृतिक समस्याएँ भी एक जैसी हैं।

सकीना की माँ पठानिन के सामने बेटी के विवाह की समस्या है। वह अमरकान्त से इसका जिक्र करती है तो वह अपने दोस्तों से इस बारे में बात करने का वादा करता है। पठानिन जानती है कि अमरकान्त एक अमीर का लड़का है, इसलिए उसके दोस्त भी अमीर होंगे। फिर वे गरीब के घर क्यों शादी करने लगे? वह कहती है :

"तो भला धनी लोग हम गरीबों की बात क्यों पूछेंगे? हालाँकि हमारे नबी का हुक्म है कि शादी-ब्याह में अमीर-गरीब का विचार न होना चाहिए; पर उनके हुक्म को कौन मानता है! नाम के मुसलमान, नाम के हिन्दू रह गए हैं। न कहीं सच्चा मुसलमान नजर आता है, न सच्चा हिन्दू।"

पठानिन का मतलब है कि मुँह से तो सब बराबरी और भाईचारे की बातें करते हैं, लेकिन जब अमल का सवाल आता है तो वे सिद्धान्तों को उठाकर ताक पर रख देते हैं।

अमरकान्त इस बात का महत्त्व नहीं समझता कि गरीबों को आधार बनाने से आजादी के आन्दोलन को कितनी ताकत मिलेगी। जब मुन्नी को छुड़ाने के लिए—जिसने अपनी बेइज्जती का बदला लेने के लिए दो अंग्रेज फौजियों को मार डाला था—शहर में चन्दा होता है तो उसका ध्यान पठानिन-जैसे गरीबों की तरफ नहीं जाता। पठानिन के लिए मुन्नी को छुड़ाने की लड़ाई उसकी अपनी लड़ाई है। अपनी लड़की के काढ़े हुए रूमाल बेचकर उसने जो दो रुपये इकट्ठे किए थे, उन्हें अमरकान्त को देने के लिए बेचैन हो जाती है। अमरकान्त का नेतावाला घमंड चूर हो जाता है। "वह अपने को कुछ समझने लगा था। जिधर निकल जाता, जनता उसका सम्मान करती; लेकिन इन फाकेमस्तों का यह उत्साह देखकर उसकी आँखें खुल गईं।" फिर भी वह चन्दा लेने से इनकार करता है। तब सकीना कहती है : "जहाँ गरीबों के रुपये नहीं पूछे जाते, वहाँ गरीबों को कौन पूछेगा!"

तब भी अमरकान्त की आँखें नहीं खुलतीं। वह अपने को गरीबों में से एक नहीं समझता हालाँकि मुँह से यही कहता है। घर में लड़का होने पर दुनिया भर के लोग बुलाए जाते हैं, लेकिन उसे पठानिन को बुलाने का ध्यान नहीं आता। अमरकान्त की खातिर उसने अपना पेट काटकर एक रेशमी कुर्ता और टोपी तैयार की थी। इसका महत्त्व तब मालूम होता है जब एक दिन वह सकीना के घर जाता है और उसे गीले कपड़े पहने हुए रोती हुई पाता है। वह दरवाजा बन्द करके अपनी एकमात्र पोशाक धोकर सुखा रही थी। जब अमरकान्त आया तो उसे उन्हीं गीले कपड़ों से तन ढँककर दरवाजा खोलना पड़ा। इस गरीबी में भी सकीना और उसकी माँ जैसे लोग सच्ची देशभक्ति और भाईचारा निबाहने के लिए तैयार थे।

गरीबों की यह हालत थी, लेकिन सुसंस्कृत अंग्रेजी राज्य ने गोरे फौजियों को हत्या और बलात्कार की पूरी छूट दे रखी थी। अमरकान्त और उसके साथ के विद्यार्थी जब गाँवों का आर्थिक जीवन देखकर लौटते हैं, तब अचानक उन्हें अरहर

के खेत से स्त्री का चीत्कार सुनाई देता है। लड़के डंडे सँभालकर खेत की तरफ लपकते हैं। दो गोरे बाहर खड़े हुए पहरेदारी कर रहे थे। उनमें से एक लड़कों को ठोकर मारने की धमकी देता है। इसके बाद के संघर्ष का वर्णन प्रेमचन्द ने इस तरह किया है :

"इतना उसके मुँह से निकलना था कि डॉ. शान्तिकुमार ने लपककर उसके मुँह पर घूँसा मारा। सैनिक के मुँह पर घूँसा पड़ा, तिलमिला उठा; पर था घूँसेबाजी में मँजा हुआ। घूँसे का जवाब दिया तो डाक्टर साहब गिरे पड़े। उसी वक्त सलीम ने अपनी हॉकी स्टिक उस गोरे के सिर पर जमाई। चौंधिया गया, जमीन पर गिर पड़ा और जैसे मूर्च्छित हो गया। दूसरे सैनिक को अमर और दूसरे छात्र ने पीटना शुरू कर दिया था; पर वह इन दोनों युवकों से भारी था। सलीम इधर से फुरसत पाकर उस पर लपका। एक के मुकाबले में तीन हो गए। सलीम की स्टिक ने इस सैनिक को भी जमीन पर सुला दिया। इतने में अरहर के पौधों को चीरता हुआ तीसरा गोरा आ पहुँचा। डॉक्टर शान्तिकुमार सँभलकर उस पर लपके ही थे कि उसने रिवाल्वर निकालकर दाग दिया।"

लड़के शान्तिकुमार की देखभाल करने लगे। मुमकिन है, वह गोरा उन पर फिर गोली चला देता लेकिन वहाँ कुछ मजदूर भी खड़े थे। शान्तिकुमार को गिरते देखकर उन्होंने गोरों पर हमला किया। "सब-के-सब अपनी लकड़ियाँ सँभालकर गोरे पर दौड़े। गोरे ने रिवाल्वर दागा, पर निशाना खाली गया। इसके पहले कि वह तीसरी गोली चलाए, उस पर डंडों की वर्षा होने लगी और एक क्षण में वह आहत होकर गिर पड़ा।"

प्रेमचन्द का यह उपन्यास स्वाधीनता-आन्दोलन के उस दौर का है जब लोग अंग्रेजों का मनमाना अत्याचार सहने के लिए तैयार न थे। वे अन्याय और अत्याचार का प्रतिकार करने लगे थे। इसके लिए वे जो भी साधन मिलें, उनका उपयोग करने के लिए तैयार थे।

प्रेमचन्द ने 'कर्मभूमि' में पहली बार मजदूरों और विद्यार्थियों को एक साथ अंग्रेजों का मुकाबला करते दिखाया है। जैसाकि सभी लोग जानते हैं, इसके बाद भी नौजवानों ने अनेक बार मजदूरों और किसानों के साथ मिलकर अंग्रेजों का मुकाबला किया था। प्रेमचन्द ने राष्ट्रीय आन्दोलन की एक महत्त्वपूर्ण कड़ी को पकड़ा था और उसका यहाँ चित्रमय वर्णन किया है।

आगे चलकर उपन्यास में वह दिखलाते हैं कि अंग्रेजों ने जिसे दलित और अपमानित किया था, उसी को जनता श्रद्धा की दृष्टि से देखती है।

मुन्नी का जो अपमान हुआ था, उसे वह भूल न सकती थी। प्रेमचन्द स्त्रियों की बेहद इज्जत करते थे। उन पर किसी भी तरह का अन्याय और अत्याचार देखकर उनका खून खौल उठता था। मुन्नी जब खेत से निकलती है, तब उनकी लेखनी

बहुत ही थोड़े और संयत शब्दों में उस करुण दृश्य का वर्णन करती है। उन शब्दों के पीछे प्रेमचन्द के मानवता-प्रेमी हृदय की रोषाग्नि छिपी हुई है। "उसी वक्त एक युवती खेत से निकली और मुँह छिपाए, लँगड़ाती, कपड़े सँभालती, एक तरफ चल पड़ी। अबला लज्जावश किसी से कुछ कहे बिना, सबकी नजरों से दूर निकल जाना चाहती थी। उसकी जिस अमूल्य वस्तु का अपहरण किया गया था, उसे कौन दिला सकता था? दुष्टों को मार डालो, इससे तुम्हारी न्याय-बुद्धि को सन्तोष होगा, उसकी तो जो चीज गई, वह गई। वह अपना दुःख क्यों रोए? क्यों फरियाद करे? सारे संसार की सहानुभूति उसके किस काम की है!"

मुन्नी पागल की तरह घूमा करती है। वह घर लौटकर नहीं जाती, क्योंकि-उसकी जातिवाले उस 'अपवित्र' नारी को कैसे ग्रहण करेंगे? एक दिन वह कान्त की दुकान पर दो फौजियों को मार डालती है। पहले लोग इसे हत्यारिन समझते हैं, लेकिन जब उन्हें उसकी असली कहानी का पता चलता है, वे सब उसके साथ हमदर्दी का व्यवहार करने लगते हैं। प्रेमचन्द ने आम जनता की सहायता को आँकने में यहाँ कमाल कर दिया है। उन्होंने जनता के हृदय में छिपे हुए कोमल भावों को जागते हुए दिखाया है। एक वीर नारी की रक्षा के लिए जनता एक जबरदस्त घेरा डाल देती है। स्त्रियों को उससे विशेष सहानुभूति है। सहानुभूति ही नहीं, उन्हें उस पर गर्व भी है।

अमरकान्त की पत्नी सुखदा कहती है : "अगर इसको फाँसी हो गई, तो मैं समझूँगी, संसार से न्याय उठ गया। उसने कोई अपराध नहीं किया। जिन दुष्टों ने उस पर ऐसा अत्याचार किया, उन्हें यही दंड मिलना चाहिए था। मैं अगर न्याय के पद पर होती तो उसे बेदाग छोड़ देती। ऐसी देवी की तो प्रतिमा बनाकर पूजना चाहिए। उसने अपनी सारी बहनों का मुख उज्ज्वल कर दिया।"

सुखदा के शब्दों में प्रेमचन्द ने हिन्दुस्तानी स्त्रियों के चरित्र की विशेषता प्रकट की है। अन्यायी को दंड मिलने पर ऐसा हर्ष वे ही प्रकट कर सकती थीं, इसलिए कि गुलामी और अन्याय का बोझ पुरुषों से ज्यादा उन्हें सहना पड़ता था। इससे पहले भी जब अमरकान्त और उसके साथी एक-दूसरे की पीठ ठोंकते हुए गोरों पर फतह पाकर लौटे थे, तब सुखदा ने ही अमरकान्त से उस स्त्री के बारे में पूछा था जिसके साथ गोरों ने बलात्कार किया था। अमरकान्त और उसके साथियों ने उसकी कोई खबर न ली थी। तब सुखदा उसे डाँटकर कहती है : "एक दिन जाकर सब कोई उसका पता क्यों नहीं लगाते, या स्पीच देकर ही अपने कर्तव्य से मुक्त हो गए?"

सुखदा ने अमरकान्त के चरित्र की कमजोरी अच्छी तरह पहचान ली है। उसमें नेता बनने की साध जितनी है, उतना जनता से प्रेम नहीं है। इसीलिए उसका मनोबल दृढ़ नहीं है और कभी-कभी उसे जब आगे बढ़ना चाहिए, वह पीछे पैर हटाता है। प्रेमचन्द ने जान-बूझकर उसकी इन कमजोरियों को चित्रित किया है। एक ही वातावरण में रहनेवाले स्त्री और पुरुष का वह भेद बतलाते हैं; एक ही

देश में रहनेवाले धनी और गरीब स्त्री-पुरुषों के भेद पर भी वह प्रकाश डालते हैं। अमरकान्त 'गबन' के रमा की तरह बोदा नहीं है। वह लड़कपन से सार्वजनिक कामों में हिस्सा लेता रहा है। इसलिए उसके चरित्र में दूसरी तरह की विशेषताएँ आ गई हैं। फिर भी कुछ बातों में वह रमाकान्त से मिलता है जिनमें मन की दृढ़ता का न होना मुख्य है। प्रेमचन्द ने उपन्यास के आरम्भ में ही उसके लिए बहुत ठीक लिखा है : "और वह दिन तो अभी दूर, बहुत दूर था, जब उसके चित्त की वृत्ति ही बदल जाए।" प्रेमचन्द ने परिस्थितियों के साथ उसकी वृत्ति को बदलते हुए दिखाया है, लेकिन वह दिन सचमुच बहुत ही दूर था, जब उसके चित्त की वृत्ति पूरी तरह बदल जाए। वह दिन इस उपन्यास के अन्त तक नहीं आ पाता। 'गबन' का रमा जैसे बहुत बदलने पर भी अन्त में नदी के किनारे अपने संस्कार प्रकट कर ही देता है, उसी तरह 'कर्मभूमि' के अन्त तक भी अमरकान्त अपने चित्त की वृत्ति को बहुत कुछ बदल चुकने पर भी उसे पूरी तरह नहीं बदल पाता। यह ध्यान में रखना इसलिए आवश्यक है कि प्रेमचन्द का सन्देश समझने के लिए अमरकान्त काफी नहीं है; हमें सुखदा, सकीना, सलीम, मुन्नी वगैरह की बातों पर भी ध्यान देना होगा।

जज के सामने अपने बयान में मुन्नी कहती है : "जो सदा दुःख भोगा करते हैं और रोटियों को तरसते हैं, उन्हें जीवन कुछ कम प्यारा नहीं होता।" मुन्नी को भी जीवन प्यारा है, इस अर्थ में नहीं कि उसे जान प्यारी है। वह जीना चाहती है, एक सुखी, समृद्ध जीवन, कर्म और आनन्द का जीवन। फिर भी वह पति के साथ जाने से इनकार कर देती है। इसका कारण यह है कि उसका पति ऊँची जाति का है। यही नहीं कि बिरादरीवाले उसे वापस लेने पर आपत्ति करेंगे बल्कि यह भी कि उसके पति का हृदय पूरी तरह उसे स्वीकार न करेगा। उसका पति उसे वापस ले जाने की बड़ी कोशिशें करता है और शायद मुन्नी जरूरत से ज्यादा जाति-बिरादरी के बारे में शंका करती है। लेकिन यह सच है कि अगर वह अपने पति के पास फिर लौटकर नहीं जाती तो इसके मुख्य कारण जाति-प्रथा से पैदा होनेवाले कुसंस्कार और भय हैं।

मुन्नी को चमारों के गाँव में आश्रय मिलता है और उसे उतना सुख मिलता है जितना पहले कभी न मिला था। इसका कारण यह है कि इन 'नीच' जाति के गरीब किसानों और खेत मजदूरों में जाति-प्रथा के वे बन्धन नहीं हैं जो 'ऊँची' जातिवालों में पाए जाते हैं। उनका एक-दूसरे के प्रति हमदर्दी और भाईचारा ज्यादा है। जब अमरकान्त उसी गाँव में पहुँचता है तो मुन्नी के हृदय में सोते हुए जीवन के अंकुर फूट निकलने के लिए फिर कसमसाते हैं। अमरकान्त को देखकर वह बुढ़िया सलोनी से कहती है : "ऐसे भोले-भाले पाहुने को तो मैं अपने घर ले जाऊँगी।"

मुन्नी की जिन्दादिली उसके नाच में प्रकट होती है। यह स्त्री, जो पतिवियोग, बलात्कार, दर-दर भीख माँगने और गंगा में डूबने तक के कटु अनुभव कर चुकी

है, हृदय में जीवन की अमिट चाह छिपाए हुए है। जैसे कोई संजीवनी बूटी पाकर वह फिर नवयुवती हो गई हो! उसमें ऐसी सजीवता, ऐसी सप्राणता है जिसे संसार की मुसीबतें बहुत कुचलने पर भी कुचल नहीं पाईं।

पढ़े-लिखे लोगों में नृत्य वर्जित है, खास कर स्त्री-पुरुषों का एक साथ नाचना। प्रेमचन्द ने इस नृत्यहीन सभ्यता की तुलना जन-संस्कृति से की है। उन्हें वहाँ श्री सुमित्रानन्दन पन्त की तरह हुड़दंग और अश्लीलता नहीं दिखाई देती। प्रेमचन्द जनसाधारण के कला-प्रेम की दाद देते हैं। "युवक और युवतियों के जोड़े बँधे हुए हैं। हर एक जोड़ा दस-पन्द्रह मिनट तक थिरककर चला जाता है। नाचने में कितना उन्माद, कितना आनन्द है, अमर ने समझा था।" उसकी इच्छा होती है कि उसे नाचना आता तो वह भी उसके साथ नाचने लगता। लेकिन ज्योंही वह मुन्नी को देखता है, नाच के लिए उसका सारा उत्साह हवा हो जाता है। उसमें इतना साहस नहीं है कि वह मुन्नी को स्वीकार करके गृहस्थी चलाए, न वह यह सहन कर सकता है कि मुन्नी दूसरों के सामने नाचे। ऐसी ही कायरता उसने सकीना के बारे में दिखाई थी। उससे प्रेम-निवेदन करता है लेकिन जब वह सामाजिक बन्धनों को तोड़कर उसके साथ चलने को तैयार होती है, तब वह भाग खड़ा होता है। वह खुल्लमखुल्ला अपनी पत्नी से सारी बातें भी नहीं कहता। वह उन पुरुषों में है जो अपने लिए पत्नी के अलावा दूसरी स्त्रियों से प्रेम करने की छूट चाहते हैं, लेकिन ऐसे अधिकारवादी हैं कि पत्नी ही नहीं, प्रेमिकाओं को भी किसी से हँसने-बोलने का अधिकार देना नहीं चाहते। मुन्नी को रंगमंच पर आते देखकर इसीलिए उसे बुरा लगता है। मुन्नी आत्म-विभोर होकर नाचती है, अमरकान्त के दुर्भाग्य से अकेले भी नहीं बल्कि एक दूसरे युवक के साथ।

"युवक गठीला जवान है, चौड़ी छाती, उस पर सोने की मुहर, कछनी काछे हुए। युवती को देखकर अमर चौंक उठा। मुन्नी है। उसने घेरदार लहँगा पहना है, गुलाबी ओढ़नी ओढ़ी है और पाँव में पैजनियाँ बाँध ली हैं। गुलाबी घूँघट में दोनों कपोल दो फूलों की भाँति खिले हुए हैं। दोनों कभी हाथ-में-हाथ मिलाकर, कभी कमर पर हाथ रखकर, कभी कूल्हों को ताल से मटकाकर नाचने में उन्मत्त हो रहे हैं। सभी मुग्ध नेत्रों से इन कलाविदों की कला देख रहे हैं। क्या फुर्ती है! क्या लचक है! और उनकी एक-एक लचक में, एक-एक गति में, कितनी मार्मिकता, कितनी मादकता! दोनों हाथ-में-हाथ मिलाए, थिरकते हुए रंगभूमि के उस सिरे तक चले जाते हैं और क्या मजाल कि एक गति भी बेताल हो!"

प्रेमचन्द ने अपने शब्दों से पूरी तसवीर खींच दी है। वह खुद एक कलाविद् की तरह उस दृश्य का आनन्द लेते हैं। वह दिखलाते हैं कि हिन्दुस्तान के इन मेहनत-मजूरी करनेवाले गरीबों में कितना रस है। वह उपन्यास में जिन पात्रों को लेकर कथा रचते हैं, उनके जीवन के सभी पहलुओं पर प्रकाश डालते हैं। वह जनता की

आर्थिक और सामाजिक कठिनाइयों का चित्रण ही नहीं करते, वह उसकी सजीव सांस्कृतिक परम्पराओं में सच्ची सहानुभूति भी रखते हैं और उसके नृत्य और सगीत में रस भी ले सकते हैं। ऐसी सहृदयता बहुत कम साहित्यकारों में देखने को मिलती है।

अमरकान्त नाचने और अभिनय करने में बिलकुल अनाड़ी न था। लेकिन उन धनी-मानियों की वह संस्कृति कुछ और थी, जनसाधारण की यह संस्कृति कुछ और है। प्रेमचन्द दोनों का अन्तर बतलाते हुए लिखते हैं : "कालेज के सम्मेलनों में अमर कई ड्रामा खेल चुका था। स्टेज पर नाचा भी था, गाया भी था, पर उस नाच और इस नाच में बड़ा अन्तर था। वह विलासियों की कामक्रीड़ा थी, यह श्रमिकों की स्वच्छन्द केलि।" अमरकान्त जिस वातावरण में पाला-पोसा गया है, उससे पैदा होनेवाले संस्कार अब भी इतने प्रबल हैं कि वह विलासियों की काम-क्रीड़ा में भाग ले सकता था, लेकिन श्रमिकों की यह स्वच्छन्द केलि देखकर "उसका दिल सहम जाता था।"

इस तरह आनन्द के दिन इन गरीबों के जीवन में कभी-कभी आते हैं। वे बड़ी कठिनाई में दिन काटते हैं। अमरकान्त वहाँ शान्ति पाने के लिए पहुँचता है, लेकिन गरीबी देखकर उसका दिल दहल जाता है। ये समाज के वे लोग हैं जिन्हें 'ऊँची' जाति के लोग मनुष्य नहीं समझते; जो सैकड़ों, हजारों साल से सम्पत्तिशाली लोगों की गुलामी करते चले आए हैं, मुर्दा मांस पा जाते हैं तो उसे जिन्दगी की सबसे बड़ी न्यामत समझते हैं। इनके इलाके के मालिक एक महन्त जी हैं जिनके ठाकुरद्वारे में कोई नित नया उत्सव होता रहता है। गाँव के असामियों को इन सब अवसरों पर बेगार करनी पड़ती है। धर्म ने उनका मुँह बन्द कर रखा है। "धर्म-संकट सबसे बड़ा संकट है। फिर इलाके के काश्तकार सभी नीच जातियों के लोग थे।" जो थोड़े-से ऊँची जाति के लोग थे, उनकी सहानुभूति महन्त जी के साथ थी। "असामियों को उन्हें भी प्रसन्न रखना पड़ता था।" यानी ये अछूत दुहरी-तिहरी गुलामी के नीचे पिस रहे थे। सबसे ऊपर अंग्रेज थे, उनके नीचे जमींदार महन्त जी और उनके नीचे ऊँची जाति के लोग।

इन अछूतों की दशा का मार्मिक चित्र, उनके जीवन की बुनियादी समस्याओं की झाँकी हिन्दी कथा-साहित्य में हमें पहले 'कर्मभूमि' में मिलती है। प्रेमचन्द ने लिखा है : "बेचारे एक तो गरीब, ऋण के बोझ से दबे हुए; दूसरे मूर्ख, न कायदा जानें न कानून। महन्त जी जितना चाहें इजाफा करें, जब चाहें बेदखल करें, किसी में बोलने का साहस न था। अक्सर खेतों का लगान इतना बढ़ गया था कि सारी उपज लगान के बराबर भी न पहुँचती थी; किन्तु लोग भाग्य को रोकर, भूखे-नंगे रहकर, कुत्तों की मौत मरकर खेत जोतते थे।"

यह सन् '29-30 की मन्दी का जमाना था जब सोवियत संघ को छोड़कर तमाम दुनिया की आर्थिक व्यवस्था एक भारी संकट में पड़ गई थी।

लाखों आदमियों का जन-संहार कराने के बाद साम्राज्यवाद का संकट हल न हुआ था बल्कि और गहरा हो गया था। इस संकट का भार पड़ा सबसे ज्यादा गाँव के गरीब किसानों पर। प्रेमचन्द ने इस संकट से किसानों की बढ़ती हुई मुसीबतों का यथार्थ वर्णन इस तरह किया है :

"लेकिन इस साल अनायास ही जिन्सों का भाव गिर गया। इतना गिर गया, जितना चालीस साल पहले था। जब भाव तेज था, किसान अपनी उपज बेच-बाचकर लगान देता था; लेकिन जब दो और तीन के जिन्स एक में बिके, तो किसान क्या करे? कहाँ से लगान दे? कहाँ से दस्तूरियाँ दे? कहाँ से कर्ज चुकाए? विकट समस्या आ खड़ी हुई; और यह दशा कुछ इस इलाके की न थी। सारे प्रान्त, सारे देश, यहाँ तक कि सारे संसार में यही मन्दी थी। चार सेर का गुड़ कोई दस सेर में भी नहीं पूछता। आठ सेर का गेहूँ डेढ़ रुपये मन में भी महँगा है। 30/- मन का कपास 10/- में जाता है, 16/- मन का सन 4/- में। किसानों ने एक-एक दाना बेच डाला, भूसे का एक तिनका भी न रखा, लेकिन यह सब कुछ करने पर भी चौथाई लगान से ज्यादा न अदा कर सके और ठाकुरद्वारे में वही उत्सव थे, वही जल-विहार थे। नतीजा यह हुआ कि हलके में हाहाकार मच गया।"

इस वर्णन से प्रेमचन्द के गम्भीर चिन्तन और अध्ययन का पता लगता है। वह संसार के आर्थिक संकट से, हिन्दुस्तान और अपने सूबे पर उसके प्रभाव से परिचित थे। उनमें वह वैज्ञानिक दृष्टि थी जो घटनाओं की परस्पर सम्बद्धता देखकर अधिकार के साथ किसी घटना-क्रम का विवेचन करती है। इस दृष्टि के साथ प्रेमचन्द को यथार्थ का गहरा अनुभव भी प्राप्त था। इसलिए वह यथार्थ का शुष्क विवेचन नहीं करते, वह एक श्रेष्ठ कलाकार की तरह उसका मार्मिक चित्रण करते हैं।

इस मन्दी में किसान कुत्तों की मौत मरने के लिए तैयार न थे। अमरकान्त और एक दूसरे नेता आत्मानन्द की कोशिशों से उस इलाके में थोड़ा-बहुत विद्या का प्रचार हो चुका था। लोगों ने कुछ गाँवों में दस्तूरी देना बन्द कर दिया था। आत्मानन्द के सभापतित्व में गंगा के किनारे सभा होती है। यहाँ पर दो तरह के नेतृत्व की टक्कर होती है। अमरकान्त कहता है : "यह विपत्ति कुछ हमारे ही ऊपर नहीं पड़ी। सारे देश में यही हाहाकार मचा हुआ है। हमारे नेता इस प्रश्न को हल करने की चेष्टा कर रहे हैं। उन्हीं के साथ हमें भी चलना है।"

प्रेमचन्द का चरित्र-चित्रण कौशल देखते ही बनता है। अमरकान्त को जैसे अपने पारिवारिक जीवन में ढुलमुल-यकीन है, वैसे ही राजनीति में भी। जनता इस तरह के नेताओं से ऊबने लगी है। उसका लम्बा भाषण सुनकर वह उदासीन बैठी रहती है। "उसका सम्मान सभी करते थे, इसीलिए कोई ऊधम नहीं हुआ, कोई बमचख न मचा; पर जनता पर कोई असर न हुआ।" ये शब्द जाहिर करते हैं कि जनता को अमरकान्त जैसे नेताओं की जरूरत नहीं थी। वह उन्हें बर्दाश्त कर रही थी,

इसलिए कि व्यक्तिगत रूप से वह उनमें से कुछ का सम्मान करती थी। आत्मानन्द का कहना था कि महन्त का घर घेर लिया जाए और जब तक वह लगान न छोड़ दे, तब तक उनका कोई उत्सव न होने दिया जाए। इन दोनों नेताओं के मतभेद की वजह से सभा में कोई फैसला न हुआ।

अमर महन्त जी से सन्धि-वार्ता करने जाता है। यहाँ उसे एक दूसरी दुनिया दिखाई देती है। "संध्या का समय था। महन्त जी एक सोने की कुरसी पर बैठे हुए थे, जिस पर मखमली गद्दा था। उनके इर्द-गिर्द भीड़ लगी हुई थी, जिसमें महिलाओं की संख्या ही अधिक थी। सभी धुले हुए संगमर्मर के फर्श पर बैठी हुई थीं। पुरुष दूसरी ओर बैठे थे। महन्त जी पूरे छह फीट के विशालकाय, सौम्य पुरुष थे। अवस्था कोई पैंतीस वर्ष की थी। गोरा रंग, दुहरी देह, तेजस्वी मूर्ति, काषाय वस्त्र तो थे; किन्तु रेशमी। वह पाँव लटकाए बैठे हुए थे। भक्त लोग जाकर उनके चरणों को आँखों से लगाते थे, पूजा चढ़ाते थे और अपनी जगह पर आ बैठते थे।"

अमरकान्त से कहा गया कि यह आरती का वक्त है, इसलिए तीन घंटे बाद आए। इस बीच अमर इधर-उधर घूमता है तो देखता है : "कहीं बड़ी-बड़ी कड़ाहियों में पूरियाँ-कचौरियाँ बन रही हैं, कहीं भाँति-भाँति की शाक-भाजी चढ़ी हुई है, कहीं दूध उबल रहा है, कहीं मलाई निकाली जा रही है।" अगर महन्त जी किसानों का लगान माफ कर देते तो ये सब उत्सव कहाँ से होते?

अमर के साथ अछूत गूदड़ भी गया है। उसने गोशाला और घुड़साल देखकर ही सन्तोष किया। जब आरती होने लगी तब सब लोग अन्दर दर्शन करने दौड़े। गूदड़ बोला : "अब देखो, भगवान् की आरती हो रही है और हम भीतर नहीं जा सकते। यहाँ के पंडों-पुजारियों के चरित्र सुनो, तो दाँतों तले उँगली दबा लो; पर वे यहाँ के मालिक हैं और हम भीतर कदम नहीं रख सकते।"

प्रेमचन्द ने जाति-प्रथा, धार्मिक अन्धविश्वासों और जमींदारी-प्रथा की बर्बरता को ऐसे उघाड़कर रख दिया कि पुरानपंथी तिलमिला उठे। वे कहने लगे : "प्रेमचन्द घृणा के प्रचारक हैं।" प्रेमचन्द जनता को सिखला रहे थे कि जब तक वह इस तरह की मानवता-विरोधी रीतियों को अपने यहाँ फलने-फूलने देगी तब तक उसका सामाजिक और सांस्कृतिक विकास रुका रहेगा।

जब आरती समाप्त हुई, तब कोई रानी जी महन्त जी के दर्शन करने आईं। अमर को फिर राह देखनी पड़ी। आध घंटे बाद कोशिश करने पर उसे सवेरे आने के लिए जवाब मिला। सवेरे अमर गया तो महन्त जी पूजा पर थे, फिर गया तो कलेऊ पर थे। उसे कारकुन से मिलकर ही सन्तोष करना पड़ा। कारकुन ने अर्जी माँगी। अमर ने कहा कि वह महन्त जी से मिलने आया है। इस पर कारकुन ने पूछा—नजराना लाए हो? नजराना भी कम-से-कम एक अशर्फी चाहिए था। अमरकान्त को निराश होकर वापस लौट आना पड़ा। उसके साथ जो सुलूक हुआ, वह मानो

अछूत किसानों की सभा में उसके भाषण पर प्रेमचन्द की टिप्पणी थी। जनता का बल पीछे छोड़कर गए, महन्त जी की सहृदयता पर विश्वास जमाया; देखो, क्या नतीजा निकला—मानो प्रेमचन्द कह रहे हों!

गाँव आकर उसे सच्ची बात कहने की हिम्मत न हुई। झूठ बोला कि अर्जी दे आया है और उस पर विचार हो रहा है। अमरकान्त सत्य और अहिंसा में विश्वास करता था। इसलिए जनता से झूठ बोलने में उसे कोई बुराई मालूम नहीं हुई।

अमर कारकुनों, मुहर्रिरों और चपरासियों तक की खुशामद करने लगा। उसकी अर्जी पर विचार हो रहा था। गाँव के लोग उसका मजाक उड़ाने लगे। कोई कहता—रुपये में आठ आना छूट हो गई है। कोई कहता—महन्त जी ने इस साल पूरा लगान माफ कर दिया है। किसानों के नेता चुपचाप बैठे थे। यह वह जमाना था जब राष्ट्रीय संस्था कांग्रेस से अलग यहाँ के किसान-मजदूर अपने वर्ग संगठन बनाने लगे थे। "रोज बड़ी-बड़ी किसान-सभाओं की खबरें आती थीं। जगह-जगह किसान-सभाएँ बन रही थीं।" 'प्रेमाश्रम' के दिनों से कितना अन्तर हो गया था। लखनपुर के किसान अब अकेले नहीं थे। उनके साथ तमाम इलाके के किसान अपने संगठनों के अन्दर अपना एका मजबूत बना रहे थे।

सात दिन के बाद अमर महन्त जी के दर्शन कर पाता है। सरकार से जल्द पत्र-व्यवहार करने और कारिन्दों द्वारा सख्ती न किये जाने का आश्वासन पाकर वह खुश-खुश लौट आता है। वह महन्त का पक्ष लेकर किसानों को समझाता है : "महन्त जी को तुम लोग व्यर्थ बदनाम कर रहे थे। ऐसी सज्जनता से मिले कि मैं क्या कहूँ!" अगर किसानों ने अर्जी-फरियाद का रास्ता छोड़कर और कोई रास्ता अपनाया तो उसके परिणाम से उन्हें आतंकित करने की कोशिश करता हुआ वह कहता है : "हुल्लड़ मचाओगे, तो कुछ न होगा, उल्टे और डंडे पड़ेंगे।"

दो हफ्ते हो गए लेकिन कोई हुक्म न आया। अमर अपने दोस्त सलीम के साथ हाकिम-जिला गजनवी से मिला। वहाँ से उसे आश्वासन मिला : "भला छह महीने तो गुजरने दीजिए। अभी हम काश्तकारों की हालत की जाँच करेंगे, उसकी रिपोर्ट भेजी जाएगी, रिपोर्ट पर गौर किया जाएगा, तब कहीं कोई हुक्म निकलेगा।"

गजनवी साहब अमर को यह नेक सलाह और देते हैं : "मि. सलीम आपकी बड़ी तारीफ करते हैं, मगर भाई, मैं तुम लोगों से डरता हूँ। खास कर तुम्हारे उस स्वामी से। बड़ा ही मुफसिद आदमी है। उसे फँसा क्यों नहीं देते? मैंने सुना है, वह तुम्हें बदनाम करता फिरता है।"

यह सलाह सुनकर अमरकान्त को गुस्सा नहीं आता। प्रेमचन्द अमरकान्त के आन्तरिक विचारों का धरातल प्रकट करते हुए लिखते हैं : "इतना बड़ा अफसर अमर से इतनी बेतकल्लुफी से बातें कर रहा था, फिर उसे क्यों न नशा हो जाता? सचमुच आत्मानन्द आग लगा रहा है। अगर वह गिरफ्तार हो जाए, तो इलाके में

शान्ति हो जाए। स्वामी साहसी है, यथार्थ वक्ता है, देश का सच्चा सेवक है, लेकिन इस वक्त उसका गिरफ्तार हो जाना ही अच्छा है।'

यहाँ अमरकान्त ने 'गबन' के रमानाथ को भी मात कर दिया। रमानाथ राजनीतिक कार्यकर्ता नहीं था। शतरंज और सिनेमा का शौकीन था। पुलिस के चंगुल में फँसकर उसने मुखबिरी की थी। अमरकान्त राजनीतिक कार्यकर्ता है। वह क्रान्ति का समर्थक रह चुका है। ('विद्यालय में एक बार 'धर्म' पर विवाद हुआ। अमर ने उस अवसर पर जो भाषण किया, उसने सारे शहर में धूम मचा दी। वह अब क्रान्ति ही में देश का उद्धार समझता था—ऐसी क्रान्ति में, जो सर्वव्यापक हो, जो जीवन के मिथ्या आदर्शों का, झूठे सिद्धान्त का, परिपाटियों का अन्त कर दे; जो एक नये युग की प्रवर्तक हो, एक नई सृष्टि खड़ी कर दे; जो मिट्टी के असंख्य देवताओं को तोड़-फोड़कर चकनाचूर कर दे, जो मनुष्य को धन और धर्म के आधार पर टिकनेवाले राज्य के पंजे से मुक्त कर दे। उसके एक-एक अणु से 'क्रान्ति! क्रान्ति!' की आवाज सदा निकलती रहती थी, लेकिन उदार हिन्दू समाज उस वक्त तक किसी से नहीं बोलता, जब तक उसके लोकाचार पर खुल्लम-खुल्ला आघात न हो। कोई क्रान्ति नहीं, क्रान्ति के बाबा का ही उपदेश क्यों न करे, उसे परवाह नहीं होती, लेकिन उपदेश की सीमा के बाहर, व्यवहार-क्षेत्र में किसी ने पाँव निकाला और समाज ने उसकी गर्दन पकड़ी।')

सर्वतोमुखी क्रान्ति का यह समर्थक अमल में हमेशा समझौता करता है। सकीना के मामले में वह दोहरा विश्वासघात करता है—एक तरफ अपनी स्त्री से, जो माँ बन चुकी है; दूसरी तरफ सकीना से, जो उसकी प्रेमिका है। किसानों के मामले में भी वह दोहरी दगा करता है; एक तरफ आत्मानन्द से, जिन्हें फँसाने का निश्चय कर लेता है; दूसरी तरफ किसानों से, जिनके सामने वह स्वच्छ देश-भक्त बना रहता है।

'प्रेमाश्रम' के ज्ञानशंकर से उसका चरित्र ज्यादा पेचीदा है। ज्ञानशंकर ने इशारों से दोस्तों को फँसाने और अपने अन्तःकरण को सुरक्षित रखने में वह कमाल हासिल न किया था जो अमर ने किया है। वह चाहता है कि गजनवी समझ भी ले कि वह चाहता है कि आत्मानन्द को गिरफ्तार कर लिया जाए, साथ ही उसे मुँह से कुछ कहना भी न पड़े। प्रेमचन्द ने उसकी इस नाजुकबयानी के बारे में लिखा है : "उसने कुछ इस भाव से जवाब दिया कि उसके मनोभाव प्रकट न हों पर स्वामी पर वार चल जाए—मुझे तो उनसे कोई शिकायत नहीं है, उन्हें अख्तियार है, मुझे जितना चाहें बदनाम करें।"

कितने निर्दोष शब्द थे! बेचारा दूसरों की बदनामी सहने के लिए तैयार था, खुद किसी के खिलाफ शब्द भी न कहना चाहता था। गजनवी उसका मतलब अच्छी तरह समझ गया : "तुम नोट कर लो मि. सलीम! कल उसके हल्के के थानेदार को लिख दो, इस स्वामी की खबर ले। बस, अब सरकारी काम खत्म। मैंने सुना

है मि. अमर कि आप औरतों को वश में करने का कोई मंत्र जानते हैं।" और फिर देर तक उनमें औरतों के बारे में चर्चा होती रहती है। प्रेमचन्द की कला में व्यंग्य की ऐसी बारीकियाँ मिलेंगी, जो मानो पाठक को झकझोरकर कह रही हों—देखो क्रान्तिकारी जी को, आत्मानन्द को सच्चा देश-भक्त मानते हुए भी कैसे उसे फँसा दिया और उसके बाद किस बेहयाई से हाकिमों के साथ औरतों की चर्चा करते रहे!

गाँव आकर अमर सरकारी तहकीकात का भरोसा दिलाकर गाँववालों से खरीफ का काम शुरू करने को कहता है। आत्मानन्द अकेले पड़कर अमरकान्त की चालों को समझे बिना उससे समझौता कर लेते हैं। महन्त जी ने चार आने की छूट दे दी, लेकिन बकाया वसूल करने में असामियों के साथ सख्ती की गई। किसानों ने फिर सभा की। आत्मानन्द ने सरकारी छूट का आश्वासन दिलाया। तभी अमरकान्त को अपनी पत्नी की गिरफ्तारी का समाचार मिला। उसे ध्यान न रहा कि क्या कह रहा है। धुआँधार व्याख्यान दिया और लोगों से लगान बिलकुल न देने की अपील की। सभा की रिपोर्ट सुनकर गजनवी ने आत्मानन्द और अमरकान्त को गिरफ्तार करने का हुक्म दिया और सलीम से बोला : "मैं इनके नेक इरादों की कद्र करता हूँ लेकिन हम और वह दो कैम्पों में है। स्वराज हम भी चाहते हैं, मगर इन्कलाब की सूरत में नहीं।"

आत्मानन्द अमर से कहते हैं कि बेदखली होने पर बहुत से किसान साथ न देंगे। इस पर गरम होकर अमर कहता है : "इसका अर्थ यह है कि आप इस आन्दोलन के नायक बनने योग्य नहीं हैं। नेता के आत्मविश्वास, साहस और धैर्य, ये मुख्य लक्षण हैं।" लेकिन जब सलीम से मुलाकात होती है—और सलीम एक सरकारी अफसर है—तब अमर अपने भाषण की सारी जिम्मेदारी आत्मानन्द पर डालते हुए कहता है : "महन्त जी ने मजबूर कर दिया। क्या करता!" सलीम उसे मोटर पर बिठाकर ले चलता है और उसे बतला देता है कि पुलिस के हाथों वह जलील न हो, इसलिए उसने ऐसा किया है। रास्ते में मुन्नी मिलती है। अमर उससे असली बात नहीं कहता, शायद इस डर से कि लोगों को पता चल गया तो सलीम और उसकी मोटर की खैर न होगी।

मुन्नी से यह छिपा नहीं रहता कि अमर गिरफ्तार होकर जा रहा है। वह शोर मचाती हुई सारे गाँव को इकट्ठा कर लेती है। पगडंडियों से भागते हुए लोग मोटर की राह रोककर खड़े हो जाते हैं। अमर मोटर से सिर निकालकर 'बहनो और भाइयो' कहता हुआ उपदेशों और आशीर्वादों की एक बौछार करता है। अमर मोटर निकल जाने के लिए कहता है। मुन्नी ललकारकर कहती है : "उतार लो मोटर से," लेकिन जब कोई आगे नहीं बढ़ता तब मानो भविष्य देखती हुई वह कहती है : "जब पुलिस और फौज इलाके को खून से रंग देगी तभी।" वह अंग्रेजी राज के खूनी आतंक को अच्छी तरह जानती है। लेकिन अमर उसे फटकारता है, अपने

मुँह पर कालिख लगाए जाने की बात कहता है। फिर भी मुन्नी के कहने से जब लोग आगे बढ़ते हैं तब वह उन्हें फिर फटकारता है, धर्मयुद्ध, त्याग, बलिदान और सत्य की दुहाई देकर उन्हें रास्ते से हटा देता है।

इलाके पर फौजी कानून लागू कर दिया गया। सारे इलाके को पुलिस ने घेर लिया। पाँच आदमियों से ज्यादा कहीं इकट्ठे न हो सकते थे। शाम को आठ बजे के बाद घर से कोई निकल न सकता था। पुलिस को बताए बिना कोई घर में मेहमान भी न ठहरा सकता था। प्रेमचन्द ने खूनी आतंक का हृदय-विदारक चित्र खींचते हुए लिखा है : "कितने ही घर जला दिये गए थे और उनके रहनेवाले हबूड़ों की भाँति वृक्षों के नीचे बाल-बच्चों को लिये पड़े हुए थे। पाठशाला में भी आग लगा दी गई थी और उसकी आधी-आधी काली दीवारें मानो केश खोले मातम कर रही थीं। स्वामी आत्मानन्द बाँस की छतरी लगाए अब भी वहाँ डटे हुए थे। जरा-सा मौका पाते ही इधर-उधर से दस-बीस आदमी आकर जमा हो जाते; पर सवारों को देखा और गायब।" मुन्नी ने जो कुछ कहा था, सब हो गया। जब अमर के पिता समरकान्त उस गाँव पहुँचे तब मुन्नी को भी जेल भेज दिया गया था। पुलिस के अत्याचारों का एक नमूना यह देखा : "सलोनी की सारी देह सूज उठी है और साड़ी पर लहू के दाग सूखकर कत्थई हो गए हैं। मुँह सूजा हुआ है। इस मुरदे पर इतना क्रोध!" समरकान्त बड़े पूजा-पाठ करनेवाले आदमी थे; सलोनी की दशा देखकर अपना "सारा धर्मज्ञान उन्हें पाखंड-सा प्रतीत हुआ।"

समरकान्त जब सलीम के साथ फिर गाँव में आते हैं तो सलोनी सलीम को धक्का देकर उसकी गरदन पकड़ लेती है। समरकान्त हाकिम के अपमान का तीव्र विरोध करते हैं और सलोनी मन में कहती है : "यह लाला भी ठकुरसुहाती करते हैं। लड़का पकड़ा गया है न, इसी से।" आखिर समरकान्त गाँववालों को समझा-बुझाकर, आत्मानन्द को मुँहतोड़ जवाब देकर और दवा-दारू के लिए रुपये इकट्ठे करके वहाँ से चल देते हैं।

मरहमपट्टी के बाद फिर दमन-चक्र चलता है, और भी तेजी से। आत्मानन्द बदहवास होकर सलीम को कई आदमियों के मारे जाने की खबर देते हैं और उसका रिवाल्वर लेकर आततायियों का मुकाबला करना चाहते हैं। हत्या और बलात्कार को खुली छूट मिली हुई थी। जब सलीम अहिराने पहुँचा तब उसने देखा : "रास्ते में सभी द्वार बन्द थे। कुत्ते भी कहीं भागकर जा छिपे थे। यकायक एक घर का द्वार झोंके के साथ खुला और युवती सिर खोले, अस्त-व्यस्त, कपड़े खून से तर, भयातुर हिरनी-सी आकर उसके पैरों से चिपट गई और सहमी हुई आँखों से द्वार की ओर ताकती हुई बोली—'मालिक, ये सिपाही मुझे मारे डालते हैं।' यह युवती अनेक आततायियों से घिरकर, दो को मारकर सलीम की शरण आई थी। तभी दो बन्दूकधारियों ने घर से निकलकर उसके बाल पकड़ लिये और दरवाजे की तरफ

घसीटने लगे। इस पर सिपाहियों ने अपने अफसर घोष से फरियाद की। घोष ने पहले बहस की, फिर तैश में सलीम पर हंटर चला दिया। सलीम ने घोष की टाँग पकड़कर घसीट लिया और घूँसे से बेहोश कर दिया। इस पर सिपाहियों ने सलीम को पकड़ लिया।

"अँधेरा हो गया था। आतंक ने सारे गाँव को पिशाच की भाँति छाप लिया था। लोग शोक से मौन और आतंक के भार से दबे मरनेवालों की लाशें उठा रहे थे। किसी के मुँह से रोने की आवाज न निकलती थी। जख्म ताजा था इसलिए टीस न थी। रोना पराजय का लक्षण है। इन प्राणियों को विजय का गर्व था। रोकर अपनी दीनता प्रकट न करना चाहते थे। बच्चे भी जैसे रोना भूल गए थे।"

रात को चार अरथियाँ गंगा की तरफ चलीं और उनके आगे सलोनी गाती हुई जा रही थी। उपन्यास की मुख्य कथा यहाँ समाप्त हो जाती है।

उधर शहर में सत्याग्रह हुआ है, हड़ताल हुई है, अमरकान्त की बहन नैना शहीद हुई, अछूतों ने मन्दिर-प्रवेश किया और प्रेमचन्द के अनुसार उस दिन पुजारी को दक्षिणा में सबसे ज्यादा पैसे मिले।

'कर्मभूमि' में प्रेमचन्द का यथार्थवाद और बुलन्दी पर पहुँचा है। अमरकान्त के चरित्र में उन्होंने अपनी मनोवैज्ञानिक सूझ-बूझ का अद्‌भुत परिचय दिया है। मुन्नी उनकी वीर नारियों में सिरमौर है। मुन्नी और अन्य नारी-पात्रों के चित्रण में आम तौर से प्रेमचन्द ने एक महान कलाकार की सहृदयता का परिचय दिया है। सुखदा और नैना के त्याग और सच्ची देश-भक्ति के सामने अमरकान्त और समरकान्त क्षुद्र मालूम होते हैं। सलोनी और उसके गाँववाले पाठक की सारी करुणा, सारी सहानुभूति अपनी तरफ खींच लेते हैं। वह सोचता रह जाता है—इनकी तकलीफों का कैसे अन्त हो? कौन-सा रास्ता है, जिससे आतंक से इनकी रक्षा होगी? प्रेमचन्द उसे यह सोचने पर विवश करते हैं, यह उनकी जबर्दस्त सफलता है।

7

गोदान

बम्बई से प्रेमचन्द ने जैनेन्द्र जी को एक पत्र में लिखा था : "कर्जदार हो गया था, कर्ज पटा दूँगा, मगर और कोई लाभ नहीं। उपन्यास ('गोदान') के अन्तिम पृष्ठ लिखने बाकी हैं। उधर मन ही नहीं जाता। (जी चाहता है) यहाँ से छुट्टी पाकर अपने पुराने अड्डे पर जा बैठूँ। वहाँ धन नहीं है, मगर सन्तोष अवश्य है। यहाँ तो जान पड़ता है कि जीवन नष्ट कर रहा हूँ" ('हंस', मई, 1939, पृष्ठ 900)।

प्रेमचन्द ने जब 'गोदान' लिखा था, तब वह खुद भी कर्ज के बोझ से दबे हुए थे। 'गोदान' की मूल समस्या ऋण की समस्या है। इस उपन्यास में किसानों के साथ मानो वह आपबीती भी कह रहे थे। किसानों के जीवन के अलग-अलग पहलुओं पर वह उपन्यास लिख चुके थे—'प्रेमाश्रम' में बेदखली और इजाफा लगान पर, 'कर्मभूमि' में बढ़ते हुए आर्थिक संकट और किसानों की लगानबन्दी की लड़ाई पर—लेकिन कर्ज की समस्या पर उन्होंने विस्तार से कोई उपन्यास न लिखा था। 'गोदान' लिखकर उन्होंने किसान की उस समस्या पर प्रकाश डाला जो आये-दिन उनके जीवन को सबसे ज्यादा स्पर्श करती है।

'प्रेमाश्रम' और 'कर्मभूमि' के साथ 'गोदान' हिदुस्तानी किसानों के जीवन की बृहत्त्रयी समाप्त करता है।

प्रेमचन्द ने 'गोदान' तब लिखा था जब वह बम्बई के फिल्म-संसार को अच्छी तरह देख चुके थे, जब सिनेमा पर पूँजीपतियों के अधिकार ने उन्हें लेखक की पराधीनता का कड़वा अनुभव चखा दिया था, जब वह पुराने अड्डे पर आ बैठने के लिए व्याकुल हो रहे थे।

'गोदान' का संसार और बम्बई का फिल्म-संसार दो बिलकुल अलग-अलग और दूर-दूर की चीजें थीं। दोनों को देखकर अचानक यकीन भी न होगा कि वे एक ही देश के दो छोर हैं। बम्बई में रहते हुए वह 'गोदान' लिखने में मन न लगा पाते थे। वहाँ की आबोहवा ही दूसरी थी।

इसलिए प्रेमचन्द ने 'गोदान' में गाँवों की प्रकृति, वहाँ के किसानों और उनके जीवन के बारे में ऐसे प्रेम से लिखा है मानो ये अब बिछुड़नेवाले हों और वह अब इन्हें बार-बार न देख पाएँगे। 'गोदान' के वर्णन और चित्रण में एक अपूर्व आत्मीयता और तल्लीनता है जो प्रेमचन्द के उपन्यासों में भी कम मिलती है।

इसके साथ ही मुनाफे की दुनिया और मेहनत की दुनिया के बीच की खाई उन्हें और गहरी होती दिखाई दे रही थी। उन्होंने 'प्रेमाश्रम', 'कर्मभूमि' वगैरह में दो संस्कृतियों का भेद बहुत साफ-साफ जाहिर किया था। 'गोदान' में भी वह भेद उन्होंने प्रकट किया है, पहले से भी ज्यादा कौशल से। एक तरफ जमींदार रायसाहब, मिल-मालिक खन्ना, मालती और मेहता की दुनिया है; दूसरी तरफ होरी, धनिया, गोबर, सोभा, हीरा वगैरह की दुनिया है। एक के बिना दूसरी का अस्तित्व सम्भव नहीं है यानी अपने वर्तमान रूप में। इसलिए प्रेमचन्द इन दोनों संसारों के चित्र खींचते हैं। इस चित्रण में जहाँ होरी और उसके भाईबन्दों के लिए उनकी सहृदयता और गहरी हो गई है, वहाँ रायसाहब खन्ना-सम्प्रदाय के लिए उन्होंने अपना व्यंग्य और भी पैना, और भी मर्म पर चोट करनेवाला बना लिया है।

'गोदान' की रचना-शैली 'रंगभूमि' से किसी हद तक मिलती-जुलती है। यहाँ उन्होंने बहुत-से किसान-पात्रों को उभारकर रखने के बदले होरी पर ध्यान केन्द्रित किया है। वह उन तमाम गरीब किसानों की विशेषताएँ लिये हुए है जो जमींदारों और महाजनों की धीमे-धीमे लेकिन बिना रुके हुए चलनेवाली चक्की में पिसा करते हैं। 'गोदान' की गति धीमी है, होरी के जीवन की गति की तरह। यहाँ सैलाब का वेग नहीं है, लहरों के थपेड़े नहीं हैं। यहाँ ऊपर से शान्त दिखनेवाली नदी की भँवरें हैं जो भीतर-ही-भीतर मनुष्य को दबाकर तलहटी से लगा देती हैं और दूसरों को वह तभी दिखाई देता है जब उसकी लाश उतराती हुई बहने लगे।

होरी अकेला है, जैसा प्रेमचन्द का किसान कभी अकेला नहीं रहा। 'प्रेमाश्रम' में लखनपुर के साथ दूसरे गाँव नहीं हैं, लेकिन यह गाँव इकट्ठा होकर चट्टान की तरह प्लेग और आगजनी, दमन और बलात्कार का मुकाबला करता है। लेकिन यहाँ होरी का साथ देनेवाले दूसरे गाँव के लोग तो दूर रहे, उसके गाँव के लोग भी जुबानी जमा-खर्च के अलावा उसकी कोई मदद नहीं करते। होरी का अन्त देखकर बरबस निर्मला की याद हो आती है, जिसका प्राण-पक्षी "दिन-भर शिकारियों के निशानों, शिकारी चिड़ियों के पंजों और वायु के प्रचंड झोंकों से आहत और व्यथित अपने बसेरे की ओर उड़ गया।"

तब क्या प्रेमचन्द पीछे की तरफ लौट रहे थे?

'गोदान' में किसानों के शोषण का रूप ही दूसरा है। यहाँ सीधे-सीधे रायसाहब के कारिन्दे होरी का घर लूटने नहीं पहुँचते। लेकिन उसका घर लुट जरूर जाता है। यहाँ अंग्रेजी राज के कचहरी-कानून सीधे-सीधे उसकी जमीन छीनने नहीं पहुँचते।

लेकिन जमीन छिन जरूर जाती है। होरी के विरोधी बड़े सतर्क हैं। वे ऐसा काम करने में झिझकते हैं जिससे होरी दस-पाँच को इकट्ठा करके उनका मुकाबला करने को तैयार हो जाए। वह उनके चंगुल में फँसकर तिल-तिल कर मरता है लेकिन समझ नहीं पाता कि यह सब क्यों हो रहा है। वह तकदीर को दोष देकर रह जाता है; समझता है; यह सब भाग्य का खेल है, मनुष्य का इसमें कोई बस नहीं।

होरी अकेला है तो इसकी जिम्मेदारी ऐतिहासिक परिस्थितियों पर है। उस समय तक किसान को कर्ज के बोझ से हल्का करने की समस्या किसान-आन्दोलन का मुख्य अंग न बन पाई थी। स्वाधीनता-आन्दोलन का अर्थ अंग्रेज के झंडे को हिन्दुस्तान के बाहर करना समझा जाता था। प्रेमचन्द चाहते थे, अंग्रेज का झंडा बाहर जाए; लेकिन जिस विलायती मशीन के नीचे किसान पिस रहा है, वह मशीन भी बाहर जाए। इसीलिए 'प्रेमाश्रम' से लेकर 'गोदान' तक उनकी कोशिश यही रही थी कि इस मशीन के तौर-तरीकों को जनता के सामने जाहिर करें जिससे कि झंडे के साथ वह विलायती शोषण की जड़ भी हिन्दुस्तान से उखाड़ फेंके।

प्रेमचन्द समाज के प्रवाह को बहुत गहराई से देखते थे। उस जमाने में, जब स्वराज का मतलब अंग्रेजी साम्राज्य के अन्दर ही रहना था, प्रेमचन्द ने लगानबन्दी को स्वाधीनता-आन्दोलन की रीढ़ बतलाया था। उस समय, जब लोग कर्ज की समस्या को किसान-आन्दोलन की एक बुनियादी समस्या न समझते थे, प्रेमचन्द ने उस पर तेज रोशनी डाली थी। वह बराबर कोशिश कर रहे थे कि आजादी का आन्दोलन किसानों की बुनियादी समस्याओं को अपने अन्दर समेट ले, वह अंग्रेजी राज के शोषण-चक्र पर वार्निश करने के बदले उसे जड़ से खोदकर फेंक दे।

इस मशीन को तेल पिलानेवालों में सेमरी के रायसाहब मुख्य हैं। किसानों की अंटी से पैसा निकालने के लिए इन्होंने जो दाँव-पेंच ईजाद किये हैं, उन्हें देखते हुए ज्ञानशंकर, राय कमलानन्द, राजा विशालसिंह अबोध बच्चे मालूम होते हैं। ज्ञानशंकर एक भयंकर खल पात्र है, लेकिन 'गोदान' के रायसाहब को खल कौन कहेगा? सत्याग्रह-संग्राम में बहुत यश कमा चुके हैं। कौंसिल की मेंबरी तक छोड़ दी थी और जेल चले गए थे। इलाके के आदमी उन पर घोर श्रद्धा करने लगे थे। तब क्या इनके इलाके के किसानों का जीवन दूसरी जगह के किसानों से कुछ दूसरी तरह का था? नहीं; प्रेमचन्द लिखते हैं :

"यह नहीं कि उनके इलाके में असामियों के साथ कोई खास रियायत की जाती हो, या डाँड़ और बेगार की कड़ाई कुछ कम हो, मगर यह सारी बदनामी मुख्तारों के सिर जाती थी। रायसाहब की कीर्ति पर कोई कलंक न लग सकता था।...सिंह का काम तो शिकार करना है, अगर वह गरजने और गुर्राने के बदले मीठी बोली बोल सकता, तो उसे घर बैठे मनमाना शिकार मिल जाता। शिकार की खोज में उसे जंगल में न भटकना पड़ता।"

रायसाहब उन हिंसक पशुओं में हैं जो गरजने और गुर्राने के बदले मीठी बोली बोलना सीख गए हैं। शिकार अपनी जान से हाथ धोता है लेकिन मीठी बोली सुनता हुआ, अपाहिज होकर, गरजने और गुर्राने से सावधान होकर उस जंगली पशु से लड़ता हुआ नहीं।

कुछ-कुछ इसी तरह का चरित्र 'कर्मभूमि' के महन्त जी का भी है। अमरकान्त से किसानों की दु:ख-कथा सुनकर उनकी आँख में आँसू आ जाते हैं। भगवान् का स्मरण करके कहते हैं : "यह तुम्हारी क्या लीला है!" लेकिन धर्म की चादर का रंग फीका पड़ने लगा था। गूदड़ भी, जो बड़ा श्रद्धालु है, महन्त जी के पंडों के कारनामे अच्छी तरह जानता है। रायसाहब ने एक दूसरी चादर ओढ़ रखी थी, जो भक्तों पर और भी ज्यादा असर डालती थी। यह चादर देश-भक्ति की थी।

सत्याग्रह-संग्राम में बड़ा यश कमाने के बाद भी रायसाहब और अंग्रेजी राज के सम्बन्धों में कोई अन्तर न पड़ा था। प्रेमचन्द ने लिखा है : "रायसाहब राष्ट्रवादी होने पर भी हुक्काम से मेल-जोल बनाए रखते थे। उनकी नजरें और डालियाँ और कर्मचारियों की दस्तूरियाँ जैसी-की-तैसी चली आती थीं।" यह ऐसा राष्ट्रवाद था, जो किसानों से भर-मुट्ठी रुपया भी वसूल करता था, अपने ऊपर उसके लिए बदनामी न आने देता था, अंग्रेजी राज से अपने सम्बन्ध भी बनाए रखता था। होरी से मिलने पर रायसाहब पहले तो उसे पुष्प-वाटिका के सीन में माली बनकर सीता जी को गुलदस्ता भेंट करने का आदेश देते हैं और फिर मानो कोई भूली बात याद करके कहते हैं : "और देख, असामियों से ताकीद करके कह देना कि सब-के-सब शगुन करने आएँ।"

इतने से ही होरी का पिंड नहीं छूट जाता। रायसाहब असामियों से देर तक बातें करते हैं। उनका व्यवहार दूसरे अफसरों और रईसों जैसा नहीं है। मानो इस तरह वह जताना चाहते हों कि वह असामियों को अपनी ही तरह का मनुष्य समझते हैं। होरी से कहते हैं : "कारकुन को तो जो कुछ करना है, वह करेगा ही; लेकिन असामी जितने मन से असामी की बात सुनता है, कारकुन की नहीं।"

रायसाहब के मानववाद का यही रहस्य है। कारकुन को तो जो कुछ करना है, वह करेगा ही, उन्हें ऐसे आदमी की जरूरत है जो कारकुन के अलावा रायसाहब का काम बना दे। दूसरे शब्दों में, गरजने के बदले वह अपनी मीठी बोली होरी के जरिये किसानों तक पहुँचाना चाहते हैं। उनका दाँव यह है कि रुपये इकट्ठे करने के लिए किसानों के बीच में होरी उनका अपना आदमी बनकर काम साधे।

वह कहते हैं : "हमें इन्हीं पाँच-सात दिनों में बीस हजार का प्रबन्ध करना है। कैसे होगा, समझ में नहीं आता। तुम सोचते होगे, मुझ टके के आदमी से मालिक क्यों अपना दुखड़ा ले बैठे। किससे अपने मन की कहूँ! न जाने क्यों तुम्हारे ऊपर विश्वास होता है!"

रायसाहब होरी से क्यों घुल-घुलकर बातें करते हैं, क्यों उसे रामलीला में माली का पार्ट देते हैं, यह रहस्य रुपये इकट्ठे करने की बात से समझ में आ जाता है। लेकिन उन्होंने अपना दुखड़ा रोने के लिए होरी को ही चुना, इसका भी कारण है। वह चरित्र के पारखी हैं और होरी की कमजोर नस पहचानते हैं। उपन्यास के आरम्भ ही में होरी धनिया से कहता है : "तुझे रस-पानी की पड़ी है, मुझे यह चिन्ता है कि अबेर हो गई तो मालिक से भेंट न होगी।" और : "यह इसी मिलते-जुलते रहने का परसाद है कि अब तक जान बची हुई है, नहीं तो कहीं पता न लगता कि किधर गए। गाँव में इतने आदमी तो हैं, किस पर बेदखली नहीं आई, किस पर कुड़की नहीं आई। जब दूसरों के पाँवों तले अपनी गरदन दबी हुई है, तब उनके पाँवों को सहलाने में ही कुशल है।"

होरी के चरित्र की यह कमजोरी है जिससे रायसाहब फायदा उठाते हैं। वह गाँव के किसानों में फूट डालने में सफल हुए हैं। होरी के रक्षक का नकली पार्ट करके वह गाँव के आदमियों को बेदखली, कुड़की वगैरह जीवन के सभी सुखों का अनुभव करा देते हैं।

रायसाहब होरी को समझाते हैं कि जमींदारों में वह एकमात्र नेक आदमी हैं। चारों तरफ वह दुश्मनों से घिरे हुए हैं। उनकी परेशानियों की कोई सीमा नहीं है। होरी सहानुभूति से कहता है : "हम समझते थे कि ऐसी-ऐसी बातें हमीं लोगों में होती हैं, पर जान पड़ता है, बड़े आदमियों में भी उनकी कमी नहीं है।" इस तरह अपनी कल्पित परेशानियों की भूमि पर रायसाहब होरी से भाईचारा कायम कर लेते हैं।

होरी जब घर पहुँचता है, तब धनिया सवाल करती है : "मालिक से क्या बातचीत हुई?"

होरी जवाब देता है : "यही तहसील वसूली की बात थी, और क्या? हम लोग समझते हैं, बड़े आदमी बहुत सुखी होंगे, लेकिन सच पूछो तो वह हमसे भी ज्यादा दुखी हैं। हमें अपने पेट की ही चिन्ता है, उन्हें हजारों चिन्ताएँ घेरे रहती हैं।"

इस धारणा पर गोबर अपने व्यंग्य-बाण बरसाता है। 'प्रेमाश्रम' के बलराज के लहजे में कहता है : "तो फिर अपना इलाका हमें क्यों नहीं दे देते? हम अपने खेत, हल, बैल, कुदाल—सब उन्हें देने को तैयार हैं। करेंगे बदला? यह सब धूर्तता है, निरी मोटमर्दी। जिसे दु:ख होता है, वह दर्जनों मोटरें नहीं रखता, महलों में नहीं रहता, हलवा-पूरी नहीं खाता, और न नाच-रंग में लिप्त रहता है। मजे से राज के सुख भोग रहे हैं; उस पर दुखी हैं!"

गोबर के तीक्ष्ण व्यंग्य और उसके अकाट्य तर्क से होरी झुँझला उठता है। वह जायदाद के मोह और किसान की मरजाद की बात करता है। फिर भगवान की दुहाई देता है : "छोटे-बड़े भगवान् के घर से बनकर आते हैं। सम्पत्ति बड़ी तपस्या से मिलती है। उन्होंने पूर्वजन्म में जैसे कर्म किये थे, उसका आनन्द भोग रहे हैं।

हमने कुछ नहीं संचा, तो भोगें क्या?" गोबर इसे मन समझाने की बात कहकर काट देता है। उसके लिए दुनिया का अटल नियम यह है : "यहाँ जिसके हाथ लाठी है, वह गरीबों को कुचलकर बड़ा आदमी बन जाता है।" तब होरी रायसाहब के चार घंटे भगवान् के भजन की बात कहता है, लेकिन गोबर फिर उससे एक बड़े ही असमंजस का सवाल करता है : "किसके बल पर यह भजन-भाव और दान-धर्म होता है?" होरी जवाब देता है : "अपने बल पर।" लेकिन गोबर कहता है : "नहीं, किसानों के बल पर और मजदूरों के बल पर। यह पाप का धन पचे कैसे, इसलिए दान-धर्म करना पड़ता है। एक दिन खेत में ऊख गोड़ना पड़े तो सारी भक्ति भूल जाए।" होरी हार जाता है और यही कहकर सन्तोष करता है : "अब तुम्हारे मुँह कौन लगे भाई, तुम तो भगवान् की लीला में भी टाँग अड़ाते हो।"

होरी और गोबर की बातचीत एक पिछड़े हुए किसान और अपने अधिकारों को पहचाननेवाले आगे बढ़े हुए एक नये किसान की चेतना की टक्कर है। यह टक्कर दिखाकर प्रेमचन्द सूचित करते हैं कि रायसाहब की मीठी बोली का असर सभी किसानों पर एक-सा नहीं पड़ता और नई पीढ़ी उनकी हकीकत पहचानने लगी है।

अमल का सवाल न हो तो रायसाहब अत्यन्त प्रगतिशील विचारों के आदमी हैं। वह इन्तजार कर रहे हैं कि कब सरकार उनके वर्ग की हस्ती मिटा दे। "मैं उस दिन का स्वागत करने को तैयार बैठा हूँ।" वह यह भी कहते हैं कि जमींदारी-प्रथा के कारण हिन्दुस्तान के लोग अपना विकास नहीं कर पाते और "जब तक सम्पत्ति की यह बेड़ी हमारे पैरों से न निकलेगी, जब तक यह अभिशाप हमारे सिर पर मँडराता रहेगा, हम मानवता का वह पद न पा सकेंगे, जिस पर पहुँचना ही जीवन का अन्तिम लक्ष्य है।"

रायसाहब अभी नई गिलौरियों की बारूद मुँह में भर ही रहे थे कि चपरासी ने आकर सूचना दी कि बेगारों ने काम करना बन्द कर दिया है। देखिए अँधेर कि वे खाने को माँगते हैं और धमकाए जाने पर उन्होंने काम भी छोड़ दिया है। रायसाहब भला इस 'अन्याय' को कैसे सहन करते? माथे पर बल पड़ जाते हैं। आँखें निकालकर कहते हैं : "चलो, मैं इन दुष्टों को ठीक करता हूँ। जब कभी खाने को नहीं दिया, तो आज यह नई बात क्यों? एक आने रोज के हिसाब से मजदूरी मिलेगी जो हमेशा मिलती रही है, और इस मजदूरी पर उन्हें काम करना होगा, सीधे करें या टेढ़े।"

इसके बाद वह होरी को विदा कर देते हैं।

प्रेमचन्द ने उस समय, जब रायसाहब का भाषण अपने क्लाइमैक्स पर था, बेगारों की चर्चा छेड़कर अपनी कथा-निर्माण की कुशलता और व्यंग्य की प्रखरता का परिचय दिया है। गोबर आगे चलकर जो कुछ उसके बारे में कहता है, वह उनके जीवन में प्रत्यक्ष दिखाई देता है।

रायसाहब का एक आलोचक और है—प्रोफेसर मेहता। यह क्वारा अध्यापक न मिस मालती जैसी लेडी डॉक्टरों को बख्शता है, न रायसाहब जैसे रईसों को। वह उन बुद्धिजीवियों में है जो जनता से प्रेम करते हैं, उसके शोषकों से घृणा करते हैं, लेकिन जिनकी सहानुभूति और घृणा ने अभी सक्रिय रूप नहीं लिया। गोबर की तरह वह भी रायसाहब के मानववाद का पर्दाफाश करते हुए कहता है : "मानता हूँ, आपका आपके असामियों के साथ बहुत अच्छा बर्ताव है, मगर प्रश्न यह है कि उसमें स्वार्थ है या नहीं? इसका एक कारण क्या यह नहीं हो सकता कि मद्धिम आँच में भोजन स्वादिष्ट पकता है? गुड़ से मारनेवाला जहर से मारनेवाले की अपेक्षा कहीं सफल हो सकता है। मैं तो केवल इतना जानता हूँ, हम या तो साम्यवादी हैं या नहीं हैं। हैं तो उसका व्यवहार करें, नहीं हैं तो बकना छोड़ दें।"

इस तरह गोबर और मेहता—दोनों पात्रों से रायसाहब के बारे में एक ही निष्कर्ष निकलवाकर कि वह धूर्त है, प्रेमचन्द ने उसका दो बार पर्दाफाश किया है। इससे जाहिर होता है कि वह रायसाहब-जैसे धूर्तों से जनता को सचेत करना कितना महत्त्वपूर्ण काम समझते थे। रायसाहब के शब्दों और व्यवहार के भेद पर प्रकाश डालकर प्रेमचन्द ने उस सभ्यता की आम कमजोरी की तरफ इशारा किया है जिसका आधार दूसरों की मेहनत है। रायसाहब होरी नहीं हैं कि दो-चार बातों में परास्त हो जाएँ। अपने वातावरण, विकास की मंजिलों और दूसरे के श्रम पर मोटे होने पर लानत भेजने के बारे में वह एक लम्बा व्याख्यान देते हैं जिससे मामूली आदमी प्रभावित हुए बिना नहीं रहता। लेकिन मेहता जी भी गोबर नहीं हैं—हालाँकि गोबर नाम से ही गोबर है, वैसे है काफी चतुर—और वह एक ही वाक्य में रायसाहब के व्याख्यान की धज्जियाँ उड़ा देते हैं : "आपकी जबान में जितनी बुद्धि है, काश, उसकी आधी भी मस्तिष्क में होती!"

मेहता का यह वाक्य—और रायसाहब के साथ उनकी सारी बहस—जाहिर करते हैं कि बुद्धिजीवी लोग भी रायसाहब-जैसे रँगे सियारों की हकीकत पहचानने लगे हैं। मेहता किसानों के काफी नजदीक पहुँचते हैं। उनसे उन्हें सच्ची सहानुभूति है। फिर भी दोनों एक होकर आगे बढ़ने का रास्ता नहीं ढूँढ़ पाए। वे सब ताकतें मौजूद हैं जो रायसाहब की धूर्तता, महाजनों के शोषण और इनके सरपरस्त विलायती साहबों के स्वार्थों से देश को मुक्त कर सकती हैं, लेकिन एकता न होने से होरी बेचारा अकेला पड़ जाता है। 'गोदान' के बाद अगला कदम यही हो सकता है कि मेहता और होरी-जैसे लोग अपना एका मजबूत करके रायसाहब और उनके विलायती प्रभुओं के जाल को छिन्न-भिन्न कर दें।

जिस वर्ग में रायसाहब-जैसे लोग पैदा हुए हैं, वह इतना निकम्मा है, यह दिखाने के लिए प्रेमचन्द ने मेहता को पठान बनाकर उन सबको डराया है। रामलीला की

तैयारी के वक्त मेहता एक पठान का भेस धरकर बन्दूक लिये रायसाहब, खन्ना, मिर्जा साहब वगैरह को अकेले ही घेर लेते हैं, लुट जाने का बहाना करते हैं और रायसाहब से रुपया माँगते हैं। ऊपर से मालती के आशिक बनकर उसे उठा ले जाने की धमकी देते हैं।

किसी में यह हिम्मत नहीं होती कि पठान की बन्दूक छीन ले। जब ये सब पस्त हो चुकते हैं तभी होरी रायसाहब को ढूँढ़ता हुआ उधर आ पहुँचता है और उठाकर मेहता को दे मारता है। मेहता की नकली दाढ़ी अलग हो जाती है और इस स्वाँग का कारण बताते हुए वह मालती से कहते हैं : "जरा इन भले आदमियों की जवाँमर्दी की परीक्षा ले रहा था।" जवाँमर्दी की परीक्षा में सिर्फ होरी पास होता है, खेत में कुदाल चलानेवाला किसान; और मानववाद पर लेक्चर झाड़नेवाले वे सब सज्जन फेल होते हैं। मालती को पहली बार पता चलता है कि उस पर मँडरानेवाले पतंगे सच्ची लौ से कितना डरते हैं। उनमें से एक भी उसकी रक्षा करने के लिए हाथ नहीं बढ़ाता, भले ही वह पठान उसे उठा ले जाता। उसे मेहता से सहज स्नेह हो जाता है; कुछ-कुछ स्नेह तो उसे उस 'पठान' से भी हो गया था जो उसे उठा ले जाने की धमकी दे रहा था। सम्पादक तंखा का व्यवहार देखकर वह उनसे कहती है : "आप लोग इतने कायर हैं, यह मैं न समझती थी।" और : "जब आप लोग मेरा अपमान देख सकते हैं, तो अपने घर की स्त्रियों का अपमान भी देख सकते होंगे।"

मालती ने जो कुछ कहा था, उसमें जरा भी अत्युक्ति नहीं। इनके लिए वह विलास से ज्यादा और किसी उद्देश्य के लिए है भी नहीं। मेहता के अविवाहित रहने का एक कारण यह भी है कि उन्हें ऐसी स्त्रियाँ मिलती हैं जो स्वयं विलास का साधन बनने के अलावा और कुछ बनना भी नहीं चाहतीं।

रायसाहब के दोस्तों में मिस्टर खन्ना हैं, एक बैंक के मैनेजर और शक्कर मिल के मैनेजिंग डायरेक्टर। खन्ना हिन्दुस्तान के उन पूँजीपतियों में हैं जिनके कब्जे में बैंक हैं और जो इस बैंक-पूँजी के बल पर उद्योग-धन्धों पर कब्जा कर लेते हैं। जैसाकि प्रेमचन्द ने दिखलाया है, मिल में और भी हिस्सेदार हैं लेकिन वहाँ चलती है सिर्फ खन्ना की। एक बड़े जमींदार से उनकी दोस्ती आकस्मिक नहीं है। इस तरह के पूँजीपति सामन्ती हितों से बहुत नजदीकी सम्बन्ध कायम रखते हैं। खन्ना की नैतिकता ऐसी है कि वह मिस मालती के उपासक हैं। उनका सबसे बड़ा धर्म यह है कि किस तरह ज्यादा-से-ज्यादा रुपया इकट्ठा करें। प्रेमचन्द ने एक वाक्य में उनके चरित्र की विशेषता जाहिर कर दी है। जब रायसाहब वगैरह शिकार खेलने चले तब : "खन्ना ने शिकारी सूट डाटा था, जो शायद आज ही के लिए बनवाया गया था; क्योंकि खन्ना को असामियों के शिकार से इतनी फुरसत कहाँ थी कि जानवरों का शिकार करते!"

खन्ना के चरित्र पर इस वाक्य से ज्यादा प्रकाश प्रेमचन्द ने उनके बारे में और जो कुछ लिखा है, उससे नहीं पड़ता, फिर भी खन्ना-जैसी हस्तियों का निर्माण कैसे होता है, इस पर रोशनी जरूर पड़ती है। उनकी व्यंग्यपूर्ण शैली भी देखते ही बनती है : "दो बार जेल हो आए थे। किसी से दबना न जानते थे। खद्दर पहनते थे और फ्रांस की शराब पीते थे।"

खन्ना उन्हीं देश-भक्तों के प्रतिनिधि हैं जिनकी देश-सेवा और विलायती शराबें पीने पर 'गबन' के देवीदीन ने अपने दिल के फफोले फोड़े थे। प्रेमचन्द को इन लोगों से कुछ विशेष प्रेम था; इसलिए वह 'गबन' से लेकर 'गोदान' तक उनकी तरफ अपने पाठकों का ध्यान बराबर आकर्षित करते रहे।

खन्ना जाते हैं शिकार खेलने, लेकिन रायसाहब को शक्कर मिल का हिस्सेदार बनाने के लिए बराबर जोड़-तोड़ मिलाते रहते हैं। रायसाहब के पास रुपये नहीं हैं। खन्ना तरकीब बताते हैं। बैंक से रुपये उधार ले लीजिए। फिर खन्ना की बीमा-कम्पनी से पॉलिसी खरीद लीजिए। रोजगार का रोजगार, बाल-बच्चों की हिफाजत अलग से। फिर उन्हें सट्टेबाजी की भी सलाह देते हैं। खन्ना असामियों का शिकार आसानी से कर लेते हैं; तेन्दुए का नाम सुनकर उन्हें अपने हवास कायम रखने में कठिनाई होती है। रायसाहब को शिकार के वक्त कहना ही पड़ता है : "आप बड़े डरपोक हैं मिस्टर खन्ना, सच!"

मिस्टर खन्ना का दावा है : "मैं अहिंसावादी होना लज्जा की बात नहीं समझता।"

जब उनकी मिल में हड़ताल होती है, तो मजदूरों का यह काम उन्हें स्वाभाविक रूप से बेजा मालूम होता है। उन्हें इस बात पर शायद खास तौर से एतराज है कि जब वह जनता के आदमी हैं, तब उनके साथ यह सलूक क्यों?

प्रेमचन्द मिस्टर खन्ना के मनोभावों की छानबीन करते हुए लिखते हैं : "मिस्टर खन्ना को मजदूरों की यह हड़ताल बिलकुल बेजा मालूम होती थी। उन्होंने हमेशा जनता के साथ मिले रहने को कोशिश की थी। वह अपने को जनता का ही आदमी समझते थे। पिछले कौमी आन्दोलन में उन्होंने बड़ा जोश दिखाया था। जिले के प्रमुख नेता रहे थे, दो बार जेल गए थे।"

यद्यपि मिस्टर खन्ना अपने को जनता का आदमी मानते थे, लेकिन जनता उन्हें अपना आदमी मानने से इनकार कर रही थी। इसमें कोई आश्चर्य की बात भी नहीं थी। मजदूरों के वेतन में कटौती का विरोध करते हुए मेहता ने उनसे कहा था : "आपके मजूर बिलों में रहते हैं—गन्दे बदबूदार बिलों में, जहाँ आप एक मिनट भी रह जाएँ, तो आपको कै हो जाए। कपड़े जो वे पहनते हैं, उनसे आप अपने जूते भी न पोंछेंगे। खाना जो वे खाते हैं, वह आपका कुत्ता भी न खाएगा। मैंने उनके जीवन में भाग लिया है। आप उनकी रोटियाँ छीनकर अपने हिस्सेदारों का पेट भरना चाहते हैं।"

यही सबब है कि मजदूर मिस्टर खन्ना को अब अपना आदमी नहीं समझते। उनकी हड़ताल नाकामयाब रहती है। लोगों की बेकारी से फायदा उठाकर वह दूसरे आदमियों की भर्ती कर लेते हैं। मजदूर बहादुरी से लड़ते हैं लेकिन आखिर उन्हें हड़ताल वापस लेनी पड़ती है। एक तरफ मजदूर लड़ते हैं खन्ना से; दूसरी तरफ किसान सामना करते हैं रायसाहब के कारिन्दों का। लेकिन जहाँ खन्ना और रायसाहब एक-दूसरे के नजदीकी दोस्त हैं और सट्टे और शक्कर के शेयरों की स्कीमें बनाते हैं, वहाँ किसानों और मजदूरों को एक-दूसरे का पता नहीं है। अपनी लड़ाइयाँ अलग-अलग चलाने की वजह से दोनों में किसी की भी दशा नहीं सुधर पाती। उनके बीच की कड़ी मेहता हैं। मजदूरों के जीवन में भाग ले चुके हैं और गाँव जाकर वहाँ के किसानों का हाल भी देखते हैं। एक तरह वह जनता में नई एकता के सूत्रधार बनने की तैयारी भी कर रहे हैं। मालती कहती है : "संसार में अन्याय की, आतंक की, भय की दुहाई मची हुई है। अन्धविश्वास का, कपट-धर्म का, स्वार्थ का प्रकोप छाया हुआ है। तुमने वह आर्त्त पुकार सुनी है। तुम भी न सुनोगे, तो सुननेवाले कहाँ से आएँगे! और असंख्य प्राणियों की तरह तुम भी उसकी ओर से अपने कान बन्द नहीं कर सकते।"

मालती के इन शब्दों में प्रेमचन्द ने अपना सन्देश व्यक्त किया है। पढ़े-लिखे लोगों को अन्याय और अत्याचार से पीड़ित जनता का साथ देना चाहिए। सबके प्रयत्नों से ही भय; आतंक और अन्धविश्वासों का खात्मा हो सकता है। मेहता अमरकान्त और रमानाथ के वर्ग ही में पैदा हुए हैं, लेकिन उनमें चरित्र की दृढ़ता है। उन्होंने मजदूरों के जीवन में भाग लिया है—जैसाकि वह खन्ना से कहते हैं। यह बात न 'कर्मभूमि' के अमरकान्त में थी, न 'प्रेमाश्रम' के प्रेमशंकर में। वह स्वयं शारीरिक परिश्रम कर सकते हैं और दूसरों के परिश्रम की इज्जत करते हैं। समाज की झूठी मान-मर्यादा की उन्हें जरा भी चिन्ता नहीं है। वह अपने तीखे विश्लेषण से रायसाहब और खन्ना जैसे लोगों की कलई खोल देते हैं। एक जंगली लड़की की अतिथि-सेवा से प्रभावित होकर वह मालती को भी फटकार देते हैं। मालती के चरित्र में जो परिवर्तन होता है, वह मेहता के उद्योग से। वह नारी की इज्जत करते हैं; मातृत्व का आदर करते हैं। इसलिए वह स्त्रियों को तितलियों की तरह जहाँ-तहाँ उड़ते देखना पसन्द नहीं करते। मालती में इन तितलियों के अवगुण मौजूद हैं। वह जब उन्हें दूर कर लेती है, तभी वह उसे अपनाते हैं। मालती में उन्हें विश्वास है कि वह बदलेगी। इसलिए वह धैर्य से उस दिन की राह देखते हैं जब मालती खुद उनसे कहती है : "अपनी विद्या और बुद्धि को, अपनी जागी हुई मानवता को और भी उत्साह और जोर के साथ उसी रास्ते पर ले जाओ।"

मेहता के चरित्र में प्रेमचन्द दिखना चाहते हैं कि उनकी निगाह में किस तरह के लोगों को जनता की सेवा के क्षेत्र में आगे बढ़ना चाहिए और कौन दरअसल

उसकी सेवा कर सकते हैं। देश की उन्नति में उन्हें रायसाहब और खन्ना जैसे लोगों की नकली देश-भक्ति एक बाधा की तरह दिखाई देती थी, इसीलिए उन्होंने तरह-तरह से, बार-बार, खास कर मेहता के जरिये ऐसे लोगों के चरित्र की वास्तविकता प्रकट कर दी है। बहुत अध्ययनशील व्यक्ति हैं। उनकी दर्शनशास्त्र पर लिखी हुई पुस्तक का वर्णन पढ़कर यह याद हो आता है कि प्रेमचन्द को स्वयं दर्शन से प्रेम था और बी.ए. की परीक्षा के लिए वह उनका एक विषय भी था। जब मेहता गाँवों में किसानों की दशा देखते हुए घूमते हैं, तब प्रेमचन्द की अन्तिम आकांक्षा की याद हो आती है जो उन्होंने मृत्यु से तीन महीने पहले श्री उपेन्द्रनाथ 'अश्क' को लिखे हुए अपने एक पत्र में जाहिर की थी : "भाई, मनुष्य का बस हो तो कहीं देहात में जा बसे, दो-चार जानवर पाल ले और जीवन को देहातियों की सेवा में व्यतीत कर दे" ('हंस', मई, '39, पृष्ठ-810)।

'गोदान' के किसी एक पात्र को प्रेमचन्द का प्रतिनिधि नहीं कहा जा सकता, लेकिन अगर मेहता से होरी को जोड़ा जा सके तो जो व्यक्ति बनेगा, वह बहुत-कुछ प्रेमचन्द से मिलता-जुलता होगा। मेहता को यदि उन्होंने अपने विचार दिये हैं तो होरी के बराबर परिश्रम करते रहने की दृढ़ इच्छा-शक्ति। लेकिन और बातों में होरी प्रेमचन्द से बहुत भिन्न है।

मनोहर और बलराज की तरह वह एक सचेत किसान नहीं है। गाँव और कुनबे के बाहर उसकी नजर नहीं गई। अपनी खेती और परिवार की देखभाल ने उसे काफी स्वार्थी बना दिया। यह सोचकर वह खुश होता है कि दूसरों की बेदखली और कुड़की होती है, लेकिन मालिकों की खुशामद करने की वजह से वह बचा रहा है। उसमें वे तमाम अन्धविश्वास पाए जाते हैं जो अपने पुरखों से उसे विरासत के तौर पर मिले हैं। वह सिद्धान्तों में विश्वास तो करता है लेकिन मौका पड़ने पर उन्हें काट-छाँटकर समझौता करने को भी बुरा नहीं समझता। स्त्रियों के बारे में उसके विचार बिलकुल पिछड़े हुए हैं। धनिया उससे ज्यादा समझदार है। वह उसके भालू-प्रेम और मर्यादा के लिए सब कुछ खो देने का विरोध करती है। होरी ने जिन लोगों को समाज में इज्जत पाते देखा है, उन्हीं की 'मरजाद' की नकल खुद भी करना चाहता है। धनिया से उसकी नहीं बनती तो उसे पीटना भी शुरू कर देता है। (मानो यह दिखाने के लिए कि पिछड़े हुए किसानों में औरत को पीटना आम बात है। प्रेमचन्द गोबर से कोदई की मुलाकात कराते हैं, जिसे स्त्री से दुर्व्यवहार करता देखकर गोबर उससे लड़ने को तैयार हो जाता है।)

होरी जायदाद को जीवन का आधार मानता है। वह अपनी ही नहीं, रायसाहब की 'जैजात' के बारे में दलीलें पेश कर सकता है। फिर भी उसकी सारी जायदाद छीन ली जाती है और वह कंकड़ खोदते हुए जान देता है। होरी उन किसानों का

प्रतिनिधि है जिनकी जमीन उनके हाथ से निकलती जाती है और वे मजदूरी करने के लिए मजबूर किये जाते हैं। लेकिन मजदूरी ऐसी कि चार ही दिन में आदमी की हड्डियों को चूर कर दे। वही होरी, जिसने मेहता को उठाकर दे मारा था, लू खाकर मैदान में गिर पड़ता है।

उसकी इच्छाएँ साधारण हैं। एक गाय लेकर खेती-बाड़ी करता हुआ जीना चाहता है। शहर के महाजन और पुरोहित उसकी यह साध भी पूरी नहीं होने देते। यही नहीं कि वह जो कमाता है, उनकी जेब में चला जाता है। उसे बाप-दादों से जो कुछ मिला था, वह भी उन्हीं का हो जाता है।

यह अपने भाई को पुलिस के हाथों से बचाना चाहता है। गो-हत्या के लिए दूसरों के बदले उसे डाँड़ भरना पड़ता है। अस्सी रुपये में झिंगुरी सिंह के यहाँ उसे अपना घर गिरवी रखना पड़ता है। उसकी सारी-की-सारी फसल डाँड़ की भेंट हो जाती है। धीरे-धीरे उसके अन्धविश्वासों को इतनी ठोकरें लगती हैं कि वह भी मान-मर्यादा के विचार छोड़ने लगता है। ध्यान सिंह ठाकुर के यहाँ आरती लेने के लिए जाए तो कुछ थाली में डालने को ले जाए या खाली हाथ जाए, इस समस्या पर विचार करते-करते वह इस नतीजे पर पहुँचता है : "क्यों मर्यादा की गुलामी करे? मर्यादा के पीछे आरती का पुण्य क्यों छोड़े? लोग हँसेंगे, हँस लें। उसे परवाह नहीं। भगवान उसे कुकर्म से बचाए रखें, और वह कुछ नहीं चाहता।"

तीन बीघा जमीन की रक्षा के लिए वह जान लड़ा देता है, लेकिन महाजनों के पंजों से उसकी रक्षा नहीं कर पाता। उस पर भी बेदखली का दावा होगा। महाजन उसे कन्या बेचने के लिए मजबूर करके उसे अभयदान करने के लिए तैयार हो जाता है। बड़े सोच-विचार के बाद होरी इसके लिए भी तैयार हो जाता है। "आज तीस साल तक जीवन से लड़ते रहने के बाद वह परास्त हुआ है और ऐसा परास्त हुआ है कि मानो उसको नगर के द्वार पर खड़ा कर दिया गया है और जो आता है, उसके मुँह पर थूक देता है।"

लेकिन वह संघर्ष में पराजित नहीं हुआ। जब कंकड़ खोदने का काम शुरू करता है तब मानो एक नया जीवन शुरू कर रहा हो। हीरा से मिलकर उसे बेहद खुशी होती है। जिस दिन वह लू लगने से मरने को होता है, उस दिन उसकी मानसिक दशा यह थी : "जीवन के सारे संकट, सारी निराशाएँ मानो उसके चरणों पर लोट रही थीं। कौन कहता है, जीवन-संग्राम में वह हारा है। यह उल्लास, यह गर्व, यह पुलक क्या हार के लक्षण हैं? इन्हीं हारों में उसकी विजय है। उसके टूटे-फूटे अस्त्र उसकी विजय-पताकाएँ हैं।" होरी का चरित्र भारत के अजेय किसान का चरित्र है। 'गोदान' उसके भगीरथ परिश्रम की गाथा है।

इसलिए प्रेमचन्द 'निर्मला' की तरफ पीछे न लौट रहे थे। वह आगे बढ़ रहे थे, स्वाधीनता-आन्दोलन में बढ़ने के लिए उन किसानों का आह्वान करते हुए, जो

अब तक पिछड़े थे। होरी के मुकाबले में गाँव के महाजन ऐसे कलुषित और नीच लगते हैं, जैसे जोंक। उनमें मनुष्यत्व के प्रकाश का जैसे लोप हो गया है। वे केवल बूँद-बूँद करके होरी जैसे मेहनतियों का खून पीना जानते हैं। होरी जुबान से भी इनके अत्याचार का प्रतिकार नहीं करता, लेकिन सभी लोग उसकी तरह अन्याय सहने को तैयार नहीं हैं। धनिया का चरित्र उससे काफी भिन्न है। वह मर्दों के बराबर काम करती है, इसके सिवा घर का काम देखती है। उसे दूसरों का वह लिहाज नहीं है जो होरी को है। वह अन्याय के विरुद्ध पाठक और लेखक की भावनाओं को व्यक्त करने का एक माध्यम है। ऊपर से कठोर है, हृदय बहुत ही कोमल है। प्रेमचन्द के नारी-पात्रों में वह अन्यतम है। उसके बराबर न और कोई परिश्रम करनेवाली है, न और किसी पर सरस्वती की ऐसी कृपा है। वह दातादीन को ऐसा डपटकर जवाब देती है, जैसा कोई मजदूर-स्त्री ही दे सकती थी : "भीख माँगो तुम, जो भिखमंगे की जात हो। हम तो मजूर ठहरे, जहाँ काम करेंगे, वहीं चार पैसे पाएँगे।"

और होरी के लड़के गोबर में 'प्रेमाश्रम' के बलराज की-सी दृढ़ता न हो तब भी वह नये जमाने की रोशनी देख चुका है। चाहे गाँव में खेती करे, चाहे शहर में मजदूरी, वह दूसरों का अन्याय बर्दाश्त करने के लिए तैयार नहीं है। होरी के मरने के बाद गोबर मानो पिता के हत्यारों के लिए एक चुनौती की तरह जीवित रहता है वह गोबर जिसने : "राजनीतिक जलसों के पीछे खड़े होकर भाषण सुने हैं और उनसे अंग-अंग में बिंधा है। उसने सुना है और समझा है कि अपना भाग्य खुद बनाना होगा; अपनी बुद्धि और साहस से इन आफतों पर विजय पाना होगा।"

8

कहानियाँ

यदि कहानीकार प्रेमचन्द और उपन्यासकार प्रेमचन्द में एक को ही हिन्दी साहित्य के इतिहास में जगह देने की बात हो तो शायद उपन्यासकार प्रेमचन्द को ही उस जगह के लिए चुना जाएगा।

उनकी कहानियाँ, कला और विषय-वस्तु के लिहाज से, काफी ऊँचे-नीचे स्तरों की हैं। यह बात उनके उपन्यासों के बारे में भी कही जा सकती है। फिर भी उनके अच्छे-से-अच्छे और घटिया-से-घटिया उपन्यासों के बीच इतना बड़ा फासला न मिलेगा जितना उनकी बढ़िया और घटिया कहानियों के बीच मिलता है।

प्रेमचन्द की स्वाभाविक रुचि उपन्यास पढ़ने और लिखने की तरफ थी। बचपन से ही उन्होंने पुराणों और तिलिस्मे होशरूबा जैसे बृहदाकार ग्रंथों का पारायण किया था। अंग्रेजी में उन्होंने न सिर्फ इंग्लैंड के डिकेंस और थैकरे जैसे उपन्यासकारों को पढ़ा था, बल्कि उसके माध्यम से यूरोप के भी बहुत से उपन्यासकारों की रचनाएँ पढ़ डाली थीं, जिनमें टॉल्स्टॉय और गोर्की का उन पर खास प्रभाव पड़ा था। उपन्यास पढ़ना और एक बड़े पैमाने पर कहानी सोचना उनके संस्कारों में शामिल हो गया था। उपन्यासों में उन्हें रस मिलता था। यहाँ उनकी कल्पना आकाश में मुक्त विहग जैसी अपने पंख फैलाकर उड़ सकती थी। कहानी की परिधि उन्हें अपनी प्रतिभा का पूरा करतब दिखाने से रोकती थी।

प्रेमचन्द भारतीय स्वाधीनता-आन्दोलन के कथाकार थे। उनकी दृष्टि समाज के सभी वर्गों, सभी स्तरों की जनता की तरफ जाती थी, जो इस आन्दोलन के बहाव में अपनी जड़ता छोड़कर नई तरह की हरकत कर रहे थे। यह सही है कि मजदूरों से प्रेमचन्द का सम्पर्क कम था। समाज के इस क्रान्तिकारी वर्ग का जैसा चित्र इतने बड़े उपन्यासकार की रचनाओं में मिलना चाहिए, वह वहाँ नहीं है। 'गोदान' में मेहता के चरित्र से मालूम होता है कि प्रेमचन्द इस कमी को महसूस करने लगे थे और अगर 'हंस' की चिन्ता ने, जिन्दगी की गाड़ी खींचने के परिश्रम ने, साहित्यिक और राजनीतिक संस्थाओं की उदासीनता और कभी-कभी विश्वासघात ने उनको

असमय ही शरीर-त्याग करने के लिए बाध्य न किया होता तो वह इस खामी को दूर करते हुए और भी सुन्दर उपन्यास हमें देते।

प्रेमचन्द के उपन्यास कुछ एक पात्रों की कहानियाँ नहीं हैं। उनमें उन्होंने जीवन-प्रवाह की ही झाँकी दिखलाई है। जागीरदार, जमींदार, कारिन्दे, हाकिम पुलिस के अफसर, प्रोफेसर, पढ़ी-लिखी और अपढ़ देवियाँ, धनी, मध्यम और गरीब किसान, खेत-मजदूर, अछूत, वेश्याएँ—इन सभी का सामाजिक जीवन, उनके मनोजगत् का इतिहास हमें प्रेमचन्द के उपन्यासों में मिलता है। समाज की इस विविधता का चित्रण करने में, इतने प्रसार और गहराई से चित्रण करने में प्रेमचन्द संसार के बड़े-से-बड़े उपन्यासकारों के बराबर जगह पाते हैं।

लेकिन एक कहानीकार की हैसियत से क्या उन्हें नि:संकोच संसार के बड़े-से-बड़े कहानीकारों में गिना जा सकता है? शायद नहीं। इसका यह मतलब नहीं कि प्रेमचन्द एक ऊँचे दर्जे के कहानीकार नहीं थे। ऊपर कही हुई बातें सच हैं, जब हम संसार के चोटी के कहानीकारों का ध्यान करें या स्वयं उपन्यासकार प्रेमचन्द से कहानीकार प्रेमचन्द की तुलना करें। जब हम हिन्दुस्तान की दूसरी भाषाओं की तरफ नजर डालते हैं, तब हम उन्हें अच्छे-से-अच्छे कहानीकारों की पाँति में बैठने का हकदार पाते हैं और ब्रिटेन और अमेरिका के अच्छे-से-अच्छे कहानीकारों से किन्हीं बातों में आगे बढ़ा हुआ भी पाते हैं।

प्रेमचन्द की लगभग पचास कहानियाँ ऐसी होंगी जो हिन्दी में अपना अमर स्थान बना चुकी हैं। हिन्दुस्तान की जिन दूसरी भाषाओं में उनकी कहानियों का अनुवाद हुआ है, उनमें भी उनकी लोकप्रियता में सन्देह नहीं रह गया।

उपन्यासों की तरह कहानियों में भी प्रेमचन्द कोई नियम-कायदे मानकर नहीं चले। एक बार जैनेन्द्र जी से उन्होंने कहा था : "कहानी हृदय की वस्तु है, नियम की वस्तु नहीं है। नियम हैं और वे उपयोगी होने के लिए हैं। हृदय के दान में जब वे अनुपयोगी हो जाएँ तब बेशक उन्हें उल्लंघनीय मानना चाहिए।"

प्रेमचन्द की कहानियों का सबसे बड़ा नियम यही है कि जब हृदय के दान में नियम बाधक हों, तब उन्हें तोड़ देना चाहिए। इसीलिए उनकी कहानियों का गठन हर जगह एक-सा नहीं है।

उनकी काफी कहानियाँ ऐसी हैं जिनमें ग्रामीण कथाओं का रस और उनकी शैली अपनाई गई है। आमतौर से उनकी कहानियों में जो एक ठेठपन है, पाठक के हृदय में अपनी बात को सीधे उतार देने की जो ताकत है, वह उन्होंने हिन्दुस्तान के अक्षय ग्रामीण कथा-भंडार से सीखी है। उनकी कितनी ही कहानियाँ इस सीधे ढंग से शुरू नहीं होतीं? : "किसी गाँव में शंकर नाम का एक कुरमी किसान रहता था। सीधा-सादा गरीब आदमी था—अपने काम से काम, न किसी के लेने में न देने में। एक दिन संध्या समय एक महात्मा ने आकर उसके द्वार पर डेरा जमाया" ('सवा सेर गेहूँ')।

कथा कहने का यह ठेठ ढंग हिन्दुस्तान के हर गाँव में कहानी कहनेवाला और सुननेवाला जानता है। यही सबब है कि किसानों और स्त्रियों में उनकी कहानियाँ-तुरन्त लोकप्रिय हो गईं। कुछ कहना असंगत न होगा कि उनकी कहानियों में एक तरह का लोक-रस है—कुछ यहाँ की धरती की सुगंध, यहाँ की हवा की ताजगी और महक—जो बड़े-बड़े टेक्नीकवादियों के यहाँ बहुत तलाश करने पर भी नहीं मिलता।

प्रेमचन्द ने ग्राम-कथाओं से कहानी कहना सीखा था, उनकी नकल न की थी। उनकी शैली आम तौर से व्यंग्य-प्रधान होती है, उसमें एक तरह का कसाव होता है, एक काव्य-तत्त्व, जो ग्राम-कथाओं में कभी-कभी मिलता है।

"सिपाही को अपनी लाल पगड़ी पर, सुन्दरी को अपने गहनों पर और वैद्य को अपने सामने बैठे हुए रोगियों पर जो घमंड होता है, वही किसान को अपने खेतों को लहराते हुए देखकर होता है" ('मुक्ति-मार्ग')। यहाँ एक ही वाक्य में प्रेमचन्द ने न जाने कितनों को घायल कर दिया है। इस तरह का पुंजीभूत व्यंग्य—शास्त्रकार इस प्रयोग के लिए क्षमा करें—प्रेमचन्द की शैली की अपनी विशेषता है।

ग्राम-कथाओं की एक विशेषता और है कि उनमें कथा का काफी प्रसार रहता है। उनमें स्थान, समय और घटना की एकता का प्रसिद्ध यूरोपियन नियम लागू नहीं होता। ग्रामीण श्रोताओं के लिए रस उत्पन्न करनेवाली कहानी काफी लम्बी होनी चाहिए वर्ना वह बीरबल का चुटकुला हो जाएगी। प्रेमचन्द कभी-कभी चुटकुलेबाजी भी करते हैं, लेकिन कभी-कभी। कुछ पश्चिमी कहानीकारों की नकल करते हुए यहाँ के लेखक कहानी को ऐसी 'शॉर्ट स्टोरी' बना देते हैं कि पढ़नेवालों को उसमें आनन्द ही नहीं आ पाता। कुछ लोगों का विचार है कि हिन्दुस्तान में कहानी पश्चिम से आई। 'हितोपदेश' और 'कथा-सरित्सागर' के रहते हुए—'बैताल-पच्चीसी' और 'सिंहासन-बत्तीसी' का जिक्र न करें तो भी—ऐसा सोचना यूरोप-भक्ति का प्रमाण हो सकता है, वैज्ञानिक विवेचन का नहीं। 'जातकों 'और 'पंचतंत्र' के देश को यूरोपवाले कहानी कहना सिखलाने आए!

भारतीय कथा-साहित्य की जातीय परम्परा से प्रेमचन्द की कहानियों का बहुत घनिष्ठ सम्बन्ध है। कहानी फुरसत की चीज है, काम-धाम से छुट्टी पाकर सुनने की चीज, और जल्दबाजी से काम बिगड़ जाता है। प्रेमचन्द के कहानी कहने में वह फुरसत का भाव मिलता है। वह कहानी सुनाते हैं—अक्सर लच्छेदार जुबान में वाक्यों को स्वाभाविक गति से फैलने की आजादी देकर, अंग्रेजी बाग के माली की तरह उनकी डालियाँ और पत्ते कतरकर नहीं, फूलों और पत्तियों को हवा में बढ़ने और लहराने की आजादी देकर। जिन्दगी के अनुभवों पर टीका-टिप्पणी भी साथ में चला करती है; व्यंग्य, अनूठी उपमाएँ और हास्य बीच-बीच में पाठक को गुदगुदाते रहते हैं।

'दो बैलों की कथा' का पहला पैरा गधे के गुणों का वर्णन करता है। दूसरे पैरा में बैल और गधे के गुणों का तुलनात्मक अध्ययन है और फिर लेखक अपना

निष्कर्ष प्रकट करता है : "कुछ लोग बैल को शायद बेवकूफों में सर्वश्रेष्ठ कहेंगे; मगर हमारा विचार ऐसा नहीं है। बैल कभी-कभी मारता भी है, कभी-कभी अड़ियल बैल भी देखने में आ जाता है। और भी कई रीतियों से वह अपना असन्तोष प्रकट कर देता है; अतएव उसका स्थान गधे से नीचा है।"

यहाँ पर प्रेमचन्द ने शैली में प्रसार और वर्णन में शब्द-चयन की सुधराई के साथ-साथ समाज में एक प्रचलित दृष्टिकोण पर—असन्तोष को प्रकट न करके चुपचाप अन्याय सहने के दृष्टिकोण पर—व्यंग्य भी किया है।

प्रेमचन्द की कहानियाँ पढ़ते समय घटना-कुतूहल कम रहता है, चरित्र-चित्रण की बारीकियों में पाठक का मन ज्यादा रमता है। उनकी कहानियों में घटनाओं का वैसा महत्त्व नहीं है जैसा चरित्र का। वह पाठक को सनसनीखेज घटनाओं से चौंका देना पसन्द नहीं करते।

'मुक्तिमार्ग' में बुद्धू झींगुर के खेत में आग लगा देता है लेकिन यह घटना कहानी में बहुत ही गौण स्थान रखती है; मुख्य वस्तु झींगुर और बुद्धू का चरित्र और उनका जीवन है।

प्रेमचन्द में कहीं-कहीं घटना वैचित्र्य भी आता है, लेकिन यह कहानी को कमजोर बना देता है। 'डामुल का कैदी' में पुनर्जन्म का आभास, हड़ताल से लेकर सेठ के काले पानी तक की घटनाएँ कहानी को अस्वाभाविक बना देती हैं, उसकी रोचकता खत्म हो जाती है। उनकी कुछ कहानियाँ ऐसी हैं, जो जीवन-चरित्र लिखने जैसी हो गई हैं, मानो वह अपने नायक के बारे में सभी बातें पाठक को बतला देना चाहते हैं! उनकी सबसे असफल कहानियाँ वे हैं, जिनमें उनका उद्देश्य हृदय-परिवर्तन दिखलाना है। इनमें उनका यथार्थवादी चित्रण अपनी चमक खो देता हैं और उसके बदले आदर्शवादी अस्वाभाविकता का मुलम्मा ही पल्ले पड़ता है। 'डामुल का कैदी' ऐसी ही कहानी है।

प्रेमचन्द की कहानियों की विभिन्नता, विविध पात्रों का भारी जमाव आश्चर्यजनक है। उनकी कहानियों की विषयवस्तु में जितनी विविधता है, उतनी कम कलाकारों के यहाँ मिलेगी। 'शतरंज के खिलाड़ी' के मिर्जा और मीर साहब से लेकर 'दो बैलों की कथा' के दो बैलों तक उनके पात्रों में ऐसी विविधता है कि प्रेमचन्द की स्मरणशक्ति, उनकी सर्वग्राही दृष्टि, जिन्दगी का विशद अनुभव पाठक को आश्चर्य में डाल देता है। उनके चरित्र-चित्रण की यह बहुत बड़ी सफलता है कि थोड़ी देर के सम्पर्क से ही उनके पात्र बहुत दिनों के परिचित जैसे लगने लगते हैं और कहानी खत्म कर देने पर भी पाठक को बहुत दिनों तक याद रहते हैं।

प्रेमचन्द की कहानियाँ केवल मनोरंजन के उद्देश्य से नहीं लिखी गईं। उन सभी में कोई-न-कोई सुझाव, जीवन के प्रति नया दृष्टिकोण, किसी समस्या का हल जरूर मिलता है। यह उनकी खूबी है कि सारी बात वह ऐसा चित्र खींचकर कहते हैं कि

कहानी में उपदेशकों का रूखापन नहीं आने पाता। उनके चित्र बड़े ही सजीव होते हैं मानो घटना आँखों के सामने हो रही हो और प्रेमचन्द उसे नोट करते जाते हों :

"झींगुर ने लड़के को तो गोद से उतार दिया, और अपना डंडा सँभालकर भेड़ों पर पिल पड़ा। धोबी भी इतनी निर्दयता से अपने गधे को न पीटता होगा। किसी भेड़ की टाँग टूटी, किसी की कमर टूटी। सबने बें-बें का शोर मचाना शुरू किया" ('मुक्ति-मार्ग')।

"शाम हो गई। खँडहर के चमगादड़ों ने चीखना शुरू किया। अबाबीलें आ-आकर अपने-अपने घोंसलों में चिमटीं। पर दोनों खिलाड़ी डटे हुएं थे, मानो दो खून के प्यासे सूरमा आपस में लड़ रहे हों" ('शतरंज के खिलाड़ी')।

"भोंदू पसीने से तर, लकड़ी का एक गट्ठा सिर पर लिये आया और उसे जमीन पर पटककर बंटी के सामने खड़ा हो गया, मानो पूछ रहा हो—क्या अभी तेरा मिजाज ठीक नहीं हुआ?"

"संध्या हो गई थी, फिर भी लू चलती थी और आकाश पर गर्द छाई हुई थी। प्रकृति रक्त-शून्य देह की भाँति शिथिल हो रही थी" ('प्रेम का उदय')।

कथा की यह चित्रमयता, पात्र को उसकी पृष्ठभूमि के साथ थोड़े-से शब्दों में आँक देने की यह खूबी प्रेमचन्द की कला की सफलता का रहस्य है।

प्रेमचन्द इनका चरित्र-चित्रण खुद अपने शब्दों से, घटनाओं के द्वारा और दूसरों की सम्मति पेश करके ही नहीं करते; साधारणत: उनके पात्रों के संवाद उनके चरित्र को सबसे अच्छी तरह प्रकट करते हैं। यहाँ भाषा पर प्रेमचन्द का असाधारण अधिकार दिखाई देता है। हिन्दी भाषा कितनी समृद्ध है, इसका परिचय भी मिलता है।

"प्राण शरीर में नहीं रहता, ब्रह्मांड में रहता है। मैं चाहूँ तो योगबल से अभी प्राण-त्याग कर सकता हूँ। मैंने तुम्हें चेतावनी दे दी; अब तुम जानो, तुम्हारा काम जाने। मेरा कहना मानोगे, तो तुम्हारा कल्याण होगा। न मानोगे, हत्या लगेगी, संसार में कहीं मुँह न दिखला सकोगे। बस, यह लो, मैं यहीं आसन जमाता हूँ।" यह 'सत्याग्रह' के मोटेराम हैं। जैसा भारी-भरकम उनका व्यक्तित्व, वैसे ही उनके शब्द हैं। जैसा ज्ञान-शून्य उनका मस्तिष्क है, वैसा ही निरर्थक उनका वाक्य-प्रवाह है।

"मेरे दादा नवाबी में चकलेदार थे। हुजूर, सात जिले के मालिक, जिसे चाहे तोप दम कर दें, फाँसी पर लटका दें। सूरज निकलने के पहले लाखों की थैलियाँ चढ़ जाती थीं हुजूर! नवाब साहब भाई की तरह मानते थे। एक दिन वह था, एक दिन यह है कि हम आप लोगों की गुलामी कर रहे हैं। दिनों का फेर है।"

यह 'तगादा' का इक्केवाला है। जितना तेज उसका इक्का नहीं, उतनी तेज उसकी जबान है। जमीन-आसमान के कुलाबे मिलाने में एक ही है।

"कहीं ऐसा गजब न करना, नहीं तो सीधा भी जाए और थाली भी फूटे। बाबा थाली उठाकर पटक देंगे। उनको बड़ी जल्दी कोध चढ़ आता है। क्रोध में पंडिताइन

तक को छोड़ते नहीं, लड़के को ऐसा पीटा कि आज तक टूटा हाथ लिये फिरता है। पत्तल में सीधा भी देना, हाँ। मुदा तू छूना मत। झूरी गोंड़ की लड़की को लेकर साह की दुकान से सब चीजें ले आना।"

यह 'सद्गति' का दुखी चमार है जो अपनी पत्नी झुरिया को पंडित घासीराम के स्वागत-सत्कार के लिए निर्देश दे रहा है।

"मीर : क्या! घास आपके अब्बाजान छीलते होंगे, यहाँ तो पीढ़ियों से शतरंज खेलते चले आ रहे हैं।

मिरजा : अजी जाइए भी, गाज़िउद्दीन हैदर के यहाँ बावरची का काम करते-करते उम्र गुजर गई, आज रईस बनने चले हैं! रईस बनना कोई दिल्लगी नहीं है।

मीर : क्यों अपने बुजुर्गों के मुँह में कालिख लगाते हो! वे ही बावरची का काम करते आए होंगे। यहाँ तो हमेशा बादशाह के दस्तरख्वान पर खाना खाते चले आए हैं।"

ये 'शतरंज के खिलाड़ी' हैं जो म्यान से तलवारें खींचने ही वाले हैं।

संवाद, चरित्र-चित्रण, कथानक—कहीं भी प्रेमचन्द तटस्थ होकर कलम नहीं चलाते। वह जीवन-प्रवाह से अलग खड़े हुए उस पर गम्भीर चिन्तन करनेवाले लेखक नहीं हैं। वह उसमें भाग लेनेवाले, उसे गति देनेवाले, उसकी लहरों को एक दिशा देनेवाले साहित्यकार हैं।

मोटेराम का चित्रण करने में समाज के इन निठल्लों और राजभक्ति को परम धर्म माननेवालों के प्रति प्रेमचन्द की घृणा उनके हर वाक्य से प्रकट होती है। उनकी शैली में ओज और व्यंग्य की प्रखरता का कारण अन्याय से उनकी घृणा है। 'इस्तीफा 'कहानी की व्यंग्यपूर्ण परिस्थिति, साहब से गाली खाकर आका और पत्नी के सामने झूठ बोलना कि हम उसे पीट आए हैं और उससे शाबाशी पाने पर फिर जाकर साहब की खबर लेना, प्रेमचन्द के पक्षपात को अच्छी तरह प्रकट करते हैं। गाली देनेवाले साहब और गाली सुननेवाले क्लर्क के संघर्ष में वह तटस्थ नहीं हैं।

'शतरंज के खिलाड़ी' में वह 'कला कला के लिए' का खूब मजाक उड़ाते हैं। मिर्जा और मीर उन लोगों में हैं जिनके लिए अपना मनोरंजन ही सब कुछ है; देश भाड़ में जाए, उन्हें इससे मतलब नहीं। इसीलिए इस कहानी का व्यंग्य इतना तीखा है।

प्रेमचन्द को अपने देश की जनता से गहरा प्रेम और सहानुभूति है। जब वह साधारण किसानों और अछूतों का चित्रण करते हैं—'पूस की रात', 'कफ़न' वगैरह में—तब उनकी सहानुभूति कथा के रचने में साफ झलकती है। प्रेमचन्द गरीबी और अन्धविश्वासों को आदर्श कहकर चित्रित नहीं करते। वह दिखलाते हैं कि इतने अँधेरे में भी मनुष्यता का दीपक कैसे जल रहा है, उनकी लौ धनी आदमियों के घर से यहाँ कितनी ऊँची उठ रही है।

'प्रेम का उदय' ऐसे लोगों की कहानी है जिन्हें जरायमपेशा कहा जाता है। इनमें भी पुलिस-अफसरों के मुकाबलों में इनसानियत किस हद तक जिन्दा है, प्रेमचन्द भोंदू और उसकी पत्नी बंटी के झगड़े और उनके प्रेम की कथा कहकर बतलाते हैं। भोंदू दूसरे कंजड़ों की तरह चोरी नहीं करता, इसलिए बंटी उससे नाराज रहती है। गहनों और कपड़ों के लिए उसका शौक पूरा नहीं होता। भोंदू बहुत ही पराक्रमी आदमी है, लेकिन बंटी के सामने भीगी बिल्ली बना रहता है। उसका एकमात्र दुख का साथी उसका गधा है।

"सूर्यास्त हो रहा था। उसने देखा, उसका गधा चरकर चुपचाप सिर झुकाए चला आ रहा है। भोंदू ने कभी उसकी खाने-पीने की चिन्ता न की थी; क्योंकि गधा कभी किसी और को अपना स्वामी बनाने की धमकी न दे सकता था। भोंदू ने बाहर आकर आज गधे को पुचकारा, उसकी पीठ सहलाई और तुरन्त उसे पानी पिलाने के लिए डोल और रस्सी लेकर चल दिया।"

भोंदू ने उसी रात चोरी की। बंटी को सब मनचाहा सामान मिल गया, लेकिन जब रात को देवी को बलि चढ़ाने के लिए वह बकरा चुराने गया तो पकड़ लिया गया। थाने में उसे बुरी तरह पीटा गया, लेकिन वह इसे कंजड़ों का धर्म समझता है कि चोरी कभी न कबूले। बंटी को खबर लगती है तो वह थाने पहुँचती है। जब भोंदू के सामने मिर्चों की धूनी सुलगा दी गई, तब बंटी ने चोरी कबूल की। भोंदू ने हताश होकर पत्थर से माथा फोड़ लिया। बंटी लौटकर बची हुई फुलौरियाँ और शराब खत्म करती है। भोंदू का इन्तजार करती रहती है, लेकिन भोंदू नहीं आता, उसका गधा आता दिखाई देता है।

"बंटी आज उस अभागे-से गधे को देखकर ऐसी प्रसन्न हुई, मानो अपना भाई नैहर से बतासों की पोटली लिये थका-माँदा चला आता हो! उसने जाकर उसकी गर्दन सहलाई और उसके थूथन को अपने मुँह से लगा लिया।"

आखिर भोंदू वापस आता है और बंटी सतुष्ट होकर उसके साथ रहने लगती है।

'सवा सेर गेहूँ' में उन्होंने कर्ज की वजह से गुलामी करनेवाले शंकर की करुण कथा लिखी है। वह एक बार सवा सेर गेहूँ उधार लेता है और उसे पटाते-पटाते बीस साल लग जाते हैं, फिर भी वह गुलामी करता हुआ मरता है। कहानी के अन्त में प्रेमचन्द कहते हैं : "पाठक! इस वृत्तान्त को कपोल-कल्पित न समझिए। यह सत्य घटना है। ऐसे शंकरों और ऐसे विप्रों से दुनिया खाली नहीं है।"

अपनी कई कहानियों में उन्होंने कर्ज के विचित्र तरीकों, सूद लेने की अनोखी तरकीबों का चित्रण किया है। 'मुक्ति-धन' उनकी ऐसी ही एक कहानी है। वह सामाजिक अन्याय के सभी रूपों को चित्रित करते हैं। महाजनों का अन्याय ऐसा था, जिसे समाज में बहुत-से लोग न्याय समझते थे। इसीलिए उस पर प्रेमचन्द ने बड़ी चुभती हुई कहानियाँ लिखी हैं।

'समरयात्रा' और उस तरह की दूसरी कहानियों में उन्होंने अंग्रेजी राज से लड़नेवाली जनता का उत्साह और त्याग दिखलाया है। एक अन्धा लड़का खंजरी बजा-बजाकर गाता है—वतन की देखिए तकदीर कब पलटती है। वह भी राष्ट्रीय आन्दोलन के लिए चन्दा देता है। चट्टियाँ और स्लीपर बेचनेवाला मैकू आजादी की लड़ाई को अपनी लड़ाई समझता है। कहता है : "बड़े आदमी क्यों जलूस में आने लगे! उन्हें इस राज में कौन आराम नहीं है! मर तो हम लोग रहे हैं, जिन्हें रोटियों का ठिकाना नहीं। इस बखत कोई टेनिस खेलता होगा, कोई चाय पीता होगा, कोई ग्रामोफोन लिये गाना सुनता होगा, कोई पारिक की सैर करता होगा, यहाँ आएँ पुलिस के कोड़े खाने के लिए, तुमने भी खूब कही!"

प्रेमचन्द की अनेक कहानियों का सम्बन्ध पारिवारिक समस्याओं से है। 'अलग्योझा' कहानी में घर का बँटवारा होने से कितना नुकसान होता है, इसका परिचय दिया गया है। प्रेमचन्द संयुक्त परिवार के हामी थे, लेकिन आर्थिक कठिनाइयों से संयुक्त परिवार टूट रहा था। समझौतों से थोड़े ही दिनों तक गाड़ी चल सकती थी। 'दो भाई' और 'वैर का अन्त' कहानियाँ भाइयों के आपसी झगड़ों का दुष्परिणाम दिखलाती हैं। 'गृह-दाह' में लड़के को विमाता की वजह से परदेस कमाने जाना पड़ता है और सारे परिवार को गृह-कलह की वजह से हानि उठानी पड़ती है। 'घर-जमाई' का हरिधन विमाताओं से इतना डरता है कि ससुराल ही में रहने का निश्चय करता है। जब वहाँ उसका अपमान होने लगता है, तब झख मारकर विमाता के पास आता है और मिलकर परिवार चलाता है।

इस तरह की कहानियों में प्रेमचन्द हिन्दुस्तानी परिवार के पुराने ढाँचे को आज की परिस्थितियों में टूटता हुआ दिखलाते हैं। अक्सर वह दिखलाते हैं कि हृदय की भावनाएँ बदलने से परिवार की समस्या हल हो गई। लेकिन पारिवारिक झगड़ों का मूल कारण है आर्थिक—जमीन की कमी, लगान का बढ़ना, कर्ज का बोझ, स्त्रियों को काम न मिलना, मर्दों की बेकारी, एक का कमाना और दस को खिलाना—और जब तक लोगों की ये आर्थिक कठिनाइयाँ दूर नहीं होतीं तब तक उनका पारिवारिक जीवन भी सुखी नहीं हो सकता।

प्रेमचन्द के युग में सदियों से चला आता हुआ संयुक्त परिवार टूट रहा था। अब एक नये तरह का परिवार ही बन सकता था, जिसमें सभी मेहनत करनेवाले हों और सभी का दर्जा बराबरी का हो। अंग्रेजी राज के शोषण-चक्र में पुराना ढाँचा तो टूट रहा था, लेकिन नया ढाँचा न बन पा रहा था जिसमें सभी को काम मिले और सभी समानता और सुख के साथ पारिवारिक जीवन बिता सकें। फिर भी कुछ कहानियों में प्रेमचन्द ने यह दिखलाया है कि बहुत-सी समाज-सुधार की समस्याओं का समाधान काम करने की सुविधा मिलने से प्राप्त हो सकता है।

'सुभागी' कहानी की विधवा पिता के घर जाकर रहती है, लेकिन वहाँ उसके भाई-भौजाइयों से उसकी नहीं पटती। पिता के साथ वह खेती के काम में हाथ बँटाती है और उसका कर्ज भी चुका देती है। उसे कमाते देखकर कुछ लोग उससे विवाह करने की इच्छा प्रकट करते हैं और अन्त में वह विवाह कर भी लेती है। इस तरह विधवा-विवाह की समस्या का समाधान बहुत कम कहानियों में मिलेगा।

विधवाओं के प्रति उनकी गहरी सहानुभूति है। उनके प्रति समाज का अन्याय उन्हें असहनीय मालूम पड़ता है। वह उनके सात खून माफ करने के लिए भी तैयार रहते हैं।

'बालक' कहानी की विधवा गोमती तीन-चार बार ब्याही जाने पर भी पति को छोड़कर भाग जाती है। विधवाश्रम से निकाली जाकर वह एक कोठरी लेकर रहने लगती है, जहाँ से गंगा ब्राह्मण उसका उद्धार करते हैं। फिर वह गंगा को भी छोड़कर भाग जाती है। अस्पताल में उसके बच्चा होता है और गंगू उसे बच्चे-सहित अपने घर ले आते हैं।

दूसरे कहानीकारों की अपेक्षा प्रेमचन्द की कहानियों में कर्कशा स्त्रियों की संख्या बहुत कम है। इसका कारण यह है कि वह स्त्री की पराधीनता समझते थे और उससे उन्हें सच्ची सहानुभूति थी।

'मृतक-भोज' जैसी कहानियों में प्रेमचन्द ने समाज में प्रचलित कुरीतियों की धज्जियाँ उड़ाई हैं और दिखलाया है कि इनसे साधारण लोगों को कितना नुकसान होता है। साथ ही धार्मिक अन्धविश्वासों से पंडे-पुरोहित किस तरह लाभ उठाते हैं, यह भी वह अच्छी तरह स्पष्ट कर देते हैं।

प्रेमचन्द अपनी कहानियों में एक महान शिक्षक के रूप में नजर आते हैं। पारिवारिक समस्याओं से लेकर राजनीतिक आन्दोलन तक—वह सभी क्षेत्रों से कहानी के लिए विषयवस्तु लेते हैं। उनकी कहानियों का सम्बन्ध उन समस्याओं से है, जिनका सामना आये-दिन लोगों को अपने जीवन में करना पड़ता है।

अच्छी कहानी लिखने के लिए विषयवस्तु का महत्त्वपूर्ण होना जरूरी है। लेखक को जीवन की गहरी जानकारी होनी चाहिए। प्रेमचन्द में ये सब बातें थीं। इसलिए वे ऐसी कहानियाँ लिख सके जिनमें जनता ने अपने जीवन की झलक देखी। समाज की पीड़ित विधवाएँ, सौतेली माताओं से परेशान बालक, महन्तों और पुरोहितों से ठगे जानेवाले किसान, दूसरों की गुलामी करके भी पेट न भर पानेवाले अछूत, महाजन का सूद भरते-भरते जिन्दगी गारत करनेवाले किसान—ये और इस तरह के सभी लोग कहानीकार प्रेमचन्द में एक अच्छा दोस्त और सलाहकार पाते हैं। समाज के अन्यायी और अत्याचारी, निठल्ले और मुफ्तखोर, अंग्रेजी राज के वफादार मददगार प्रेमचन्द में अपनी वह असली सूरत देख सकते हैं, जो जनता का पक्ष लेनेवाले एक सजग साहित्यकार को दिखाई देती थी।

उनकी कहानियाँ कहीं हास्य-प्रधान हैं—जैसे मोटेराम, जिनमें प्रेमचन्द को बच्चों की तरह मोटी और बेढंगी चीज देखकर हँसी आती है; कहीं कहानियों में हास्य के साथ करुणा मिली हुई है—जैसे 'पूस की रात' की ठंडी हवा में बिना कम्बल के रात काटनेवाले किसान और उसके कुत्ते की बातचीत; कहीं हास्य समाज-व्यवस्था पर क्रोध पैदा करनेवाला है, जैसे 'कफ़न' के किसानों की बातचीत, जो पाठक को बार-बार सोचने के लिए बाध्य करती है : समाज में कौन से लोग इन्हें इस तरह की जिन्दगी बिताने पर मजबूर करते हैं? कहीं उनकी कहानियाँ जनता की शोचनीय दशा दिखाकर पाठक के हृदय को द्रवित कर देती हैं; कहीं वे जनता की शूरता का प्रदर्शन करके उसके मन को उत्साहित करती हैं।

उनकी कहानियों में एक महान रचनाकार की प्रचुरता और विविधता है। सबसे बड़ी बात यह है कि वह अपनी बात को—किसी कथानक को—दोहराते नहीं। प्रेमचन्द हिन्दुस्तान के उन थोड़े-से कलाकारों में हैं जो हिन्दू और मुसलमान—दोनों पर समान अधिकार से लिख सकते हैं। वह बच्चों, बूढ़ों, विधवाओं, पढ़ी-लिखी स्त्रियों और अपढ़ किसान स्त्रियों का समान सफलता से चित्रण कर सके हैं। उनकी सबसे सफल कहानियाँ वे हैं जिनमें उन्होंने किसानों के जीवन का चित्रण किया है। किसानों में भी अन्धविश्वास है, राग-द्वेष है, एक-दूसरे के खेत तक जला देते हैं, फिर भी इनमें मनुष्यता का प्रकाश कितना प्रखर है! प्रेमचन्द इस जनता में विश्वास करना और उसके लिए अपना जीवन बिताना हमें सिखाते हैं।

उनका कहानी-साहित्य हमारे जातीय जीवन का दर्पण है। हिन्दी-भाषी जनता के उत्कृष्ट गुण उनके पात्रों में झलकते हैं। उनके अधिकांश पात्र हास्य-प्रेमी, जिन्दादिल, कठिन परिस्थितियों का धीरज से मुकाबला करनेवाले, अन्याय के सामने सिर न झुकानेवाले होते हैं। प्रेमचन्द ने ये सब बातें जनता में देखी थीं, इसलिए कहानियों में उन्हें चित्रित कर सके थे।

उनकी शैली की चित्रमयता, भाषा पर असाधारण अधिकार, चरित्र-चित्रण का कौशल और हर जगह व्यंग्य और हास्य ढूँढ़ लेने की क्षमता उन्हें एक प्रभावशाली कलाकार बनाती है। उनकी सहृदयता और मानव-प्रेम उन्हें जनता का प्रिय कलाकार बनाते हैं।

9

सम्पादक, विचारक और समालोचक

प्रेमचन्द स्वयं साहित्य-स्रष्टा तो थे ही, वह दूसरों में साहित्य-रचना की प्रेरणा पैदा करनेवाले और नये लेखकों को प्रोत्साहित करनेवाले साहित्यकार भी थे। वह भारतेन्दु, बालमुकुन्द गुप्त और महावीर प्रसाद द्विवेदी की शानदार परम्परा में उत्पन्न हुए थे और उन्होंने इस परम्परा को उन्नत किया था। 'माधुरी' और आगे चलकर विशेष रूप से 'हंस' के जरिये उन्होंने हिन्दी साहित्य की शक्तियों को बटोरने का भगीरथ प्रयत्न किया था। उनके पत्र में एक ओर निराला जी के छायावादी गीत प्रकाशित होते थे तो दूसरी ओर उनकी अपनी यथार्थवादी कहानियाँ भी छपती थीं। लेकिन प्रेमचन्द तटस्थ सम्पादक नहीं थे। वह राष्ट्रीयता और जनतंत्र की भावनाओं का विरोध करनेवाली रचनाओं को खुद छापना तो दूर, दूसरी जगह भी वे छपें, तो उनकी आलोचना करना न भूलते थे।

'हंस' के 'द्विवेदी-अभिनन्दनांक' में सम्पादकीय कलम से जो शब्द द्विवेदी जी के लिए लिखे गए हैं, वे कुछ घट-बढ़कर प्रेमचन्द पर भी लागू होते हैं :

"स्वभाव से अत्यन्त दृढ़-प्रतिज्ञ और हृदय से परम कोमल, ये हमारे अपने हैं, इस बात को हिन्दी-जगत् उसी दिन मान गया था, जब ये 'सरस्वती' में थे। उन दिनों ये हम सबको पिता की तरह शासित किया करते थे और माता की तरह प्यार! ये हमारी गलतियों पर फटकारते थे, उन्हें प्रेमपूर्वक सुधार देते और हमारी सफलता पर हमें प्रेम के मोदक भी खिलाते थे। इन्होंने ठोंक-ठोंककर हमें सुधारा, पुचकार-पुचकारकर ठीक रास्ते पर चढ़ाया और उत्साह दे-देकर आगे बढ़ाया।"

प्रेमचन्द के ये वाक्य अप्रैल, सन् '33 में प्रकाशित हुए थे, जब वह स्वयं हिन्दी में चोटी के साहित्यकार माने जाते थे। दूसरों का सम्मान करने में उनकी स्वाभाविक उदारता देखते ही बनती है।

प्रेमचन्द की फटकार का नमूना देखिए। कथाकार सुदर्शन से कह रहे थे : "मैं तो समझता था, आप फारग-उल-वाल होकर अदब की ज्यादा खिदमत कर सकेंगे, मगर मेरा खयाल गलत निकला। अब महीनों गुजर जाते हैं और आपका

कोई किस्सा किसी अखबार में नजर नहीं आता। चार नहीं, दो सही, दो नहीं, एक सही, लेकिन कुछ-न-कुछ तो हर महीने लिखते रहिए। इससे तो वह तंगदस्ती ही अच्छी थी जो आपसे कुछ-न-कुछ लिखवा लेती थी।"

यह बात सन् '27 की है जब प्रेमचन्द 'हंस' के सम्पादक थे। उनके लिए यह जरूरी न था कि सम्पादक बनने पर ही किसी को फटकारें या उत्साहित करें। वह एक युग-निर्माता साहित्यकार थे और अपने कर्तव्य को अच्छी तरह पहचानते थे। वह ऐसे अहंवादी नहीं थे कि समझते कि उन्हीं के लिखते रहने से हिन्दी साहित्य का उद्धार हो जाएगा। इसलिए किसी अच्छे लेखक को चुप्पी साधते देखकर वह बिगड़ उठते थे।

उनके प्रोत्साहित करने की एक मिसाल श्री वीरेश्वर सिंह को लिखे हुए खत में है। दो महीने से प्रेमचन्द खाट पर पड़े हुए थे। पेचिश की तकलीफ थी; लीवर भी खराब था। फिर भी लिखते हैं : "आज 'भारत' से तुम्हारा लेख पढ़वाकर सुना। बड़ी तकलीफ में था, लेकिन फिर भी कुछ आराम ही मिला। बड़ा अच्छा लेख है।"

ऐसी बीमारी में 'हंस' के एक लेखक की रचना को—जो दूसरे पत्र में छपी थी—पढ़वाकर सुनना और उसकी दाद देना प्रेमचन्द का ही काम था।

प्रसाद जी का 'कंकाल' प्रकाशित होने पर प्रेमचन्द ने उसकी प्रशंसा छापी थी और उनके असर से प्रसाद जी ने 'तितली' में एक नये ढंग की कथा रचने की कोशिश की थी।

प्रेमचन्द आम तौर से कटु शब्दावली का प्रयोग न करते थे। उनके विरुद्ध कई लेखकों ने गन्दे लेख लिखे, इससे वह क्षुब्ध नहीं हुए। लेकिन जब वह किसी दूसरे लेखक पर कीचड़ उछाला जाता देखते थे, तब जरा भी मुलाहिजा न करके सीधा वार करते थे। 'सरस्वती' में पं. बनारसीदास जी चतुर्वेदी के सम्बन्ध में एक गन्दा लेख निकला, तब 'हंस' में 'साहित्यिक गुंडापन' नाम से टिप्पणी देकर उन्होंने उसकी तीव्र आलोचना की।

इस टिप्पणी के अन्त में प्रेमचन्द ने लिखा था : "श्रीनाथसिंह मुझसे मिल चुके हैं और कितने ही मनुष्यों के बारे में ऐसी बातें कर चुके हैं कि यदि मैं लिखूँ तो वह प्रयाग में बहुत हल्के हो जाएँगे, लेकिन ऐसी बातें करना जितनी बड़ी नीचता है, उसका जिक्र करना, उससे भी बड़ी नीचता है। इस तरह के प्रोपेगंडे से श्रीनाथसिंहजी न साहित्य का उपकार कर रहे हैं, न 'सरस्वती' का, न अपना; वरन् संसार के सामने हिन्दी के सम्पादकों की भद्द करा रहे हैं, उन्हें कलंकित कर रहे हैं। आपकी यह कृति देखकर इसके सिवा और क्या होगा कि दुनिया कहेगी—जब 'सरस्वती' जैसी प्रतिष्ठित पत्रिका का सम्पादक ऐसा लफंगापन कर सकता है, तो फिर शायद यह आवा ही बिगड़ा हुआ है।"

प्रेमचन्द ने यहाँ सख्ती से काम लिया है, यह समझते हुए कि यह मर्ज मामूली दवा से भागनेवाला नहीं है। वह हिन्दी साहित्य और हिन्दी साहित्यकारों

की प्रतिष्ठा की रक्षा करनेवाले पत्रकार थे। इसलिए उनकी कटु शब्दावली उन्हें शोभा देती थी।

प्रेमचन्द पर यह आरोप लगाया गया था कि वह घृणा का प्रचार करते हैं। प्रेमचन्द ने दिसम्बर, 1933 के 'हंस' में 'जीवन में घृणा का स्थान' नाम से इस विषय पर महत्त्वपूर्ण टिप्पणी लिखी थी। वह जीवन में घृणा के अस्तित्व को मानते थे। उनका मानवतावाद इतना व्यापक न था कि उसमें अन्यायी, अत्याचारी—सभी घुल-मिलकर शुद्ध मानव बन जाएँ। उन्होंने इस टिप्पणी के शुरू में लिखा था : "निन्दा, क्रोध और घृणा, ये सभी दुर्गुण हैं लेकिन मानव-जीवन में से अगर इन दुर्गुणों को निकाल दीजिए, तो संसार नरक हो जाएगा।"

प्रेमचन्द के अनुसार घृणा के बिना बुराइयों से छुटकारा नहीं मिल सकता : "पाखंड, धूर्तता, अन्याय, बलात्कार और ऐसी ही अन्य दुष्प्रवृत्तियों के प्रति हमारे अन्दर जितनी ही प्रचंड घृणा हो, उतनी ही कल्याणकारी होगी।"

प्रेमचन्द की रचनाओं को समझने के लिए ये शब्द सूत्र की तरह उपयोगी हैं। उनका साहित्य पाखंड, धूर्तता, अन्याय और बलात्कार से घृणा करना सिखलाता है। यह साहित्य जीवन में तटस्थ नहीं है। वह धूर्तता, अन्याय और बलात्कार देखकर किसी शाश्वत सत्य के आँचल में मुँह नहीं छिपा लेता। वह पाठक से ललकारकर कहता है : आओ, इस अन्याय और अत्याचार से घृणा करो। इसे दुनिया से मिटा दो।

पाखंड, धूर्तता, अन्याय आदि देशकाल से परे अदृश्य और अस्पृश्य वृत्तियाँ नहीं हैं। उनका सामयिक जीवन से घनिष्ठ सम्बन्ध है। प्रेमचन्द का साहित्य मनुष्य को सुसंस्कृत बनाता है, लेकिन जमाने से ऊपर उठकर नहीं। वह किसी विशेष धूर्तता, किसी विशेष अन्याय के विरुद्ध आवाज उठानेवाला साहित्य है; किसी निर्विशेष अन्याय, किसी चिरन्तन धूर्तता से काल्पनिक युद्ध करनेवाला साहित्य नहीं है। प्रेमचन्द मानव-आत्मा के शिल्पी हैं, इसलिए कि वह आत्मा अखंड, अछेद्य और अनादि न होकर किन्हीं देशकाल की परिस्थितियों में दुख-सुख पाती है।

जनता की तरफदारी करनेवाला लेखक सबका भला बनकर नहीं रह सकता। जब वह देशकाल की सीमाओं में बँधे हुए खास लोगों के अन्याय और पाखंड का पर्दाफाश करता है, तब यह स्वाभाविक हो जाता है कि उसकी चोट खाकर तिलमिला उठनेवाले लोग उसके खिलाफ जिहाद बोल दें। इन सिलसिले में प्रेमचन्द का अनुभव यह था :

"कई पंक्तियों के लेखक ही के विषय में एक कृपालु आलोचक ने आक्षेप किया है कि उसने अपनी रचनाओं में ब्राह्मणों के प्रति घृणा का प्रचार किया है।"

ब्राह्मणत्व की आड़ में होनेवाले पाखंडाचरण की निन्दा करते हुए प्रेमचन्द ने आगे लिखा है : "हरेक टकापंथी पुजारी को ब्राह्मण कहकर मैं इस पद का अपमान नहीं कर सकता। इस विकृत धर्मोपजीवी आचरण के हाथों हमारा सामाजिक अहित

ही नहीं, कितना राष्ट्रीय अहित हो रहा है, यह वर्णाश्रम-स्वराज्य संघ के हथकंडों से जाहिर है। ऐसी असामाजिक, अराष्ट्रीय, अमानुषीय भावना के प्रति जितनी भी घृणा फैलाई जाए, वह थोड़ी है; केवल भावनाओं के प्रति, व्यक्ति के प्रति नहीं, क्योंकि वर्णाश्रम धर्म के संचालक हमारे वैसे ही भाई हैं, जैसे आलोचक महोदय के।"

प्रेमचन्द का मानववाद मनुष्य की तरफदारी करनेवाला मानववाद है। वह अमानुषीय भावनाओं को देखकर चुप नहीं रहता। प्रेमचन्द खुल्लमखुल्ला अपना उद्‌देश्य घोषित करते हैं कि ऐसी भावनाओं के प्रति जितनी भी घृणा फैलाई जाए, वह थोड़ी है। वह सोद्‌देश्य साहित्य के समर्थक हैं। 'कला कला के लिए' या निरुद्‌देश्य साहित्य से उनका वैर है। वह भावनाओं और व्यक्ति में भेद करते हैं लेकिन स्वयं उनके उपन्यास अन्याय ही नहीं, अन्यायी के प्रति भी घृणा करना सिखाते हैं। ज्ञानशंकर के चरित्र से कौन-सा पाठक क्रोध से विचलित नहीं हो उठता? ज्ञानशंकर को अलग रखकर उसका क्रोध कब सूक्ष्म भावनाओं पर केन्द्रित होता है? विचार-क्षेत्र में प्रेमचन्द अन्याय और अन्यायी में भेद करते हैं; इस तरह का भेद अस्वाभाविक है और जनसाधारण की प्रकृति के विरुद्ध है। असल में, अपने उपन्यासों में वह अन्यायी और अत्याचारी से घृणा करना सिखाते हैं, जो उचित ही है।

प्रेमचन्द सोद्‌देश्य साहित्य के हामी थे लेकिन हर तरह के उद्‌देश्य के नहीं। जैसाकि उन्होंने सन् '30 में 'विशाल भारत' में घोषित किया था : "मेरी अभिलाषाएँ बहुत सीमित हैं। इस समय सबसे बड़ी अभिलाषा यही है कि हम अपने स्वतंत्रता-संग्राम में सफल हों। मैं दौलत और शोहरत का इच्छुक नहीं हूँ। खाने को मिल जाता है। मोटर और बँगले की मुझे हविस नहीं है। हाँ, यह जरूर चाहता हूँ कि दो-चार उच्च कोटि की रचनाएँ छोड़ जाऊँ; लेकिन उनका उद्‌देश्य भी स्वतंत्रता-प्राप्ति ही हो" (हंसराज रहबर द्वारा 'प्रेमचन्द : जीवन और कृतित्व' में उद्धृत)।

प्रेमचन्द ने अपने साहित्य का उद्‌देश्य घोषित किया था—स्वतंत्रता-प्राप्ति। वह स्वाधीनता-संग्राम के सैनिक-साहित्यकार थे। अगर वह सोचते कि स्वाधीनता-प्राप्ति तो क्षणिक ध्येय है, जब आजादी मिल जाएगी तब मेरी किताबों को कौन पूछेगा, यह उद्‌देश्य मुझे प्रगतिशील तो बनाएगा लेकिन यह प्रगतिशीलता किसी खास जमाने में बँधकर रह जाएगी, इसलिए मुझे साहित्य का ऐसा उद्‌देश्य ढूँढ़ निकालना चाहिए जो व्यास और वाल्मीकि के लिए भी सच रहा हो और मेरे लिए भी सच हो, इसलिए मुझे ऐसा साहित्य रचना चाहिए जिससे अंग्रेज भी खुश रहें, पंडे-पुजारी, जमींदार और महन्त भी खुश रहें—प्रेमचन्द अगर इस तरह सोचते तो वह स्वाधीनता-संग्राम के सैनिक-साहित्यकार न बन पाते, वह हिन्दुस्तानी जनता की जिन्दगी में नई हरकत न पैदा कर पाते, वह हमेशा के लिए जनता के हृदय में अपना अपूर्व स्थान न बना पाते। उनका उद्‌देश्य सामयिकता, देशकाल की विशेषता से परे न था; उनका साहित्य सामयिकता की सतह को छूनेवाला साहित्य नहीं था,

उसमें गहराई में डूबनेवाला, देशकाल की विशेषताओं के परस्पर सम्बन्ध को चित्रित करनेवाला साहित्य था। इसीलिए वह इतना सशक्त और प्रभावशाली है।

प्रेमचन्द इस बात के कायल नहीं थे कि मनुष्य जो कुछ भी अनुभव करे, उस पर लिखे। साहित्य में अनुभूति की दुहाई देना दूसरे शब्दों में निरुद्देश्यता की घोषणा करना है। कविता निरुद्देश्य होती है कि सोद्देश्य, इस बात का जवाब देते हुए मई, '36 के 'हंस' में प्रेमचन्द ने लिखा था : "इसलिए यह कहना कि कविता का कुछ उद्देश्य ही नहीं होता और उसको उपयोगिता के बन्धन में बाँधना गलती है, एक सारहीन बात है।" कवि किसी को क्यों रुलाता है और क्यों हँसाता है, इस बात का जवाब देते हुए उन्होंने उसी टिप्पणी में लिखा था : "उसका उद्देश्य है, हमारी करुण भावनाओं को उत्तेजित करना, हमारी मानवता को जगाना और यही उसकी उपयोगिता है; मगर हम तो कवि की सभी अनुभूतियों के कायल नहीं। अगर उसने अपनी प्रेयसी के नख-शिख के बखान में वाणी का चमत्कार दिखाया है, तो हम देखेंगे कि उसने किन भावों से प्रेरित होकर यह रचना की है। अगर उससे हमारे मनोभावों का परिष्कार होता है, इसमें सौन्दर्य की भावना सजग होती है, तो उसकी रचना ठीक, वरना गलत।"

प्रेमचन्द के ये विचार नई पीढ़ी का मार्गदर्शन करते हैं। उनका महत्त्व जितना सन् '35 में था, उससे कहीं ज्यादा आज है। अपने सामाजिक उत्तरदायित्व से बचने के लिए कई बुद्धिजीवी तरह-तरह के अनगढ़ तर्क पेश करते हैं। कोई कहता है, सामयिक उद्देश्य से साहित्य को बाँध देना उसकी चिरन्तन प्रगतिशीलता को खत्म कर देना है। कोई कहता है, साहित्यकार को सच्ची अनुभूति के अनुसार लिखना चाहिए, उद्देश्य की चिन्ता छोड़ देनी चाहिए। इन सज्जनों के तुमुल कोलाहल में प्रेमचन्द की दृढ़ आवाज सुनाई देती है : "मगर हम तो कवि की सभी अनुभूतियों के कायल नहीं।"

प्रेमचन्द ने सौन्दर्य की भावना के सजग होने की बात लिखी थी। इस सौन्दर्य की उस भावना के नाम पर कुछ दूसरे साहित्यकार अपने सामाजिक उद्देश्य से आँख चुराना चाहते हैं। लेकिन 'घृणा के प्रचारक प्रेमचन्द' का सौन्दर्य इतना व्यापक नहीं था कि उसमें उच्च वर्गों का मनोरंजन करनेवाला, जनता को बरगलानेवाला काम-साहित्य भी समेट लिया जाए। मई सन् '36 के ही 'हंस' में 'भारतीय साहित्य परिषद्' के नाम की टिप्पणी में उन्होंने लिखा था : "जो लोग दुनिया को अपनी मुट्ठी में बन्द किये हुए हैं, उन्हें दिमागी ऐयाशी का अधिकार हो सकता है; पर जहाँ फाका है, नग्नता है और पराधीनता है, वहाँ का साहित्य अगर नंगी कामुकता और निर्लज्ज रति-वर्णन पर मुग्ध है, तो उसका यही आशय है कि अभी उसका प्रायश्चित्त पूरा नहीं हुआ, और शायद दो-चार सदियों तक उसे गुलामी में और बसर करनी है।

प्रेमचन्द जब सौन्दर्य की भावना को सजग करने की बात कहते हैं, तब उनका मतलब दिमागी ऐयाशी और रीतिकालीन नायिका-भेद से नहीं होता। वह इस तरह के सौन्दर्य-साहित्य की जोरदार भर्त्सना करते हैं। उनका मतलब सौन्दर्य की उस भावना से है, जो जन-साधारण के हृदय में है, जिसके सजग होने पर मनुष्य पराधीनता के घिनौनेपन को पहचान लेता है और उसे दूर करने के लिए युद्ध करता है।

प्रेमचन्द कथाकार ही नहीं थे, पत्रकार भी थे। भारतेन्दु से लेकर प्रेमचन्द तक हिन्दी साहित्य की परम्परा में यह बात ध्यान देने की है कि हमारे सभी बड़े साहित्यकार पत्रकार भी थे। पत्रकारिता उनके जीवन का अभिन्न अंग बन गई थी। यह पत्रकारिता सजग और लड़ाकू पत्रकारिता थी, जो देश-विदेश के घटना-क्रम में दखल देती थी, जनता के जीवन और साहित्यकार के परस्पर सम्बन्ध को मजबूत करती थी।

प्रेमचन्द अन्तरराष्ट्रीय जगत् की देखभाल रखते थे और अपने देश की जरूरतों को ध्यान में रखते हुए उस पर टीका-टिप्पणी करते थे। 'सोवियत रूस में प्रकाशन' नाम की टिप्पणी में उन्होंने सन् '27 तक के आँकड़े देते हुए लिखा था : "रूस की जनसंख्या 12 लाख के लगभग है। इस जनसंख्या के लिए लगभग 8 करोड़ पुस्तकें प्रकाशित हुईं।" फिर हिन्दुस्तान के लोगों की उदासीनता और उनकी गुलामी का जिक्र करते हुए उन्होंने लिखा था : "यहाँ 1930 में अंग्रेजी में 2,332 पुस्तकें, और हिन्दुस्तानी भाषाओं में 14,815 पुस्तकें निकलीं। कहाँ 8 करोड़ और कहाँ 15 हजार!" प्रेमचन्द ने इस स्थिति के लिए गरीबों को दोषी नहीं ठहराया, क्योंकि "यहाँ साहित्य से थोड़ा-बहुत जो प्रेम है, वह उन्हीं को है जो अभाव से पीड़ित हैं।" उन्हें क्रोध आया है सम्पत्तिशाली लोगों की विरक्ति पर। उनका कहना है : "अगर हममें विरक्ति की यह भावना न होती तो आये-दिन हमारे आन्दोलनों का बासी कढ़ी के उबाल का-सा हाल न होता।" दुनिया की गतिविधि देखकर प्रेमचन्द इस नतीजे पर पहुँच रहे थे कि जिस आन्दोलन में सम्पत्तिशाली वर्गों का नेतृत्व होगा, उसका नतीजा बासी कढ़ी में उबाल के सिवा और कुछ नहीं हो सकता। इसलिए इस टिप्पणी में उन्होंने सोवियत प्रकाशन के आँकड़े देते हुए इन वर्गों की विरक्ति की आलोचना की है। साम्राज्यवादी पराधीनता, अंग्रेजी राज्य की हकीकत प्रेमचन्द के दिये हुए आँकड़ों से जाहिर हो जाती है—पैंतीस करोड़ हिन्दुस्तानियों के लिए सिर्फ 15 हजार किताबें!

प्रेमचन्द सोवियत साहित्य के प्रकाशन-सम्बन्धी आँकड़ों ही से प्रभावित न थे; वह रूसी साहित्य का आदर करनेवाले प्रमुख भारतीय साहित्यकार थे। यह ध्यान देने की बात है कि उन्होंने हत्या और बलात्कार के साहित्य की निन्दा करते हुए रूसी साहित्य को उससे श्रेष्ठ ठहराया था। 'रूसी साहित्य और हिन्दी' नाम की टिप्पणी में उन्होंने लिखा था : "एक समय था कि हिन्दी में रेनाल्ड के उपन्यासों

की धूम थी। हिन्दी और उर्दू दोनों ही रेनाल्ड की पुस्तकों का अनुवाद करके अपने को धन्य समझ रही थीं। डिकेंस, थैकरे, लैंब, रस्किन आदि को किसी ने पूछा तक नहीं; पर अब जनता को रुचि बदल गई, और यद्यपि अब भी ऐसे लोगों की कमी नहीं है, जो चोरी, ज़िना और डाके आदि के वृत्तान्तों में आनन्द पाते हैं; लेकिन साहित्य की रुचि में कुछ परिष्कार अवश्य हुआ है और रूसी साहित्य से कुछ लोगों को रुचि हो गई है।"

प्रेमचन्द ने यहाँ साफ-साफ शब्दों में पश्चिम के पतित पूँजीवादी साहित्य की निन्दा की है। उन्होंने डिकेंस आदि जनवादी साहित्यकारों को रेनाल्ड्स की परम्परा से अलग करके दिखलाया है। वह डाके और ज़िनाकारी के साहित्य की निन्दा करनेवालों में थे। लेकिन उनकी मृत्यु को सोलह साल भी नहीं बीते, डाके और ज़िनाकारी का साहित्य रंगीन कवरवाली किताबों में छपकर एक बड़ी तादाद में हिन्दुस्तान आने लगा है। यही नहीं, कुछ कलाकार जब तक ज़िनाकारी का वर्णन न कर लें, तब तक उनकी दशा 'रस विशेष जाना तिन्ह नाहीं' की-सी रहती है। इस तरह का साहित्य प्रेमचन्द की परम्परा पर पानी फेरता है और जनता को बरगलाकर गुलामी में दिन बसर करना सिखलाता है। इस साहित्य के विरुद्ध प्रेमचन्द ने रूसी साहित्य का अभिनन्दन किया था।

अपनी टिप्पणी के अन्त में प्रेमचन्द ने लिखा था : "जिन लेखकों ने रूस को उस मार्ग पर लगाया, जिस पर चलकर आज वह दुखी संसार के लिए आदर्श बना हुआ है, उनकी रचनाएँ क्यों न आदर पाएँ?"

अमरीकी जनतंत्र की असलियत प्रेमचन्द की 'अमेरिका में कृषक-विद्रोह' नाम की टिप्पणी में जाहिर हो गई है। आर्थिक संकट से किसानों की तबाही का जिक्र करते हुए उन्होंने लिखा था : "बरसों तक बेचारे अमरीकी किसान गवर्नमेंट से सहायता की आशा करते रहे। गवर्नमेंट ने उनके उद्धार का प्रयत्न किया पर ये सभी प्रयत्न असफल हो गए। अब मजबूर होकर उन्होंने अपने उपायों से काम लेना शुरू किया है, और ये उपाय ज्यादा सफल हो रहे हैं। उन्होंने गुट बाँधकर कई शहरों की सड़कों की नाकाबन्दी कर दी और देहातों से जो सामान नगर में आता था, उसे रोक दिया। जहाँ जरूरत पड़ी, वहाँ पशु-बल से भी काम लिया। इसमें उन्हें पूरी सफलता तो नहीं मिली, पर वे बिलकुल असफल भी न रहे।"

जहाँ पर मन्दी की वजह से किसान भूखे मरते हों, वहाँ की शासन-व्यवस्था को प्रेमचन्द जनवादी कैसे मान लेते? इसीलिए वह रूस और अमरीका के बीच तटस्थ नहीं थे बल्कि तथ्य देकर दोनों की संस्कृति पर प्रकाश डालते थे।

और न प्रेमचन्द अपने जमाने के खूनी फासिस्टवाद-हिटलरवाद के बारे में तटस्थ थे। हिटलर द्वारा नाजी नेताओं की हत्या पर 'हिटलर की तानाशाही' नाम की टिप्पणी लिखते हुए प्रेमचन्द ने हिटलर का सही हुलिया भी बयान कर दिया

था : "हिटलर ने जर्मनी के पूँजीपतियों के हाथ की कठपुतली बनकर कुछ समय पूर्व यहूदियों पर जो अत्याचार किया था, उसी से उसकी ख्याति संसार में हो गई और अब इस क्रूर कर्म ने तो विद्युत-प्रकाश डालकर उसके हृदय का रगरेशा तक साफ-साफ दिखला दिया है।" प्रेमचन्द उन देशभक्तों में नहीं थे जो हिटलर को साम्राज्य-विरोधी समझते थे या उसे हिन्दुस्तान-जैसे गुलाम देशों का उद्धारक मानते थे। हिटलर पूँजीपतियों के हाथ की कठपुतली था—प्रेमचन्द ने उसके बारे में यह अपना स्पष्ट मत दे दिया था।

न प्रेमचन्द उन देशभक्तों में थे जिन्होंने जापान से आशाएँ रखी थीं। 'आतंकवाद का उन्मूलन' नाम की टिप्पणी में उन्होंने लिखा था : "आज भारतवर्ष के द्वारा समस्त यूरोप अपने-अपने खजाने भर रहा है, जापान अपनी जेबें गरम कर रहा है। सभी मालामाल हो रहे हैं, और भारतीय बच्चे भूखे तड़प रहे हैं।" प्रेमचन्द विश्व-शान्ति के सजग प्रहरी थे। वह युद्ध के लिए अग्रसर होनेवाली ताकतों—जापान और जर्मनी—को पहचान गए थे। वह अमरीकी जनतंत्र की असलियत से बेखबर नहीं थे और साम्राज्यवाद और सोवियत रूस के बीच में तटस्थ नहीं थे। ब्रिटिश साम्राज्यवाद के खिलाफ जनता को एकत्र करनेवाले वह एक कर्मठ साहित्यकार थे।

सितम्बर, 1936 के 'हंस' में अपने जीवन-काल में निकलनेवाले 'हंस' के आखिरी अंक में—प्रेमचन्द का 'महाजनी सभ्यता' नाम का लेख छपा है। यह लेख प्रेमचन्द की प्रखर होती हुई क्रान्तिकारी चेतना का सबूत है। इसमें उन्होंने तमाम दुनिया के मनुष्य-समाज को दो हिस्सों में बँटा हुआ दिखाया है : "बड़ा हिस्सा तो मरने और खपनेवालों का है, और बहुत ही छोटा हिस्सा उन लोगों का, जो अपनी शक्ति और प्रभाव से बड़े समुदाय को अपने बस में किए हुए हैं। उन्हें इस बड़े भाग के साथ किसी तरह की हमदर्दी नहीं, जरा भी रू-रियायत नहीं। उसका अस्तित्व केवल इसलिए है कि अपने मालिकों के लिए पसीना बहाए, खून गिराए और एक दिन चुपचाप इस दुनिया से विदा हो जाए।"

महाजनी सभ्यता में मनुष्यता को व्यापार और मुनाफे की वेदी पर किस तरह कुर्बान किया जाता है, इसकी मार्मिक व्याख्या करने के बाद प्रेमचन्द ने पूँजीवाद को खत्म करनेवाली सोवियत रूस की नई सभ्यता के बारे में लिखा था : "परन्तु अब एक सभ्यता का सूर्य सुदूर पश्चिम से उदय हो रहा है, जिसने इस नारकीय महाजनवाद या पूँजीवाद की जड़ खोदकर फेंक दी है।" इस नई सभ्यता के खिलाफ दुनिया के महाजन किस तरह झूठा प्रचार कर रहे थे, प्रेमचन्द उससे बेखबर न थे। उन्होंने इस झूठ का पर्दाफाश करना अपना कर्तव्य समझा। साम्राज्यवादी युद्धों की जड़ झूठ है। झूठे प्रचार के बिना लोगों को बरगलाकर युद्ध की भट्ठी में नहीं झोंका जा सकता। प्रेमचन्द ने सोवियत-विरोधी झूठे प्रचार का पर्दाफाश करके एक सच्चे, शान्ति-प्रचारक का काम किया। उन्होंने खास कर इसी मसले को लिया कि

सोवियत रूस में आजादी है या नहीं। उन्होंने नई सभ्यता के मूल सिद्धात का उल्लेख करते हुए कहा : "जिसका मूल सिद्धान्त यह है कि प्रत्येक व्यक्ति, जो अपने शरीर या दिमाग से मेहनत करके कुछ पैदा कर सकता है, राज्य और समाज का परम सम्मानित सदस्य हो सकता है, और जो केवल दूसरों की मेहनत या बाप-दादों के जोड़े हुए धन पर रईस बना फिरता है, वह पतिततम प्राणी है। उसे राज्य-प्रबन्ध में राय देने का हक नहीं और वह नागरिकता के अधिकारों का भी पात्र नहीं। महाजन इस नई लहर से अति उद्विग्न होकर बौखलाया हुआ फिर रहा है और सारी दुनिया के महाजनों की शामिल आवाज इस नई सभ्यता को कोस रही है, इसे शाप दे रही है। व्यक्ति-स्वातंत्र्य, धर्म-विश्वास की स्वाधीनता और अन्तरात्मा के आदेश पर चलने की आजादी, वह इन सबकी घातक, गला घोंट देनेवाली बताई जा रही है। उस पर नये-नये लांछन लगाए जा रहे हैं, नई-नई हुरमतें तराशी जा रही हैं। वह काले-से-काले रंग में रँगी जा रही है, कुत्सित-से-कुत्सित रूप में चित्रित की जा रही है। उन सभी साधनों से, जो पैसेवालों के लिए सुलभ हैं, काम लेकर उसके विरुद्ध प्रचार किया जा रहा है; पर सचाई है, जो इस सारे अन्धकार को चीरकर दुनिया में अपनी ज्योति का उजाला फैला रही है।"

कैसे जोरदार शब्दों में प्रेमचन्द ने साम्राज्यवादी प्रचार का पर्दाफाश किया है! कितनी दृढ़ता और विश्वास के साथ सत्य और मनुष्य के भविष्य का पक्ष लिया है। इन शब्दों को पढ़कर कौन कह सकता है कि महीनों के रोग से जर्जर शरीरवाले, मृत्यु-शय्या पर पड़े हुए प्रेमचन्द ने उन्हें लिखा होगा? जिस सचाई ने अन्धकार को चीरकर दुनिया में उजाला फैलाया था, उसने प्रेमचन्द के हृदय में आशा और उत्साह का ज्वार पैदा कर दिया था। प्रेमचन्द के एक तरफ मौत और अँधेरा था, तो दूसरी तरफ यह सचाई और प्रकाश। मनुष्य के बल और बुद्धि में, उसके पुरुषार्थ में उनकी आस्था और दृढ़ हो गई थी। इसीलिए व्यक्ति-स्वातंत्र्य के नाम पर सोवियत रूस पर कीचड़ उछालनेवालों को उन्होंने रगेद मारा था।

प्रेमचन्द ने साम्राज्यवादी प्रचारकों को ललकारते हुए लिखा था : "निःसंदेह इस नई सभ्यता ने व्यक्ति-स्वातंत्र्य के पंजे, नाखून और दाँत तोड़ दिए हैं। उसके राज्य में अब एक पूँजीपति लाखों मजदूरों का खून पीकर मोटा नहीं हो सकता। उसे अब यह आजादी नहीं है कि अपने नफे के लिए साधारण आवश्यकता की वस्तुओं के दाम चढ़ा सके, दूसरे अपने माल की खपत कराने के लिए युद्ध करा दे, गोला-बारूद और युद्ध-सामग्री बनाकर दुर्बल-राष्ट्रों का दलन कराए।"

साम्राज्यवादियों के 'व्यक्ति-स्वातंत्र्य' का सम्बन्ध कितना ज्यादा युद्ध की तैयारियों से होता है, किस तरह उनकी स्वाधीनता चीजों के दाम बढ़ाकर मुनाफा कमाने की आजादी है, उनकी स्वाधीनता दूसरे देशों को गुलाम बनाने की आजादी है—प्रेमचन्द ने अपने ओजपूर्ण लेख में इस तथ्य को अच्छी तरह जाहिर कर दिया।

उन्होंने दिखलाया कि इस लूट-मार की आजादी के बदले सोवियत रूस में जनता को खुशहाल और सुसंस्कृत जिन्दगी बसर करने की सच्ची आजादी है।

प्रेमचन्द ने मानो आज के हिन्दुस्तान को देखते हुए लिखा था : "हाँ, इस समाज-व्यवस्था ने व्यक्ति को यह स्वाधीनता नहीं दी है कि वह जनसाधारण को अपनी महत्त्वाकांक्षाओं की तृप्ति का साधन बनाए और तरह-तरह के बहानों से उनकी मेहनत का फायदा उठाए, या सरकारी पद प्राप्त करके मोटी-मोटी रकमें उड़ाए, और मूँछों पर ताव देता फिरे।" प्रेमचन्द उस आजादी के विरोधी थे जिसके जरिये मुट्ठी-भर लोग जनता को ठगकर अपना घर भरते हैं और जब जनता असन्तुष्ट होकर अपनी माँगें पूरी कराने के लिए संगठित होती है, तब उसे शान्ति और अहिंसा के उपदेश देते हैं।

अपने लेख के अन्त में प्रेमचन्द ने इस दलील को भी लिया था कि यह सभ्यता विदेशी है, इसलिए हम उससे अपना दामन बचाकर चलेंगे। उन्होंने पूछा था कि एक समाज-व्यवस्था से अगर किसी एक देश के लोगों का भला हो सकता है, तो दूसरे देशों का क्यों नहीं हो सकता? उन्होंने ईसाई और बौद्ध मतों की मिसाल देते हुए लिखा था : "जो शासन-विधान और समाज-व्यवस्था एक देश के लिए कल्याणकारी है, वह दूसरे देशों के लिए भी हितकर होगी। हाँ, महाजनी सभ्यता और उसके गुरगे अपनी शक्ति-भर उसका विरोध करेंगे, उसके बारे में भ्रमजनक बातों का प्रचार करेंगे, जनसाधारण को बहकावेंगे उसकी आँखों में धूल झोंकेंगे, पर जो सत्य है, एक-न-एक दिन उसकी विजय होगी और अवश्य होगी।"

इस तरह सत्य और झूठ के संघर्ष में प्रेमचन्द ने सत्य का पक्ष लिया और महाजनी सभ्यता के गुरगों की दलीलों को निस्सार साबित कर दिया। जिस समय उन्होंने यह लेख लिखा था, फासिस्ट जर्मनी फासिस्ट-विरोधी प्रचार की वैसी ही धूम मचाए हुए था, जैसी आज अमरीका। प्रेमचन्द ने इस युद्ध-प्रचार का भंडाफोड़ करके शान्ति के पक्ष को मजबूत किया, हिन्दी पाठकों की अन्तरराष्ट्रीयता और उनकी स्वाधीनता-प्रेमी चेतना को और परिष्कृत किया।

प्रेमचन्द का झुकाव शुरू से ही यथार्थ जीवन की तरफ था। दिन-पर-दिन उनके यथार्थवादी चित्रण में गहराई आती गई। 'जीवन में साहित्य का स्थान' नाम के लेख में उनका पहला ही वाक्य है : "साहित्य का आधार जीवन है।" साहित्य का आधार कल्पना नहीं है, उसका स्रोत मनुष्य का अवचेतन नहीं है, बल्कि उसका जीवन है। साहित्य की अटारियों, मीनारों और गुंबदों की नींव, प्रेमचन्द के शब्दों में, 'मिट्टी के नीचे दबी पड़ी है।' उन्होंने इस लेख में आनन्द और सुन्दरता के स्वाभाविक और बनावटी रूपों में भेद किया है। महलों में स्वाभाविक सुन्दरता और आनन्द के दर्शन नहीं होते। श्रृंगार को सुन्दर का पर्यायवाची मानते हुए प्रेमचन्द ने लिखा है : "साहित्य में केवल एक रस है और वह श्रृंगार है।" श्रृंगार से उनका

वह मतलब नहीं है जो आम तौर से समझा जाता है; फिर भी उनका जोर आनन्द पर है और वह कहते हैं : "और साहित्य का विषय केवल आनन्द का सम्बन्ध है।" फिर जीवन की व्याख्या करते हुए वह पशुओं से मनुष्य का भेद इस बात से बतलाते हैं कि मनुष्य में अच्छी-बुरी मनोवृत्तियाँ होती हैं।

इस लेख में प्रकट किये हुए अनेक विचार 'कला कला के लिए' वाले सिद्धान्त से बहुत मिलते-जुलते हैं। यदि साहित्य का विषय केवल आनन्द है, तो विषय-वस्तु का उतना महत्त्व नहीं रहता जितना आनन्द का। यदि मनुष्य और पशु का आपसी भेद मनोवृत्तियों का है, तो साहित्य की मीनारों की नींवें मिट्टी के नीचे दबी पड़ी हैं, यह बात बेमानी हो जाती है। लेकिन प्रेमचन्द इसी लेख में आगे कहते हैं : "साहित्यकार बहुधा अपने देशकाल से प्रभावित होता है। जब कोई लहर देश में उठती है, तो साहित्यकार के लिए उससे अविचलित रहना असम्भव हो जाता है। उसकी विशाल आत्मा अपने देश-बन्धुओं के कष्टों से विकल हो उठती है और इस तीव्र विकलता में वह रो उठता है, पर उसके रुदन में भी व्यापकता होती है। वह स्वदेश का होकर भी सार्वभौमिक रहता है।"

प्रेमचन्द ने इस समस्या का खुद अच्छी तरह समाधान कर दिया है कि साहित्य का सम्बन्ध किसी चिरन्तन आनन्द और सुन्दरता से है या युग की परिस्थितियों से। अगर साहित्यकार 'कला कला के लिए' का सिद्धान्त मानकर चलता है, तो उसके लिए देश-बन्धुओं के कष्टों से विकल हो उठने का सवाल नहीं उठता। साहित्यकार की विशेषता यह है कि वह स्वदेश का होकर भी सार्वभौमिक रहता है। आज तक कोई ऐसा साहित्यकार नहीं देखा गया जो स्वदेश का हुए बिना सार्वभौमिक बन गया हो। यह कहना गलत न होगा कि साहित्यकार स्वदेश का होकर ही सार्वभौमिक बनता है। प्रेमचन्द की रचनाएँ स्वयं इस सत्य की मिसाल हैं। वे स्वदेशपन में डूबी हुई हैं; उनका रचयिता अपने देश-बन्धुओं के कष्टों से विकल हो उठा है। उसकी महत्ता का यही सबसे बड़ा कारण है।

प्रेमचन्द साहित्य की उपयोगिता का सवाल उठाते हैं। कहते हैं : "जीवन में साहित्य की उपयोगिता के विषय में कभी-कभी सन्देह किया जाता है।" प्रेमचन्द यह नहीं मानते कि मनुष्य का स्वभाव बदल नहीं सकता। स्वभाव बदलता है और साहित्य उसे बदलने का साधन है। किसी देश की जनता और उसके चरित्र की विशेषताओं से साहित्य का क्या सम्बन्ध है, इस पर वह कहते हैं : "विश्व की आत्मा के अन्तर्गत भी राष्ट्र या देश की आत्मा होती है। इसी आत्मा की प्रतिध्वनि है—साहित्य।" प्रेमचन्द की यह धारणा साम्राज्यवादियों के इस प्रचार का खंडन करती है कि साहित्य की राष्ट्रीय या जातीय विशेषताएँ नहीं होतीं। अमरीका और ब्रिटेन के साम्राज्यवादी और उनके भाड़े के लेखक विश्व-संस्कृति और विश्व-सरकार की लम्बी-चौड़ी बातें करते हैं। वे दूसरे देशों को गुलाम बनाते हैं, उनकी भाषा और

संस्कृति को दबाते हैं, उनके जातीय चरित्र को नष्ट करते हैं। इस निन्दनीय काम को छिपाने के लिए विश्व-संस्कृति की बातें नकाब का काम करती हैं। प्रेमचन्द साहित्य की इमारत हवा में खड़ी न करके उसकी नींव धरती में मानते हैं; वह उसे देश की आत्मा की प्रतिध्वनि कहते हैं। उनका देश, जैसाकि इस लेख से ही जाहिर है, महलों में बन्द नहीं है; देश का मतलब है, देश की साधारण जनता।

यूरोप के पतित पूँजीवादी साहित्य की तरफ से प्रेमचन्द ने यहाँ भी पाठक को आगाह किया है, खूनी कांडों के प्रदर्शन और जासूसी कमाल की निन्दा की है। उनके अनुसार सामाजिक आदर्श साहित्य से उत्पन्न होते हैं। इसलिए वह साहित्यकार का दर्जा बहुत ऊँचा मानते हैं।

किसी जाति के चरित्र-निर्माण में साहित्य का कितना बड़ा हाथ रहता है, प्रेमचन्द इस बात को जानते थे। इसलिए वह सांस्कृतिक विरासत की कद्र करते थे। उन्होंने 'रामायण' और 'महाभारत' के रचयिताओं के बारे में लिखा था : "व्यास और वाल्मीकि ने जिन आदर्शों की सृष्टि की, वे आज भी भारत का सर ऊँचा किये हुए हैं। राम अगर वाल्मीकि के साँचे में न ढलते, तो राम न रहते। सीता भी उसी साँचे में ढलकर सीता हुई।" व्यास और वाल्मीकि के सामने सिर झुकाते हुए प्रेमचन्द ने उनके चरणों में कलम नहीं रख दी। उन्होंने यह नहीं कहा कि यह सांस्कृतिक विरासत ही प्रगतिशील साहित्य है, इसलिए या तो मैं कुछ लिखूँगा नहीं, या लिखूँगा तो देशकाल की सीमाओं से ऊपर उठकर, शाश्वत सौन्दर्य के सिद्धान्तों के अनुसार लिखूँगा। वह मानते थे कि "साहित्य का उत्थान अब राष्ट्र का उत्थान है।" इसलिए इस परम अशाश्वत काम को पूरा करने के लिए वे कमर कसकर जुट गए। प्रेमचन्द का साहित्य राष्ट्रीय उत्थान का साहित्य है; वह भारत की नवजाग्रत मानवता और उसके आत्मसम्मान का साहित्य है। उन्होंनेवाल्मीकि, व्यास, तुलसी, सूर और कबीर से साधना करना, अपने देश और अपनी संस्कृति की उन्नति के लिए कष्ट सहना सीखा था। उन्होंने भारत के इन अमर कवियों के बारे में लिखा था : "वाल्मीकि और व्यास, दोनों तपस्वी थे। सूर और तुलसी भी विलासिता के उपासक न थे। कबीर भी तपस्वी ही थे।" प्रेमचन्द इन तपस्वियों की विरासत को आगे बढ़ानेवाले साहित्यकार थे; वह बीसवीं सदी में भारतीय संस्कृति का एक नया आगे बढ़ा हुआ चरण थे।

प्रेमचन्द अपने देश की संस्कृति के उपासक थे, उसका परिष्कार करके उसे आगे विकसित करना चाहते थे; इसलिए वह दूसरे देशों और जातियों की संस्कृति को घृणा की दृष्टि से न देखते थे। उन्होंने इंग्लैंड, फ्रांस, रूस आदि के साहित्य का, विशेष रूप से वहाँ के कथा-साहित्य का, गम्भीर अध्ययन किया था। फ्रांसीसी कथाकारों में वह बाल्जाक और मोपासाँ को बहुत ऊँचे दर्जे का कलाकार मानते थे। रूसी भाषा में टॉल्स्टॉय की कहानियाँ उन्हें विशेष प्रिय थीं। दोस्तोयेव्स्की के बारे

में उन्होंने ठीक कहा था कि उसकी कहानियों में "मनोभावों की दुर्बलता दिखाने की चेष्टा की गई है", लेकिन शायद चेखोव के बारे में उन्होंने अत्युक्ति की है कि उसकी कहानियों में "रूस के विलास-प्रिय समाज के जीवन-चित्रों के सिवा और कोई विशेषता नहीं।"

प्रेमचन्द का विचार था कि हिन्दुस्तान में कहानी-कला यहाँ की परम्पराओं, यहाँ की विशेषताओं को देखते हुए विकसित हो। मित्रों की बातचीत या पुलिस-कोर्ट के दृश्य से कहानी शुरू करना वे गलत समझते थे। डायरी और टिप्पणियों द्वारा कहानी लिखने को उन्होंने यूरोपवालों की नकल करना कहा था। जिन कहानियों का कोई अन्त न हो, उन्हें भी वह बुरा समझते थे। कहानी में वह कहानीपन के पक्षपाती थे। उनका विचार था कि कहानी के साथ यह अनुचित व्यवहार यथार्थवाद के नाम पर होता है; इसलिए कथाकार को आदर्शवादी होना चाहिए। लेकिन यथार्थवादी कलाकार के लिए यह जरूरी नहीं है कि वह कहानी को बिगाड़ दे और न सभी आदर्शवादी कलाकार उसे सँवार ही लेते हैं। प्रेमचन्द स्वयं यथार्थवादी लेखक थे। उनका यथार्थवाद फोटो खींचकर चुप रह जानेवाला यथार्थवाद नहीं था। वे एक उद्देश्य लेकर चलनेवाले कलाकार थे।

प्रेमचन्द बहुत-सी असंगतियों के बीच से गुजरते हुए क्रान्तिकारी यथार्थवाद की तरफ आ रहे थे—एक ऐसे यथार्थवाद की तरफ, जो जीवन का सही चित्र देते हुए पाठक में अपने जीवन की परिस्थितियों को बदलने की, एक नया जनवादी और स्वाधीन जीवन निर्माण करने की प्रेरणा भी दे। प्राचीन अध्यात्मवाद का प्रभाव जहाँ-तहाँ उन पर दिखाई देता है, लेकिन क्रमशः वह क्षीण होता जाता है। कहानी-कला-सम्बन्धी एक लेख में वह कहते हैं : "मानव-संस्कृति का विकास ही इसलिए हुआ है कि मनुष्य अपने को समझे। अध्यात्म और दर्शन की भाँति साहित्य भी इसी सत्य की खोज में लगा हुआ है—अन्तर इतना ही है कि वह इस उद्योग में रस का मिश्रण करके उसे आनन्दप्रद बना देता है, इसीलिए अध्यात्म और दर्शन केवल ज्ञानियों के लिए हैं, साहित्य मनुष्य-मात्र के लिए।"

मनुष्य अपने को समझे—यह धारणा इस अर्थ में सत्य नहीं है कि मनुष्य में अखंड सत्य छिपा हुआ है और उसे केवल समझाना बाकी रह गया है। मनुष्य का अपने को समझना उसके भौतिक विकास के साथ जुड़ा हुआ है। इस विकास-क्रम में मनुष्य अपने को समझता ही नहीं है अपने को परिवर्तित भी करता है। कहानी-कला सम्बन्धी एक और दूसरे लेख में वह कहते हैं : "कितने ही सिद्धान्त, जो एक जमाने में सत्य समझे जाते थे, आज असत्य सिद्ध हो गए हैं, पर कथाएँ आज भी उतनी ही सत्य हैं, क्योंकि उनका सम्बन्ध मनोभावों से है और मनोभावों में कभी परिवर्तन नहीं होता" ('प्रेमचन्द : कुछ विचार', पृष्ठ 67)। अगर मनोभावों में कभी परिवर्तन न हो तो कहानियों की विषयवस्तु बहुत-कुछ आज भी वही हो, जो चार

हजार साल पहले थी। प्रेमचन्द का साहित्य बीसवीं सदी के हिन्दुस्तान का साहित्य है। 'कथासरित्सागर' या 'अलिफ लैला' की दुनिया में उसकी कल्पना नहीं की जा सकती। फिर भी वह 'कथासरित्सागर' और 'अलिफ लैला' की दुनिया से किन्हीं बातों में जुड़ा भी है और उन कथाओं के बिना प्रेमचन्द की नई रचनाओं की कल्पना करना कठिन होगा। वे रचनाएँ ऐसे समाज की उपज हैं जो 'कथासरित्सागर' और 'अलिफ लैला' के जमाने को बहुत पीछे छोड़ आया है। हालाँकि उस जमाने के कुछ संस्कार अब भी बाकी हैं। इसलिए यह कहना सही न होगा कि मनोभावों में कभी परिवर्तन नहीं होता।

उपन्यास-सम्बन्धी अपने एक निबन्ध में प्रेमचन्द कहते हैं : "मैं उपन्यास को मानव-चरित्र का चित्र-मात्र समझता हूँ। मानव-चरित्र पर प्रकाश डालना और उसके रहस्यों को खोलना ही उपन्यास का मूल तत्त्व है" (प्रेमचन्द 'कुछ विचार' पृष्ठ 71)। इस लेख में उन्होंने यह स्पष्ट नहीं किया कि चरित्र विकासमान हो या अपरिवर्तनशील। यहाँ वह उपन्यासकारों को दो दलों में बाँट देते हैं : एक दल उन लोगों का है, जो यथार्थ को नग्न रूप में रख देते हैं; दूसरा दल उन लोगों का है, जो गर्म कोठरी में काम करते-करते थकनेवालों को बाग में ले जाकर निर्मल स्वच्छ हवा खिलाते हैं। फिर वह आदर्शवादियों के लिए इस खतरे की शंका प्रकट करते हैं कि उनके पात्र सिद्धान्तों की मूर्ति-मात्र न बन जाएँ। इसलिए उनकी राय में ऊँचे दर्जे के उपन्यास वे हैं, जिनमें आदर्श और यथार्थ का समावेश हो। जब हमारा उद्देश्य गर्म कोठरी में काम करनेवाले को बाग की हवा खिलाना हो जाता है, तब हम उससे यह भी कहे बिना नहीं रहते, कुछ देर के लिए कोठरी को भूल जा, आखिर तो उसी में तुझे सड़कर मरना है, यहाँ बुलबुल के तराने भी सुन ले। नग्न यथार्थवाद गलत चीज है; यथार्थवाद को सोद्देश्य होना चाहिए लेकिन बाग में हवा खिलाने से तो यथार्थवाद की जड़ ही कट जाती है, उसे सोद्देश्य बनाने का सवाल नहीं उठता। (यहाँ बाग का प्रयोग आलंकारिक है; इसका यह मतलब नहीं है कि बाग की सैर करना यथार्थवाद की हत्या करना है।)

प्रेमचन्द इसी निबन्ध में आगे कहते हैं : "साहित्य का सबसे ऊँचा आदर्श यह है कि उसकी रचना केवल कला की पूर्ति के लिए की जाए। 'कला के लिए कला' के सिद्धान्त पर किसी को आपत्ति नहीं हो सकती। वह साहित्य चिरायु हो सकता है जो मनुष्य की मौलिक प्रवृत्तियों पर अवलंबित हो", इत्यादि। इस धारणा का यहाँ खंडन करना जरूरी नहीं है; प्रेमचन्द का समूचा साहित्य उसका खंडन करता है। उसकी तरफ ध्यान दिलाना सिर्फ इसलिए जरूरी है कि हम उनके विचारों की असंगतियों को भी समझ सकें और उनके हरेक वाक्य को वेद-वाक्य मानकर न दोहराने लगें।

इसी लेख में प्रेमचन्द कहते हैं : "हमारा खयाल है कि क्यों न कुशल साहित्यकार कोई विचार-प्रधान रचना भी इतनी सुन्दरता से करे जिसमें मनुष्य की मौलिक

प्रवृत्तियों का संघर्ष निभता रहे? 'कला के लिए कला 'का समय वह होता है जब देश सम्पन्न और सुखी हो। जब हम देखते हैं कि हम भाँति-भाँति के राजनीतिक और सामाजिक बन्धनों में जकड़े हुए हैं; जिधर निगाह उठती हैं दुख और दरिद्रता के भीषण दृश्य दिखाई देते हैं, विपत्ति का करुण क्रंदन सुनाई देता है, तो कैसे सम्भव है कि किसी विचारशील प्राणी का हृदय दहल न उठे? हाँ, उपन्यासकार को इसका प्रयत्न अवश्य करना चाहिए कि उसके विचार परोक्ष रूप में व्यक्त हों; उपन्यास की स्वाभाविकता में उस विचार के समावेश से कोई विघ्न न पड़ने पाए, अन्यथा उपन्यास नीरस हो जाएगा।

देश के सुखी और सम्पन्न होने की दशा में 'कला कला के लिए' के सिद्धान्त को बाँधकर प्रेमचन्द ने उसकी सनातनता को खत्म कर दिया है। वह अपने जमाने के राजनीतिक और सामाजिक बन्धनों की तरफ देखते हैं और अपनी पिछली विचारधारा को चुनौती देते हुए कहते हैं : "यह कैसे सम्भव है कि इन्हें देख-सुनकर किसी विचारशील प्राणी का हृदय़ न दहल उठे?" प्रेमचन्द को एक तरफ सामन्ती-पूँजीवादी विचारधारा खींचती है : साहित्य का सबसे ऊँचा आदर्श यह है कि उसकी रचना कला की पूर्ति के लिए की जाए। दूसरी तरफ उसकी सहृदयता, उनका सामाजिक ज्ञान उन्हें साहित्य से समाज को बदलने की तरफ खींचता है—इस अन्याय को देखकर किस विचारशील प्राणी का हृदय न दहल उठेगा?

इस द्वंद्व को वह विचार-जगत् में उतना हल नहीं कर पाए जितना अपने कथा-साहित्य के रचनात्मक संसार में। वहाँ उनके सामने वे परिचित पात्र रहते थे जो अपने जीवन की वास्तविक समस्याओं का समाधान चाहते थे। प्रेमचन्द ने उन्हें भी एकाध बार 'प्रेमाश्रम' के सपनों से बहलाया, लेकिन उनकी चली नहीं। उनकी कला पर दिन-पर-दिन यथार्थवाद का रंग चढ़ता गया और उनका साहित्य राष्ट्रीय और जातीय उत्थान का साहित्य बन गया।

10

प्रगतिशील साहित्य और भाषा की समस्या

अप्रैल, 1936 के 'हंस' में प्रेमचन्द ने अखिल भारतीय प्रगतिशील लेखक संघ के बारे में एक सम्पादकीय टिप्पणी लिखी है, जिसमें वह कहते हैं : "जैसा इसके नाम से जाहिर है, संघ उस साहित्य और कला-प्रवृत्ति का पोषक है जो समाज में जागृति और स्फूर्ति लाए, जो जीवन की यथार्थ समस्याओं पर प्रकाश डाले।"

मई, 1936 के 'हंस' में वह फिर उस पर एक टिप्पणी में कहते हैं : "इस संघ का उद्देश्य, जैसा हम पहले लिख चुके हैं, साहित्य और कला में प्रगति पैदा करना, जीवन की यथार्थताओं का चित्रण करना और जनता के दुख-सुख और कशमकश की पूर्ण रूप से अभिव्यक्ति करके उस उज्ज्वल भविष्य की ओर ले जाना है, जिसके लिए आज विश्व का मानव-समाज कोशिश कर रहा है।"

सितम्बर, 1936 के 'हंस' में 'साहित्य में प्रगति का अर्थ' नाम की टिप्पणी में वह कहते हैं : "हमारे साहित्य को जनता के हृदय के साथ एक कर देने की अत्यन्त आवश्यकता है, जिससे वह सार्वजनिक जीवन से प्रेरित जनता की आत्मा के साथ जी सके।" फिर इसी टिप्पणी में प्रगतिशील लेखक संघ के बारे में वह कहते हैं : "गत नौ और दस अप्रैल को लखनऊ में उसने अपना वार्षिक अधिवेशन इन पंक्तियों के लेखक के सभापतित्व में मनाया था, जिसमें भारत के सभी प्रान्तों के कलाकारों ने भाग लिया था। यह निर्विवाद साहित्य में प्रगतिमान परिवर्तन का द्योतक था।"

प्रगतिशील साहित्य के आन्दोलन में प्रेमचन्द का शामिल होना कोई आकस्मिक घटना नहीं थी। उससे उनका सम्बन्ध एक अधिवेशन की सदारत कर देने-भर का न था। बीमारी और आर्थिक कठिनाइयों के बावजूद वह अपने स्वाभाविक उत्साह से इस आन्दोलन में हिस्सा लेने लगे थे। वह समाज की प्रगति में बाधा डालनेवाले साहित्य का संगठित होकर मुकाबला करने और समाज की प्रगति में सहायक होनेवाले साहित्य का संगठित होकर प्रचार और प्रसार करने की आवश्यकता अनुभव करने लगे थे।

प्रगतिशील लेखक-संघ की नींव डालने में प्रेमचन्द का सक्रिय सहयोग था।

इस सिलसिले में 'हंस' के 'प्रेमचन्द-स्मृति-अंक' से अहमद अली की ये पंक्तियाँ उद्धृत करने योग्य हैं :

"दो दिन बाद वह चौदहवीं फरवरी आई जो इतिहास में लोगों को बहुत दिनों तक याद रहेगी। आगे चलकर जब कुछ बरसों के बाद हमारे साहित्य का इतिहास लिखा जाएगा तब वह दिन एक विशेष महत्त्व का माना जाएगा। उस दिन हम सब लोग अपने देश में प्रगतिशील लेखकों के आन्दोलन का संघटन करने के लिए फिर सज्जाद ज़हीर साहब के मकान पर इकट्ठे हुए थे। वहाँ मुंशी प्रेमचन्द, मौलाना अब्दुल हक और मुंशी दयानारायण निगम सरीखे ऐसे बड़े-बड़े लोग मौजूद थे जिन्होंने साहित्य की उन्नति के लिए बहुत बड़े-बड़े काम किये थे और हममें से नई पीढ़ीवाले कुछ ऐसे लोग भी थे जिनके कन्धों पर नये और अधिक दृढ़ साहित्यिक आन्दोलन चलाने का भार आ पड़ा था; और ज्यों-ज्यों दिन बीतते जाएँगे, त्यों-त्यों उनके कन्धों पर का यह भार बराबर बढ़ता जाएगा। हम सब लोगों ने एकमत होकर 'प्रोग्रेसिव राइटर्स एसोसिएशन' या 'प्रगतिशील लेखक संघ' स्थापित करना निश्चित किया। मु. दयानारायण निगम को इस सम्बन्ध में कुछ निराशा और सन्देह-सा हो रहा था; लेकिन प्रेमचन्द जी ने उस समय एक बहुत मार्के की बात यह कही कि प्रगतिशील लेखकों के आन्दोलन के लिए हमारा देश तैयार हो गया है और हम लोग एक बहुत ही उपयुक्त और शुभ अवसर पर इस एसोसिएशन का आरम्भ कर रहे हैं।"

प्रेमचन्द ने देश की किन्हीं खास परिस्थितियों में प्रगतिशील लेखकों का आन्दोलन उपयोगी समझा था। यह सन् '36 का जमाना था जब कांग्रेसी नेता काले कानून के मातहत मंत्रिमंडल बनाने की तैयारी कर रहे थे, जब किसानों और मजदूरों के अपने संगठन अधिक सक्रिय रूप में आगे आ रहे थे, जब हिन्दी साहित्य छायावाद की देहरी पार करके एक नई मंजिल की तरफ कदम उठा रहा था। प्रेमचन्द को जनता की ताकत और नये लेखकों की लगन में विश्वास था। इसीलिए उन्होंने उस अवसर को 'उपयुक्त' और 'शुभ' बतलाया था।

9 और 10 अप्रैल को लखनऊ में होनेवाले अखिल भारतीय प्रगतिशील लेखक-संघ के पहले अधिवेशन में प्रेमचन्द ने सभापति-पद से जो भाषण दिया था, वह उनके निबन्धों और भाषणों में ही श्रेष्ठ नहीं था, हिन्दी और उर्दू में प्रगतिशील साहित्य पर जितने भाषण और निबन्ध लिखे-पढ़े गए हैं, सभी में उसका अन्यतम स्थान है।

इस भाषण में उन्होंने रीतिकालीन साहित्य, सामन्ती परम्पराओं और दरबारों की संस्कृति पर करारा हमला किया और जनता के साहित्य के लिए अपनी जबर्दस्त आवाज बुलन्द की। इस भाषण में उन्होंने सीधे-सीधे कामशास्त्रियों और अध्यात्मवादियों को कड़ी फटकार बतलाई और अपना वह स्मरणीय वाक्य कहा : "ऐसे पतन के काल में लोग या तो आशिकी करते हैं, या अध्यात्म और वैराग्य में मन रमाते हैं।" इस भाषण में उन्होंने सौन्दर्य की कसौटी को बदल देने

की माँग की; साहित्यकार से मैदान में आकर समाज का नेतृत्व करने के लिए कहा, उन्होंने नये साहित्य के लिए माँग की कि उसमें "उच्च चिन्तन हो, स्वाधीनता का भाव हो, सौन्दर्य का सार हो, सृजन की आत्मा हो, जीवन की सचाइयों का प्रकाश हो, जो हममें गति, संघर्ष और बेचैनी पैदा करे, सुलाए नहीं; क्योंकि अब और ज्यादा सोना मृत्यु का लक्षण है।"

प्रेमचन्द के जमाने में साहित्यकारों की कमी नहीं थी, लेकिन उनमें कितने ऐसे थे जो इस कसौटी पर खरे उतरते? इसीलिए प्रगतिशील लेखक-संघ का संगठन करने की जरूरत थी।

प्रेमचन्द ने साहित्य की बड़ी सुन्दर व्याख्या की है : "साहित्य उसी रचना को कहेंगे जिसमें कोई सचाई प्रकट की गई हो; जिसकी भाषा प्रौढ़, परिमार्जित और सुन्दर हो और जिसमें दिल और दिमाग पर असर डालने का गुण हो। और साहित्य में यह गुण पूर्ण रूप में उसी अवस्था में उत्पन्न होता है, जब उसमें जीवन की सचाइयाँ और अनुभूतियाँ व्यक्त की गई हों।" प्रेमचन्द जिस साहित्य का प्रसार चाहते थे, वह नये तरह का साहित्य था, जिसमें जीवन की सचाइयाँ प्रकट की गई हों। इस नये साहित्य से प्रेमचन्द उस पुराने साहित्य को अलग करते हैं जिसमें 'तिलिस्माती कहानियों, भूत-प्रेत की कथाओं और प्रेम-वियोग के आँख्यानों' से पाठक का मनोरंजन किया जाता था। जाहिर है, इन कहानियों में भी जीवन की कोई-न-कोई सचाई जरूर झलकती थी, लेकिन उस सचाई से तो प्रेमचन्द सन्तुष्ट होनेवाले नहीं थे। यह 'फिसानये अजाएब' और 'बोस्ताने खयाल' की दुनिया के खोखलेपन की तरफ इशारा करती है। वह उस कविता का खंडन करते थे जिसमें प्रेम का आदर्श वासनाओं को तृप्त करना था। वह उन अनुभूतियों की व्यंजना के कायल नहीं थे जहाँ आशियाने, कफस, बर्क और खिरमन की कल्पनाओं से पाठक और श्रोता दिल थाम लेते थे। उन्होंने शृंगारिक मनोभावों को मानव-जीवन का अंग मानते हुए उन्हें देशकाल की आवश्यकताओं के लिए नाकाफी बताया।

हिन्दी और उर्दू—दोनों ही की सामन्ती परम्पराओं पर प्रेमचन्द ने आक्रमण किया। उन्होंने कहा : "क्या हिन्दी और क्या उर्दू—कविता में दोनों की एक ही हालत थी।" इन दरबारी काव्य-परम्पराओं के विरुद्ध उन्होंने जन-रुचि को बदलता हुआ बताया। उन्होंने साहित्य के नये पाठक के लिए ठीक कहा कि वह "जीवन की समस्याओं पर भी विचार करता है, और उन्हें हल करता है।"

प्रेमचन्द ने साहित्य की उपयोगिता पर जोर दिया। वह अपने जमाने के पहले ऊँचे साहित्यकार थे, जिन्होंने अपनी दबंग आवाज में कहा : "मुझे यह कहने में हिचक नहीं है कि मैं और चीजों की तरह कला को भी उपयोगिता की तुला पर तौलता हूँ।" उनके लिए उपयोगिता और सौन्दर्य-प्रेम में कोई वैर नहीं था। साहित्य जो उपयोगी कार्य करता है, वह सौन्दर्य-प्रेम के ही माध्यम से। लेकिन सौन्दर्य-प्रेम

का मतलब क्या है? क्या साहित्यकार यथार्थ जीवन के चित्रण से मुँह मोड़ ले? प्रेमचन्द कहते हैं : "प्रकृति-निरीक्षण और अपनी अनुभूति की तीक्ष्णता की बदौलत उसके सौन्दर्य-बोध में इतनी तीव्रता आ जाती है कि जो कुछ असुन्दर है, अभद्र है, मनुष्यता से रहित है, वह उसके लिए असह्य हो जाता है।" आजकल के कुछ सौन्दर्य-प्रेमियों का यह हाल है कि उन्हें कुछ भी असह्य नहीं है, केवल साहित्य में उनके सामाजिक उत्तरदायित्व की याद दिलाना उन्हें असह्य है। देश में लोग भूखों मरें, संसार में युद्ध की आग सुलगाई जाए, जनता पर दमन-चक्र चले, जातियों की भाषा और संस्कृति को कुचला जाए, उनके शाश्वत सिद्धान्तों को आँच नहीं आती। उनका सौन्दर्य-प्रेम ऐसा कमाल है जिस पर जीवन का छींटा नहीं पड़ता और उसकी शाश्वत सुगंध से दिशाएँ महका करती हैं। प्रेमचन्द का सौन्दर्य-प्रेमी साहित्यकार दूसरी तरह का है। "जो दलित है, पीड़ित है, वंचित है—चाहे वह व्यक्ति हो या समूह, उसकी हिमायत और वकालत करना उसका फर्ज है।" प्रेमचन्द का तकाजा था कि लेखक जनता की तरफदारी करे। वह दलित और पीड़ित का साथ दे। उत्पीड़क और अत्याचारी का भी साथ दे या दोनों के बीच तटस्थ रहे, प्रेमचन्द इस मँझधारवाद के कायल नहीं थे। प्रेमचन्द जिस साहित्य का झंडा लेकर आगे बढ़ रहे थे, वह जनता की तरफदारी का साहित्य था।

प्रेमचन्द ने इस बात की तरफ से भी आगाह किया था कि जनता की वकालत का मतलब उसकी झूठी तारीफ करना नहीं है। उन्होंने अतिरंजित बातों से बचने के लिए कहा। उन्होंने समाज की अदालत के सामने आनेवाले साहित्यकार वकील को सलाह दी : "आप सत्य से तनिक भी विमुख न हों।" उन्होंने कथाकार के लिए कहा : "वह कहानी लिखता है पर वास्तविकता का ध्यान रखते हुए।" अक्सर होता यह है कि यथार्थ जीवन का अनुभव पास न होने पर साहित्यकार वास्तविकता का ध्यान छोड़कर शब्दों की झड़ी लगाकर अत्युक्ति से जोश पैदा करने की कोशिश करता है। वह क्रान्ति की लपटों से दसों दिशाएँ लाल कर देता है। भूकम्प और प्रलय से धरती-आकाश एक कर देता है। उसके वर्णन से जनता की दशा का तो पता नहीं चलता, लेकिन अपने शब्दजाल से वह पाठक को यह विश्वास दिलाने की कोशिश करता है कि क्रान्तिकारी यथार्थवाद यही है। इसलिए प्रेमचन्द ने अतिरंजित बातों से बचने के बारे में और सत्य से जरा भी विमुख न होने के बारे में जो दलीलें दी हैं, वे आज तब से भी ज्यादा महत्त्वपूर्ण हैं, जब वे दी गई थीं।

प्रेमचन्द लेखक से माँग करते हैं कि वस्तुस्थिति का चित्रण करे, साथ ही पाठक की दृष्टि और मानसिक परिधि को विस्तृत करे। लेखक उनके लिए जनता का शिक्षक है; साहित्य का काम जनता को शिक्षित और सुसंस्कृत बनाना है। "वह हममें वफादारी, सचाई, सहानुभूति, न्यायप्रियता और समता के भावों की पुष्टि करता है।" इस तरह साहित्य नई इनसानियत गढ़ता है, मनुष्य के विकास में सहायक होता है।

प्रेमचन्द ने ये बातें उस जमाने में कही थीं जब सामन्ती संस्कृति का असर आज से ज्यादा था, जब राष्ट्रीयता और देश-भक्ति के भाव-जगत् में जनसाधारण को जगह कम मिली थी। साहित्य में पस्ती और निराशावाद की धाराएँ प्रवाहित थीं। वह जब साहित्यकार की बात करते थे तो उनका लक्ष्य पुरानी सड़ी-गली सांस्कृतिक परम्पराओं से नाता तोड़नेवाले साहित्यकार से होता था।

इसी भाषण में उन्होंने कहा था : "प्रगतिशील लेखक संघ, यह नाम ही मेरे विचार से गलत है। साहित्यकार या कलाकार स्वभावत: प्रगतिशील होता है; अगर यह उसका स्वभाव न होता, तो शायद वह साहित्यकार ही न होता।" लेकिन प्रेमचन्द जिस साहित्य का विरोध कर रहे थे, उसके रचनेवाले क्या साहित्यकार नहीं थे? अगर सभी साहित्यकार प्रगतिशील होते और उनका साहित्य प्रगतिशील होता तो प्रेमचन्द इसी भाषण में यह न कहते : "जब साहित्य पर संसार की नश्वरता का रंग चढ़ा हो, और उसका एक-एक शब्द नैराश्य में डूबा; समय की प्रतिकूलता के रोने से भरा और शृंगारिक भावों का प्रतिबिम्ब बना हो, तो समझ लीजिए कि जाति जड़ता और ह्रास के पंजे में फँस चुकी है और उसमें उद्योग तथा संघर्ष का बल बाकी नहीं रहा।" इस वाक्य से बिलकुल साफ जाहिर है कि प्रेमचन्द के सामने दो तरह के साहित्य थे—एक ऐसा साहित्य, जो जाति की जड़ता और ह्रास का प्रतिबिम्ब था और दूसरा वह, जो जाति के उत्थान और प्रगति में सहायक था। वह इस दूसरी तरह के साहित्य के ही समर्थक थे; पहली तरह के साहित्य के विरोधी थे।

अगर ऐसे साहित्य को हम साहित्य कह सकते हैं जिस पर नश्वरता का रंग चढ़ा हो, जिसका एक-एक शब्द नैराश्य में डूबा हुआ हो, तो उसके रचनेवाले ही को साहित्यकार कहने पर क्या एतराज हो सकता है? लेकिन ऐसे साहित्यकार को प्रगतिशील कौन कहेगा? ज्यादा-से-ज्यादा यही कहा जा सकता है कि उसकी रचनाएँ सच्चा साहित्य नहीं हैं या वह सच्चा साहित्यकार नहीं है। लेकिन प्रेमचन्द खुद उसकी रचनाओं को साहित्य की संज्ञा दे चुके हैं। इसलिए एक तरफ जाति के ह्रास को प्रतिबिम्बित करनेवाले साहित्य का विरोध, दूसरी तरफ हर साहित्यकार को स्वभावत: प्रगतिशील मानना—प्रेमचन्द की विचारधारा में यह एक असंगति है। इससे प्रगतिशील साहित्य का वह विरोध करते थे, यह समझना भूल होगी।

प्रेमचन्द ने आगे कहा है कि "प्रगति या उन्नति से प्रत्येक लेखक या ग्रंथकार एक ही अर्थ नहीं ग्रहण करता।" इसलिए उन्होंने प्रगति या उन्नति की अपनी व्याख्या भी दे दी है। वह इस प्रकार है : "उन्नति से हमारा तात्पर्य उस स्थिति से है जिससे हममें दृढ़ता और कर्म-शक्ति उत्पन्न हो, जिससे हमें अपनी दु:खावस्था की अनुभूति हो, हम देखें कि किन अन्तर्बाह्य कारणों से हम इस निर्जीवता और ह्रास की अवस्था को पहुँच गए, और उन्हें दूर करने की कोशिश करें।" एक तरफ दृढ़ता

और कर्म-शक्ति, दूसरी तरफ शिथिलता और निराशा; एक तरफ दु:खावस्था की अनुभूति, दूसरी तरफ जनता को अफीम की घूँटी; एक तरफ जागरण और प्रगति, दूसरी तरफ निर्जीवता और ह्रास—प्रगतिशील साहित्य और प्रतिक्रियावादी साहित्य का यह भेद प्रेमचन्द के सामने मौजूद था। इसीलिए वह अपने 'स्वभावत: प्रगतिशील साहित्यकार' के लिए कहते हैं : "उसका दर्द से भरा हृदय इसे सहन नहीं कर सकता कि एक समुदाय क्यों सामाजिक नियमों और रूढ़ियों के बन्धन में पड़कर कष्ट भोगता रहे, क्यों न ऐसे सामान इकट्ठे किये जाएँ कि वह गुलामी और गरीबी से छुटकारा पा जाए? वह इस वेदना को जितनी बेचैनी के साथ अनुभव करता है, उतना ही उसकी रचना में जोर और सचाई पैदा होती है।" जो सज्जन साहित्यकार को स्वभावत: प्रगतिशील मानते हैं, अपने दिल पर हाथ रखकर देखें, सामाजिक अन्याय को देखकर कहीं उसमें गर्मी पैदा होती है? अपने अमल को देखकर सोचें, गुलामी और गरीबी से छुटकारा पाने के लिए वह कोई सामान जुटा रहे हैं?

प्रेमचन्द की साफ आवाज सुनिए : "हमारे लिए कविता के वे भाव निरर्थक हैं, जिनसे संसार की नश्वरता का आधिपत्य हमारे हृदय पर और दृढ़ हो जाए, जिनसे हमारे हृदयों में नैराश्य छा जाए। वे प्रेम-कहानियाँ, जिनसे हमारे मासिक पत्रों के पृष्ठ भरे रहते हैं, हमारे लिए अर्थहीन हैं अगर वे हममें हरकत और गरमी पैदा नहीं करतीं।" प्रेमचन्द की सलाह माननेवाले लेखकों का क्या यह फर्ज नहीं है कि वे निरर्थक भावोंवाली कविता का विरोध करें, सार्थक भावोंवाली कविता की तरफदारी करें? लेकिन निरुद्देश्य साहित्य के समर्थक ऐसा विराट संयुक्त मोर्चा बनाते हैं कि उसमें निरर्थक और सार्थक भाव सब घुल-मिलकर एक हो जाते हैं। प्रेमचन्द ऐसी कला की माँग करते हैं "जिसमें कर्म का सन्देश हो।" वह सौन्दर्य को सापेक्ष बतलाते हुए कहते हैं कि "एक रईस के लिए जो वस्तु सुख का साधन है, वही दूसरे के लिए दुख का कारण हो सकती है।" वह सुन्दरता की कसौटी को बदलने की बात करते हैं। वह अमीरों पर निर्भर रहनेवाले कलाकारों की निन्दा करते हैं। वह कला के वर्गगत आधार की तरफ इशारा करते हुए कहते हैं : "कला नाम था और अब भी है, संकुचित रूप-पूजा का, शब्द-योजना का, भाव-निबन्धन का।" ऐसे कला के रचनेवालों को कौन प्रगतिशील कहेगा? प्रेमचन्द कहते हैं कि जो सुन्दरता साधारण जनता में है, उसकी तरफ इस जमाने के कलाकार को ध्यान देना चाहिए।

प्रेमचन्द साहित्यकार से यही माँग नहीं करते कि वह साहित्य रचे, वह उसे संघर्ष के मैदान में उतरने की दावत भी देते हैं। वह कहते हैं : "हम जब ऐसी व्यवस्था को सहन न कर सकेंगे कि हजारों आदमी कुछ अत्याचारियों की गुलामी करें, तभी हम केवल कागज के पृष्ठों पर सृष्टि करके ही सन्तुष्ट न रह जाएँगे, किन्तु उस विधान की सृष्टि करेंगे जो सौन्दर्य, सुरुचि, आत्मसम्मान और मनुष्यता का विरोधी न हो।" यहाँ उन्होंने कर्म और वचन की एकता के महत्त्वपूर्ण सिद्धान्त का प्रतिपादन

किया है। साहित्य के विकास की यह नई दिशा थी। साहित्यकार से एक नई माँग की गई थी कि वह जो कुछ लिखे जीवन में उस पर अमल करके भी दिखलाए।

प्रेमचन्द समाज में साहित्यकार को बहुत ऊँची जगह देते हैं। वह महफिल जुटानेवाला नहीं है, न वह दूसरों के पीछे चलनेवाला खेमा-बरदार है। वह समाज का नेता और पथ-प्रदर्शक है। उनके स्मरणीय शब्द हैं : "साहित्यकार का लक्ष्य केवल महफिल सजाना और मनोरंजन का सामान जुटाना नहीं है—उसका दरजा इतना न गिराइए। वह देश-भक्ति और राजनीति के पीछे चलनेवाली इकाई भी नहीं, बल्कि उनके आगे मशाल दिखाती हुई चलनेवाली सचाई है।" इस तरह का साहित्यकार ही सही अर्थ में प्रगतिशील होता है। प्रेमचन्द हिन्दी-उर्दू के देशभक्त लेखकों से ऐसा ही साहित्यकार बनने की अपील कर रहे थे। वह उनसे कह रहे थे कि उठकर समाज में अपनी सम्मानपूर्ण जगह हासिल करो। अहंवाद और व्यक्तिवाद का विरोध करते हुए उन्होंने साहित्य के सामाजिक पक्ष पर जोर दिया। उन्होंने साहित्यकार की अपनी शिक्षा पर जोर दिया जिससे वह जनता की और ज्यादा सेवा कर सके। उन्होंने साहित्य के मन्दिर में आने के लिए उन लोगों का आह्वान किया जिनके दिल में दर्द हो और मुहब्बत का जोश हो।

अन्त में 'प्रगतिशील लेखक संघ' के उद्देश्यों के बारे में उन्होंने कहा : "हमारी परिषद् ने कुछ इसी प्रकार के सिद्धान्तों के साथ कर्म-क्षेत्र में प्रवेश किया है। साहित्य का शराब-कवाब और राग-रंग का मुखापेक्षी बना रहना उसे पसन्द नहीं। वह उसे उद्योग और कर्म का सन्देशवाहक बनाने का दावेदार है। हमारा उद्देश्य देश में ऐसा वायुमंडल उत्पन्न कर देना है, जिसमें अभीष्ट प्रकार का साहित्य उत्पन्न हो सके और पनप सके। हम चाहते हैं कि साहित्य-केन्द्रों में हमारी परिषदें स्थापित हों और वहाँ साहित्य की रचनात्मक प्रवृत्तियों पर नियमपूर्वक चर्चा हो, नियम पढ़े जाएँ, बहस हो, आलोचना-प्रत्यालोचना हो। तभी यह वायुमंडल तैयार होगा। तभी साहित्य में नये युग का आविर्भाव होगा।"

प्रेमचन्द संगठन के महत्त्व को समझते थे। इसीलिए उन्होंने संगठित होकर नये रास्ते पर बढ़ने का आदेश दिया था। वे चाहते थे कि इस तरह की परिषदें जगह-जगह स्थापित हों। वहाँ पर आलोचना-प्रत्यालोचना से, रचनात्मक प्रवृत्तियों की चर्चा से हिन्दी-साहित्य में एक नया युग आए। प्रगतिशील लेखकों ने बहुत हद तक प्रेमचन्द के इस आदेश को पूरा किया है।

प्रगतिशील साहित्य देश की स्वाधीनता और जनतंत्र का साहित्य है। सन् '30 ही में प्रेमचन्द ने कहा था कि उनकी रचनाओं का ध्येय स्वाधीनता-प्राप्ति है। अपने अमल से उन्होंने तमाम साहित्यकारों को प्रेरणा दी थी कि वे भी स्वाधीनता-प्राप्ति को अपनी रचनाओं का लक्ष्य बनाएँ। साथ ही स्वाधीनता का मतलब 'जॉन' की जगह 'गोविन्द' को बिठाना नहीं था। वह देश में एक नये ढंग का जनतंत्र चाहते

थे, जिसमें शक्ति आम जनता के हाथ में हो। इसीलिए उन्होंने किसानों की समस्या को इतने तीखे ढंग से उठाया था और किसानों की लड़ाई को स्वाधीनता-आन्दोलन का अभिन्न अंग बना दिया था। देश पूरी आजादी और नये जनतंत्र को हासिल करने के लिए किस रास्ते पर आगे बढ़े, किन उपायों से काम ले, इसके बारे में प्रेमचन्द की सूझ-बूझ की एक झलक हम 'गोदान' में देख चुके हैं। वह उस रास्ते की तरफ आ रहे थे जिस पर जनता का विशाल संयुक्त मोर्चा साम्राज्यवाद से अपने हक लेने के लिए आगे बढ़ता है। इस संयुक्त मोर्चे में मजदूरों और किसानों की एकता प्रमुख शक्ति है, इसकी झलक वह मेहता के चरित्र में देते हैं, जो मजदूर के जीवन में भाग लेता है और किसानों से भी अपना सम्बन्ध कायम करता है। वह संघर्ष के पुराने तरीकों को नाकाफी समझते थे, यह बात उनके आखिरी उपन्यास 'मंगलसूत्र' से जाहिर होती है। उन्होंने किसान-सम्बन्धी प्राय: अपने सभी उपन्यासों में दिखलाया था कि विदेशी हुकूमत हिन्दुस्तान की जनता को खूनी आतंक के जरिये दबाती है। 'कर्मभूमि' में उन्होंने इस आतंक का नग्न रूप प्रकट किया था। इस आतंक को कैसे खत्म किया जाए, इस समस्या को हल करने के लिए उन्होंने मानो 'मंगलसूत्र' की रचना की थी! यद्यपि यह उपन्यास पूरा नहीं हुआ, फिर भी उसमें प्रेमचन्द की यह धारणा साफ झलकती है कि बुद्धिजीवियों को जनता का साथ देना चाहिए और साम्राज्यवादी पशुओं के साथ दया का व्यवहार न करके उनके शासन को खत्म कर देना चाहिए।

फिर भी सन् '36 तक हिन्दुस्तान की जनता का एका काफी मजबूत न हुआ था और स्वाधीनता-आन्दोलन में बहुत-सी खामियाँ थीं। तब तक मजदूर-वर्ग संगठित होकर तमाम जनता के आन्दोलन की अगुवाई करने के लिए आगे न आया था। यह कमजोरी प्रेमचन्द की रचनाओं में झलकती है। 'मंगलसूत्र' का नायक लगभग अकेला है; 'गोदान' का होरी अकेला जीवन-संग्राम में जूझकर प्राण दे देता है। प्रेमचन्द ने सामन्ती परम्पराओं का विरोध किया; पूँजीवादियों द्वारा साहित्य के नेतृत्व करने का भी विरोध किया। प्रगतिशील साहित्य का आन्दोलन हिन्दुस्तान के पिछले सभी साहित्यिक आन्दोलनों से भिन्न था; वह पुरानी साहित्यिक परम्परा की अगली कड़ी ही न था बल्कि एक नये स्तर पर उस परम्परा का नया विकास था। इसका कारण यह था कि आन्दोलन एक नई वैज्ञानिक विचारधारा से प्रभावित था। यह विचारधारा मार्क्सवाद की थी। प्रगतिशील साहित्य की शक्ति का यह एक बड़ा कारण था। प्रेमचन्द के विचारों पर जहाँ-तहाँ इस वैज्ञानिक विचारधारा की छाप दिखाई देती है, लेकिन उसकी क्रान्तिकारी भूमिका, उसका युगान्तरकारी महत्त्व उनके सामने स्पष्ट नहीं था।

जिस नये साहित्य के सृजन और प्रचार के लिए प्रेमचन्द आन्दोलन कर रहे थे, वह एक विशेष युग की आवश्यकताओं की पूर्ति करनेवाला साहित्य था। वह

युग साम्राज्यवादी पराधीनता का युग था, किसानों की सामन्ती दासता का युग था, बड़े पूँजीपतियों और उनके प्रतिनिधियों की कूटनीति का युग था। इस युग में जनता को स्वाधीनता और जनतंत्र के लक्ष्य तक ले जानेवाले साहित्य का नाम—विशिष्ट अर्थ में—प्रगतिशील साहित्य है। उसकी विशेषता यह है कि वह जनता की सेवा करनेवाला साहित्य है और वैज्ञानिक विचारधारा से प्रभावित है। ये सब बातें बहुत धीरे-धीरे स्पष्ट होकर हमारे सामने आई हैं इसलिए किन्हीं प्रश्नों पर प्रेमचन्द में असंगतियाँ मिलें तो आश्चर्य की बात नहीं। एक बात निर्विवाद है और वह यह कि प्रेमचन्द के बाद एक भी लेखक हिन्दी में ऐसा नहीं आया जो किसानों की जिन्दगी को इतने नजदीक से जानता हो। प्रेमचन्द की शक्ति का यह बहुत बड़ा, शायद सबसे बड़ा, कारण था। वह हिन्दुस्तान की बहुसंख्यक जनता—खेतों में काम करनेवाली जनता—की जिन्दगी को बहुत अच्छी तरह जानते थे और यह समझना चाहिए कि मार्क्सवाद की वैज्ञानिक विचारधारा हमारे गले से नहीं उतर सकती, अगर प्रेमचन्द की तरह हमने अपनी जनता से घनिष्ठ मेल-जोल नहीं पैदा किया।

प्रेमचन्द एक नये ढंग के साहित्य की माँग कर रहे थे, उसके रचनेवाले साहित्यकार से एक नये ढंग का लेखक बनने की माँग कर रहे थे। अप्रैल, सन् '36 के 'हंस' में उन्होंने 'दिल्ली में हिन्दुस्तानी सभा' नाम की टिप्पणी में जो विचार प्रकट किये हैं, उनसे मालूम होता है कि वे प्रगतिशील साहित्य के आन्दोलन की तरफ किन दृढ़ कदमों से बढ़ रहे थे। इसमें हिन्दी और उर्दू के दरबारी साहित्य की आलोचना करते हुए उन्होंने लिखा था : "हिन्दी और उर्दू-साहित्य बदकिस्मती से ऐसे जमाने से गुजरे, जब साहित्य ने आम जिन्दगी से नाता तोड़-सा लिया था, और उनकी सारी ताकत विरह और विलाप के दुखड़े रोने में कटती थी, या बहुत हुआ तो शराब की तारीफ की और दुनिया की अनित्यता पर फिलासफी बघारी; लेकिन दुनिया में जो साहित्य जीते-जागते हैं, उन्होंने कौम की तारीख बनाई है, उसकी संस्कृति बनाई है। अदीब ही कौम का पथ-प्रदर्शक होता है। उसका दिल प्रेम की ज्योति से भरा होता है। उसमें तास्सुब और तंगखयाली के लिए जगह नहीं होती। आज युद्धवाद से लड़नेवाले कौन लोग हैं? यही अदीब। ऐसी कौन-सी क्रान्ति है, जिसका बीजारोपण अदीबों ने न किया हो?'

युद्धवाद का विरोध करनेवाले लेखकों का जिक्र करके प्रेमचन्द ने उनसे हिन्दुस्तान के स्वाधीनता-प्रेमी लेखकों का सम्बन्ध जोड़ा है। वह दिन-पर-दिन दुनिया की जनता का और जनता के लेखकों का भाईचारा मजबूत होता हुआ देख रहे थे। बीमारी की हालत में वह गोर्की की शोक-सभा के लिए भाषण लिख रहे थे। जब उनकी पत्नी ने कहा : "वह कौन हिन्दुस्तानी थे?" तब प्रेमचन्द ने जवाब दिया : "गोर्की इतना बड़ा लेखक था कि उसके बारे में देश या जाति का सवाल ही पैदा नहीं होता।" और जब सभा से लौटकर आए तब कहा : "कमजोरी आए

या चाहे जो कुछ, कहीं इस तरह बैठा जाता है?" प्रेमचन्द के लिए मशहूर है कि वह भीड़-भाड़ और जलसों से दूर रहते थे, लेकिन अपने अन्तिम दिनों में एक नया जोश उन्हें रोग-शय्या से उठाकर सभाओं में ले जाता था। वह जिस कर्मठता का प्रचार कर रहे थे, अपने जीवन में स्वयं उसका आचरण भी कर रहे थे।

प्रेमचन्द ने साहित्यकारों के लिए लिखा था कि उन्होंने कौम की तारीख बनाई है, उसकी संस्कृति बनाई है। प्रेमचन्द किस कौम की तारीख बनानेवाले साहित्यकार थे? वैसे तो उनके साहित्य का आदर सारे हिन्दुस्तान में हुआ है, लेकिन वह खास तौर से हिन्दी-भाषी जाति के लेखक थे। वह हिन्दुस्तानी कौम की तारीख बनानेवाले साहित्यकार थे। उन्होंने हिन्दी और उर्दू, दोनों ही में रचनाएँ कीं। हिन्दी और उर्दू के लेखकों को नजदीक लाने में, हिन्दी और उर्दू के सामन्ती साहित्य का मुकाबला करने में, हिन्दी और उर्दू के नये साहित्य में आजादी और जनतंत्र के भाव और विचार भरने में प्रेमचन्द ने हमारी जाति की अद्वितीय सेवा की है। तुलसीदास के बाद हिन्दी के वह सबसे बड़े साहित्यकार थे जिन्हें हमारी किसान-जनता ने अपनाया। जहाँ-जहाँ हिन्दी-उर्दू पढ़नेवालों ने प्रेमचन्द की रचनाओं का रस लिया, वहाँ-वहाँ जातीय एकता का भाव और मजबूत हुआ।

हिन्दुस्तानी कौम की एकता में हिन्दी-उर्दू का विवाद बहुत बड़ी बाधा बना हुआ था। प्रेमचन्द इनके लिखनेवालों को दो कौमों का लेखक न मानते थे। वह उन्हें नजदीक लाना चाहते थे जिससे कि एक मिली-जुली साहित्यिक भाषा का चलन हो सके। दिल्ली में हिन्दुस्तानी सभा के स्थापित होने पर उन्होंने उसका स्वागत किया था, क्योंकि उसमें हिन्दी और उर्दू के लेखक एक साथ बैठते और बहस करते थे। हिन्दी-उर्दू के लेखकों का परस्पर मिलना-जुलना और एक साथ भाषा और साहित्य की समस्याओं पर विचार करना उनकी नजरों में कितना जरूरी था, यह 'हिन्दुस्तानी सभा' पर उनकी टिप्पणी से जाहिर होता है। इसमें उन्होंने लिखा था : "जब उर्दू का एक अदीब अपनी कोई रचना ऐसे समाज के सामने पढ़ेगा, जिसमें हिन्दी के लेखक भी शरीक हैं तो वह ऐसी भाषा लिखने की कोशिश करेगा, जो हिन्दी वालों की समझ में आए। इसी तरह हिन्दी का लेखक उर्दू के अदीबों की मंडली में अपनी भाषा को सुबोध रखने पर मजबूर होगा।" इस तरह के परस्पर प्रभाव और आदान-प्रदान से वह एक मिली-जुली साहित्यिक शैली के विकास की आशा करते थे।

इस तरह के प्रयोग की सफलता एक दूसरी बात पर भी निर्भर है और वह यह कि इस तरह की सभाओं में शामिल होनेवाले लेखक किस हद तक जनता के लिए लिखते हैं और किस हद तक अपने जीवन में जनता के नजदीक हैं। जनता के लिए न लिखने पर साहित्यकार पुरानी लफ्फाजी और पुराने अलंकारों की दुनिया में चक्कर लगाता रहता है और तब हिन्दी और उर्दू के लेखक एक-दूसरे से सीखने

के बदले एक-दूसरे के कठिन शब्द ढूँढ़ने में लग जाते हैं। मिली-जुली साहित्यिक भाषा के जरिये कौम की सेवा करने और उसको संगठित करने का सवाल पीछे रह जाता है। जहाँ हिन्दी-उर्दू लेखकों के मिलकर काम करने और सभाएँ चलाने के काम पूरी तरह सफल नहीं हुए, वहाँ असफलता का मुख्य कारण जनता के लेखकों का अलगाव समझना चाहिए।

एक मिली-जुली साहित्यिक शैली गढ़ने के पक्ष में होते हुए भी प्रेमचन्द उसे गढ़ने की कठिनाइयाँ जानते थे। 'भारतीय साहित्य परिषद्' में हिन्दुस्तानी को जगह न देने पर मौलाना अब्दुल हक की आलोचना का जवाब देते हुए उन्होंने जून, सन् '36 के 'हंस' में लिखा था : "और जो हिन्दुस्तानी अभी व्यवहार में नहीं आई, और ज्यादा हिमायती नहीं निकले तो कोई ताज्जुब नहीं। जो लोग 'हिन्दुस्तानी' का वकालतनामा लिये हुए हैं, और उनमें एक इन पंक्तियों का लेखक भी है, वह भी अभी तक 'हिन्दुस्तानी' का कोई रूप खड़ा नहीं कर सके। केवल उसकी कल्पना-मात्र कर सके हैं, यानी वह ऐसी भाषा हो, जो उर्दू और हिन्दी, दोनों ही के संगम की सूरत में हो, जो सुबोध हो और आम बोलचाल की हो।"

इससे नतीजा यही निकलता था कि एक मिली-जुली साहित्यिक शैली की जरूरत थी। हिन्दी को बहुत ज्यादा संस्कृतमय और उर्दू को फारसी-अरबीमय बनाने का विरोध करना सही था, लेकिन हिन्दी और उर्दू की जो शैलियाँ चल रही थीं, उन्हें एकाएक छोड़ा नहीं जा सकता था। प्रेमचन्द हिन्दी और उर्दू, दोनों में लिखते थे और उनकी हिन्दी-उर्दू में भेद भी रहता था। इस पर कुछ लोगों ने उन पर यह तोहमत लगाई कि वह मुँह से तो हिन्दुस्तानी की हिमायत करते हैं, अमल से हिन्दी का प्रचार करते हैं।

'हंस' के 'प्रेमचन्द-स्मृति-अंक' में भी अशफाक हुसेन ने एक दिलचस्प घटना का जिक्र किया है। "अलीगढ़ से 'सुहैल' नाम का एक उर्दू अखबार निकलता है। उसमें छपने के लिए प्रेमचन्द जी ने अपनी दो रचनाएँ भेजी थीं, जिनमें से एक तो हिन्दी में थी और दूसरी उर्दू में। इसके लिए एक साहब ने प्रेमचन्द के बारे में बहुत-सी उल्टी-सीधी बातें लिख डाली थीं। उनकी हिन्दी वाली रचना में तो संस्कृत के कई शब्द थे और उर्दू वाली रचना में उससे भी अधिक फारसी के शब्द थे। इसकी आलोचना जिस तरह के लोगों को करनी चाहिए थी, उसी तरह के लोगों ने की थी और कहा था कि 'प्रेमचन्द जी दो रुखी चालें चलते हैं, दोनों तरफ से मिले रहना चाहते हैं और दोनों तरफ से अच्छे बने रहना चाहते हैं।'"

अगर प्रेमचन्द का यह दावा होता कि हिन्दी-उर्दू का बायकाट करके तुरन्त हिन्दुस्तानी रायज की जा सकती है, तो शायद इस आलोचना में कुछ तथ्य होता। लेकिन जैसाकि हम देख चुके हैं, प्रेमचन्द हवाई सिद्धान्तकार नहीं थे; वह अमल में तुरन्त एक मिली-जुली भाषा-शैली ईजाद करने की कठिनाइयाँ जानते थे। इसलिए

हिन्दी और उर्दू, दोनों में कुछ हेर-फेर के साथ लिखने की उनकी नीति सही थी; बोलचाल की कौमी जबान हिन्दुस्तानी का समर्थन करना भी ठीक था।

'प्रेमचन्द-स्मृति-अंक' में श्री मोहम्मद आकिल ने इस तरह की दूसरी घटना का जिक्र किया है। "इस सिलसिले में देहली के रिसाले 'साकी' ने जो तनकीद की थी कि प्रेमचन्द जी उर्दू के लिए मरहूम हो चुके हैं, उसके बारे में हँसकर कहने लगे कि 'साकी' के एडीटर को मैंने लिखा है कि मैं उर्दू के लिए न सिर्फ जिन्दा हूँ बल्कि ज्यादा जोरों से जी रहा हूँ।" प्रेमचन्द ने अपने अमल से दिखलाया कि साहित्य का जातीय रूप समृद्ध करने से, उसमें जनवादी विचारों का समावेश करने से भाषा की समस्या हल करने में मदद मिलती है। उनके जल्दबाज आलोचक, जो तुरन्त हिन्दुस्तानी रायज करना चाहते थे, इस दशा में ऐसा कोई बड़ा काम नहीं कर पाए।

प्रेमचन्द को देश के सामाजिक और सांस्कृतिक जीवन में अंग्रेजी भाषा की प्रभुता खलती थी। यह उनकी साम्राज्य-विरोधी राष्ट्रीय चेतना, उनके आत्मसम्मान की भावना का जबरदस्त सबूत था। किसी ने साम्राज्यवादियों को अंग्रेजी लादने की नीति के खिलाफ, बुद्धिजीवियों में इस नीति के सामने सिर झुकाने की नीति के खिलाफ इतने रोष और तर्क के साथ बगावत न की थी, जैसे प्रेमचन्द ने। सन् '34 में बम्बई के राष्ट्रभाषा सम्मेलन में उन्होंने पशुओं और मनुष्यों में यह भेद बतलाया कि मनुष्य भाषा इस्तेमाल करते हैं, पशु नहीं करते। "समाज की बुनियाद भाषा है।" इस महत्त्व की जगह से अंग्रेजी यहाँ की भाषाओं को हटाने की कोशिश करती रही थी। सारे देश के लोग आपस में किस भाषा का व्यवहार करें, इस बारे में नेताओं वगैरह की उदासीनता का जिक्र करते हुए उन्होंने इस सम्मेलन में कहा था : "इस लापरवाही का खास सबब है—अंग्रेजी जबान का बढ़ता हुआ प्रचार और हममें आत्मसम्मान की वह कमी, जो गुलामी की शर्म को नहीं महसूस करती।"

प्रेमचन्द ने जैसे 'सेवासदन' में नारी के आत्मसम्मान को सूत्र रूप से पकड़ लिया था, वैसे ही उनके भाषा-सम्बन्धी व्याख्यानों में राष्ट्रीय आत्मसम्मान की भावना सूत्र की तरह मौजूद है। अपने देश के कामकाज में दूसरों की भाषा इस्तेमाल करना—वह भी साम्राज्यवादी शासकों द्वारा लादी हुई भाषा का इस्तेमाल करना—कितनी बड़ी गुलामी है, कितना बड़ा राष्ट्रीय अपमान है, इस बात को कम लोग समझते हैं। किसी भी देश और जाति की उन्नति में यह आत्मसम्मान की भावना जनता में जोश भर देती है, उसे संगठित होकर नये-नये मोर्चे फतह करने में बेहद मदद देती है। प्रेमचन्द का स्वाभिमान यह देखकर तिलमिला उठता था कि गुलाम देश के बुद्धिजीवी अपने मालिकों की भाषा पर अभिमान करते हैं। अंग्रेजी भाषा के प्रभुत्व को उन्होंने साम्राज्यवादी प्रभुत्व का ही अटूट हिस्सा बतलाते हुए कहा था : "अंग्रेजी राजनीति का, व्यापार का, साम्राज्यवाद का, हमारे ऊपर जैसा आतंक है, उससे कहीं ज्यादा अंग्रेजी भाषा का है। अंग्रेजी राजनीति से, व्यापार से; साम्राज्यवाद

से तो आप बगावत करते हैं; लेकिन अंग्रेजी भाषा को आप गुलामी के तौक की तरह गर्दन में डाले हुए हैं।"

प्रेमचन्द के इन उचित क्रोध से भरे हुए वाक्यों के सामने कोई दलील कारगर नहीं हो सकती। सवाल है, राष्ट्रीय आत्मसम्मान का। कौन-सा देश, जो स्वाधीन है या स्वाधीनता के लिए लड़ रहा है, हमारी तरह दूसरों की जबान को अपने राजकाज की जबान बनाए हुए है? प्रेमचन्द ने उन लोगों को कड़ी फटकार बतलाई थी जो इस गुलामी पर नाज करते थे। उन्होंने तमाम अंग्रेज भक्तों पर घड़ों पानी उँड़ेलते हुए कहा था : "अंग्रेजी राज्य की जगह आप स्वराज्य चाहते हैं। उनके व्यापार की जगह अपना व्यापार चाहते हैं; लेकिन अंग्रेजी भाषा का सिक्का हमारे दिलों पर बैठ गया है; उसके बगैर हमारा पढ़ा-लिखा समाज अनाथ हो जाएगा। पुराने समय में आर्य और अनार्य का भेद था, आज अंग्रेजीदाँ और गैर-अंग्रेजीदाँ का भेद है। अंग्रेजीदाँ आर्य हैं। उसके हाथ में, अपने स्वामियों की कृपादृष्टि की बदौलत कुछ अख्तियार है, रौब है, सम्मान है; गैर-अंग्रेजीदाँ अनार्य है और उसका काम केवल आर्यों की सेवा-टहल करना है और उनके भोग-विलास और भोजन के लिए सामग्री जुटाना है।" प्रेमचन्द ने भारत के अंग्रेजी-प्रेमी आर्यों के लिए ये शब्द अठारह साल पहले कहे थे। उनका महत्त्व आज भी कम नहीं हुआ।

प्रेमचन्द ने इन अंग्रेजी-भक्तों की सबसे बड़ी कमजोरी पकड़ ली थी—जनता से उनकी दूरी। जितना ही ये लोग जनता से दूर थे, उतनी ही प्रेमचन्द को जनता में जबरदस्त आस्था थी। "और जनता को आप जो चाहें इलजाम दे लें, वह बेवकूफ नहीं है। आपने समझदारी का जो तराजू अपने दिल में बना रखा है, उस पर वह चाहे पूरी न उतरे; लेकिन हम दावे से कह सकते हैं कि कितनी ही बातों में वह आपसे और हमसे कहीं ज्यादा समझदार है।" जनता में यह दृढ़ विश्वास लिये हुए प्रेमचन्द अपने जमाने के अधिकांश राजनीतिक नेताओं और साहित्यकारों से ऊपर उठे हुए नजर आते हैं। जब और लोग जनता के पिछड़ेपन और अशिक्षा का रोना रो रहे थे, तब यह मनस्वी लेखक अपने देश की महान जनता के सामने सिर झुकाकर उससे कुछ सीखने के लिए आगे आता था।

जनता के लिए प्रेमचन्द के दिल में जहाँ इतनी इज्जत थी, वहाँ यह भी देखते ही बनता है कि वह जनता के कर्णधारों से किस शैली में बात करते हैं। दिसम्बर, सन् '34 में दक्षिण भारत हिन्दी प्रचार-सभा के अधिवेशन में उन्होंने कहा था : "जो राष्ट्र के अगुआ हैं, जो इलेक्शनों में खड़े होते हैं और फतह पाते हैं, उनसे मैं बड़े अदब के साथ गुजारिश करूँगा कि हजरत, इस तरह के एक सौ इलेक्शन आएँगे और निकल जाएँगे, आप कभी हारेंगे, कभी जीतेंगे; लेकिन स्वराज्य आपसे उतनी ही दूर रहेगा, जितनी दूर स्वर्ग है। अंग्रेजी में आप अपने मस्तिष्क का गूदा

निकालकर रख दें; लेकिन आपकी आवाज में राष्ट्र का बल न होने के कारण कोई आपकी उतनी भी परवाह न करेगा, जितनी बच्चों के रोने की करता है। बच्चों के रोने पर खिलौने और मिठाइयाँ मिलती हैं। वे शायद आपको भी मिल जाएँ, जिससे आपकी चिल्ल-पों से माता-पिता के काम में विघ्न न पड़े।"

प्रेमचन्द के इन शब्दों से जाहिर होता है कि कितने निडर होकर वह जनता के पक्ष का समर्थन करते थे, कितनी गहराई से वह नकली और असली देश-भक्ति को परख रहे थे, कैसे मर्मभेदी वाक्यों से वह दंभी और पाखंडी मनुष्यों के कवच तोड़कर रख देते थे। अंग्रेज माता-पिता के काम में विघ्न न पड़े, इसलिए वे खिलौने और मिठाइयाँ दे देंगे—मालूम होता है, ये वाक्य उन्होंने आज ही कहे हैं, उनकी ताजगी में इतना कम फर्क आया है।

प्रेमचन्द हिन्दी-उर्दू को एक जबान मानते थे। राष्ट्रभाषा-सम्मेलन वाले भाषण में उन्होंने हिन्दी-उर्दू का भेद संस्कृत और फ़ारसी शब्दों के प्रयोग पर निर्भर बतलाया था। अंग्रेजी की मिसाल देते हुए उन्होंने कहा था कि उसमें लैटिन, ग्रीक या एंग्लो-सैक्शन शब्दों की बहुतायत से भाषा नहीं बदल जाती, वैसे ही फारसी या संस्कृत शब्दों की बहुतायत से हिन्दुस्तानी भाषा भी नहीं बदल जाती। इस भाषण में उन्होंने हिन्दी की बोलियों के स्वभाव की तरफ ध्यान दिलाया था, किस तरह वे संस्कृत-शब्दों को ज्यों-का-त्यों नहीं लेतीं। उन्होंने इस कुतर्क का जोरों से खंडन किया कि हिन्दी में संस्कृत शब्दों की भरमार करने से वह सभी प्रान्तों के लिए आसान हो जाएगी। उन्होंने फारसी के लिए भी कहा था कि उसे देशी उच्चारण के अनुकूल बनना पड़ेगा और उसके शब्दों में जो शीनक़ाफ़ की कैद लगी हुई है, उसे ढीला करना होगा,। वह हिन्दी-उर्दू को उच्च वर्गों के हाथ से छीनकर जनसाधारण के काम-काज में डालकर उसे एक कर देना चाहते थे जो वह वास्तव में पहले से ही थी, सिर्फ साहित्य में उसकी यह एकता पनप न पाई थी।

हिन्दी-उर्दू की बुनियादी एकता के बारे में प्रेमचन्द कहते हैं : "हमारे सूबे के देहातों में रहनेवाले मुसलमान प्राय : देहातियों की भाषा ही बोलते हैं। जो बहुत से मुसलमान देहातों से आकार शहरों में आबाद हो गए हैं, वे भी अपने घरों में देहाती जबान ही बोलते हैं। बोलचाल की हिन्दी समझने में न तो साधारण मुसलमानों को ही कोई कठिनाई होती है और न बोलचाल की उर्दू समझने में साधारण हिन्दुओं को ही। बोलचाल की हिन्दी और उर्दू प्राय: एक सी ही हैं।"

यहाँ प्रेमचन्द ने इस अवैज्ञानिक सिद्धान्त का खंडन किया है कि भाषा का आधार धर्म है और इसलिए हिन्दुओं की भाषा हिन्दी है और मुसलमानों की भाषा उर्दू है। प्रेमचन्द की यह धारणा बालमुकुन्द गुप्त जैसे जनवादी लेखकों के विचारों के अनुकूल थी। उन्होंने धर्म के नाम पर भाषा और कौम का बँटवारा करनेवाले साम्राज्यवादी और सामन्ती भाषा-वैज्ञानिकों के मत का खंडन किया और हिन्दुस्तानी

जाति की भाषा और संस्कृति के विकास में बहुत बड़ी मदद दी। इस जाति की भाषा के लिए वह देवनागरी लिपि के पक्षपाती थे। राष्ट्रभाषा-सम्मेलन में उन्होंने कहा था : "प्रान्तीय भाषाओं को हम प्रान्तीय लिपियों में लिखते जाएँ, कोई एतराज नहीं; लेकिन हिन्दुस्तानी भाषा के लिए हिन्दी लिपि रखना सुविधा की बात है; इसलिए नहीं कि हमें हिन्दी लिपि से खास मोह है; बल्कि हिन्दी लिपि का प्रचार बहुत ज्यादा है और उसके सीखने में भी किसी को दिक्कत नहीं हो सकती। और जो लोग उर्दू लिपि के आदी हैं, उन्हें हिन्दी लिपि का व्यवहार करने के लिए मजबूर नहीं किया जा सकता। अगर जुबान एक हो जाए, तो लिपि का भेद कोई महत्त्व नहीं रखता।"

यहाँ प्रेमचन्द ने बहस और झगड़े की जड़ की तरफ इशारा किया है—शब्दों का चुनाव, फारसी से या संस्कृत से। जो लोग इस मूल झगड़े को भूलकर हिन्दी-उर्दू-विवाद को लिपि का विवाद समझ बैठते हैं, उन्हें प्रेमचन्द ने सचेत किया है। शब्दों के चुनाव के बारे में वह जानते थे कि संस्कृत और फारसी के बहुत-से शब्द घुल-मिलकर कौमी जबान में एक हो जाएँगे, लेकिन लिपियाँ तो घुल-मिलकर एक नहीं हो सकतीं। उन दो लिपियों में से एक लिपि चुनी ही जाएगी। प्रेमचन्द की राय थी—और सही राय थी कि यह लिपि देवनागरी होनी चाहिए। साथ ही वह उर्दू लिपि का व्यवहार करनेवालों को इस बारे में पूरी आजादी देना चाहते थे जिससे कि वे स्वेच्छा से अपनी कौमी जबान के लिए लिपि की जरूरत को समझकर उसे अपना सकें।

साहित्यिक भाषा को एक करने की जिम्मेदारी प्रेमचन्द ने साहित्यकारों पर डाली थी। लाहौर के 'आर्य भाषा-सम्मेलन' में उन्होंने इस विषय में राजनीतिक नेताओं की गफ़लत पर उन्हें कड़ी फटकार बतलाई थी। अंग्रेजों की नकल करनेवालों के लिए उन्होंने कहा : "वे इतनी बुलन्दी पर पहुँच गए हैं कि नीचे की धूल और गर्मी उन पर कोई असर नहीं कर सकती।" बुद्धिजीवियों से उन्होंने कहा था—" 'इंटेलिजेंसिया' में जो कुछ शक्ति और प्रभाव है, वह जनता ही से आता है।" जनता से साहित्यकार ताकत पाता है, इसलिए अपनी ताकत पहचानकर प्रेमचन्द ने उसे जातीय पुनर्जीवन के काम में आगे बढ़ने के लिए निमंत्रित किया। साहित्य के लिए उन्होंने उसी लाहौरवाले भाषण में कहा : "साहित्य राजनीति के पीछे चलनेवाली चीज नहीं, उसके आगे-आगे चलनेवाला 'एडवांस गार्ड' है। वह उस विद्रोह का नाम है जो मनुष्य के हृदय में अन्याय, अनीति और कुरुचि से होता है।"

हिन्दी-उर्दू को एक करने, कौमी भाषा और संस्कृति का नया विकास करने की जिम्मेदारी प्रेमचन्द अगली पीढ़ी पर छोड़ गए थे। उनके बताए हुए रास्ते पर चलकर ही हम उस जिम्मेदारी को पूरा कर सकते हैं।

11

युगनिर्माता प्रेमचन्द

प्रगतिशील लेखक-सम्मेलन के पहले अधिवेशन में सभापति पद से भाषण देते हुए प्रेमचन्द ने साहित्यकार के लिए कहा था : "वह देश-भक्ति और राजनीति के पीछे चलनेवाली सचाई भी नहीं, बल्कि उसके आगे मशाल दिखाती हुई चलनेवाली सचाई है।"

प्रेमचन्द ऐसी ही सचाई थे। देशभक्ति और राजनीति के पीछे चलनेवाली सचाई नहीं, उसके आगे मशाल दिखाती हुई चलनेवाली सचाई थे। केवल महफिल सजाने और मनोरंजन का सामान जुटानेवाले साहित्यकार हर्गिज नहीं। वह एक युगनिर्माता साहित्यकार थे : केवल साहित्य में युग को नाम देनेवाले नहीं बल्कि अपने समय के सामाजिक जीवन को एक नई गति और एक नई दशा प्रदान करनेवाले। जिस समय विधवा-विवाह को भी एक क्रान्तिकारी सुधार समझा जाता था, उस समय नारी-मात्र की पराधीनता पर उन्होंने 'सेवासदन' लिखा और वेश्यावृत्ति के सामन्ती आधार को उघारकर पाठकों के सामने रख दिया। जिस समय जलियाँवाला बाग और रौलट ऐक्ट से भारत का पद-दलित आत्मसम्मान जाग उठा था, उस समय प्रेमचन्द ने 'प्रेमाश्रम' लिखकर किसानों पर अंग्रेजी राज्य और उसके दलालों के अत्याचार दिखाकर बतलाया कि स्वाधीनता आन्दोलन को पूरी ताकत इनकी समस्याओं को लेकर आगे बढ़ने से मिलेगी। जिस समय देश में बड़े पैमाने पर राष्ट्रीय आन्दोलन न चल रहा था, प्रेमचन्द ने 'रंगभूमि' में दिखलाया कि जनता अब भी लड़ रही है, वह हारी नहीं है, वह जीतेगी। 'गोदान' में उन्होंने पढ़े-लिखे नौजवानों और किसानों की एकता की तरफ संकेत किया और किसानों के महाजनी शोषण का चित्र खींचा, जिसे किसान-आन्दोलन में तब जगह न दी गई थी। उन दिनों जब मन्दिर-प्रवेश को अछूत-समस्या हल करने का सबमें बड़ा साधन माना जाता था, उन्होंने 'कर्मभूमि' में अछूत किसानों और खेत-मजदूरों की भूमि-समस्या पर दृष्टि केन्द्रित की और उसमें लगानबन्दी की लड़ाई को उनकी मुख्य लड़ाई बताया। प्रेमचन्द ने अपने उपन्यासों में संघर्ष, स्वाधीनता-आन्दोलन के जो रूप दिखाए, वे सब हमारे सामने

आए। यह इस बात का सबूत है कि वह देशभक्ति और राजनीति के आगे मशाल दिखाती हुई चलनेवाली सचाई थे।

प्रेमचन्द भविष्यद्रष्टा थे। उन्होंने 'गबन', 'कर्मभूमि', 'कायाकल्प', 'रंगभूमि' तथा 'गोदान' में ऐसे देशभक्तों का रूप दिखाया जो वक्त आने पर जनता से विश्वासघात कर जाते थे, जिनके लिए अपना हित, अपने मालिकों का हित जनता के हितों से बढ़कर था। प्रेमचन्द ने इन पात्रों के द्वारा जनता के महान शिक्षक का काम किया; उसकी चेतना को निखारने में बहुत बड़ा योग दिया।

प्रेमचन्द किसी पार्टी के साथ नहीं थे। वह मानो किसी आनेवाली पार्टी का इन्तजार कर रहे थे, जो जनता में नई राजनीतिक चेतना फैलाए। उन्होंने मुंशी दयानारायण निगम को लिखा था : "आपने मुझसे पूछा था कि मैं किस पार्टी के साथ हूँ, मैं किसी पार्टी से नहीं हूँ। इसलिए कि इस वक्त दोनों में से कोई पार्टी असली काम नहीं कर रही है। मैं उस आनेवाली पार्टी का मेंबर हूँ जो अवाम-अलनास (जनसाधारण) की सियासी तालीम को अपना दस्तरुल-अमल (विधान) बनाएगी।" (हंसराज 'रहबर' द्वारा 'प्रेमचन्द' जीवन और कृतित्व' में उद्धृत)।

यह पत्र उन्होंने सन् '23 में लिखा था। सात साल बाद 'विशाल भारत' में उन्होंने घोषित किया था : "हाँ, यह जरूर चाहता हूँ कि दो-चार उच्चकोटि की रचनाएँ छोड़ जाऊँ; लेकिन उनका उद्देश्य भी स्वतंत्रता-प्राप्ति ही हो।"

प्रेमचन्द कलाकार की तटस्थता में विश्वास न करते थे। वह जनता के दुख-सुख में भाग लेनेवाले कलाकार थे। इसलिए उनकी कथाएँ इतनी प्रभावशाली हैं।

वह एक यथार्थवादी कलाकार थे। वह जीवन की सचाई आँकना चाहते थे, जीवन के भ्रमों का खंडन करना चाहते थे। 'सेवासदन' से 'गोदान' तक उन्होंने कथा-साहित्य में यथार्थवाद को इस तरह विकसित किया जिस तरह एक ही साहित्यकार बहुत कम कर पाता है। अपने यथार्थवाद से उन्होंने हिन्दी कथा-साहित्य के लिए वह राज-मार्ग बना दिया है, जिस पर नई पीढ़ी के लेखक निर्भय होकर आगे बढ़ सकते हैं।

प्रेमचन्द का साहित्य बीसवीं सदी के हिन्दुस्तान का सच्चा इतिहास है। हमारी जनता की सहृदयता, सहनशीलता और वीरता उनकी रचनाओं में फूल की तरह खिली हुई हैं। अंग्रेजों का बर्बर पुलिस-राज, खूनी आतंक और उनके मित्रों का जनता से विश्वासघात उनकी रचनाओं में काले कुहरे की तरह छाया हुआ है।

हिन्दुस्तान के लोग एक भरा-पूरा, सुखी, सुसंस्कृत, समृद्ध जीवन बिताना चाहते हैं—यह साध उनकी रचनाओं में बार-बार झलकती है। इस साध को पूरा करने के लिए वे कैसा पराक्रम दिखाते हैं, इसकी कथा प्रेमचन्द का साहित्य है।

प्रेमचन्द नाटककार भी थे, लेकिन वहाँ उन्हें इतनी सफलता नहीं मिली। वह एक सफल सम्पादक थे और 'हंस' के जरिये उन्होंने साहित्यकारों की एक नई

पीढ़ी को शिक्षित किया। मंगलसूत्र' में—जो उनका अधूरा और आखिरी उपन्यास है—उन्होंने एक साहित्यकार को ही नायक बनाया है जो 'गोदान' के मेहता की तरह देश-सेवा का व्रत लेता है। वह हिन्दी लेखकों से बड़ी-बड़ी आशाएँ रखते थे जिन्हें पूरा करना नई पीढ़ी का कर्तव्य है। प्रेमचन्द को बीमारी की हालत में लिखते देखकर श्री जनार्दन राय ने उनसे कहा था : "यदि कहीं कुछ हो गया तो क्या होगा?" और प्रेमचन्द ने जवाब दिया : "क्या होगा, मर ही तो जाऊँगा। तुम लोग हो। और फिर कौन जाने, मैं मरूँगा भी।"

नहीं, प्रेमचन्द मरे नहीं हैं। उनकी आवाज हिन्दी-भाषी प्रदेश की जनता को आज भी एक कर रही है। उसे अपने कर्तव्यों की याद दिलाती हुई आगे बढ़ने के लिए हिम्मत दिलाती है। उनकी आवाज सुदूर दक्षिण तक पहुँचकर उत्तर और दक्षिण को नजदीक लाती है। कलकत्ता और बम्बई के मजदूर उनकी आवाज सुनकर एक दूसरे के पास आते हैं।

प्रेमचन्द की आवाज सुनकर हमें अपने देश और जनता पर गर्व होता है, उस जातीय संस्कृति पर गर्व होता है, जिसे प्रेमचन्द सँवार रहे थे। प्रेमचन्द की आवाज उस समय उठी थी जब पहले महायुद्ध में मानव-ध्वंसी तोपों की गड़गड़ाहट हवा में गूँज रही थी। आज भी जब विश्व पर तीसरे महायुद्ध के बादल छाए हुए हैं, उस स्वाधीनता-संग्राम के सैनिक की वाणी विश्व-शान्ति की रक्षा के लिए जनता का आह्वान करती है। प्रेमचन्द की आवाज भारत की अजेय जनता की आवाज है। इसलिए प्रेमचन्द आज भी हमारे साथ हैं।

12

समस्याएँ

प्रेमचन्द, महात्मा गांधी, टॉल्स्टॉय—इनकी विचारधारा का आपस में क्या सम्बन्ध है?

ऊपर से देखने में लगता है कि इन तीनों की विचारधारा में बड़ा गहरा सम्बन्ध है। गांधी जी टॉल्स्टॉय से प्रभावित थे, इन दोनों महात्माओं में परस्पर पत्र-व्यवहार हुआ था। गांधी जी अहिंसात्मक प्रतिरोध की नीति में टॉल्स्टॉय को अपना शिक्षक मानते थे। गांधी जी और उनके नेतृत्व में चलनेवाले राष्ट्रीय स्वाधीनता आन्दोलन के प्रभाव से प्रेमचन्द ने सरकारी नौकरी छोड़ी। भारत के राजनीतिक जीवन पर गांधी जी का इतना गहरा प्रभाव था कि उनके विरोधी भी उससे मुक्त नहीं हैं। फिर प्रेमचन्द तो राष्ट्रीय आन्दोलन के साथ थे, अपने युग के प्रतिनिधि लेखक थे। उन पर गांधी जी के जीवन और विचारधारा का प्रभाव कहीं-न-कहीं होना ही चाहिए।

टॉल्स्टॉय का युग कौन सा था? उस युग की कौन-सी विशेषताएँ थीं? उन विशेषताओं से टॉल्स्टॉय की विचारधारा का क्या सम्बन्ध है?

टॉल्स्टॉय पर अपने प्रसिद्ध लेखों में लेनिन ने कहा था कि टॉल्स्टॉय का युग 1861 से 1904 तक का युग है। इस युग में विश्व-पैमाने पर पूँजीवाद का भारी विकास हो चुका था। रूस में भी पूँजीवाद का विकास हुआ था। किसानों के जीवन में पूँजीवादी क्रान्ति हो रही थी। उसका मुख्य उद्‌देश्य जारशाही और जमींदारी प्रथा का खात्मा करना था, पूँजीपति-वर्ग का उच्छेद करना नहीं। इस युग में पुरानी दास-प्रथा के अवशेष कायम थे; साथ ही देहात में पूँजीवाद का विकास भी तेजी से हो रहा था। "1861 के बाद, पुरानपंथी रूस का ढाँचा विश्व-पूँजीवाद के प्रभाव के कारण तेजी से टूटने लगा। किसान भुखमरी से जान देने लगे। उन्हें ऐसी तबाही के दिन देखने पड़े, जैसे उन्होंने पहले कभी नहीं देखे थे। वे अपनी जमीन छोड़कर शहरों की ओर भागने लगे। तबाह किसानों को सस्ती मजदूरी पर लगाने से रेलों और कल कारखानों का निर्माण तेजी से होने लगा। रूस में बड़ी महाजनी पूँजी, बड़े पैमाने के व्यापार और उद्योग-धन्धों का विस्तार हुआ।"

भारत में भी किसान तबाह हो रहे थे। उनमें बहुत-से शहरों की ओर भाग रहे थे। लाखों किसान साल-दर-साल अकाल और भुखमरी के शिकार हुए। किन्तु क्या भारत में बड़ी महाजनी पूँजी का विकास हो रहा था? क्या यहाँ रूस की तरह बड़े पैमाने पर व्यापार और उद्योग-धन्धों का प्रसार हो रहा था? उत्तर है, नहीं। भारत में पूँजीवाद का विकास हो रहा था, अस्वाभाविक रूप से, रुक-रुककर, अंग्रेजी राज के दलाल के रूप में और उसके विरोध में भी। भारतीय पूँजीवाद रूस की तुलना में अविकसित था, बड़ी महाजनी पूँजी के विकसित होने का सवाल न था।

रूस के गाँवों में पूँजीवादी क्रान्ति हो रही थी। भारत के गाँवों में अंग्रेजों ने यहाँ के राजाओं, ताल्लुकेदारों और जमींदारों को अपना सहयोगी बनाकर सामन्ती अवशेषों को मजबूत कर दिया था। यदि अंग्रेजी राज के सहयोगियों पर नजर डालें तो उसकी तथाकथित प्रगतिशील भूमिका बहुत जल्दी स्पष्ट हो जाए। कश्मीर, हैदराबाद, राजस्थान के राजाओं और नवाबों को किसने पाल-पोसकर नया जीवन दिया था? सन् सत्तावन की लड़ाई से सबक सीखकर अंग्रेजों ने अवध के ताल्लुकेदारों को अपना मित्र बनाया था। वे तमाम जमींदार और महाजन, जो किसानों का खून चूस रहे थे, अंग्रेजी कानून द्वारा ही सुरक्षित थे।

रूस के गाँवों में पूँजीवादी क्रान्ति हो रही थी, यहाँ सामन्ती अवशेष मजबूत किये गए थे। रूस में व्यापार, उद्योग-धन्धे और महाजनी पूँजी अपना विकास कर रहे थे। भारत में देशी पूँजीवाद विदेशी पूँजीवाद के आश्रय और विरोध की परिस्थिति में बहुत रुक-रुककर विकसित हो रहा था। भारतीय जनता का मुख्य शोषक यहाँ रूस की तरह देशी पूँजीवाद नहीं था, वरन् विदेशी साम्राज्यवाद था। दोनों देशों की परिस्थितियों में भारी अन्तर था।

लेनिन ने लिखा था कि 1905 से टॉल्स्टॉय-युग समाप्त हो गया। 1905 में रूसी मजदूरों ने क्रान्तिकारी संघर्ष किया और इस तरह समाजवादी क्रान्तियों का नया युग आरम्भ हुआ। 1917 में रूसी मजदूरों ने लेनिन और उनकी बोल्शेविक पार्टी के नेतृत्व में अपनी क्रान्ति में विजय पाई। संसार के इतिहास में एक नया मोड़ आया। विश्व-साम्राज्यवाद का घेरा धरती के एक छोटे भाग में टूट गया।

कालक्रम की दृष्टि से टॉल्स्टॉय-युग 1905 में समाप्त हो गया। गांधी जी भारतीय राजनीति में प्रवेश 1905 के बाद करते हैं। उनके नेतृत्व में चलनेवाला राष्ट्रीय स्वाधीनता आन्दोलन 1917 के बाद का है, उससे पहले का नहीं। विश्व-इतिहास की दृष्टि से उन्नीसवीं सदी के टॉल्स्टॉय और सन् '20-30 के गांधी जी दो भिन्न युगों के प्रतिनिधि हैं। प्रेमचन्द का मुख्य रचनाकाल भी लगभग वही है जो राष्ट्रीय आन्दोलन का है।

टॉल्स्टॉय-युग का प्रभाव उन पर किस रूप में पड़ा? उनकी विचारधारा अपने युग का प्रतिनिधित्व किस तरह करती है?

लेनिन ने अपने लेखों में बताया है कि रूस में थोड़े-से किसान अपने शत्रुओं से लड़े; उनमें अधिकांश रोते-गिड़गिड़ाते रहे, टॉल्स्टॉय-पंथ का अनुसरण करते हुए अर्जियाँ भेजते रहे। "राजनीति से इस टॉल्स्टॉय-पंथी किनाराकशी, राजनीति में दिलचस्पी की कमी, राजनीतिक समझ-बूझ की कमी का नतीजा यह हुआ कि थोड़े-से किसानों ने ही वर्गचेतन मजदूरों का साथ दिया।"

क्या हम गांधी जी के लिए कह सकते हैं कि उन्होंने लोगों को राजनीति से अलग रहने का पाठ पढ़ाया? क्या उन्होंने लोगों को रोने-गिड़गिड़ाने का रास्ता दिखाया? गांधी जी ने इससे ठीक उल्टे काम किये। उन्होंने कांग्रेस की उस पुरानी नीति को बदला जो अंग्रेजों के सामने रोना और गिड़गिड़ाना ही जानती थी। अर्जीनवीस लोग कांग्रेस छोड़कर अलग गुटबन्द हुए। गांधी जी का यह युगान्तरकारी महत्त्व था कि रूस से लगभग दुगुनी आबादी के विशाल देश—संयुक्त भारत—की करोड़ों जनता को उन्होंने राजनीतिक जीवन की दीक्षा दी। क्रान्तिकारी और भी थे, आज भी हैं, लेकिन गांधी जी से अधिक जनता को राजनीतिक जीवन में खींचकर कौन लाया है?

गांधी जी भारतीय जनता के शोषण का कारण खूब अच्छी तरह समझते थे। वे ब्रिटिश साम्राज्यवाद के शोषणतंत्र का भीतरी हाल अच्छी तरह जानते थे। उनके स्वदेशी आन्दोलन से उस शोषणतंत्र को भारी धक्का लगा। वे अंग्रेजी राज की छत्रच्छाया में पलनेवाले राजा-रईसों की भूमिका भी खूब पहचानते थे। उनका सारा प्रयत्न यह था कि राजाओं, ताल्लुकेदारों, साम्प्रदायिक नेताओं को धकियाते हुए कांग्रेस को आम जनता का प्रतिनिधि बनाएँ। इस प्रकार गांधी जी और टॉल्स्टॉय की राजनीतिक समझ-बूझ में बड़ा अन्तर था।

टॉल्स्टॉय पादरियों की धूर्तता की आलोचना करते थे, किन्तु धर्म को सभी सामाजिक समस्याओं का समाधान मानते थे। उनकी धर्म-सम्बन्धी—यानी धार्मिक रूढ़ियों की—आलोचना से चिढ़कर पादरियों ने उन्हें धर्म-बहिष्कृत घोषित कर दिया था। भारत में पंडे-पुरोहित, धर्म के नाम पर ठग-विद्या चलानेवाले आचार्य लोग गांधी जी के अछूतोद्धार से बेहद नाराज थे, गालियों से लेकर जूतों तक की बौछार उन्होंने गांधी जी पर की। किन्तु गांधी जी के लिए धर्म और राजनीति में कोई मौलिक अन्तर्विरोध नहीं था। धर्म को व्यापक अर्थ में ग्रहण करके, धर्म के सहारे, उन्होंने करोड़ों आदमियों को सक्रिय राजनीति में खींचा।

टॉल्स्टॉय के निष्क्रिय प्रतिरोध और अहिंसावाद की चर्चा लेनिन ने की है। गांधी जी टॉल्स्टॉय की तरह अहिंसावादी थे। किन्तु उनकी अहिंसा हमेशा एक सी नहीं रही। सन् '14 की लड़ाई में वह अंग्रेजों की मदद के लिए रंगरूट भर्ती कर रहे थे। सन् '20 के आन्दोलन में उन्होंने अंग्रेजी राज्य से असहयोग किया; आन्दोलन के दौरान जनता द्वारा दो-एक जगह हिंसात्मक कार्यवाही होने पर उन्होंने आन्दोलन

बन्द कर दिया। सन् '30 में उन्होंने दूसरा आन्दोलन चलाया जिसमें अंग्रेजों के बनाए हुए कानून तोड़े गए। दूसरा महायुद्ध छिड़ने पर उन्होंने साम्राज्यवाद से असहयोग की नीति अपनाई। सन् '42 में उन्होंने 'भारत छोड़ो' का नारा दिया। इस आन्दोलन में अंग्रेजी कानून के अलावा और दूसरी चीजें भी तोड़ी गईं। भारत के स्वाधीन होने पर जब पाकिस्तान ने कश्मीर पर हमला किया, तब कश्मीर की रक्षा के लिए भारतीय सैन्य-शक्ति के व्यवहार को उचित ठहराया। इस प्रकार सन् '14 से सन् '48 तक गांधी जी की अहिंसा में अनेक परिवर्तन हुए। इस बात को बहुत-से लोग जानते और मानते हैं कि किन्हीं विशेष परिस्थितियों में गांधी जी अहिंसा के प्रयोग को उचित ठहराते थे।

गांधी जी और टॉल्स्टॉय की अहिंसा में दो युगों का अन्तर है, दोनों को एक-जैसा अहिंसावादी मानना गलत होगा।

लेनिन के अनुसार टॉल्स्टॉय की विचारधारा निराशावाद में डूबी हुई है। संसार क्षणभंगुर है, जो कुछ भी दिखाई देता है, सब मिट जाएगा—इस तरह के विचार जनता में तब पैदा होते हैं जब पुरानी व्यवस्था टूटती है और लोगों को तबाही से बचने का रास्ता दिखाई नहीं देता।

गांधी जी ने लोगों को बताया कि अकाल, भुखमरी और अशिक्षा का कारण है अंग्रेजी राज। उसके शोषण से मुक्ति पाने का तरीका है असह्योग, सत्याग्रह, सविनय अवज्ञा आन्दोलन। गांधी जी की विचारधारा निराशावाद में डूबी हुई नहीं है। निराशा में डूबी हुई जनता को उसने आशा दी। उसे संगठित होकर राजनीतिक एकता की शक्ति पहचानना सिखाया।

लेनिन ने स्त्रियों के बारे में टॉल्स्टॉय की यह राय उद्धृत की थी कि उनके उद्धार का स्थान शयनागार है, न कि कालेज और पार्लियामेंट। गांधी जी ने पर्दे और बुर्के के इस देश में—विशेषकर उत्तर-भारत में—स्त्रियों को भी राजनीतिक जीवन में शामिल करके भारी सामाजिक क्रान्ति की। यहाँ के सामाजिक जीवन में सन् '20 और '30 के आन्दोलनों से बड़े-बड़े परिवर्तन हुए। जो काम सौ उपदेशों से न होते, वे राजनीतिक आन्दोलन ने कुछ ही दिनों में कर दिखाए। वर्षों के बन्धन क्षणों में टूट गए।

हर दृष्टि से गांधी जी और टॉल्स्टॉय के विचारों में भारी अन्तर दिखाई देता है।

यदि टॉल्स्टॉय का कथा-साहित्य उनकी विचारधारा से ही प्रेरित होता या उसमें केवल विचारों का ही प्रतिपादन होता, तो उसकी चर्चा आज अनावश्यक होती। किन्तु कलाकार केवल विचार नहीं देता, वह जीवन-चित्र देता है। जो बात उसके विचारों से प्रकट नहीं होती, वह उसके कथाचित्रों से प्रकट होती है। टॉल्स्टॉय ने बड़ी सहानुभूति से रूसी जनता का चित्रण किया है। उनके अनेक नारी-पात्र उनकी विचारधारा की सीमाएँ लाँघकर अपने साहस और स्वाधीनता-प्रेम से पाठक को

मुग्ध कर लेते हैं। उनके निबन्धों में धर्म और अहिंसा के पक्ष में जितनी दलीलें दी गई हैं, वे उनके कथाचित्रों से खंडित हो जाती हैं। टॉल्स्टॉय अहिंसावादी थे, लेकिन उनका सबसे बड़ा, सबसे मूल्यवान, सबसे प्रसिद्ध, कुछ लोगों के अनुसार संसार का सर्वश्रेष्ठ उपन्यास 'युद्ध और शान्ति' नेपोलियन के विरुद्ध रूसी जनता के प्रतिरोध को लेकर लिखा गया है।

इस उपन्यास में प्रतिरोध के समर्थक टॉल्स्टॉय कहते हैं : "फ्रांसीसी लोग शिकायत करते थे कि रूसी लड़ाके (छापेमार युद्ध में) नियम-कायदों का पालन नहीं करते। ऊँचे ओहदोंवाले रूसी भी लाठी लेकर लड़ने से कुछ शरमाते थे। वे चाहते थे कि लड़ाई के पैंतरे, दाँव-पेंच सब नियमानुसार इस्तेमाल किये जाएँ। लेकिन इस सबके बावजूद जन-संग्राम की लाठी विनाश और भव्यता लिये हुए उठी। लोगों की नफासत-नजाकत, कायदे-कानून की परवाह न करके, बहुत ही भोंडी सादगी से, लगातार, बिना थमे हुए उठी और गिरी और फ्रांसीसी फौज की तब तक धुनाई की, जब तक सारे हमलावर देश से बाहर नहीं खदेड़ दिए गए" (भाग 14, अध्याय 1)।

कथाकार टॉल्स्टॉय धर्माचार्यों के कटु आलोचक हैं, वह नारी की गरिमा के चितेरे हैं, वह रूसी जनता के सक्रिय प्रतिरोध का अनुपम चित्र खींचनेवाले कलाकार हैं। इस दृष्टि से वह गांधी जी और प्रेमचन्द, दोनों के बहुत निकट हैं। राजनीति से पराङ्मुख, स्त्री पराधीनता के हामी धर्म के समर्थक, अहिंसावाद के पुजारी विचारक टॉल्स्टॉय से गांधी जी काफी दूर हैं, प्रेमचन्द और भी दूर।

यहाँ तक टॉल्स्टॉय और उनसे गांधी जी और प्रेमचन्द के सम्बन्ध की बात हुई। अब गांधी जी की विचारधारा और प्रेमचन्द के साहित्य का सम्बन्ध देखना चाहिए। गांधी जी की विचारधारा का मूल्य पहचानने के लिए यह याद रखना चाहिए कि भारतीय समाज का मुख्य अन्तर्विरोध श्रमिक वर्ग और पूँजीपतियों का नहीं था वरन् साम्राज्यवाद और समस्त भारतीय जनता का था। इस समस्त भारतीय जनता में पूँजीपति भी शामिल थे।

गांधी जी का नाम भारतीय राजनीति के दक्षिणपंथी नेताओं के साथ जोड़ा जाता है। उनकी नरम नीति के कारण कांग्रेस के अन्दर ही एक वामपंथी दल उत्पन्न हुआ जिसके नेता स्वर्गीय सुभाषचन्द्र बोस, जवाहरलाल नेहरू आदि थे। कांग्रेस के अन्दर समाजवादी विचारधारा फैल रही थी, जिसके फलस्वरूप सोशलिस्ट और कम्युनिस्ट नेताओं का दल कांग्रेस के भीतर और बाहर संगठित हुआ। सन् '20 और '30 के आन्दोलनों को जिस तरह चलाया गया, उससे बहुत लोग असन्तुष्ट हुए। यह असन्तोष नेहरू जी की आत्मकथा में झलकता है। गांधी जी किसानों को लगानबन्दी आन्दोलन से दूर रखकर—या इस तरह के आन्दोलन को सीमित रखकर—अंग्रेजों से अधिकार लेना चाहते थे। यह उनकी विचारधारा

और कार्यनीति की सबसे बड़ी कमजोरी थी। इसी कारण अपने तमाम सद्प्रयत्नों के बावजूद वह न हिन्दू-मुस्लिम एकता कायम कर सके, न देश के विभाजन को रोक सके। देश की अखंडता का आधार यहाँ के किसान-मजदूर हैं, न कि शिक्षित मध्यम या उच्च वर्गों के लोग। गांधी जी मजदूर-संघर्षों को भी शक की निगाह से देखते थे। पूँजीपतियों को ट्रस्टी मानकर वह वर्ग-संघर्ष की समस्या हल करना चाहते थे।

गांधीवाद का प्रतिक्रियावादी पक्ष अहिंसावाद नहीं है। वास्तव में अहिंसावाद के कारण गांधी जी करोड़ों आदमियों को राजनीतिक जीवन में खींच लाए और इस दृष्टि से अन्य दलों के—तथा कांग्रेस के—शेष सभी नेता गांधी जी का मुकाबला नहीं कर सकते। उनकी विचारधारा और कार्यनीति का प्रतिक्रियावादी पक्ष वह है जहाँ वह किसानों को सामन्त-विरोधी संघर्ष से रोकते हैं—भले ही इस संघर्ष में अहिंसावादी उपायों से ही काम लिया जाए। गांधी जी एक ओर जहाँ जनजागरण के अग्रदूत थे, वहाँ दूसरी ओर वे स्वाधीनता-आन्दोलन को किसान-क्रान्ति का व्यापक रूप लेने से रोकनेवाली शक्ति भी थे।

हिन्दी-भाषी क्षेत्र में किसान-आन्दोलन बढ़ रहा था। निर्धन किसान साम्राज्यवाद से टक्कर लेने के अलावा उसके सहायकों—जमींदारों और महाजनों से भी संघर्ष कर रहे थे। प्रेमचन्द इस संघर्ष को रोकना तो दूर, उसका स्वागत करनेवाले लेखक थे। यह गांधीवाद और प्रेमचन्द-साहित्य का मुख्य भेद है। किसान-जमींदार संघर्ष का अन्त 'प्रेमाश्रम' बनाकर होता है। इसे गांधीवाद का असर कहा जा सकता है। किन्तु मुख्य कसौटी यह नहीं है। मुख्य कसौटी यह है कि प्रेमचन्द किसान-जमींदार संघर्ष को स्वाधीनता-आन्दोलन के लिए आवश्यक समझते हैं या अनावश्यक। इस कसौटी पर उनके उपन्यासों को परखने से किसान-संघर्षों के प्रति प्रेमचन्द और गांधी जी के दृष्टिकोण अलग-अलग दिखाई देंगे।

गांधी जी धर्म से राजनीति का सम्बन्ध जोड़ते थे। भारतीय समाज की बहुत-सी रूढ़ियों का विरोध करते हुए भी वे अक्सर उनसे समझौता कर लेते थे। प्रेमचन्द धार्मिक ढकोसलों और रूढ़ियों—विशेषकर जाति-प्रथा—के कट्टर विरोधी थे। उनकी विचारधारा में असंगतियाँ हैं और कभी-कभी वे भाग्यवादी की तरह बातें करते हैं। किन्तु यह सत्य है कि उनकी विचारधारा पर भौतिकवाद का गहरा असर था। जब बिहार के भूकम्प के लिए गांधी जी ने पहले के पापों को कारण बताया तो प्रेमचन्द ने उनका नाम लेकर 'हंस' में उनके विचारों का विरोध किया।

जनवरी, सन् '34 के 'हंस' में बिहार के भूकम्प पर प्रेमचन्द ने सम्पादकीय लेख लिखा : 'वह प्रलयंकर दिवस!' आधुनिक विज्ञान से धार्मिक अन्धविश्वास मिट रहे है, इस प्रसंग में उन्होंने लिखा : "अभी उस दिन महात्मा जी ने ही कहा, हमारे पापों के कारण ही यह भूकम्प हुआ है और उनकी धारणा में अछूत कहलानेवाले

मनुष्यों के साथ दुर्व्यवहार ही महापाप है। इसी प्रकार वर्णाश्रम स्वराज्य संघवाले महात्मा जी को कोसते हैं और कहते हैं कि अछूतों को मन्दिर में प्रवेश कराने के पाप का ही परिणाम यह भूकम्प है। यदि आस्तिकता भूकम्प का कारण पाप बतलाती है तो यह प्रश्न हो सकता है क्या सचमुच परमात्मा ने बिहार में वास्तविक पापियों को ही दंड दिया है? जितने प्राणी भूकम्प में मरे, क्या वे सभी महान पापी थे? और यहाँ, इस देश में जो बड़े-बड़े पापाचारी और गरीबों का रक्त चूस जानेवाले बड़ी-बड़ी तोंदवाले, बड़े-बड़े तिलकधारी ढोंगी पड़े हुए हैं, क्या परमात्मा उन्हें नहीं देख पाता? अस्तु, ये सब व्यर्थ की बातें हैं। भली भाँति विचार करने पर मालूम हो जाता है कि भूकम्प किसी पाप-पुण्य के कारण नहीं हुआ, वह प्रकृति की एक लीला है और भूगर्भ की वैज्ञानिक प्रक्रिया का एक परिणाम है।"

यह सब उन्होंने सन् '33 के अन्त में लिखा था। इससे पहले के उपन्यासों और कहानियों में वह धार्मिक रूढ़ियों की तीव्र आलोचना करते हुए देखे जा सकते हैं। 'प्रेमाश्रम' में प्रेमचन्द ने यही नहीं लिखा था कि "सत्याग्रह में अन्याय का दमन करने की शक्ति है, यह सिद्धान्त भ्रान्तिपूर्ण सिद्ध हो गया", वरन् दुखरन भगत से शालिगराम की बटिया भी फिंकवा दी, क्योंकि ईश्वर से उसका विश्वास उठ गया था।

प्रेमचन्द गांधी जी के कारण राजनीति में दिलचस्पी नहीं लेने लगे, न समाजवाद के प्रति उनका आकर्षण कम्युनिस्ट या सोशलिस्ट पार्टी के कारण उत्पन्न हुआ। उन्होंने फरवरी, 1919 के 'जमाना' में लिखा था, "आनेवाला जमाना अब किसानों और मजदूरों का है। दुनिया की रफ्तार इसका साफ सबूत दे रही है।" इस लेख में उन्होंने रूसी क्रान्ति की भी चर्चा की थी : "इंकलाब के पहले कौन जानता था कि रूस की पीड़ित जनता में इतनी ताकत छिपी हुई है?" किसान-संगठन की आवश्यकता पर उन्होंने इसी लेख में कहा था : "क्या यह शर्म की बात नहीं कि जिस देश में नब्बे फीसदी आबादी किसानों की हो, उस देश में कोई किसान-सभा कोई किसानों की भलाई का आन्दोलन, कोई खेती का विद्यालय, किसानों की भलाई का कोई व्यवस्थित प्रयत्न न हो" ('विविध प्रसंग', खंड 1, अमृतराय द्वारा सम्पादित, पृ. 268)।

इन्हीं दिनों उन्होंने 'जमाना' के सम्पादक को सूचित किया था : "मैं अब करीब-करीब बोल्शेविक उसूलों का कायल हो गया हूँ" ('चिट्ठी-पत्री', खंड 1, पृ. 93)।

1923 में उन्होंने दयानारायण निगम को लिखा था : "मैं तो उस आनेवाली पार्टी का मेंबर हूँ जो कोतहुन्नास (छोटे लोगों) की सियासी तालीम को अपना दस्तूर-उल-अमल बनाए" (उप., पृ. 130)।

यदि प्रेमचन्द को सन् '23 में कांग्रेसी नेतृत्व पर पूरा भरोसा होता तो वे आनेवाली पार्टी की बात न करते।

जो लोग प्रेमचन्द को सुधारवादी कहकर उनकी आलोचना करते हैं, उन्हें इस बात पर ध्यान देना चाहिए कि सत्याग्रह और भूख-हड़ताल के अस्त्रों को मजदूर आन्दोलन में आज भी इस्तेमाल किया जाता है और इन्हें इस्तेमाल करनेवालों में 'संशोधनवादी' ही नहीं हैं वरन् वे भी हैं जो अपने को 'मार्क्सवादी कम्युनिस्ट' कहते हैं।

जहाँ तक नैतिकता का प्रश्न है, प्रेमचन्द जीवन और साहित्य में घृणा को आवश्यक मानते थे। दिसम्बर, '33 के 'हंस' में उन्होंने सम्पादकीय लेख 'जीवन में घृणा का स्थान'—इस वाक्य से आरम्भ किया था : "निन्दा, क्रोध और घृणा, ये सभी दुर्गुण हैं; लेकिन मानव-जीवन में से अगर इन दुर्गुणों को निकाल दीजिए, तो संसार नरक हो जाएगा।" इस लेख का अन्तिम वाक्य दिलचस्प है : "महात्मा गांधी इसीलिए अछूतपन को मिटाने के लिए अपने जीवन का बलिदान कर रहे हैं कि उन्हें अछूतपन से प्रचंड घृणा है।"

उसी अंक में दूसरा सम्पादकीय लेख है : 'साहित्य और कला में घृणा की उपयोगिता'। इसमें उन्होंने लिखा था : "प्राचीन साहित्य धर्म और ईश्वर के द्रोहियों के प्रति घृणा और उनके अनुयायियों के प्रति श्रद्धा और भक्ति के भावों की सृष्टि करता रहा। नवीन साहित्य समाज का खून चूसनेवालों, रँगे सियारों, हथकंडेबाजों और जनता के अज्ञान से अपना स्वार्थ सिद्ध करनेवालों के विरुद्ध उतने ही जोर से आवाज उठा रहा है; और दीनों, दलितों, अन्याय के हाथ सताए हुओं के प्रति उतने ही जोर से सहानुभूति उत्पन्न करने का प्रयत्न कर रहा है।"

स्पष्ट है कि प्रेमचन्द ने शोषकों के प्रति जो घृणा को उभारने की बात की है, गांधीवाद में उसका अभाव है।

जहाँ तक स्वाधीनता आन्दोलन में मजदूरों की भूमिका का सम्बन्ध है, प्रेमचन्द इस ओर बढ़ रहे थे। वे न तो उद्योगीकरण के विरोधी थे, न मजदूर वर्ग की बढ़त को समाज के लिए व्यर्थ मानते थे। उनके उपन्यासों में ऐसे पात्रों की आलोचना मिलती है जो राष्ट्रीयता का व्यवसाय करके जनता को ठगते हैं। 'गबन' में साम्राज्यवाद से समझौता करनेवाले नेताओं की तीव्र निन्दा की गई है।

यहाँ यह लिख देना जरूरी है कि जहाँ भी समझौता और धोखेबाजी हो, वहाँ गांधीवाद का प्रभाव देखना गलत है। स्वाधीन भारत की राजनीति पर नजर डालने से गांधी जी का व्यक्तित्व और भी गौरवशाली मालूम होता है। भारत के विभाजन को उन नेताओं ने स्वीकार किया जो गद्दी पाने के लिए लालायित थे, जो जनता में आस्था खो चुके थे, जो सम्प्रदायवाद और साम्राज्यवाद से आतंकित थे। इन सबमें गांधी जी महान योद्धा दिखाई देते हैं जो अन्त तक अपने निश्चय पर अटल रहे। कांग्रेसी नेताओं ने गांधी जी को स्वाधीनता-प्राप्ति के मार्ग में बाधा के रूप में देखा, उन्होंने और उनके सलाहकार माउंटबैटन ने गांधी जी को सत्ता-सम्बन्धी

वार्ता से अलग कर दिया। गांधी जी ने अपने जीवन की चिन्ता न करके कलकत्ता के गली-कूचों में घूमकर बंगाल को पंजाब के रास्ते पर चलने से बचाया। गांधी जी भारत में राजभाषा अंग्रेजी के सबसे प्रबल विरोधी थे, वे अन्तिम दिनों में कांग्रेस की भाषा-नीति से असन्तुष्ट थे। गांधी जी ने अकेले अंग्रेजी का प्रभुत्व खत्म करने के लिए जितना किया, उतना करने के लिए वापपंथी नेताओं को कई बार जन्म लेना होगा।

प्रेमचन्द अंग्रेजी भाषा के प्रभुत्व के उतने ही विरोधी थे, जितने गांधी जी।

गांधी जी और प्रेमचन्द ने भारतीय संस्कृति से जो सबसे मूल्यवान वस्तु पाई थी, वह कर्मयोगी की स्थितप्रज्ञता थी। गांधी जी पर गीता का प्रभाव स्पष्ट है। उन्होंने अपने जीवन में एक मृत्युंजय वीर की शूरता का परिचय दिया। प्रेमचन्द ने सन् '23 में लिखा था : "खेल के मैदान में वही शख्स तारीफ का मुस्तहक होता है जो जीत से फूलता नहीं, हार से रोता नहीं, जीते तब भी खेलता है, हारे तब भी खेलता है। हमारा काम तो सिर्फ खेलना है, खूब दिल लगाकर खेलना, खूब जी तोड़कर खेलना, अपने को हार से इस तरह बचाना गोया हम कोनैन (इहलोक-परलोक) की दौलत खो बैठेंगे, लेकिन हारने के बाद, पटखनी खाने के बाद, गर्द झड़कर खड़े हो जाना चाहिए और फिर खम ठोककर हरीफ से कहना चाहिए कि एक बार और" ('चिट्ठी-पत्री', खंड 1, पृ. 133-4)।

यही जीवन-दर्शन 'रंगभूमि' के नायक सूरदास का है। यदि इसे कोई गांधीवादी विचारधारा कहकर उसका तिरस्कार करता है तो वह प्रेमचन्द और गांधी जी, दोनों के प्रति अन्याय करता है।

श्री इन्द्रनाथ मदान ने प्रेमचन्द के लिए लिखा है : "उन्होंने युग की गूढ़ समस्याओं का तो चित्रण किया, परन्तु वे उसकी उलझनों को पूरी तरह से समझ नहीं पाए। वे और भी महान बने होते यदि उन्होंने विकास के मार्गों को भी समझा होता" ('प्रेमचन्द : चिन्तन और कला', सम्पादक श्री इन्द्रनाथ मदान, पृ. 4)।

हर आदमी की समझ की सीमा होती है। प्रेमचन्द की समझ की भी सीमा थी। यदि वाल्मीकि, होमर, शेक्सपियर थोड़ा और समझदार होते तो और भी महान होते। समझ की सीमा है, महत्ता की नहीं। लेकिन विद्वान् आलोचक के विश्लेषण में यह स्पष्ट नहीं होता कि विकास के वे मार्ग कौन से हैं जिनसे प्रेमचन्द अपरिचित थे

आगे 'रंगभूमि' के लिए लिखा है : "इस उपन्यास में लेखक का विरोध उस पूँजीवाद और उद्योगीकरण के विरुद्ध व्यक्त हुआ है जिसने आपस के सहयोग पर आधारित गाँव की व्यवस्था को नष्ट-भ्रष्ट कर दिया है। ऐसा प्रतीत होता है कि टॉल्स्टॉय और गांधी जी ने उनके दृष्टिकोण को निश्चित किया और मस्तिष्क को प्रभावित किया है" (उप.)।

टॉल्स्टॉय और गांधी जी से प्रभावित होना कोई अपने-आपमें बुरी चीज नहीं है। सवाल यह है कि सूरदास ने अपनी जमीन के लिए लड़कर ठीक किया या नहीं। यदि वह चुपचाप अपनी जमीन पूँजीपति के हवाले कर देता तो क्या यह उसका प्रगतिशील कार्य होता? औद्योगिक विकास के दो रास्ते हैं : एक यह कि विकास का बोझ सम्पत्तिशील वर्गों पर पड़े, दूसरा यह कि उसका बोझ गरीबों पर पड़े। यदि 'रंगभूमि' के पूँजीपति इतने प्रगतिशील थे तो वे जमींदारों की जमीन क्यों न छीन रहे थे? तब वह वास्तव में एक सामन्त-विरोधी काम होता। मगर नहीं, राजाओं और जमींदारों से तो उनकी दोस्ती है। अपनी औद्योगिक प्रगतिशीलता का शिकार बना रहे हैं वे गरीब किसानों को। इस संघर्ष में प्रेमचन्द की सहानुभूति किसानों के साथ है। जिन अति-प्रगतिशील आलोचकों की सूक्ष्म दृष्टि में सूरदास प्रतिक्रियावादी है, वे इस बात पर विचार करें कि उसकी जमीन के ग्राहक ब्रिटिश राज के मित्र हैं, राजाओं और जमींदारों से उनका मैत्री है। सूरदास के प्रति विरोध-भावना का अर्थ है अंग्रेजी-राज और उसके सहायक सामन्तों से सहानुभूति।

कुछ दूसरे गरमदली आलोचक हैं जो सूरदास से इसलिए असन्तुष्ट हैं कि वह सत्याग्रह करता है, उत्तेजित भीड़ को सशक्त गोरखा सैनिकों पर ईंट-पत्थर बरसाने से रोकता है। ये आलोचक शायद समझते हैं कि हथियारबन्द फौज पर ईंट-पत्थर बरसाना बड़ा क्रान्तिकारी काम है। इसके लिए जनता को कितनी बड़ी कीमत चुकानी पड़ेगी, इसका राजनीतिक परिणाम क्या होगा, इस पर ठहरकर विचार करने की फुरसत उन्हें नहीं है।

श्री मन्मथनाथ गुप्त का विचार है कि प्रेमचन्द 'गोदान' में ही वस्तुवादी दृष्टिकोण अपना सके। 'रंगभूमि' में वह 'असहयोग के आदर्शों से ओतप्रोत' हैं। "अभी तो प्रेमचन्द की आँखों में गांधीवाद के खुमार की लाली अवशिष्ट है, बल्कि सच कहा जाए तो 'रंगभूमि' उसके भरपूर नशे में विभोर अवस्था में लिखित उपन्यास है" (उप., पृ. 47)।

गुप्त जी की निगाह में प्रेमचन्द के समय में भारतीय समाज का मुख्य अन्तर्विरोध क्या था? उन्होंने लिखा है : "रंगभूमि में नैतिक जीत भी नहीं हुई। नैतिक जीत हम तभी मानते जब हारकर भी पांडेपुरवालों का संगठन हो जाता, वे इस बात को समझ जाते कि स्वदेशी पूँजीवाद और साम्राज्यवाद एक-दूसरे के मित्र हैं, और इस बात को समझकर वे आगे के संग्राम के लिए तैयार हो जाते" (उप.)।

स्वदेशी पूँजीवाद और विदेशी साम्राज्यवाद में कोई अन्तर्विरोध नहीं है। उनमें मैत्री-ही-मैत्री है।

औपनिवेशिक पूँजीवाद की नीति दोरुखी होती है। एक ओर वह साम्राज्यवाद से साठगाँठ करता है, दूसरी ओर वह उसका विरोध भी करता है। जो वामपंथी विचारक इस दोरुखी नीति को नहीं समझते, वे या तो साम्राज्यवाद के मुकाबिले भारतीय पूँजीवाद को पूर्णत: प्रतिक्रियावादी मानकर एक ही सपाटे में साम्राज्य-विरोधी

और पूँजी-विरोधी क्रान्तियाँ पूरी कर लेना चाहते हैं या फिर पस्त होकर वे पूँजीवाद के पिछलगुए बन जाते हैं और उनकी क्रान्तिकारिता सरकारी अखबारों के दफ्तरों में पत्रकारिता का रूप ले लेती है।

सौभाग्य से यद्यपि "प्रेमचन्द सामन्तवाद, पूँजीवाद आदि शब्दावलियों के सम्बन्ध में सज्ञान न थे", फिर भी "कहीं अहिंसा आदि से आँख लड़ाते रहने पर भी वे हर हालत में अपने वस्तुवादी लंगोटे के प्रति सच्चे रहे" (उप., पृ. 48)।

प्रेमचन्द वस्तुवाद के प्रति सच्चे इसलिए नहीं हैं कि वे साम्राज्यवाद-विरोधी और पूँजी-विरोधी क्रान्तियों को मिला देते हैं, वरन् वे महान इसलिए हैं कि उनका वार मुख्य शत्रु ब्रिटिश साम्राज्यवाद और उसके देशी सहायकों पर होता है।

सूरदास "विद्रोही जनता को विद्रोह से रोकता हुआ मजिस्ट्रेट की गोली से मारा जाता है। फिर क्यों न गांधीवादीगण उस पर निसार हों?" सूरदास "पूँजीवाद के विरुद्ध असंगठित, भावुकता पर आधारित, धर्म का मुलम्मायुक्त विद्रोह का प्रतीक है।" क्या प्रेमचन्द के समय में पूँजीवाद के विरुद्ध कहीं संगठित क्रान्ति की तैयारी हो रही थी जो वे उसे छोड़कर भावुकतापूर्ण असंगठित विद्रोह की ओर बढ़ गए? गुप्त जी को 'रंगभूमि' में पराजय-ही-पराजय नजर आती है। इसका कारण यह है कि सूरदास न तो साम्राज्य-विरोधी क्रान्ति कर पाता है, न पूँजीवाद का नाश कर पाता है। यद्यपि वह खेल में हार-जीत की बात कहता है, हारने के बाद फिर जीतने के लिए खेल की तैयारी में विश्वास करता है, किन्तु मन्मथनाथ जी एक ही बार में दोनों क्रान्तियों के फल पा लेना चाहते हैं और जब ये फल हाथ नहीं लगते तो महनामथ मचाते हैं। फिर भी भावुकता का दोष मढ़ते हैं प्रेमचन्द के माथे।

प्रेमचन्द सत्याग्रह को आवश्यक समझते थे, साथ ही उसकी सीमाएँ भी जानते थे। 'प्रेमाश्रम' में जैसे उन्होंने सत्याग्रह की असफलता के बारे में लिखा था, वैसे ही 'रंगभूमि' में उन्होंने लिखा था : "गोली सूरदास के कन्धे में लगी, सिर लटक गया, रक्त-प्रवाह होने लगा। भैरों उसे सँभाल न सका, वह भूमि पर गिर पड़ा। आत्मबल, पशुबल का प्रतिकार न कर सका" ('रंगभूमि', भाग 2, 1955, पृ 367)।

सत्याग्रह के बाद संघर्ष की और भी मंजिलें हैं, लेकिन भारत की परिस्थितियों में सत्याग्रह भी आवश्यक मंजिल है। सूरदास का आत्मबल ब्रिटिश राज के पशुबल का प्रतिकार न कर सका, यह यथार्थ सत्य है। इसमें भावुकता नहीं, धर्म का मुलम्मा नहीं। लेकिन इसका यह अर्थ नहीं कि सूरदास को नैतिक विजय भी न मिली या मिली तो उसका महत्त्व नहीं। संघर्ष में कठिनाइयाँ आने पर कमजोर अनुयायी नेता पर गुस्सा उतारते हैं। 'प्रेमाश्रम' में कई लोग मनोहर की आलोचना करते हैं। इसी तरह मिठुआ सूरदास से कहता है : "मुझे तो तुमने मटियामेट कर दिया, कहीं का न रखा। दुनिया-भर के लिए अच्छे होगे, मेरी गरदन पर तो तुमने

छुरी फेर दी। हलाल कर डाला" (पृ. 387)। मिठुआ अभी लड़का है; कच्ची अक्ल है। उसकी बात समझ में आती है। लेकिन क्रान्तिकारी आलोचक मिठुआ की तरह सूरदास की निन्दा करें, यह उन्हें शोभा नहीं देता।

सूरदास की नैतिक और राजनीतिक विजय यह है :

"संध्या-समय प्रीति भोज हुआ, छूत और अछूत साथ बैठकर एक ही पंक्ति में खा रहे थे। यह सूरदास की सबसे बड़ी विजय थी" (पृ. 428)।

"अभी तक धन का प्राधान्य था, महाजनों और रईसों का राज्य था। जनसत्ता के अनुयायी शक्तिहीन थे। उन्हें सिर उठाने का साहस न होता था। राजा महेन्द्रकुमार की ऐसी धाक बँधी हुई थी कि कोई उनका विरोध न कर सकता था। पर पांडेपुर के सत्याग्रह ने जनसत्तावादियों में एक नई संगठन-शक्ति पैदा कर दी। उस दुर्घटना का सारा इलजाम राजा साहब के सिर मढ़ा जाने लगा। यह आन्दोलन शुरू हुआ कि उन पर अविश्वास का प्रस्ताव उपस्थित किया जाए। दिन-दिन आन्दोलन जोर पकड़ने लगा। लोकमतवादियों ने निश्चय कर लिया कि वर्तमान व्यवस्था का अन्त कर देना चाहिए, जिसके द्वारा जनता को इतनी विपत्ति सहनी पड़ी" (पृ. 420)।

पुरानी समाज-व्यवस्था का अन्त नहीं हो गया किन्तु लोगों में नई चेतना पैदा हुई, नई संगठन-शक्ति आई, दोबारा संघर्ष के लिए तैयारी शुरू हुई। यह सूरदास की विजय है। जॉन सेवक का हृदय-परिवर्तन नहीं हुआ। "धन से उन्हें निःस्वार्थ प्रेम है, कुछ वही अनुराग, जो भक्तों को अपने उपास्य से होता है।" इसलिए "वह अब पटना में एक तम्बाकू की मिल खोलने का आयोजन कर रहे हैं, क्योंकि बिहार प्रान्त में तम्बाकू कसरत से पैदा होता है। उनकी धन-कामना विद्या-व्यसन की भाँति तृप्त नहीं होती" (पृ. 436)।

इसका अर्थ है, समस्या का अन्तिम समाधान शेष है। अभी आगे भी संघर्ष होगा।

श्री रामदीन गुप्त ने एक वृहद्-ग्रंथ प्रस्तुत किया है जिसका नाम है : 'प्रेमचन्द और गांधीवाद'। उन्हें सूरदास के चरित्र पर यह आपत्ति है कि "एक ओर तो वह औरत की आबरू तक को 'हँसी-खेल' मानने के लिए तैयार नहीं है और उसके पीछे खून की नदी तक बहाने को तैयार है, पर दूसरी ओर वह जीवन की गम्भीरतम सामाजिक, राजनीतिक, आर्थिक आदि समस्याओं को भी खेल की उपमा देकर उनका महत्त्व कम करने की कोशिश करता है। कहना न होगा कि सूरदास का यह आत्म-विरोध उसके स्रष्टा का ही आत्म-विरोध है। अपने मध्यवर्गीय स्वभाव के कारण प्रेमचन्द 'औरत की आबरू 'को जीवन की अन्य किसी भी 'आबरू' से कहीं अधिक महत्त्व दे देते हैं। हम यह नहीं कहते कि 'औरत की आबरू' को कोई महत्त्व ही नहीं दिया जाना चाहिए, या उसकी रक्षा नहीं की जानी चाहिए; हमारा तात्पर्य केवल इतना है कि जीवन के दूसरे प्रश्नों तथा पक्षों के मुकाबले उसे इतना अधिक महत्त्व नहीं दिया जाना चाहिए।"

आज जब समाजवाद की रचना हो रही हो, पंचवर्षीय योजनाएँ कार्यान्वित की जा रही हों, तब किसी औरत की आबरू की क्या कीमत? सूरदास को भी चाहिए था कि अपनी जमीन सेवक महोदय को सौंप देता; औरतों की बेइज्जती होती तो इसे गौण समस्या मानकर आर्थिक और राजनीतिक समस्याएँ हल करने में लग जाता। लेकिन प्रेमचन्द ठहरे मध्यवर्गीय संस्कारों के लेखक। 'प्रेमाश्रम' में एक औरत की आबरू के पीछे गौस खाँ का कत्ल कर डाला। इससे भी जी न भरा तो 'कर्मभूमि' में बलात्कार से त्रस्त नारी से दो अंग्रेज सिपाहियों का वध करा दिया। वही आबरू का पँवारा 'रंगभूमि' में। इस दकियानूसी भारत की राह ही न्यारी है। रावण सीता को उठा ले गया। दंडकारण्य का आर्थिक विकास करने के बदले रामचन्द्र पहुँच गए लंका-निवासियों का नाश करने। वाल्मीकि ने इस पर महाकाव्य लिख डाला। उधर दु:शासन ने द्रौपदी की साड़ी खींच ली। पांडवगण खांडव वन का विकास करने के बदले कौरवों से भिड़ गए। जब श्रीकृष्ण दुर्योधन से सन्धिवार्ता के लिए चलने लगे तो द्रौपदी बाल खोलकर सामने आ गई और बालों के खींचे जाने की याद दिलाकर उन्हें भड़काने लगी। समरभूमि में जब अर्जुन को ज्ञान हुआ कि युद्ध न करना चाहिए, तब वहाँ से रथ को भगा ले जाने के बदले ये भगवान् कहलानेवाले श्रीकृष्ण उलटा अर्जुन को युद्ध करने के लिए उपदेश देने लगे। बताइए, है न अँधेर! उसी परम्परा में आ गए प्रेमचन्द। सूरदास से कहला बैठे कि औरत की आबरू के लिए खून की नदी बह चलेगी!

दूसरा अत्याचार यह कि खेल की उपमा देकर सूरदास जीवन की गम्भीरतम समस्याओं का महत्त्व कम करता है। एक थे रवीन्द्रनाथ जो विश्व-परिवार के तट पर मानवता को खेलता हुआ दिखाकर समस्त मानव-जाति के ही महत्त्व पर घड़ों पानी डाल गए। प्रेमचन्द में संजीदगी का एकदम अभाव था। हर वक्त उन्हें खेलने की ही सूझती थी!

पाठकों को यह स्पष्ट समझ लेना चाहिए कि "मध्यवर्गीय प्रेमचन्द को क्रान्ति के सही स्वरूप तथा उद्देश्य के सम्बन्ध में गम्भीर गलतफहमी थी। अपने मध्यवर्गीय संस्कारों के कारण वे आतंकवादी तोड़-फोड़ और ध्वंस को ही क्रान्ति समझ लेते हैं। प्रेमचन्द यह भूल जाते हैं कि क्रान्ति का सर्वाधिक महत्त्वपूर्ण पहलू निर्माण है, मात्र ध्वंस नहीं।...क्रान्ति का ध्येय एक ऐसी नवीन समाज-व्यवस्था का निर्माण करना होता है जिसमें उत्पादन और विनिमय के साधनों पर किसी श्रेणी विशेष का नहीं बल्कि पूरे समाज का अधिकार हो" इत्यादि (पृ. 200)। अपने उपन्यासों में इस समाजवादी निर्माण के चित्र देने के बदले प्रेमचन्द इस ऊहापोह में पड़ जाते हैं कि जमींदारों से किसान किस तरह संघर्ष करें तो उन्हें सफलता मिले। सलाह जरा देर से मिली। रामदीन जी गुप्त का यह ग्रंथ पच्चीस साल पहले निकला होता तो शायद प्रेमचन्द को भी लाभ होता। अब उससे

केवल आलोचकों को लाभ हो सकता है। सो वह काम श्री मन्मथनाथ गुप्त ने पहले ही कर दिया था।

प्रेमचन्दकालीन भारतीय समाज की विशेषता श्री रामदीन गुप्त के अनुसार यह है : "'गोदान' का समाज शुद्ध पूँजीवादी या प्रेमचन्द के शब्दों में महाजनी समाज है" (पृ. 260)। रामदीन जी का विचार है कि जहाँ भी महाजन होंगे, वहाँ महाजनी समाज होगा। सामन्ती समाज में तो शायद महाजन होते नहीं हैं। उन्हें सामन्ती समाज की सूदखोरी और आधुनिक समाज की महाजनी पूँजी में कोई विशेष अन्तर नहीं दिखाई देता। जरूर राजा, जमींदार हैं लेकिन इनका कोई स्वतंत्र अस्तित्व नहीं है। वे भी बैंकरों के कर्जदार हैं। इस प्रकार प्रेमचन्द-काल में पूँजीवाद के विरुद्ध गाँवों तक में समाजवादी क्रान्ति के लिए जमीन तैयार हो गई थी। फिर भी न तो समाजवादी क्रान्ति हुई, न प्रेमचन्द ने उसका चित्रण किया। करते कहाँ से? मजदूर वर्ग से तो उन्हें घृणा थी। "'बिजली' सम्पादक पं. ओंकारनाथ जैसे अवसरवादी व्यक्तियों के हाथों में मजदूरों का नेतृत्व सौंपकर प्रेमचन्द ने मजदूर-आन्दोलन का मानो एक प्रकार से मजाक उड़ाया है। लगता है कि प्रेमचन्द अभी भी औद्योगिक या मशीनी सभ्यता के प्रति अपनी पुरानी अरुचि का शमन नहीं कर पाए थे" (पृ. 273)।

और भी : "हिंसक हड़तालों की निस्सारता और धन की निन्दा 'गोदान'-युग में भी प्रेमचन्द पर गांधी-दर्शन के प्रभाव की सूचक है" (पृ. 274)।

मन्मथनाथ गुप्त जी की राय में "'गोदान' के समय प्रेमचन्द गांधीवादी प्रभाव से मुक्त हो चुके थे", किन्तु रामदीन गुप्त जी के अनुसार वह अब भी उसी नरक में फँसे हुए थे। प्रेमचन्द अच्छे लेखक बन रहे थे, 'गोदान' लिखते समय तक "अपनी कच्ची भावुकता को करीब-करीब त्याग चुके थे", लेकिन दुर्भाग्य कि "ऐसे समय में प्रेमचन्द की मृत्यु हो गई" (पृ. 277)।

सन् '19 में प्रेमचन्द 'जमाना' में लिख चुके थे : "आनेवाला जमाना अब किसानों और मजदूरों का है।"

'प्रेमाश्रम' के बलराज को मालूम था कि रूस के पास कोई और देश बलगारी है जहाँ "किसानों और मजदूरों की पंचायत राज करती है।"

'गबन' का देवीदीन जानता है कि भविष्य में "बहुमत किसानों और मजूरों का ही होगा।"

मिलों पर किसका ज्यादा हक है, पूँजीपतियों का या मजदूरों का? 'गोदान' के मेहता का विचार है : "जो अपनी जान खपाते हैं, उनका हक उन लोगों से ज्यादा है, जो केवल रुपया लगाते हैं।"

प्रेमचन्द ने यह नहीं कहा कि आगे चलकर कारखाने न रहेंगे, इसलिए मजदूर भी न रहेंगे, केवल किसान बच रहेंगे, वही नये समाज की रचना करेंगे। तब यह कैसे मान लिया जाए कि प्रेमचन्द उद्योगीकरण के विरुद्ध थे?

मजदूरों की हड़ताल असफल रही। सूरदास भी अपनी लड़ाई में असफल रहा। लेकिन संघर्ष का असर जनता की चेतना पर क्या पड़ा? 'बिजली' के जिन सम्पादक महोदय ने धोखेबाजी की नीति अपनाई थी, उनके बारे में मजदूर क्या सोचते हैं? प्रेमचन्द कहते हैं : "पंडित ओंकारनाथ पर तो उन्हें अब रत्ती-भर भी विश्वास नहीं है। उन्हें वे अकेले-दुकेले पाएँ तो शायद उनकी बुरी गत बनाएँ; पर पंडित जी बहुत बचे हुए रहते हैं। चिराग जलने के बाद अपने कार्यालय से बाहर नहीं निकलते और अफसरों की खुशामद करने लगे हैं।"

मजदूरों में यह चेतना फैली हड़ताल से या पहले ही उन्हें यह ज्ञान हो गया था?

हर उपन्यास में प्रेमचन्द जनता को अपने असफल संघर्षों से नये सबक सीखते दिखाते हैं। यही बात 'गोदान' में भी होती है। तब यह कैसे कहा जा सकता है कि प्रेमचन्द मजदूर-आन्दोलन का मजाक उड़ाते हैं? मेहता, गोबिन्दी आदि सभी को मजदूरों से सहानुभूति है। आश्चर्य की बात होगी यदि प्रेमचन्द के ही हृदय में उनके लिए सहानुभूति न हो। जिन्हें हड़ताल बेजा मालूम होती थी, वह प्रेमचन्द नहीं, मिल-मालिक हैं। राष्ट्रीयता के नाम पर मजदूरों के संघर्ष का विरोध करनेवाले खन्ना के बारे में प्रेमचन्द ने लिखा था : "मिस्टर खन्ना को मजदूरों की यह हड़ताल बिलकुल बेजा मालूम होती थी। उन्होंने हमेशा जनता के साथ मिले रहने की कोशिश की थी। वह अपने को जनता का ही आदमी समझते थे। पिछले कौमी आन्दोलन में उन्होंने बड़ा जोश दिखाया था।...अब भी वह मजूरों की शिकायतें सुनने को तैयार रहते थे; लेकिन यह तो नहीं हो सकता कि वह शक्कर मिल के हिस्सेदारों के हित का विचार न करें। यह तो व्यापार है, कोई सदाकत नहीं कि सब कुछ मजूरों को ही बाँट दिया जाए।"

मेहता से खन्ना की युक्तियों का खंडन कराके प्रेमचन्द ने व्यंग्य के अलावा भी स्पष्ट कर दिया है कि मजदूर-आन्दोलन के विरोधियों को वे क्या समझते थे। उन्होंने शिवरानी देवी जी से कहा था कि हर जगह शहजोर कमजोर को चूसते हैं : "हाँ, रूस है, जहाँ पर कि बड़ों को मार-मारकर दुरुस्त कर दिया गया, अब वहाँ गरीबों का आनन्द है। शायद यहाँ भी कुछ दिनों के बाद रूस जैसा ही हो।" जब पत्नी ने पूछा कि क्रान्ति हुई तो वे किसका साथ देंगे, तब प्रेमचन्द ने उत्तर दिया : "मजदूरों और काश्तकारों का। मैं पहले ही सबसे कह दूँगा कि मैं तो मजदूर हूँ। तुम फावड़ा चलाते हो, मैं कलम चलाता हूँ। हम दोनों बराबर हैं" ('प्रेमचन्द घर में' दिल्ली, 1956, पृ. 110)।

आश्चर्य की बात है कि कुछ आलोचकों को कलम के मजदूर प्रेमचन्द मजदूर वर्ग के विरोधी दिखाई देते हैं।

प्रेमचन्द के सम्बन्ध में श्री शिवदान सिंह चौहान की मान्यताएँ इस प्रकार हैं : "प्रेमचन्द मूलतः गांधी जी के ही अनुयायी थे।"

और चूँकि प्रेमचन्द की कला यथार्थवाद की ओर निरन्तर विकासशील रही, इस कारण अपनी अनेक रचनाओं में वे गांधीवाद की सीमाओं का अतिक्रमण करते भी दीखते हैं।"

इससे यह तो समझ में आया कि गांधीवाद और यथार्थवाद दो परस्पर-विरोधी चीजें हैं। जो बात स्पष्ट नहीं है, वह यह कि मूलत: गांधीवादी—यानी यथार्थवाद-विरोधी—होते हुए भी प्रेमचन्द निरन्तर यथार्थवाद की ओर विकासशील कैसे होते गए।

प्रेमचन्द को बहुत जल्दी ख्याति मिल गई, लेकिन चौहान जी ने चेतावनी दी है कि "तत्काल प्रसिद्धि पा जाना कोई महानता का लक्षण नहीं है।" हिन्दी-उर्दू में कुछ नहीं है तो प्रेमचन्द ही बहुत बड़े कलाकार हैं, लेकिन "विश्व में ही क्यों, भारत में भी उनसे बड़े-बड़े लेखक हुए हैं, इस युग में ही।" जहाँ तक विश्व के महान कलाकारों का सम्बन्ध है : "प्रेमचन्द के अधिकतर उपन्यास कला की दृष्टि से इतने कमजोर और शिथिल हैं कि वे कभी भी विश्व-साहित्य में गोर्की के समकक्ष क्लासिक दर्जा पा सकेंगे, इसमें सन्देह है।"

और भी : "विश्व-साहित्य में, या भारतीय उपन्यास-साहित्य में ही उन्होंने कोई नया विकास किया हो, यह कहना कदाचित् सम्भव नहीं है।"

चौहान जी ने ये सब बातें सन् '54 में लिखी थीं (देखिए, उनका निबन्ध संग्रह 'साहित्य की समस्याएँ', पृ. 115-17)। इससे पहले मार्च, सन् '37 के 'विशाल भारत' में उनका एक युगान्तरकारी निबन्ध प्रकाशित हुआ था जिसका शीर्षक था : 'भारत में प्रगतिशील साहित्य की आवश्यकता'। सन् '37 से सन् '54 तक और उसके बाद भी श्री शिवदान सिंह चौहान ने अपनी काफी शक्ति यह साबित करने में लगाई कि आधुनिक भारतीय साहित्य आम तौर से और हिन्दी साहित्य खास तौर से विश्व-साहित्य के सामने नगण्य है। 'विशाल भारत' में उन्होंने लिखा था : "हिन्दी के साहित्यकारों ने विदेशों के साहित्यकारों या कलाकारों की तरह न किसी स्वतंत्र विचारधारा को अपनाया और न उसका साथ दिया, यह हमारे एक सम्पादक की राय है।" सम्पादक की राय उद्धृत करने के बाद उन्होंने स्वयं प्रश्न उठाया है : "अब मैं पुन: इस प्रश्न को उठाऊँगा कि हिन्दी-साहित्य या अन्य किसी भारतीय साहित्य ने कभी किसी तत्कालीन प्रचलित सामाजिक यथार्थवादी विचारधारा का दामन क्यों नहीं पकड़ा?" उन्होंने समस्या का अत्यन्त गम्भीर विश्लेषण प्रस्तुत करते हुए यह दूसरा प्रश्न भी उठा लिया है कि "आखिर यहाँ का समाज क्यों इतनी अर्द्ध-सभ्य दशा में ही पड़ा दम तोड़ता रहा, हजारों वर्षों में राम और रावण यही दो नाम सीख पाया और आगे की एक भी मंजिल पूरी न की?"

तुलसीदास, सूरदास, चंडीदास, तुकाराम आदि तो राम-राम, कृष्ण-कृष्ण जपते रहे; उनके बाद आए रवीन्द्रनाथ। बड़ा नाम कमाया, नोबेल पुरस्कार भी न

जाने कैसे उनके हाथ लग गया। लेकिन थे वास्तव में वह भी पुरानपंथी। निगाह भूत की ओर ही थी, भविष्य की ओर नहीं। चौहान जी ने उनके घातक प्रभाव के बारे में लिखा था : "चारों ओर से 'पुन: वैदिक काल की ओर' की आवाज आने लगी। बंगाल में जिस प्रकार बंकिम बाबू और रवीन्द्र बाबू ने इस आवाज को ऊँचा किया, हिन्दी में गुप्त जी (यानी श्री मैथिलीशरण गुप्त) ने यही आवाज बुलन्द की।" असल में भारतीय साहित्यकारों में 'छुटपन या विद्वेष की भावना' थी। इसलिए वे विश्व-साहित्य का न तो महत्त्व समझ पाते थे, न 'एंड्री जीड' या 'मेलराक्स' कविता, कहानी या उपन्यास लिख पाते थे।

भारतीय साहित्य को आवश्यकता थी 'साम्यवादी यथार्थवाद' की, लेकिन यहाँ के लेखक देते चले गए 'पूँजीवादी यथार्थवाद'। यह किस तरह का यथार्थवाद है? चौहान जी ने उसकी व्याख्या इस प्रकार की है : "निष्पक्ष यथार्थवाद का चोगा पहनकर प्रतिक्रियावादी 'पूँजीवाद यथार्थवाद' दलित श्रेणी में अपनी धाक और विश्वास जमाता फिरता है।" इस घृणित विचारधारा से भारतीय साहित्य आम तौर से और हिन्दी साहित्य खास तौर से प्रभावित रहा। इस धारा के नेता थे प्रेमचन्द!

चौहान जी का कथन है : "भारत में और खास कर हिन्दी में इसी प्रकार के यथार्थवाद की धारा बही। प्रेमचन्द जी के उपन्यासों में अधिकतर यही 'पूँजीवादी यथार्थवाद' मिलता है। मुंशी जी वास्तविक दशा का वर्णन तो सही-सही करते हैं, लेकिन वह वास्तविक दशा जिन कारणों से उत्पन्न हुई, यह वे ठीक नहीं बता पाते तथा वे श्रेणी-संघर्ष को अस्वीकार कर उच्च श्रेणियों के 'विशेष हक' मानकर अन्त में समझौता करा देते हैं। यह समझौता सुधारवादी होता है, जिसमें गांधी जी के रामराज्य की तरह एक राजकुमार और नरकंकाल के हक सुरक्षित किये जाते है। राजकुमार का राजकुमारपन और नरकंकाल का भूख से तड़पता जीर्णशीर्ण नरकंकाल! हजारों वर्षों से अधिकार-च्युत, पद-दलित, अत्याचार-पीड़ित स्त्रियों के लिए 'सेवासदन' और कर्ज और नौकरशाह के आतंक में रहनेवाले किसानों के लिए 'प्रेमाश्रम' खोलकर वे सन्तुष्ट हैं। समाज की तह में उनका यथार्थवाद नहीं उतरता। वे उदाराशय, परोपकारी और सुधारवादी हैं।"

इतने पाप करने पर भी प्रेमचन्द को प्रगतिशील लेखक सम्मेलन का सभापति बना दिया गया, इसे श्री चौहान या उनके गुरु जी सज्जाद ज़हीर की उदारता ही समझना चाहिए। बेशक गोदान-काल में प्रेमचन्द कलम पकड़ना सीख रहे थे। लेकिन अफसोस! "क्रान्तिकारी प्रेमचन्द का जीवन अभी शैशव में ही था कि उनका निधन हो गया। दिल की हसरतें साथ ही चली गईं।"

प्रेमचन्द को अपने जीवन-काल में हिन्दी-भाषी जनता का प्रबल समर्थन मिला। प्रथम महायुद्ध के दौरान उनकी कहानियाँ 'सरस्वती' में प्रकाशित करके द्विवेदी जी ने उन्हें हिन्दी पाठकों में लोकप्रिय बनाया। 'सेवासदन' और 'प्रेमाश्रम'

के प्रकाशन से हिन्दी में धूम मच गई। प्रेमचन्द के हर उपन्यास का प्रकाशन—विशेष कर 'गबन', 'कर्मभूमि', 'रंगभूमि' और 'गोदान' का प्रकाशन—साहित्य के इतिहास की स्मरणीय घटना बन गया। हिन्दी-भाषी प्रदेश के बाहर तमिलनाडु, महाराष्ट्र, गुजरात आदि प्रदेशों में उन्हें बहुत बड़ी लोकप्रियता मिली। भारत के बाहर सबसे पहले सोवियत संघ के लेखकों ने उनका महत्त्व पहचाना। 1926 में ही स्वर्गीय बरान्निकोव ने उनकी 'सौत' कहानी का अनुवाद उक्रेनी भाषा में किया था। तब से उनकी रचनाओं के अनुवाद वहाँ बराबर प्रकाशित होते रहे; उन पर आलोचनात्मक पुस्तकें प्रकाशित हुईं। सोवियत लेखकों ने पहचाना कि कृषि-प्रधान भारत देश के प्रतिनिधि लेखक प्रेमचन्द हैं। ब्रेस्क्रोवनी के शब्दों में : "भारतीय साहित्य में किसानों की सही जिन्दगी की जीती-जागती और बोलती हुई तसवीरें देनेवाले वे पहले लेखक हैं।" और भी "प्रेमचन्द की कृतियों से हिन्दुस्तान के बारे में जो जानकारी मिलती है, उसके महत्त्व को जितना भी बढ़ाकर कहा जाए, थोड़ा है। हिन्दुस्तान ने जो बहुत-सी प्रतिभाएँ पैदा की हैं, उनमें इस कलाकार की अपनी एक खास जगह है" ('हंस', अक्तूबर, 1951)।

भारतीय समाज के प्रतिक्रियावादी तत्त्व प्रेमचन्द के सबसे बड़े विरोधी थे। वे जैसे गांधी जी के अछूतोद्धार से घृणा करते थे, वैसे ही वे प्रेमचन्द के साहित्य से घृणा करते थे। उनका दावा था कि प्रेमचन्द का साहित्य सामयिकता से प्रभावित है, उसमें शाश्वत साहित्य के गुण नहीं हैं, प्रेमचन्द को कथावस्तु गठित करना नहीं आता। जब कुछ तथाकथित प्रगतिवादी लेखक हिन्दी आलोचना के क्षेत्र में अवतरित हुए तो उन्होंने कभी विश्व-साहित्य के नाम पर, कभी साम्यवादी यथार्थवाद के नाम पर प्रेमचन्द की भर्त्सना आरम्भ की। जो काम दक्षिणपंथी प्रतिक्रियावादी कर रहे थे, वही काम इन वामपंथी अवसरवादियों ने किया। विश्व-साहित्य के जिन रचनाकारों से वे प्रेमचन्द की तुलना कर रहे थे, उनका साबित नाम लेने की तमीज भी उन्हें नहीं थी। स्वयं प्रेमचन्द के बारे में उन्हें इतना मालूम न था कि उनका असली नाम नवाबराय था या धनपतराय ('प्रेमचन्द का असली नाम नवाबराय था।'—'हिन्दी साहित्य के अस्सी वर्ष', पृ. 152)। न उन्हें यह मालूम था कि प्रेमचन्द के गाँव का नाम पांडेपुर था, या लमही या और कुछ। "इसका (यानी 'रंगभूमि' का) घटनास्थल काशी और उसके पास का गाँव पांडेपुर है, स्वयं प्रेमचन्द जहाँ के निवासी थे" (उप., पृ 153)। विश्व-साहित्य के रचनाकारों के नाम गिनाकर भारतीय साहित्य—और विशेष कर हिन्दी साहित्य—को नीचा दिखाने से इन मनीषियों को अपने महत्त्व का बोध होता था। विश्व-साहित्यकार तो दूर, इसमें सदेह है कि उन्होंने प्रेमचन्द के उपन्यास भी पढ़े थे या नहीं। दूसरों की राय उद्धृत करके काम चल जाए तो पढ़ने की तकलीफ क्यों गवारा की जाए?

"प्रेमचन्द के पहले उपन्यास 'रूसी रानी' के बारे में उनका कहना है..."

(यद्यपि यह प्रेमचन्द का पहला उपन्यास नहीं है. लेकिन यहाँ प्रश्न सम्मतियाँ उद्धृत करने का है।)

" 'वरदान' के बारे में उनकी राय है..."

" 'प्रतिज्ञा' के बारे में उनका कहना है..."

"प्रेमचन्द का 'सेवासदन' पहला महत्त्वपूर्ण उपन्यास है, उसके बारे में 'रहबर' का कहना है..."

" 'निर्मला' के बारे में उनका विचार है कि..."

" 'कायाकल्प' के बारे में और आलोचकों की राय का उल्लेख करते हुए 'रहबर' इस परिणाम पर पहुँचे हैं कि..."

" 'गबन' के बारे में उनका मत है कि..."

" 'कर्मभूमि' की खामियों के बारे में टिप्पणी करते हुए 'रहबर 'ने प्रेमचन्द की कला की मौलिक कमजोरी की ओर इशारा किया है कि..."

" 'गोदान' की आद्यंत प्रशंसा करते हुए भी 'रहबर' को प्रेमचन्द के विश्वबोध की सीमाओं को स्वीकार करके लिखना पड़ा है..."

"अब रह गए केवल दो उपन्यास—'प्रेमाश्रम' और 'रंगभूमि'। इनमें प्रेमचन्द का सुधारवादी दृष्टिकोण उनकी कला पर कितना हावी हुआ, इसकी ओर भी 'रहबर' ने संकेत किया है, यद्यपि स्पष्टत: नहीं। प्रेमचन्द के नाटकों को 'रहबर' सर्वथा 'असफल' मानते हैं और उनकी कहानियों के बारे में तो स्वयं अमृतराय का कहना है..." ('साहित्य की समस्याएँ', पृ. 115-17)।

स्वयं अमृतराय! बेटा ही बाप की निन्दा करे, इससे बड़ा प्रमाण प्रेमचन्द के निकम्मेपन का और क्या होगा? सम्मतियों का पिटारा। उसी के आधार पर 'साहित्य की समस्याएँ', 'हिन्दी गद्य साहित्य', 'हिन्दी साहित्य के अस्सी वर्ष', चाहे जितनी किताबें लिखते चले जाइए और विश्व-साहित्य के रजिस्टर से प्रेमचन्द का नाम बराबर काटते चलिए!

" 'निर्मला' वृद्ध-विवाह के दुष्परिणाम और विमाता की मनोवैज्ञानिक समस्याओं का चित्र है। 'प्रतिज्ञा' की समस्या विधवा-विवाह से सम्बन्धित है। 'गबन' में प्रेमचन्द ने पुन : निम्न-मध्यवर्ग की विडम्बनाओं का चित्रण किया—आभूषणों की लालसा, गृह-कलह, पतन" ('हिन्दी गद्य साहित्य', पृ. 60; 'हिन्दी साहित्य के अस्सी वर्ष', पृ. 153)। इस तरह की कथावस्तु का विवेचन दूसरों की राय पढ़कर भी आसानी से किया जा सकता है।

जिन लोगों का विश्व-साहित्य से परिचय है—जिन्होंने केवल नाम गिनाना नहीं सीखा—जिन्होंने प्रेमचन्द की रचनाएँ पढ़ी हैं और जो आलोचना की वैज्ञानिक पद्धति से परिचित हैं, वे न तो भारत की तत्कालीन औपनिवेशिक परिस्थितियों में प्रेमचन्द से साम्यवादी यथार्थवाद की माँग करते हैं, न उनके अन्तर्विरोधों को

समझते हुए उन्हें पूँजीवादी यथार्थवाद का चोगा पहननेवाला घोषित करते हैं। उनके लेखों में साहित्य के प्रति सच्चा प्रेम झलकता है और उनके चरित्र की विनम्रता भी प्रकट होती है।

'गोदान' के रूसी अनुवाद की भूमिका में श्री ई. कोंपांत्सेव ने भारतीय स्वाधीनता आन्दोलन की चर्चा करने के बाद लिखा है : "यह थी वह परिस्थिति जिसमें आधुनिक हिन्दी-उर्दू साहित्य के निर्माता, भारत के महान लेखक, शब्दों के अनुपम जौहरी प्रेमचन्द की ज्वलंत मौलिक प्रतिभा असाधारण शक्ति से विकसित हुई।"

और विश्व-साहित्य के बारे में : "विश्वविद्यालय में शिक्षा न पा सकने के बावजूद वह अपने समय के अत्यन्त सुपठित व्यक्तियों में थे। वह विश्व-साहित्य से भली भाँति परिचित थे और उसके विकास में उन्होंने महत्त्वपूर्ण योग दिया।"

मार्क्सवाद सच्चा मानवतावाद है; वह कला और संस्कृति से गहरा प्यार है, अहंभाव और हीनभावना, दोनों से कोसों दूर है। भारत के दुखी-दरिद्र किसानों के अनूठे चित्रकार प्रेमचन्द को विश्व-साहित्य में जगह न मिलेगी तो किसे मिलेगी? वामपंथी अवसरवाद मार्क्सवाद नहीं है, वह केवल मार्क्सवाद का मुलम्मा है। यह अवसरवाद गरम लफ्फाजी से अपने को छिपाता है; वस्तुगत रूप से काम वही करता है जो दक्षिणपंथी प्रतिक्रियावाद करता है। प्रेमचन्द का विरोध घृणा का प्रचारक कहकर कीजिए तो, और विश्व-साहित्य में जगह पाने के अयोग्य कहकर कीजिए तो, नतीजा एक ही निकलता है। पाठक मार्क्सवाद और वामपंथी अवसरवाद का यह भेद पहचान लें।

13

कलम का सिपाही : प्रेमचन्द

अमृतराय की लिखी हुई पुस्तक 'कलम का सिपाही' प्रेमचन्द की पहली, साधिकार लिखी हुई जीवनी है। यह हिन्दी में बड़े पैमाने पर लिखी हुई किसी भी साहित्यकार या अन्य महान व्यक्ति की पहली जीवनी है। इस पुस्तक का प्रकाशन जहाँ एक ओर हिन्दी के अभाव की पूर्ति करता है, वहाँ इस अप्रिय सत्य की ओर संकेत भी करता है कि हमारे लेखकों का ध्यान जीवनी लिखने की ओर बहुत ही कम गया है।

अमृतराय ने यथाशक्ति प्रेमचन्द के पत्रों का संकलन किया है। इस संकलन में सबसे बड़ा जखीरा दयानारायण निगम को लिखे प्रेमचन्द के पत्रों का है जिससे उनके साहित्यिक और पारिवारिक जीवन की बहुत नजदीकी तसवीरें मिलती हैं। उन्होंने उर्दू और हिन्दी, दोनों में प्रेमचन्द की समस्त प्रकाशन-सामग्री को समेटकर रचनाओं का काल-निर्धारण आदि प्रामाणिक ढंग से किया है। प्रेमचन्द-साहित्य को लेकर जीवन-काल में जो वाद-विवाद उठे थे, उनको भी उन्होंने बटोरा है। पुरानी पत्र-पत्रिकाओं से यह सब सामग्री ढूँढ़ निकालना आसान काम नहीं है। यह पुस्तक लगातार कई वर्षों के घोर परिश्रम का परिणाम है।

पुस्तक का महत्त्व केवल जीवन-चरित के रूप में नहीं है। इसमें प्रेमचन्द के जीवन से सम्बन्धित बहुत बड़ी अध्ययन-सामग्री एकत्र की गई है। इस दृष्टि से प्रेमचन्द-साहित्य का अध्ययन करनेवालों के लिए इसका महत्त्व कभी कम न होगा। पुस्तक में दी हुई सामग्री के आधार पर प्रेमचन्द का जो व्यक्तित्व उभरकर आता है, वह एक जबर्दस्त जीवटवाले सूरमा का है और उसका महत्त्व उनके साहित्य से किसी तरह कम नहीं है।

प्रेमचन्द का व्यक्तित्व असाधारण था। उन्होंने न केवल हिन्दी-उर्दू में, वरन् समग्र भारतीय साहित्य में एक जबर्दस्त क्रान्ति की। भारत के बाहर यदि रूस, ब्रिटेन या फ्रांस के कथाकारों को लें तो किसानों के जीवन का चित्रण करने में उनका सानी नहीं है। उनसे बड़े-बड़े कलाकार तो हैं लेकिन उन जैसा किसानों का कोई आत्मीय नहीं है। यदि वह व्यक्तित्व की असाधारणता नहीं है तो असाधारणता और कहते किसे हैं?

प्रेमचन्द इतने बड़े हैं कि उन पर जो काम किया जाए, वह छोटा लगता है। उस बड़प्पन को नापना या उसकी भीतरी पेचीदगियों को पहचानना आसान काम नहीं है। इसलिए 'कलम का सिपाही' के पाठक के मन में लेखक को दाद देने के साथ असन्तोष भी उत्पन्न हो, तो आश्चर्य नहीं।

प्रेमचन्द के पत्र अभी और बहुत-से होंगे—उनके घरेलू पत्र, 'माधुरी', 'हंस' और 'जागरण' के सम्पादक रूप में लोगों को लिखे हुए पत्र, उर्दू के बहुत-से साहित्यकारों को लिखे हुए पत्र। अमृतराय के हाथ जो चीजें लगी हैं, वे मुश्किल से पूरे पत्र-संचय का एक-चौथाई होंगी। लेकिन पत्रों को दूसरों के यहाँ से निकालना बहुत ही मुश्किल काम है। जो पत्र नष्ट हो गए, उनका जिक्र ही क्या! जो बच रहे हैं, वे भी संग्रहकर्ताओं की सावधानी या असावधानी के कारण लोगों के सामने नहीं आ पाते। जिन लोगों के पास प्रेमचन्द के पत्र हों, उनसे विनय है कि उन्हें प्रकाशित करा दें (या अमृतराय के पास भेज दें) जिससे प्रेमचन्द के प्रकाशित पत्र-संग्रह और भरे-पूरे हो सकें।

प्रेमचन्द के सम्बन्ध में उर्दू-पत्रिकाओं में बहुत-सी सामग्री होगी, हिन्दी पत्रिकाओं में निश्चित रूप से है। यह सामग्री इस बात को प्रमाणित करती है कि प्रेमचन्द को हिन्दी-संसार के विशाल जनमत का प्रबल समर्थन प्राप्त था; उनका विरोध करनेवाले दो-चार—एक क्षीण अल्पमत—के प्रतिनिधि ही थे। इन पत्रिकाओं के पन्ने पलटने से यह बात भी स्पष्ट हो जाएगी कि सामाजिक रूढ़िवाद से संघर्ष करनेवाले और नई समाजवादी चेतना का प्रसार करनेवाले प्रेमचन्द अकेले नहीं थे, उनके साथ और भी अनेक समर्थ प्रतिभासम्पन्न लेखक थे। अमृतराय ने 'हंस' और 'जागरण' के लेखों का उपयोग किया है, 'मर्यादा' और 'माधुरी' में प्रेमचन्द के सम्पादन-कौशल का विवरण छोड़ दिया है।

अमृतराय ने प्रेमचन्द पर किए गए आक्षेपों का उल्लेख काफी विस्तार ने किया है। उनके समर्थन में प्रकाशित होनेवाले लेखों का हवाला बहुत ही कम है। इससे यह गलत तसवीर सामने आती है कि प्रेमचन्द का विरोध बहुत ज्यादा था, समर्थन बहुत कम। विरोधी लेखों का विवरण अधूरा है। उदाहरण के लिए, 'अप्सरा' को लेकर 'हंस' और 'सुधा' में बहस चली थी जिसमें प्रेमचन्द पर काफी आक्षेप किये गए थे और उनके समर्थन में दूसरे लेख भी निकले थे। उर्दू में भी प्रेमचन्द का विरोध हुआ था। अमृतराय ने उसका सारांश उस तरह नहीं दिया जिस तरह हिन्दीवाले विरोध का दिया है।

तात्पर्य यह है कि प्रेमचन्द के जीवन-चरित को भरा-पूरा बनाने के लिए सामग्री-संकलन की गुंजाइश अब भी बहुत काफी है।

'कलम का सिपाही' में प्रेमचन्द के जीवन की बहुत-सी दिलचस्प और नजदीकी तसवीरें मिलती हैं। कहीं वह चुराकर गुड़ खा रहे हैं, कहीं दयानारायण निगम से

अपनी लिखाई के पारिश्रमिक-स्वरूप जूते और घड़ी माँग रहे हैं, कहीं पुराने स्लीपर की कील ठोंक रहे हैं। बम्बई जाने तक उन्होंने कभी फाउंटेनपेन ही न खरीदा था। बीड़ी पीते थे, बाद को सिगरेट भी। 'प्रेमचन्द स्मृति-अंक' और शिवरानी जी की पुस्तक 'प्रेमचन्द घर में' दुर्लभ सामग्री का पिटारा है। 'कलम का सिपाही' का काफी हिस्सा इन पर निर्भर है। अमृतराय ने प्रेमचन्द के पुराने छात्रों को ढूँढ़कर और उनके कुछ पुराने मुलाकातियों का पता लगाकर कुछ और संस्मरण इकट्ठे किये हैं। पुरानी सामग्री में यह महत्त्वपूर्ण इजाफा है। फिर भी पुरानी सामग्री की तुलना में मात्रा और गुण, दोनों के विचार से यह नई सामग्री अल्प ही है।

प्रेमचन्द के पारिवारिक परिवेश में उनके भाई महताबराय, पिता, चाची, पत्नी, पुत्र आदि के चित्र उभरकर आते हैं यद्यपि इन पात्रों को बाहर से ही ज्यादा देखा गया है, भीतर से कम। 'प्रेमचन्द घर में' पढ़कर प्रेमचन्द के जीवन का ज्यादा गहरा चित्र मन पर उतरता है। यदि शिवरानी जी और जैनेन्द्र जी वाले संस्मरण 'कलम का सिपाही' से निकाल दिये जाएँ तो पता चले कि अमृतराय के अपने संस्मरण नहीं के बराबर हैं। अमृतराय ने पिता के साथ अपने दोस्ताना ताल्लुकात का जिक्र किया है, इसलिए उनके संस्मरणों का अभाव और भी खटकता है। शिवरानी जी की भी जैसी तसवीर उनके अपने संस्मरणों में उभरकर आती है, वैसी इस पुस्तक में नहीं उभरती। प्रेमचन्द के जीवन-चरित में उनकी जीवनसंगिनी को कुछ और जगह मिलनी चाहिए थी। प्रेमचन्द के बड़े भाई का उल्लेख मात्र हुआ है, उनके बारे में कुछ भी विवरण नहीं दिया गया। पुत्रों में एक बार धुन्नू की पिटाई का जिक्र है। उस पिटाई का मजा लेने के बाद मानो छोटे भाई ने बड़े भाई को चित्रपट से गायब ही कर दिया।

कई जगह अमृतराय ने अपनी सौतेली माँ का जिक्र किया है। देखते ही शक्ल से नफरत हो गई—भद्दी, थुलथुल, फूहड़। इतना ही नहीं, उनके चेहरे पर चेचक के गहरे-गहरे दाग थे और एक टाँग कुछ छोटी थी जिसके कारण गरीब को भचककर चलना पड़ता था। महीने में एकाध बार हुहुआती भी जरूर थीं, जब उन पर भूत-प्रेत आते थे। सुनते हैं, दिमाग में कुछ खलल भी था, क्योंकि लड़ाई होने पर अपने पति से कहती थीं : "हम तुम्हें गदहा छानने के पगहे से बँधवाकर मँगा लेंगे। ऐसे-ऐसे जादू-टोने हैं हमारे पास!" जायसी के मुँह पर भी चेचक के दाग थे। हँसनेवाले से उन्होंने कहा था : "मुझ पर हँसता है या कुम्हार पर?" भद्दी और थुलथुल देह डॉ. जानसन की थी। जादू-टोने पर यकीन करने के कारण अंग्रेजी गद्य के अन्यतम लेखक टामस ब्राउन ने बूढ़ी स्त्रियों को डायन होने के अपराध में जिन्दा जलवा दिया था। उनसे तो यह प्रेमचन्द की परित्यक्ता परिणीता भली थी; पगहा से बँधवा मँगाने की धमकी ही तो देती थी। पाँव छोटा था। बायरन और पोप भी थोड़ा-सा लँगड़ाते थे। दिमाग में खलल? बहुत-से लेखकों के रहा है। बदशक्ल, फूहड़, झगड़ालू—इस तरह के विशेषणों का प्रयोग अमृतराय ने एक से अधिक बार किया है। जब वह

प्रेमचन्द के घर से आखिरी बार बिदा हुईं : "तो नवाब के लिए वह सचमुच मर गईं—गो मरीं बहुत बाद को।" बेशक जल्दी मरना चाहिए था। तब शायद मरने के बाद उन्हें बदशक्ल और फूहड़ कहकर बार-बार कोसने की जरूरत न पड़ती। कसूर उनका भी नहीं। प्रेमचन्द के शब्दों में : "हमारी मखदूमा ने जल-भुनकर गले में फाँसी लगाई। माँ ने आधी रात को भाँपा, दौड़ीं, उसको रिहा किया" ('कलम का सिपाही', पृ. 69)। मरने की कोशिश करके भी बेचारी मर न पाई!

प्रेमचन्द की चाची यानी सौतेली माँ बहुत झगड़ालू थीं। उनके कारण प्रेमचन्द की अपनी पहली पत्नी से न पटी। उनके कारण प्रेमचन्द की दूसरी पत्नी से भी कई साल तक न पटी, यानी मियाँ-बीवी के झगड़ों का एक कारण सौतेली माँ थीं। शिवरानी जी ने इस गृह-कलह का उल्लेख करते हुए लिखा है : "मुझसे उनसे कोई आठ साल तक नहीं पटी, क्योंकि उनके घर में बमचख बहुत था। मैं बमचख की आदी न थी। वे चाहते थे कि मैं अपने लिए खुद स्थान तैयार करूँ।"

अमृतराय ने इस महत्त्वपूर्ण बात का जिक्र नहीं किया कि उनके माता-पिता में आठ वर्ष तक नहीं पटी। यह आठ वर्ष विवाह के बाद भरी जवानी के आठ वर्ष थे। प्रेमचन्द घर सँभाल न पाते थे और गुस्सा बीवी पर उतारते थे। गृह-कलह के सिलसिले में झगड़ा हुआ। शिवरानी जी अपनी बात पर अड़ी रहीं। "इस पर उन्होंने मुझे दो चपत लगाए और बाहर चले गए।" यह कल्पना करना आसान है कि इस तरह पहलीवाली ने बहुत बार चपतें खाई होंगी। सारा कसूर उसी का न था। मुख्य अपराधी सौतेली माँ का कुछ बिगाड़ न पाने के कारण अंशतः प्रेमचन्द स्वयं भी अपराधी थे।

अमृतराय के लिए उचित था कि जहाँ शिवरानी जी की पुस्तक से उन्होंने और तमाम बातें ली हैं, वहाँ प्रेमचन्द की पहली पत्नी से शिवरानी जी के सम्बन्ध का भी उल्लेख कर देते। शिवरानी जी और उनके पिता—दोनों में किसी को प्रेमचन्द की इस पहली शादी के बारे में मालूम न था। एक दिन घर के बाहर जब प्रेमचन्द साले से बातें कर रहे थे, तब शिवरानी जी ने आड़ से उनकी बातें सुनीं और प्रेमचन्द को आड़े हाथों लिया : "एक आदमी का जीवन मिट्टी में मिलाने का आपको क्या हक है?" शिवरानी जी ने अपनी सौत को 'प्रिय बहन' करके पत्र लिखा। उन्हें अपने साथ रहने के लिए बुलाया। उन्होंने पत्र का उत्तर भी दिया। कैथी लिख लेती थीं। वह आने को तैयार थीं। शर्त यह थी कि प्रेमचन्द उन्हें लिवाने जाएँ। प्रेमचन्द इसके लिए तैयार न थे।

एक बार प्रेमचन्द ने कहा : "अब तो आपको मैंने मालिक बना दिया।"

शिवरानी जी ने उत्तर दिया : "मुझे मालिक बना दिया, एक की मिट्टी पलीद कर दी जिसकी कुरेदन मुझे हमेशा होती है। जिसे मैं बुरा समझती हूँ, वह हमारे ही यहाँ हो और हमारे हाथों हो। मैं स्वयं तकलीफ सहने को तैयार हूँ परन्तु स्त्री जाति की तकलीफ मैं नहीं देख सकती। उसी का प्रायश्चित्त शायद मुझे भी करना

पड़ेगा, हालाँकि मैं बेगुनाह हूँ। मेरे पिता को मालूम होता तो आपके साथ मेरी शादी हर्गिज न करते।"

जब प्रेमचन्द ने उनकी बदसूरती और तेज जबान की शिकायत की तो शिवरानी जी ने कहा : "आप दावे के साथ कह सकते हैं कि आपका अपना चरित अच्छा था? खामोश! जब आदमी खुद वैसा न हो तो दूसरे से आशा करना व्यर्थ है।"

इस पहले विवाह और पत्नी के त्याग के प्रति शिवरानी देवी का दृष्टिकोण सही है और वह प्रेमचन्द की साहित्यिक परम्परा के अनुकूल है। अमृतराय का दृष्टिकोण इससे भिन्न है।

प्रेमचन्द की पचीसों कहानियों का सम्बन्ध पुराने ढंग के संयुक्त परिवार और उसके टूटने से है। उन्हें इस संयुक्त परिवार से मोह था। वह स्वयं बड़े परिवार में पैदा हुए थे। यह परिवार उनके देखते-देखते टूटा। बड़े भाई से प्रेम था। वह भी प्रेमचन्द से इतनी आत्मीयता मानते थे कि जो काम प्रेमचन्द से न करा सकते थे, वह शिवरानी जी से करा लेते थे। उनके क्रोध की बौछार भी शिवरानी जी को सहनी पड़ी। दोनों भाइयों में बँटवारा हुआ। अमृतराय ने महताबराय से मनमुटाव का चित्र खींचा है : प्रेमचन्द की सारी कमजोरियाँ पेश करते हुए, विस्तार से। लेकिन यह कोई क्षणिक मनमुटाव न था। पूरे परिवार का पुराना ढाँचा टूट रहा था। इस सिलसिले में बड़े भाई से बँटवारे का जिक्र भी करना चाहिए था। इस मामले में प्रेमचन्द और शिवरानी जी के दृष्टिकोण में वैसे ही भेद था, जैसे होरी और धनिया के दृष्टिकोण में।

अमृतराय ने प्रेमचन्द को 'कलम के सिपाही' के रूप में चित्रित किया है। कलम के सिपाही वह थे यानी देश की आजादी के लिए कलम लेकर लड़ते थे। लेकिन यह उनके साहित्य का पहलू है। अमृतराय ने उनके व्यक्तित्व और साहित्य को बहुत सरल और समतल बनाकर पेश किया है। हर आदमी में अन्तर्विरोध होते हैं। अन्तर्विरोध न हो तो उसका व्यक्तित्व गतिशील न होकर स्थिर और जड़ हो जाए। जब अन्तर्विरोध एक हद तक सन्तुलित रहते हैं तब वे गतिशीलता प्रदान करते हैं; जब उनका असन्तुलन सीमा पार कर जाता है, तब व्यक्तित्व भीतर से टूट जाता है। व्यक्तित्व की पेचीदगियों को भुलाकर अमृतराय कुछ मोटे सूत्रों को बार-बार दोहराकर अति सरल चित्र प्रस्तुत करते हैं जो यथार्थ से दूर है।

प्रेमचन्द अपने युग की नवीन चेतना से प्रभावित थे, वह स्वयं उसके निर्माता थे। अनेक राजनीतिज्ञों की तुलना में वह वर्तमान और भविष्य—दोनों को ज्यादा स्पष्टता से देखते थे। फिर भी प्राचीन संयुक्त परिवार से उन्हें मोह था। इस मोह के बावजूद इस प्राचीन परिवार-प्रथा के दोषों का जैसा विशद चित्रण उन्होंने किया है, वैसा किसी दूसरे कलाकार ने नहीं किया। पुरानी प्रथा का विघटन उन्होंने अपने घर में देखा था; इसीलिए उनके जीवन-चरित में उस विघटन का चित्र आना जरूरी था और इस चित्र से उनकी पचीसों पारिवारिक जीवन-सम्बन्धी कहानियों का सूत्र जोड़ना आवश्यक

था। 'कलम का सिपाही' कहने से पारिवारिक जीवन के विघटन का मोहपूर्ण किन्तु यथार्थ चित्रण करनेवाले प्रेमचन्द पाठक की दृष्टि से ओझल हो जाते हैं।

प्रेमचन्द के यथार्थ चित्रण की गहराई का एक बहुत बड़ा कारण उनकी पारिवारिक जीवन की पकड़ है। वे चाहे किसी जमींदार का चित्रण करें, चाहे किसी किसान का, वे कभी अपने को राजनीतिक या आर्थिक संघर्ष तक सीमित नहीं रखते। जहाँ रखते हैं, वहाँ कमजोर पड़ते हैं और यह बात उनकी कुछ कहानियों में ही देखने को मिलती है। उनका उपन्यास तो एक भी नहीं है जिसमें विभिन्न पात्रों के पारिवारिक जीवन का चित्रण न किया गया हो। प्रेमचन्द की कला की गहरी जड़ें इस पारिवारिक परिवेश में हैं और राजनीतिक आन्दोलनों के उतार-चढ़ाव का चित्र खींचने से कलाकार की जीवनी-शक्ति के मूल स्रोत का बिलकुल पता नहीं चलता।

हर कोई जानता है कि प्रेमचन्द ने समाज के सभी वर्गों की अपेक्षा किसानों के चित्रण में सबसे अधिक सफलता पाई है। वे हर तरह के किसानों को पहचानते थे। उनके विभिन्न आर्थिक स्तर, उनकी विभिन्न विचारधाराएँ, उनकी विभिन्न सामाजिक समस्याएँ—वे किसान-जीवन के हर कोने से परिचित थे। जैसी उनकी जानकारी असाधारण थी, वैसा ही किसानों से उनका स्नेह भी गहरा था। किसानों के सम्पर्क में आनेवाली शोषण की जंगी मशीन के हर कल-पुर्जे से वे वाकिफ थे। अमृतराय ने प्रेमचन्द के राजनीतिक परिवेश का चित्रण करने में पचीसों पन्ने रँग डाले हैं, पट्टाभि सीतारमैया के इतिहास और पंडित जवाहरलाल नेहरू की आत्मकथा से लम्बे उद्धरण दिये हैं, आत्मकथा वाले उद्धरण तो संख्या और लम्बाई में उबा देनेवाले हैं। अपने शब्दों में राजनीतिक घटनाक्रम का वर्णन अलग है, काफी विस्तार से, और इस वर्णन में न कोई कलात्मक सौन्दर्य है, न चिन्तन की मौलिकता। जिन किसानों के बीच बैठकर प्रेमचन्द ने अपने विशाल कलात्मक साहित्य की सामग्री इकट्ठी की थी, उनकी जिन्दगी की तसवीर पर सामाजिक परिवेश के चित्रण में कोई ध्यान नहीं दिया गया।

प्रेमचन्द-साहित्य में किसानों की सीधी टक्कर अंग्रेजी-राज से कम होती है। उनकी सीधी टक्कर होती है महाजनों, सूदखोरों, जमींदारों और पंडे-पुरोहितों से। अंग्रेजी-राज इनके सहायक के रूप में सामने आता है। अमृतराय ने सामाजिक परिवेश का चित्रण करने में राजनीतिक आन्दोलनों—साम्राज्यवाद से उच्च और मध्यवर्गीय जनता के उतार-चढ़ाव वाले संघर्ष—का वर्णन किया है, अग्रेजों की छत्रच्छाया में पलनेवाले सामन्तवाद का हवाला देना आवश्यक नहीं समझा। प्रेमचन्द की बहुत बड़ी विशेषता यह है कि वे भारतीय समाज के अन्दरूनी सघर्ष को समझते थे, उस पर पाठकों का ध्यान केन्द्रित करते थे, इस संघर्ष से साम्राज्य-विरोधी संग्राम का सम्बन्ध जोड़ते थे। इसलिए उनके सामाजिक परिवेश के चित्रण में भारतीय समाज के अन्तर्विरोधों—उसके सामन्ती अवशेषों—का विवरण देना आवश्यक है।

प्रेमचन्द जिस विचार-भूमि से समाज के भीतरी द्वंद्व को देखते थे, वह साधारण खाते-पीते किसान की है। उनको जीवन-भर यह लालसा रही कि उनके पास अपनी जमीन हो और वह आजादी से खेती करके—या कराके—जिन्दगी बसर करें। लेकिन उनकी यह लालसा पूरी न हुई। जिन्दगी ने उन्हें देहात के सर्वहारा वर्ग के नजदीक ला पटका। उनकी विचारधारा पर सर्वहारा वर्ग—न केवल देहाती, वरन् शहरी सर्वहारा वर्ग—की नई चेतना का रंग भी चढ़ा हुआ है। उनका साहित्य-सृजन अधिकतर सोवियत क्रान्ति के बाद के युग में हुआ, जब हमारे राष्ट्रीय आन्दोलन पर समाजवादी विचारधारा का गहरा असर पड़ा। किन्तु सन् '17 से पहले और बाद को उन्होंने जो साहित्य रचा, उसके सूत्र अलग न होकर आपस में जुड़े हुए हैं। उन्होंने रूढ़िवाद के विरोध में अपना संघर्ष पहले ही आरम्भ कर दिया था; उस संघर्ष में विकास हुआ, किन्तु उसका सूत्रपात सन् '17 से पहले ही हो चुका था।

प्रेमचन्द को पुराने संयुक्त परिवार से मोह था और वह स्वयं उसकी चक्की में पिस भी चुके थे। पूँजीवाद के मुकाबले में उन्हें सामन्ती-सम्बन्ध किसी कदर भले मालूम होते थे। 'महाजनी सभ्यता' के आरम्भ में सामन्ती शोषण के साथ सामन्तवाद के गुणों का जिक्र करते हुए उन्होंने लिखा था : "राजा और सम्राट् जनसाधारण को अपने स्वार्थ-साधन और धन-शोषण की भट्ठी का ईंधन न समझते थे, किन्तु उनके दुख-सुख में शरीक होते थे और उनके गुणों की कद्र करते थे।" इस सामन्त-वर्ग की सबसे निर्मम आलोचना भी प्रेमचन्द ने की है। वह न केवल मजदूर-वर्ग की हिमायत करते थे वरन् अपने को भी मजदूर कहते थे। कलम के सिपाही थे और कलम के मजदूर भी। गांधी जी के प्रति उन्हें बहुत श्रद्धा थी और 'प्रेमाश्रम' में ही उन्होंने गांधी जी के आन्दोलन की सीमाओं की आलोचना भी शुरू कर दी थी। वह एक तरफ धार्मिक अन्धविश्वासों के कट्टर आलोचक थे, दूसरी तरफ पुनर्जन्म, भूत-प्रेत और भाग्य पर विश्वास की ओर भी झुकते थे। प्रेमचन्द के व्यक्तित्व के ये अन्तर्विरोध भारतीय समाज की तत्कालीन परिस्थितियों से उत्पन्न होते हैं, उनकी व्याख्या कांग्रेसी आन्दोलन की मोटी रूपरेखा देने से नहीं होती।

प्रेमचन्द के सामाजिक परिवेश की तरह उनके सांस्कृतिक परिवेश के चित्रण में बहुत-सी खामियाँ हैं। प्रेमचन्द ने तिलिस्म और ऐयारी की किताबें पढ़ी थीं, लेकिन उन्होंने उनका अनुसरण नहीं किया। अमृतराय ने लिखा है : "कोई ताकत जो खुद उससे बड़ी थी, उसका हाथ पकड़कर उसे सामाजिकता के उस रास्ते पर ले गई जिसे भविष्य में उसका अपना खास रास्ता बनना था।" यह ताकत एक तरफ तो समाज की बदलती हुई परिस्थितियों के दबाव से पैदा हुई थी, दूसरी तरफ वह उन्हें साहित्य की विरासत के तौर पर मिली थी। हिन्दी में तिलस्म और ऐयारी के अलावा भी बहुत कुछ और था। प्रेमचन्द ने बालमुकुन्द गुप्त को भी पढ़ा था, उनसे मिले थे, उनकी शैली से उनकी अपनी हिन्दी-शैली काफी मिलजी-जुलती

है। बालमुकुन्द गुप्त उर्दू के लेखक भी थे और प्रेमचन्द को हिन्दी-उर्दू से अपना सम्बन्ध देखते हुए उनकी याद भी आती थी।

प्रेमचन्द ने "अपनी मिट्टी से संस्पर्श बनाए रखकर" यूरोप के साहित्य को पढ़ा और "उससे पहले, सादी के लतीफों और हाफिज़ की गजलों ने अच्छी तरह उनके मन को रंगा है। वह शोखी, वह चुलबुलापन, वह रंगीनी, वह हाजिरजवाबी, जो फारसी की जान है, मुंशी जी के खून में भी घुल गई है।"

शोखी, चुलबुलापन और रंगीनी—इनका जानी दुश्मन कोई था तो प्रेमचन्द। वह उर्दू काव्य की आलोचना करते थे तो इन्हीं गुणों या दुर्गुणों के कारण। वह हाजिर-जवाब थे, लेकिन उनका व्यंग्य शोषण की चक्की में पिसे हुए लेखक की मर्म-व्यथा प्रकट करनेवाला व्यंग्य होता था। फोटो देखकर उनका यह कहना : "मेरा मुँह टेढ़ा आया है। क्या करें, नसीब ही टेढ़ा है।" निराला जी की याद दिलाता है।

नवीन जी का लिखा हुआ जो संस्मरण अमृतराय ने उद्धृत किया है, उसमें प्रेमचन्द की हास्यप्रियता नफासत लिये हुए नहीं है, उसमें किसान की सहज बुद्धि और अद्भुत रस की भावना छिपी हुई है। कोई कह रहा था, मुसलमान तभी रास्ते पर आएँगे जब ईंट का जवाब पत्थर से दिया जाएगा। प्रेमचन्द ने कहा कि पागलों के साथ पागल बनना ठीक नहीं। इस पर उन सज्जन ने कहा—अगर पागल हमारे सामने पेशाब करे तो हम क्या करें? प्रेमचन्द—जरा दूर हटकर खड़े हो जाओ। वह—अगर वहाँ भी आकर वह वही हरकत करे तो? प्रेमचन्द—जरा और दूर हट जाओ। वह—और जो वहाँ भी आकर वह यही हरकत करे? प्रेमचन्द—अमां यह कैसे हो सकता है? वह भलामानस कोई मशक थोड़े ही बाँधे है जो यहाँ-वहाँ सब जगह मूतता ही जाएगा।

इस तरह का मजाक फारसी की नफासत से कोसों दूर है। मोटेराम शास्त्री इसी हास्यप्रियता की उपज हैं, शोखी और चुलबुलेपनवाली परम्परा से उनका कोई सम्बन्ध नहीं है।

अमृतराय ने फारसी के सांस्कृतिक प्रभाव पर जोर दिया है, संस्कृत साहित्य की परम्परा से उन्हें अपरिचित दिखलाया है। प्रेमचन्द ने अनुवादों के माध्यम से संस्कृत साहित्य का काफी ज्ञान प्राप्त किया था। अमृतराय ने 'मेघदूत', 'विक्रमोर्वशीय' आदि पर प्रेमचन्द की आलोचना का जिक्र किया है। कालिदास की रचनाओं से फारसी काव्य की तुलना करते हुए उन्होंने लिखा था : "फारस का पौधा हिन्दुस्तान में लगाया गया—न वह जमीन, न वह आबोहवा; देखने से आँखों को न ताजगी होती है, न दिल को खुशी।...सरो, शमशाद और सनोवर के मुकाबले में कदम्ब, नीम और केतकी कैसे अपने जान पड़ते हैं!" तब यह कैसे मान लें कि फारसी साहित्य का रस प्रेमचन्द के खून में घुल-मिल गया था?

एक जगह अमृतराय ने स्वर्गीय शिवपूजन सहाय को प्रेमचन्द का 'अन्तरंग सखा' कहा है। किन्तु इस अन्तरंग सखा पर उन्होंने इन दो शब्द के अलावा दो वाक्य भी

नहीं लिखे। जब अन्तरंग सखा का कोई विवरण नहीं, तब और हिन्दी लेखकों का जिक्र सिर्फ इसलिए आता है कि प्रेमचन्द ने उन्हें पत्र लिखे थे, आखिरी दिनों में उन्हें प्रोत्साहन दिया था या उन लेखकों ने प्रेमचन्द के संस्मरण लिखे थे। प्रेमचन्द के निर्माण में हिन्दी साहित्य की परम्परा और हिन्दी साहित्यकारों का भी हाथ था, इसका गुमान भी अमृतराय की पुस्तक से पाठक को नहीं होता।

आचार्य महावीरप्रसाद द्विवेदी का इतना ही जिक्र है कि उन्होंने प्रेमचन्द की 'पंचायत' कहानी छापते समय उसका नाम बदलकर 'पंच परमेश्वर' कर दिया था।

प्रेमचन्द ने 'हंस' का 'द्विवेदी अभिनन्दनांक' निकाला था। इसके सम्पादकीय स्तम्भ में उन्होंने लिखा था : "वे हमारी गलतियों पर फटकारते थे, उन्हें प्रेमपूर्वक सुधार देते थे और हमारी सफलता पर हमें प्रेम के मोदक भी खिलाते थे। इन्होंने ठोक-ठोककर हमें सुधारा, पुचकार-पुचकारकर ठीक रास्ते पर चढ़ाया और उत्साह दे-देकर आगे बढ़ाया।"

अमृतराय ने न द्विवेदी-अभिनन्दन अंक का जिक्र किया है, न द्विवेदी जी से प्रेमचन्द के सम्बन्धों पर एक लाइन लिखी है। उनकी पुस्तक में प्रेमचन्द हिन्दी साहित्य की परम्परा से विच्छिन्न, अपने विकास में हिन्दी साहित्य के प्रभाव से अछूते दिखाई देते हैं। हकीकत कुछ और ही है।

प्रेमचन्द के पूर्ववर्ती और समकालीन हिन्दी-उर्दू साहित्य—विशेष रूप से हिन्दी साहित्य—से परिचित न होने के कारण अमृतराय को प्रेमचन्द समरभूमि में बढ़ते हुए अकेले कलम के सिपाही मालूम होते हैं। अकेले बढ़ने के कारण यदि थोड़ा सनकी भी लगते हों तो यह स्वाभाविक है।

प्रेमचन्द ने हिन्दू सम्प्रदायवाद का विरोध किया। इस सिलसिले में अमृतराय ने लिखा है : "सख्त-सुस्त जो उन्हें अपनी बिरादरी को कहना था, उन्होंने कह लिया। लेकिन उससे होता क्या है, खूँखार नफरत का वह अजदहा अब भी वैसे ही मुँह बाए खड़ा था और अपनी गर्म-गर्म जहरीली साँसों के बगूले छोड़ रहा था।"

यह सही है कि हमारे लेखक और समाज-सुधारक सम्प्रदायवाद को मिटा नहीं पाए, लेकिन यह भी सही है कि पाकिस्तान और इंग्लिस्तान से भिन्न हिन्दुस्तान में धर्म-निरपेक्ष राज्य अपने-आप कायम नहीं हो गया। इसके पीछे प्रेमचन्द जैसे लोगों का संघर्ष है। 'लेकिन उससे होता क्या है?'—इस टुकड़े में लेखक के अकेलेपन की तसवीर साफ नजर आती है। प्रेमचन्द ने मानो हिन्दू-बिरादरी को सख्त-सुस्त कहकर अपने दिल की भड़ास निकाली हो, न कि समानधर्मा लेखकों के साथ मिलकर सम्प्रदायवाद के खिलाफ जमकर संघर्ष किया हो। यह बात याद रखने योग्य है कि प्रेमचन्द ने केवल हिन्दुओं के रूढ़िवाद का विरोध नहीं किया, उन्होंने मुसलमानों के अन्धविश्वासों की भी तीव्र आलोचना की है। इसके यथेष्ट प्रमाण मैं 'आस्था और सौन्दर्य' नाम की पुस्तक के एक निबन्ध में दे चुका हूँ।

"और योजना शूर तो मुंशी जी पुराने हैं...।

"बस, खयाली पुलाव पककर रह गया...।

"मुंशी जी ने बहुत दुनिया देखी थी लेकिन यह मोटी बात उनकी समझ में न आई। (प्रेस का धन्धा करने में साझेदारी का खतरा समझ में न आया।)

"मुंशी जी ने गले की ढोल बजाई, और जी तोड़कर बजाई लेकिन अभी उनको यह समझना बाकी था कि दुनिया में कुछ काम ऐसे भी हैं जो केवल भीष्म प्रतिज्ञा के बल पर पूरे नहीं किये जा सकते। प्रेस चलाना भी उनमें एक है। फटी हुई ढोल थी, बहुत ही कर्कश बोलती थी, गर्दन कटी जा रही थी, लेकिन मरते दम तक वह उसे बजाते रहे—इतनी-सी बात उनकी समझ में न आई कि ढोल को गले से निकालकर फेंका भी जा सकता है।"

ये सब नसीहतें प्रेमचन्द के जीते हुए उन्हें मिली होतीं तो 'कलम के सिपाही' को लड़ने में कुछ मदद मिलती। मरने के बाद वे उनसे फायदा उठा नहीं सकते, न हिन्दी लेखक अब इतने मूर्ख हैं कि 'हंस' और 'जागरण'-जैसे पर्चों पर व्यर्थ पैसा खर्च करें। लेकिन प्रेमचन्द व्यवहार-कुशलता से उतनी दूर न थे जितना अमृतराय ने उन्हें दिखलाया है। साझेदारी का प्रेस घाटा भले देता हो, अन्त में रह गया वह केवल प्रेमचन्द का। वह अपने भाई को भी यह घाटेवाला प्रेस बेचने को तैयार न थे। उन्होंने गाँव में मकान बनवाया था और रक्षा-बन्धन के अवसर पर—उस जमाने में—एक सौ पैंतीस रुपये की लौंग बेटी के लिए, पैंतालीस-पैंतालीस की घड़ियाँ बेटों के लिए लाए थे (देखिए, शिवरानी देवी, 'प्रेमचन्द घर में')। अमृतराय ने इस घटना का जिक्र नहीं किया, न यह लिखा है कि प्रेमचन्द अपनी पुस्तकों के रूप में जो सम्पत्ति छोड़ गए, उससे उनके बेटों को कितना मुनाफा हुआ।

प्रेमचन्द व्यवहारकुशल थे, फिर भी ठगे जाते थे। लोग उनकी सहानुभूति जगाकर उनसे पैसे ले जाते थे, इसका विस्तृत विवरण पुस्तक में है। किन्तु प्रकाशक उन्हें कितना ठगते थे, इसका कहीं जिक्र नहीं है। प्रेमचन्द की किताबें छप रही हैं, चारों तरफ यश फैल रहा है, प्रकाशक पैसे लिये उनके पीछे घूम रहे हैं। अमृतराय ने इस प्रसन्न जीवन का यह चित्र खींचा है : "अच्छा लगता है मुंशी जी को यह सब, और क्यों न अच्छा लगे! लेखक को इससे ज्यादा और चाहिए भी क्या—दिल में लिखने की उमंग है, कलम तेजी से चल रहा है, छापनेवाला पैसे लिये दरवाजे पर बैठा है, कीर्ति एक भाषा की सीमा को लाँघकर दूसरी भाषाओं में पहुँच रही है।"

पूँजीवादी प्रकाशन-व्यवस्था में प्रेमचन्द मजे से फल-फूल रहे थे, लेकिन उन पर पागलपन सवार हुआ प्रेस के मालिक बनने का! पास में पूँजी नहीं। "ऐसा नदी के ढहते हुए कगार पर खड़ा बिजनेस मुंशी जी ही कर सकते थे—और उम्मीद मुनाफे की फिर भी पूरी बाँधे थे!" प्रेस आ गया लेकिन "क्या खूब, सारी लेई-पूँजी प्रेस खड़ा करने में ही उड़ गई, अब उसे चलाने के लिए एक कौड़ी हाथ में नहीं।"

नतीजा यह : "पैसे की कमी। काम की कमी। घाटे पर घाटा होता रहा।" प्रेस खोलकर प्रेमचन्द ने कितना शेखचिल्लीपन दिखाया था, इसका वर्णन अपनी सरस व्यंग्य-मिश्रित शैली में अमृतराय ने बहुत विस्तार से किया है। लेकिन प्रेमचन्द-जैसे व्यवहार-कुशल आदमी ने ऐसा काम क्यों उठाया—इस सवाल का जवाब नहीं मिलता। या तो उन्हें मालिक बनकर मुनाफा कमाने का लोभ था या बस, सिर पर पागलपन सवार था।

प्रेमचन्द के इस पागलपन का रहस्य प्रकाशकों से उनके सम्बन्ध पर ध्यान दिये बिना समझ में नहीं आ सकता। 'प्रेमाश्रम' कहीं से, 'रंगभूमि' कहीं से, अलग-अलग प्रकाशकों के यहाँ से पुस्तकें छपने का राज क्या था? शिवरानी जी ने अपनी पुस्तक में लिखा है : "अभी इसी महीने में मालूम हुआ है कि अभी आठ साल के अन्दर कोई बीस हजार की किताबें बिकीं...अगर इन किताबों की रायल्टी ही मिली होती तो कोई 12000/-) बिना किसी मेहनत के घर आ गए होते।" खुद प्रकाशक बनने से बीस हजार की बिक्री का पता चलता है, आठ साल में रायल्टी के बारह हजार का हिसाब लगाया जा सकता है। किन्तु प्रकाशकों के यहाँ तो बात कुछ सैकड़ों तक ही पहुँचती थी। प्रेमचन्द प्रकाशकों के शोषण को अच्छी तरह पहचान गए थे; इसीलिए घाटे पर साझे में प्रेस चलाने को तैयार थे। कगार पर बिजनेस करने का रहस्य यह था।

मुंशी दयानारायण निगम को लिखा था : "सिर्फ गुजारा चाहता हूँ और गुजारा साठ रुपये से कम में नहीं हो सकता।"

उन्हीं को फिर : "आपसे दरख्वास्त है कि आप अजराहे करम जितने मजामीन या नोट-शाया करें, उनकी उजरत किसी एक शरह से मसलन आठ आने फी कॉलम मुकर्रर फर्मा दीजिए।" यह उजरत उन्हें नहीं मिली।

'आज' को हर हफ्ते अग्रलेख और टिप्पणियाँ भेजने का भार वह लेने को तैयार थे, इसके लिए वह पचास रुपये चाहते थे, 'आज' वाले कुल तीस देने को तैयार थे। इससे अन्दाज लगाया जा सकता है कि उन्हें कहानियों, लेखों और उपन्यासों के लिए कितना कम पैसा मिला होगा। 'सेवासदन' के उर्दू संस्करण के बारे में उन्होंने लिखा था : "मेरे खयाल में पहले एडीशन के लिए बीस फीसदी रखें और बकिया दो एडीशनों के लिए दस फीसदी यानी कुल रकम साढ़े तीन सौ रुपये होती है।" यह रकम भी मिलनेवाली नहीं थी।

प्रकाशकों के शोषण के अलावा वे अपने पत्रों द्वारा जनता में नये साहित्य और नई राजनीतिक चेतना का प्रसार भी करना चाहते थे। इसलिए वह 'हंस' के पीछे अपने को बरबाद किये चले जा रहे थे। शिवरानी जी ने लिखा है : "वे अपनी कठिन बीमारी के समय भी 'हंस' को नहीं भूले थे।" प्रेमचन्द के जीवन की आखिरी रात का विवरण देते हुए जैनेन्द्र जी ने लिखा था : "रात के बारह बजे 'हंस' की बात हो चुकी थी...चिन्ता का केन्द्र यही था कि 'हंस' कैसे चलेगा, नहीं चलेगा तो

क्या होगा। 'हंस' के लिए तब भी जीने की आस उनके मन में थी और 'हंस' न जिएगा, यह कल्पना उन्हें असह्य थी।"

अमृतराय ने जैनेन्द्र जी के संस्मरणों के आधार पर प्रेमचन्द के अन्तिम क्षणों का विवरण दिया है। उसमें 'हंस' सम्बन्धी उनकी चिन्ता का हवाला उन्होंने निकाल दिया है। वह स्वयं 'हंस' न निकालें, किन्तु प्रेमचन्द के जीवन-इतिहास में उनकी इस अन्तिम इच्छा का जिक्र तो करना चाहिए था। प्रेमचन्द के जीवन के लिए 'हंस' का क्या महत्त्व था, पाठक यह न समझें तो उसका जंजाल उसे उनके पागलपन के अलावा कुछ न मालूम होगा।

प्रेमचन्द कलम के सिपाही थे लेकिन अकेले लड़नेवाले सिपाही न थे। वह न केवल दूसरे लेखकों के साथ मिलकर लड़ते थे वरन् जनता के साथ मिलकर लड़ते थे। अमृतराय ने बार-बार उन्हें लोगों से दूर, ज्यादातर घर पर रहनेवाले, बहुत कम दोस्तों, मुलाकातियों वाले लेखक के रूप में चित्रित किया है। प्रेमचन्द का जीवन अलगाव का जीवन न था। उनके कथा-साहित्य में जो सैकड़ों सजीव पात्र हैं, वे जिन्दगी से लिये गए हैं, घर में बैठकर कल्पना के कारखाने में नहीं ढाले गए।

कलम के सिपाही के अलावा प्रेमचन्द बहुत अच्छे पति और पिता थे। शिवरानी जी की पुस्तक में पति-पत्नी का अगाध स्नेह उनके जीवन के प्रेरणास्रोत के रूप में प्रवाहित होता दीख पड़ता है। अमृतराय ने शिवरानी जी को शासिका-रूप में ही ज्यादा दिखलाया है। 'प्रेमचन्द घर में' का एक बहुत करुण प्रसंग वह है जहाँ होरी की मृत्यु का विवरण पढ़ते हुए वह फूट-फूटकर रोने लगती हैं और प्रेमचन्द उन्हें ढाढ़स बँधाते हुए कमरे से बाहर ले जाते हैं। 'कलम का सिपाही' पढ़नेवाले को 'प्रेमचन्द घर में' जरूर पढ़ना चाहिए। अमृतराय ने अपनी किताब का ढाँचा और बहुत-सा रक्त-मांस शिवरानी जी की पुस्तक से लिया है, लेकिन कुछ महत्त्वपूर्ण बातें छोड़ भी गए हैं।

होली के दिन प्रेमचन्द मिठाई के साथ भंग भी लाते थे। खुद गाते थे और कभी-कभी पत्नी के साथ मिलकर गाते थे। बच्चे को दूध पिलाने के लिए बकरी अपने हाथ से दुहते थे। खाना भी जरूरत पड़ने पर बनाते थे, कभी-कभी बर्तन भी माँज लेते थे। कभी पत्नी रोटी बेलती थी और वह सेंकते थे। कभी खुद गेहूँ बीनकर सूखने के लिए डालते थे। गाँव में अपने दरवाजे पर खुद झाड़ू लगाते थे। लड़कों के खेलने के लिए खुद मिट्टी इकट्ठा कर देते थे और उन्हें खेलना सिखाते थे। ओले गिरने पर बच्चों के ऊपर पत्नी के साथ लिहाफ तानकर खड़े हो गए, लेकिन 'हम दोनों के सिर पर पत्थर लगे।' आखिर शिवरानी जी के कहने से नौकर, पत्नी और बच्चों के साथ तख्त के नीचे छिपे। एक बार अमृतराय बचपन में खो गए थे, तब प्रेमचन्द ने पत्नी से कहा था : "आज यह अगर न मिलता तो मैं भी न लौटता।"

रात को पानी बरसा, कमरे की छत फट गई, किताबों के बरबाद हो जाने का डर था। कटोरी में कड़ुए तेल का दीया जलाया गया और पति-पत्नी भीगते हुए

किताबें उठाते रहे। शिवरानी जी को भीगने से बुखार चढ़ आया। वह स्वयं अपने स्वाथ्य का ध्यान न रखती थीं, बुखार की कमजोरी में भी कांग्रेस का काम करने यानी स्त्रियों में राजनीतिक प्रचार के लिए जाती थीं, किन्तु प्रेमचन्द को जरूरत से ज्यादा काम करने पर बराबर डाँटती थीं। प्रेमचन्द से वही कह सकती थीं—फिर भी आप न माने तो कलम तोड़कर फेंक दूँगी।

और वही अपने बच्चे के लिए कह सकती थीं—बच्चों को भी आप-सरीखा बनना चाहिए। अगर ये ऐसे न बने तो मैं समझ लूँगी ये मेरे बच्चे ही नहीं हैं।

'कलम का सिपाही' जब पढ़ना शुरू किया तब आश्चर्य हुआ कि प्रेमचन्द के बचपन और युवावस्था की इतनी बातें अमृतराय को कहाँ से मालूम हुईं। इसके बाद 'प्रेमचन्द घर में' दोबारा पढ़ा। पता चला, शिवरानी जी का नाम दिये बिना ढेरों सामग्री वहाँ से लेकर यहाँ सजाई गई है। पुस्तक के अन्तिम अंशों में शिवरानी जी के उद्धरण दिये गए हैं, उनका नाम दिया गया है; यह काम पहले के हिस्सों में भी किया जा सकता था। अजनबी पाठक को इसके अभाव में पुस्तक की प्रामाणिकता में सन्देह होने लगता है। अमृतराय ने भूमिका में लिखा है कि यह जीवनी भी एक उपन्यास है। उपन्यास की तरह यह जीवनी सब जगह रोचक नहीं है। साढ़े छह सौ पृष्ठों की यह सामग्री तीन सौ पृष्ठों में मजे से संक्षिप्त की जा सकती है। पंडित जवाहरलाल नेहरू की आत्मकथा के उद्धरण निकाल दीजिए, उपन्यासों-कहानियों के उद्धरण या उनके सारांश काट दीजिए, दूसरे लेखकों से जो लम्बे उद्धरण दिये गए हैं, उन्हें संक्षिप्त कर दीजिए, राजनीतिक टिप्पणियाँ छाँट दीजिए और खास तौर से प्रेमचन्द के स्वगत-कथन निकाल दीजिए, तो दो-ढाई सौ पन्नों की सामग्री जरूर कम हो जाएगी। प्रेमचन्द के सोचने का तरीका अमृतराय से कुछ भिन्न था, दोनों की भाषा-शैली में भी अन्तर है। इसीलिए प्रेमचन्द के स्वगत-कथन फालतू और अस्वाभाविक लगते हैं। कहीं-कहीं उद्धरणों की आवृत्ति हुई है।

पृ. 363-364 पर हजारीप्रसाद जी द्विवेदी के पत्र से तीन-चौथाई पृष्ठ की सामग्री उद्धृत हो गई है। पृ. 606-607 पर इसको फिर उद्धृत किया गया है। बहुत जगह उद्धरणों के साथ मूल स्रोत का हवाला नहीं है। पृ. 628 पर लिखा है कि खुले अधिवेशन में एक प्रस्ताव का विरोध करते हुए मौलवी अब्दुलहक और मुहम्मद आकिल ने कहा—इसके बाद जो कहा, उसका उद्धरण है। दोनों एक साथ ही बोले या अलग-अलग या संयुक्त वक्तव्य दिया—कुछ स्पष्ट नहीं होता। न इस उद्धरण के स्रोत का पता दिया गया है।

इस तरह के दोषों की सूची काफी लम्बी हो सकती है। फिर भी यह प्रेमचन्द की पहली प्रामाणिक जीवनी है और इस लेख के आरम्भ में उसका जो महत्त्व बतलाया गया है, वह असंदिग्ध है।

14

श्री मदनगोपालकृत 'मुंशी प्रेमचन्द'

श्री अमृतराय द्वारा लिखी हुई प्रेमचन्द की जीवनी 1962 में प्रकाशित हुई। श्री मदनगोपाल की पुस्तक प्रकाशित हुई 1964 में, लेकिन उसकी भूमिका में तारीख पड़ी है 29 मई, 1962। लगता है, दोनों पुस्तकें साथ-साथ लिखी जा रही थीं। किन्हीं कारणों से मदनगोपाल जी की पुस्तक के छपने में विलम्ब हुआ।

दोनों पुस्तकों में काफी साम्य है। अमृतराय जी की पुस्तक में लगभग साढ़े सात सौ सफे हैं, मदनगोपाल जी की पुस्तक में लगभग साढ़े चार सौ। अमृतराय जी ने जवाहरलाल नेहरू, पट्टाभि सीतारमैया आदि के आधार पर जो राजनीतिक पृष्ठभूमि चित्रित की है, उसे निकाल दिया जाए तो उनकी पुस्तक भी लगभग साढ़े चार सौ पृष्ठों की हो जाए।

दोनों सज्जनों ने प्रेमचन्द की कहानियों और उपन्यासों के सारांश दिये हैं। यदि ये अंश निकाल दिये जाएँ तो पुस्तकों का लगभग अर्द्धांश और निकल जाए।

दोनों लेखकों ने पुस्तक के रोचक अंश शिवरानी देवी जी की पुस्तक 'प्रेमचन्द घर में' के आधार पर लिखे हैं। यह पुस्तक सुलभ है। उससे उधार लिये हुए अंश निकाल दिये जाएँ तो पुस्तकें पॉकेट बुक साइज की हो जाएँ।

दोनों पुस्तकों में जो नई सामग्री है, वह प्रेमचन्द जी के अप्रकाशित पत्र हैं, विशेषकर मुंशी दयानारायण निगम को लिखे हुए पत्र। अमृतराय जी ने जीवनी के लिए इन पत्रों का उपयोग करने के अलावा उन्हें अलग से भी पुस्तक-रूप में प्रकाशित कर दिया है।

पत्रों के संग्रह में दोनों सज्जनों ने बड़ा परिश्रम किया है। 'चिट्ठी-पत्री' के दोनों भागों की भूमिका में अमृतराय जी ने अपनी खोज का ब्योरा दिया है। दयानारायण जी के मकान के "ढहे हुए हिस्से की एक गिरी-पड़ी कोठरी में, दुनिया-भर के काठ-कबाड़ और रद्दी-सद्दी कागजों के बीच खोई हुई मिलीं—बाकायदा तरतीबवार सजी हुई, 1905 से लेकर 1936 तक फाइल के भीतर बन्द!"

लगता है, चिट्ठियों की यह फाइल पूरी नहीं थी, कुछ पत्र मदनगोपाल जी के पास पहुँच गए थे। भूमिका में अमृतराय जी ने मदनगोपाल जी को भी धन्यवाद दिया

है : "जिनकी कृपा से मुझे इस संग्रह के वे पत्र मिले, जो निगम साहब के यहाँ नहीं थे।" लेकिन मदनगोपाल जी की पुस्तक पढ़कर लगता है कि मुंशी दयानारायण को लिखे हुए प्रेमचन्द के प्राय: सभी महत्त्वपूर्ण पत्र उन्हें सुलभ थे।

'चिट्ठी-पत्री' के दूसरे खंड की भूमिका में अमृतराय जी ने पत्र-संग्रह के प्रयत्नों के सन्दर्भ में मदनगोपाल जी के बारे में लिखा है : "दिल्ली के मेरे बन्धु मदनगोपाल जी ने इस सम्बन्ध में काफी जागरूकता का परिचय दिया और कुछ पत्रों का संग्रह भी किया पर अधिक सफलता उन्हें भी नहीं मिली।"

लेकिन मदनगोपाल जी ने अपनी भूमिका में लिखा है कि उन्होंने अमृतराय जी को टाइप किये हुए लगभग 300 पृष्ठों की पत्र-सामग्री दी।

अवश्य ही प्रेमचन्द के बहुत से पत्र नष्ट हो गए हैं, या इस समय अप्राप्य हैं। अमृतराय जी ने ठीक ही लिखा है कि फिराक गोरखपुरी ने "मुंशी जी की चिट्ठियाँ सँभालकर रखी होतीं तो आज उनके पास एक बड़ा-सा पुलिन्दा होता।"

आश्चर्य की बात है, इस पत्र-संग्रह में अमृतराय जी या श्रीपतराय जी को लिखा हुआ प्रेमचन्द का एक भी पत्र नहीं है। यह देखकर मुंशी दयानारायण निगम, जैनेन्द्र जी और महताबराय के प्रति कृतज्ञता प्रकट करने की इच्छा होती है कि वे प्रेमचन्द के कुछ बहुत ही महत्त्वपूर्ण पत्र बचाए रहे।

दोनों विद्वानों ने पत्रों की तिथि आदि का पता लगाने में यथेष्ट परिश्रम किया है। इस परिश्रम का फल सदा पाठक को सुलभ नहीं हुआ। 'चिट्ठी-पत्री' खंड 2 में पत्र नं. 136 महताबराय का है। इस पर तारीख 24 अप्रैल दी गई है, लेकिन सन् नदारद है। पत्र नं. 137 में न तारीख है, न सन्। पत्र नं. 138, 139 में केवल तारीखें हैं, सन् नहीं दिये गए।

मदनगोपाल जी ने भूमिका में लिखा है कि प्रेमचन्द की बहुत-सी चिट्ठियों में पता-ठिकाना, तारीख वगैरह नहीं थी। उन्होंने डाक मुहर या खत का मजमून देखकर या पुरानी पत्र-पत्रिकाओं से जोड़-तोड़ मिलाकर स्थान-तिथि आदि निश्चित की। इसमें उन्हें कितना परिश्रम करना पड़ा होगा, इसका अनुमान पाठक आसानी से कर सकते हैं। लेकिन इस परिश्रम का फल उन्होंने पाठक को नहीं दिया।

"In one of his letters, he says." (पृ. 47)

"In a letter he told Nigam." (पृ. 98)

"Premchand wrote to Mahtabrai from Gorakhpur." (पृ. 194)

इस तरह के बहुत-से स्थल हैं जहाँ सन्-संवत् का उल्लेख नहीं है। पत्रों के अलावा भी साधारणत: मदनगोपाल जी ने जो तथ्य दिये हैं, उनके उद्गम की चर्चा नहीं की। उन्होंने लिखा है कि अपनी पहली पत्नी से अलग होने के बाद प्रेमचन्द का सम्बन्ध एक स्त्री से रहा और मृत्यु-शय्या पर ही उन्होंने यह भेद प्रकट किया था (पृ. 58)। इस तथ्य के स्रोत का उल्लेख नहीं है।

प्रेमचन्द के पिता उन्हें नवाब कहकर सम्बोधित करते हैं : "Are you composing something Navab" (पृ. 17)? अभी तक लोग जानते थे कि प्रेमचन्द का असली नाम धनपतराय था। नवाबराय के नाम से वे कहानियाँ और लेख लिखते थे। लेकिन मदनगोपाल जी के लिखने से मालूम होता है कि प्रेमचन्द के पिता उन्हें 'नवाब' कहकर पुकारते थे। दुर्भाग्य से यहाँ भी उन्होंने अपनी जानकारी का आधार नहीं बताया।

प्रेमचन्द के अध्यापक-जीवन के बारे में मुंशी मजरुल हक कलीम के विवरण का हवाला है। अमृतराय जी की पुस्तक में भी "उनका एक छात्र मजरुल हक लिखता है" (पृ. 167)। कहाँ लिखता है, इसकी चर्चा नहीं है।

कुछ दिलचस्प सूचनाएँ हैं, जैसे यह कि 'आनन्द मठ' में जो वंदे-मातरम् गीत है, वह 'India's antham' है (पृ. 30)।

'शतरंज के खिलाड़ी' की चर्चा में उन्होंने बताया है कि अवध और लखनऊ के दो राज्य थे : "The British were making inroads into kingdoms of Oudh and Lucknow" (पृ. 221)।

कुल मिलाकर मदनगोपाल जी ने अमृतराय जी से अधिक परिश्रम किया है। अमृतराय जी ने केवल प्रेमचन्द की कहानियों के सारांश दिये हैं, मदनगोपाल जी ने शिवरानी जी की कहानियों के सारांश भी दे दिए हैं। अगले संस्करण में वे अमृतराय जी की कथा-कहानियों के भी सारांश दे दें तो परिवार का साहित्यिक इतिहास पूरा हो जाए।

मदनगोपाल जी की पुस्तक अंग्रेजी में है। हिन्दी-उर्दू में लिखी हुई कहानियों, उपन्यासों और लेखों का सारांश हिन्दी में देना आसान है, अंग्रेजी में अधिक श्रमसाध्य। अमृतराय जी ने अपने पत्र-संग्रह में प्रेमचन्द के अंग्रेजी में लिखे हुए कुछ पत्रों का अनुवाद दिया है। मदनगोपाल जी को ऐसे कुछ पत्रों के अलावा शेष हिन्दी-उर्दू में लिखे सभी पत्रों का अनुवाद—यानी उद्धृत अंशों का अनुवाद—अंग्रेजी में करना पड़ा है। वैसे प्रेमचन्द की शिकस्त को हिन्दी में करना अंग्रेजी में अनुवाद करने से कम मुश्किल नहीं है।

प्रेमचन्द ने लिखा था : "अहसन साहब से अच्छी गजलें चुनवाकर शामिल कर दीजिए" ('चिट्ठी-पत्री', खंड 1, पृ. 149)। मदनगोपाल जी ने इस पत्र के अनुवादित रूप में लिखा है : "You can ask Hussain to select other poems and include them" (पृ. 237)। अहसन साहब हुसेन हो गए!

उधर अमृतराय जी के पाठ में एक जगह अहसन साहब हसन ही रह गए हैं : "हाँ, हजरत हसन के मुताल्लिक कुछ अर्ज करना चाहता हूँ" (पृ. 146)। मदनगोपाल जी ने अपने अनुवाद में इसी जगह अहसन ठीक लिखा है (पृ. 235)।

अपनी अनुवाद-नीति के बारे में मदनगोपाल जी ने लिखा है : "The rendering from Urdu and Hindi into English is most cases is free." (भूमिका)।

'प्रेमाश्रम' में बलराज रूस के साथ बल्गारिया का जिक्र करता है। मदनगोपाल जी ने अपने अनुवाद में बल्गारिया का नाम छोड़ दिया है। (पृ. 100)।

प्रेमचन्द ने प्रेस के बारे में लिखा था : "अब तो गले का ढोल बजाना ही पड़ेगा।" मदनगोपाल जी ने पत्र के अनुवाद में यह वाक्य छोड़ दिया है।

वाक्य छूटने के अलावा कई जगह अंग्रेजी लिबास में प्रेमचन्द के विचार काफी बदले हुए नजर आते हैं। शिवरानी जी ने लिखा : "इस तरह कहने से काम नहीं चलेगा। वह तुम्हारा विश्वास नहीं करेंगे" ('प्रेमचन्द घर में', आत्माराम एंड संस, दिल्ली, पृ. 110)। मदनगोपाल जी ने इन वाक्यों को प्रश्नवाचक बना दिया है : "Would they believe you? And will it be all that easy?"

प्रेमचन्द ने अपनी पहली पत्नी की विदाई के सिलसिले में लिखा था : "बिल्ली बख्शे, मुर्गा लँडूरा ही रहेगा।" मदनगोपाल जी ने अपने अनुवाद में मुर्गे को मुर्गी बना दिया है (पृ. 56)।

प्रेमचन्द ने लिखा : "कोठे पर आग बरसती है।" मदनगोपाल जी ने लिखा : "On the roof there is a rain of fire" (पृ. 55)। कोठे के बदले में उन्होंने छत को ज्यादा उपयोगी समझा। प्रेमचन्द ने लिखा : "मौके और फुर्सत के लिहाज से कुछ थोड़ा-बहुत लिटरेरी काम करता रहूँगा।" मौके और फुर्सत से सन्तुष्ट न होकर मदनगोपाल जी ने लिटरेरी काम प्रेमचन्द के 'रुटीन' में दाखिल कर दिया : "As a routine I'll continue doing a bit of writing" (पृ. 108)

प्रेमचन्द ने लिखा, 'मैं किस बूढ़े से कम हूँ!' मदनगोपाल जी ने वाक्य को और जोरदार बनाया—मेरे बराबर बूढ़ा और कौन है? "Is there one who is as aged as myself" (पृ. 108)?

प्रेमचन्द ने लिखा : "शायद उस वक्त तक बाबू रघुपति सहाय का मौजा फरोख्त हो जाए।" मदनगोपाल जी ने मौजे को बदलकर "Raghupati Sahai's plot of land" कर दिया (पृ. 196)।

प्रेमचन्द ने महताबराय को लिखा था : "तुमने कमरा बनवाने की तजवीज भाई साहब से की थी।" मदनगोपाल जी ने कमरे के बदले मकान की मरम्मत की चर्चा करना ज्यादा मुनासिब समझा। "You asked Bhai Saheb for repairs to the house" (पृ. 201)।

प्रेमचन्द ने दयानारायण निगम को लिखा था : "मैं अखबारात और रिसालों से मुनासिब और दिलचस्प तर्जुमे कर दिया करूँगा।" मदनगोपाल जी ने निगम साहब को इन सब अखबारात और रिसालों का मालिक बनाकर प्रेमचन्द से कहलाया है कि वे उनके लिए अनुवादित सामग्री भेजेंगे : "I shall translate important, useful and interesting items for your journals and newspapers" (पृ. 103)।

अंग्रेजी में 'आइवरी टावर' का मुहावरा उन लोगों के लिए इस्तेमाल होता है जो दुनिया के संघर्षों से भागकर विशुद्ध कला की साधना में अपना समय लगाते हैं। मदनगोपाल जी के लिखने से मालूम होता है कि प्रेमचन्द भी इस 'आइवरी टावर' में शरण पाने के इच्छुक थे। उनकी पुस्तक में प्रेमचन्द कहते हैं : "My object was to start something which could yield a little steady income, so that I could sit in my ivory tower to devote myself to literature" (पृ. 388)। मूल वाक्य यह था : "मकसद यह था कि थोड़ी-सी मुस्तकिल आमदनी होती रहे और मैं अपने गोशाए आफियत में बैठकर कुछ थोड़ा-सा लिटरेरी काम कर लिया करूँ" ('चिट्ठी-पत्री', खंड 1, पृ. 209)।

'फ्री' अनुवाद के अलावा बहुत जगह मदनगोपाल जी ने प्रेमचन्द के वाक्यों का अनुवाद भी किया है।

प्रेमचन्द ने 'प्रेमपचीसी' के प्रकाशन की कठिनाइयों से परेशान होकर लिखा था : "और यह भी न हो सका तो शहद और घी लगाकर औराक (उसके पन्नों) को चाटूँगा।" मदनगोपाल जी ने अनुवाद किया : "And if even this is not feasible, I'll lite it" (पृ. 84)। घी और शहद जरूर छूट गए हैं लेकिन मुख्य क्रिया 'लिंक' के रूप में विद्यमान है।

घी और शहद चाटने के अलावा प्रेमचन्द को गूँगे का गुड़ और चुप की मिठाई भी पसन्द थी। लिखा था : "कहाँ हँसी-मजाक में दिन कटता था, कहाँ चुप की मिठाई या गूँगे का गुड़ खाकर बैठना पड़ता है।" मदनगोपाल जी के अनुवाद के प्रेमचन्द कहते हैं : "Here I eat the dessert of silence, or the sweet of dumbness" (पृ. 56)।

इसीलिए मैंने कहा, कुल मिलाकर अपनी पुस्तक लिखने में मदनगोपाल जी को अमृतराय जी से अधिक परिश्रम करना पड़ा है।

15

प्रेमाश्रम और 'गोदान' : कुछ अन्य समस्याएँ

1. 'प्रेमाश्रम' : पाश्चात्य संस्कृति, भारतीय संस्कृति

साठोत्तरी पीढ़ी जिस समय हिन्दी में नई कविता का विकास कर रही थी, उस समय आलोचना-क्षेत्र में कुछ लेखक विशुद्ध भारतीय संस्कृति के आधार पर प्रेमचन्द के उपन्यासों की नई व्याख्या प्रस्तुत कर रहे थे। कमलकिशोर गोयनका ने अपना शोधकार्य 1963 में आरम्भ किया था; उनका शोधग्रंथ 'प्रेमचन्द के उपन्यासों का शिल्प-विधान' 1973 में प्रकाशित हुआ। 'प्रेमाश्रम' किसान जीवन से सम्बन्धित प्रेमचन्द का पहला उपन्यास है, 'गोदान' इस कोटि का अन्तिम उपन्यास है। यहाँ इन्हीं दोनों उपन्यासों के बारे में कुछ बातें कहनी हैं।

क्या 'प्रेमाश्रम' में किसान-जमींदार संघर्ष की कथा है? गोयनका का विचार है कि इस उपन्यास में पाश्चात्य संस्कृति और भारतीय संस्कृति, पाश्चात्य शिक्षा और भारतीय शिक्षा, भौतिकवाद और अध्यात्मवाद का संघर्ष चित्रित किया गया है। गोयनका ने अमृतराय द्वारा सम्पादित 'विविध प्रसंग' से प्रेमचन्द के लेख 'पुराना जमाना नया जमाना' (1919) का हवाला देते हुए लिखा : "प्रेमचन्द ने इस लेख में पुराने जमाने के रूप में भारतीय और नये जमाने के रूप में पश्चिमी सभ्यता एवं संस्कृति का विवेचन किया। लेखक के अनुसार भारतीय सभ्यता आत्मा और आचार की सभ्यता है, और उसमें नैतिक, आध्यात्मिक तथा हार्दिक गुणों की प्रधानता है। इसके विपरीत, भौतिकता एवं स्वार्थपरता पश्चिमी सभ्यता की आत्मा है जिसमें स्वार्थ, आडम्बर, शारीरिक बनाव-शृंगार, व्यवसाय, मानवीय गुणों की मनमानी व्याख्या आदि अनेक दुर्बलताएँ हैं" ('प्रेमचन्द के उपन्यासों का शिल्प-विधान', पृ. 181)। एक ओर आध्यात्मिकता और उसका साथ देनेवाले गुण हैं, दूसरी ओर भौतिकता और उसका साथ देनेवाले अवगुण हैं। कहना चाहिए कि 'प्रेमाश्रम' अध्यात्मवाद और भौतिकवाद के संघर्ष की कथा है। इनके प्रतिनिधि दो जमींदार हैं। "ज्ञानशंकर पाश्चात्य जीवन-मूल्यों की उपज है, और प्रेमशंकर भारतीय जीवनमूल्यों की" (उप., पृ. 182)। अन्य पात्र गौण हैं, इसलिए यह कहना भी असंगत न होगा कि 'प्रेमाश्रम' जमींदार वर्ग के अन्तर्विरोधों की कथा है!

जीवन-मूल्य प्राप्त होते हैं शिक्षा से। पाश्चात्य शिक्षा का प्रतिनिधि है ज्ञानशंकर। प्रेमचन्द इस निष्कर्ष पर पहुँचे हैं कि "अंग्रेजी शिक्षा-दीक्षा के कारण ही भारतीय जीवन में बिखराव और परिवर्तन आ रहा है" (उप., पृ. 214)। अत: "भारतीय मानस में अंग्रेजी शिक्षा-दीक्षा प्राप्त नवयुवकों की जीवन-दृष्टि में होनेवाले संभावित परिवर्तनों को दिखाने के लिए लेखक ने ज्ञानशंकर की सृष्टि की है" (उप.)। प्रेमचन्द गांधी जी के विचारों से प्रभावित हैं। "गांधी जी इस बात से बहुत दुखी हैं कि देश के विद्यालयों से प्राचीन ऋषि-मुनियों के वारिस उत्पन्न नहीं होते" (उप., पृ. 210)! ऐसा कोई वारिस 'प्रेमाश्रम' में नहीं है। ज्ञानशंकर के मुकाबले जो पात्र खड़ा किया गया है, वह अमरीका से वैज्ञानिक खेती करना सीखकर आया है। उपन्यास के छब्बीसवें अध्याय में प्रेमचन्द ने विशेष रूप से जता दिया है कि "प्रेमशंकर को हिन्दी भाषा का अभ्यास न था।" ऐसा व्यक्ति भारतीय शिक्षा-पद्धति की देन कैसे माना जा सकता है? 'प्रेमाश्रम' में विशुद्ध भारतीय शिक्षा-पद्धति का प्रतिनिधि कोई है ही नहीं, इसलिए उसमें भारतीय शिक्षा और पाश्चात्य शिक्षा की टक्कर के चित्रण की कल्पना करना व्यर्थ है।

प्रेमचन्द पर गांधी जी के विचारों का प्रभाव दिखाते हुए गोयनका ने लिखा है : " 'प्रेमाश्रम' में गांधी जी के ट्रस्टीशिप सिद्धान्त, अहिंसात्मक सुधार, हृदय-परिवर्तन, रामराज्य आदि अनेक विचारों को भी ग्रहण किया गया है" (उप., पृ. 211)। गांधी जी पर अंग्रेज लेखक रस्किन और रूसी लेखक टॉल्स्टॉय का गहरा असर था। अहिंसा और निष्क्रिय प्रतिरोध के जरिये सामाजिक समस्याएँ हल की जाएँ, वर्ग-संघर्ष को वर्ग-सहयोग में बदल दिया जाए, इस तरह की विचारधारा का प्रसार भारत से बाहर अधिक था। भारतीय जनमानस पर 'रामायण' और 'महाभारत' का गहरा असर है। राम और कृष्ण, इन दो महानायकों में अहिंसावादी कोई नहीं है।

गांधी जी की जीवनी में तेन्दुलकर ने लिखा था : "स्वदेशवासियों में आतंकवादी प्रवृत्तियाँ फैलते देखकर गांधी चिन्तित थे...भारत के हिंसावादी सम्प्रदाय और दक्खिन अफ्रीका में उसके पूर्व रूप को उत्तर देने के लिए उन्होंने हिन्द स्वराज की रचना की" (डी.जी. तेन्दुलकर, महात्मा, खंड 1, पृ. 105-6)। इस पुस्तक में गांधी जी ने हिंसावाद के समर्थक, अपनी पुस्तक के कल्पित पाठक, से कहा—क्रान्तिकारियों को बताओ कि हिंसा से आजादी न मिलेगी। वे अपना सुधार करें और सच्चे भारतीय बनें। "तब अंग्रेज शासक मालिक न रहकर सेवक बन जाएँगे, अत्याचारी न रहकर ट्रस्टी बन जाएँगे और वे भारत के निवासियों के साथ पूर्ण शान्ति के साथ रहेंगे" (उप., पृ. 108)। पहले अंग्रेज, फिर सामन्त ट्रस्टी बनें।

अंग्रेजी राज के मुख्य आधार राजा और जमींदार थे। तेन्दुलकर के अनुसार 1929 में गांधी जी संयुक्त प्रान्त में किसानों और जमींदारों की समस्या से चिन्तित थे। इस चिन्ता से प्रेरित होकर उन्होंने 'यंग इंडिया' में लिखा था : "जैसाकि जापानी

अभिजातों ने किया था, उन्हें चाहिए कि वे खुद को ट्रस्टी समझें जो अपने संरक्षितों, प्रजाजनों की भलाई के लिए अपनी दौलत सँभाले हैं" (उप. खंड 2, पृ 280)। जमींदारों को ट्रस्टी बनाने के लिए गांधी जी ने भारत से बाहर जापान के सामन्तों को मिसाल दी थी।

दूसरे महायुद्ध से पहले 1938 में गांधी जी ने देशी रियासतों के लिए लिखा था कि इन्हें बचाने का एक ही तरीका है कि राजा अपनी प्रजा के ट्रस्टी बन जाएँ। "एक ओर रियासतों की पूर्ण समाप्ति, दूसरी ओर राजा अपनी जनता को अपनी रियासतों के शासन के लिए जिम्मेदार बनाएँ, स्वयं जनता के लिए ट्रस्टी बनें और अपनी मेहनत के लिए अर्जित कमीशन प्राप्त करें—इन दो स्थितियों के बीच कोई विश्राम स्थल नहीं है" (उप., खंड 4, पृ. 310)।

सामन्तवाद के विरुद्ध क्रान्तिकारी अभियान चलाकर स्वाधीनता आन्दोलन को सफलता की मंजिल तक पहुँचाया जा सकता था। गांधी जी राजाओं और जमींदारों को ट्रस्टी बनाकर उनसे समझौते का मार्ग प्रशस्त कर रहे थे। अंग्रेजों को जब उन्होंने ट्रस्टी बनाया, तब उनसे भी समझौता करने की बात उनके मन में थी। 1909 में ही नहीं, 1930 में पूर्ण स्वाधीनता का प्रस्ताव पास करते समय भी यह समझौते की बात उनके मन में थी। सन् '31 में उन्होंने पत्रकारों से कहा था : "लाहौरवाला प्रस्ताव पेश करते वक्त मैंने यह स्पष्ट कर दिया था कि स्वराज्य का अर्थ यह नहीं है कि ब्रिटिश सम्बन्ध का सर्वथा त्याग हो। यदि हमारी लड़ाई हिंसक होती तो दो पक्षों में से एक का विनाश हो जाता, पर हमारा युद्ध तो अहिंसक रहा है जिसमें समझौते की सम्भावना तो एक मानी हुई बात रहती है। हम सदा से ऐसा मानते और चाहते आए हैं" ('सम्पूर्ण गांधी वाङ्मय', खंड 45, पृ. 281)। समझौते की गुंजाइश रखना, पुराने सम्बन्ध किसी-न-किसी रूप में बनाए रखना, ट्रस्टीशिप के सिद्धान्त का यह अर्थ अंग्रेजों के सन्दर्भ में है, जमींदारों के सन्दर्भ में है।

1929 के जिस लेख में गांधी जी ने भारतीय जमींदारों के सामने जापानी अभिजातों का उदाहरण रखा था, उसी में उन्होंने यह उदाहरण भारतीय पूँजीपतियों के सामने भी रखा था। लिखा था : "मुझे पूरा विश्वास है कि पूँजीपति यदि जापान के सामूराइ (अभिजातों) का अनुसरण करेंगे तो खोएँगे कुछ नहीं, पाएँगे सब कुछ। या तो वे स्वेच्छा से फालतू धन त्याग दें और इसके फलस्वरूप सभी को वास्तविक सुख प्राप्त हो या फिर समय रहते न जागे तो करोड़ों भुक्खड़, जागे हुए किन्तु अज्ञानी जन, देश को आसन्न अराजकता में ऐसा ढकेलेंगे कि कोई शक्तिशाली सरकार अपना सैन्यदल जुटाकर भी उसे रोक न पाएगी" ('महात्मा', खंड 2, पृ. 280)।

गांधी जी देश को 'आसन्न अराजकता' से बचाने के लिए ट्रस्टीशिप का सिद्धान्त पेश कर रहे थे। पूँजीपतियों को ट्रस्टी बनाने से पूँजीवाद समाप्त हो जाएगा, यह भ्रम उन्हें न था, उसे समाप्त करना उनका उद्देश्य भी न था। ग्रामसमाजों के प्रति

अत्यन्त निष्ठावान होते हुए भी 1929 में उन्होंने लिखा था : "आजकल मजदूर और मालिक, ऐसे दो पक्ष हो गए हैं और दोनों के बीच आम तौर पर विरोध पाया जाता है। दुनिया में एक ऐसा सम्प्रदाय उठ खड़ा हुआ है जो यह मानता है कि मालिक-वर्ग रहना ही नहीं चाहिए या फिर सभी को मालिक होना चाहिए। मेरी राय में संसार में ऐसी स्थिति कदापि पैदा नहीं होगी। जो होने योग्य है, और होना चाहिए सो तो यह है कि दोनों पक्षों के बीच अविश्वास और बैर के बदले विश्वास और प्रेम हो" ('सम्पूर्ण गांधी वाङ्मय', खंड, 42, पृ. 316-17)। पूँजीपति रहेंगे, पूँजीवाद रहेगा। मजदूर वर्ग पूँजीवादी व्यवस्था को खत्म करके समाजवादी व्यवस्था कायम न करेगा, वह पूँजीपतियों को सामाजिक सम्पत्ति का ट्रस्टी मानकर उनसे विश्वास और प्रेम के सम्बन्ध कायम करेगा।

साम्राज्यविरोधी क्रान्ति नहीं, साम्राज्यवाद से समझौता; सामन्तविरोधी क्रान्ति नहीं, सामन्तवाद से समझौता, समाजवादी क्रान्ति नहीं, पूँजीवाद से समझौता—गांधी जी के ट्रस्टीशिप सिद्धान्त का यह सारतत्व है।

गांधी जी ने 'हिन्द स्वराज्य' में आतंकवाद की बात कही थी। लेकिन उस पुस्तक के कल्पित पाठक ने गुरिल्ला युद्ध चलाने की योजना भी बना रखी थी। "हम गुरिल्ला (डाकुओं से मिलती-जुलती) युद्ध-पद्धति अपनाकर अंग्रेजों को हरा देंगे" ('सम्पूर्ण गांधी वाङ्मय', खंड 10, पृ. 41)। गांधी जी के उत्तर का पहला वाक्य है : "आपका विचार भारत की पवित्र भूमि को राक्षसी बना देने का लगता है" (उप.)। अंग्रेजों के विरुद्ध छापामार लड़ाई चलाना भारत भूमि को राक्षसी बनाना है! मान लीजिए, देशभक्त छापेमारों की लड़ाई डाकुओं की युद्ध-पद्धति से मिलती-जुलती है; किसानों और मजदूरों को संगठित करके उनके संघर्ष चलानेवाले कम्युनिस्टों से भी तो गांधी जी नाराज थे। वह मेरठ जेल में कम्युनिस्ट बंदियों से मिले; मिलने पर उन्होंने अपनी असहमति स्पष्ट कर दी थी। "समाचार-पत्रों में छपा है कि महात्मा जी ने प्रभावपूर्ण राजनीतिक शस्त्र के रूप में अहिंसा पर अपना विश्वास फिर दोहराया है और यह घोषणा की है कि यदि यह अन्यथा साबित हो तो मैं राजनीति से संन्यास ले लूँगा" (उप. खंड 42, पृ. 61)। सवाल आतंकवाद का नहीं था, छापामार युद्ध का भी नहीं था; सवाल अंग्रेजी राज और उसकी पालीपोसी व्यवस्था को बलपूर्वक निर्मूल करने का था। स्वाधीनता-प्राप्ति के बाद अंग्रेजों द्वारा प्रशिक्षित सेना बनी रही। यह सेना विशेष परिस्थितियों में बलप्रयोग के लिए ही थी। किन्तु गांधी जी अंग्रेजों के विरुद्ध किसी भी तरह के बलप्रयोग का विरोध करते रहे।

प्रेमचन्द को क्रान्तिकारियों से गहरी सहानुभूति थी। ये क्रान्तिकारी पुराना रास्ता छोड़कर किसानों और मजदूरों के संगठन के आधार पर क्रान्ति के नये मार्ग पर बढ़ रहे थे। सन् '31 में नौजवान भारत सभा के प्रतिनिधि कराँची में गांधी जी से मिले थे। गांधी-इरविन समझौते का विरोध करते हुए उन्होंने कहा था : "वैयक्तिक

आतंकवाद हमारा पंथ नहीं है। हम समझौते के बारे में अपने विरोध पर डटे हुए हैं, क्योंकि हमारा विश्वास है कि यह समझौता हमें भारत में मजदूरों और किसानों के स्वतंत्र गणतंत्र की ओर कभी नहीं ले जाएगा" (उप., खंड 45, पृ. 376)। मूल बात यह थी : मजदूरों और किसानों का स्वाधीन गणतंत्र बने या अंग्रेजों से समझौता करनेवाले पूँजीपतियों का कामनवेल्थी गणतंत्र बने। भारत आज जिस स्थिति में है, वह उसी समझौतावादी नीति का परिणाम है।

संयुक्त प्रान्त में किसानों का संघर्ष तेज हुआ, तब गांधी जी ने जमींदारों को प्रजा का ट्रस्टी बनाया। 'प्रेमाश्रम' की रचना उससे बहुत पहले हो चुकी थी। प्रेमचन्द ने ट्रस्टीशिप के सिद्धान्त से प्रभावित होकर यह उपन्यास लिखा हो, इसकी सम्भावना नहीं है। भारतीय राजनीति में जैसे-जैसे वामपक्ष का प्रभाव बढ़ा, वैसे-वैसे पूँजीपति वर्ग के लिए ट्रस्टीशिप के सिद्धान्त का महत्त्व बढ़ता गया। सन् '29 में स्वयं घनश्यामदास बिड़ला ने एक व्याख्यान में यह मत प्रकट किया था : "आधुनिक पूँजीपति को पिछले कुछ दिनों से काफी कुछ भला-बुरा कहा जा रहा है। वास्तव में इस वक्त उसे एक अलग जाति का प्राणी ही माना जा रहा है। प्राचीनकाल में बात इससे बिलकुल अलग थी। यदि हम प्राचीन काल के वैश्य के कर्तव्यों का विश्लेषण करें तो हमें पता लगेगा कि उसे उत्पादन और वितरण का कर्तव्य सौंपा गया था—निजी लाभ के लिए नहीं, बल्कि सर्वसाधारण के हित के लिए। वह अपने द्वारा संचित सारी सम्पत्ति राष्ट्र की धरोहर के रूप में अपने पास रखता था। पूँजीपतियों को यदि अपना सच्चा कर्तव्य निभाना है तो उन्हें शोषक बनकर नहीं बल्कि समाज के सेवक बनकर रहना होगा।" बिड़ला जी के ये शब्द अपने अनुमोदन सहित गांधी जी ने 'यंग इंडिया' में उद्धृत किए थे (उप., खंड 42, पृ. 303-04)।

समाज के सेवक बनकर अपना सच्चा कर्तव्य निभाते हुए बिड़ला जी ने जो सम्पत्ति संचित की, उस पर राष्ट्र का अधिकार नहीं है, यह तथ्य किसी से छिपा नहीं है। शोषण के विरुद्ध जनता का आक्रोश जितना ही बढ़ता है, उतना ही पूँजीपति वर्ग के लिए आवश्यक होता है कि वह साहित्य को इस आक्रोश से मुक्त रखे। प्रेमचन्द-साहित्य में यह आक्रोश काफी मात्रा में है। इसीलिए आवश्यकता हुई कि 'प्रेमाश्रम' में ट्रस्टीशिप का प्रभाव दिखाया जाए।

'प्रेमाश्रम' में भारतीय सभ्यता और बनियों-व्यापारियों की पश्चिमी सभ्यता के अलावा एक तीसरी सभ्यता और है—रूस के मजदूरों और किसानों की नई सभ्यता। प्रेमचन्द ने पाश्चात्य जीवनादर्शों एवं मूल्यों को हीन और निम्नकोटि का माना और भारतीय मूल्यों की श्रेष्ठता की स्थापना की; "इसके साथ ही लेखक रूस की बोल्शेविक क्रान्ति से भी प्रभावित है, क्योंकि उसने किसानों और मजदूरों के पीड़ित वर्गों को अत्याचार एवं शोषण का मुकाबला करने की शक्ति प्रदान की है" ('प्रेमचन्द के उपन्यासों का शिल्प-विधान', पृ. 182)। प्रेमचन्द विशुद्ध गांधीवादी नहीं

हैं, वह बोल्शेविक क्रान्ति से प्रभावित हुए थे और इस तरह प्रभावित हुए थे जिस तरह गांधी जी न हुए थे, क्योंकि बोल्शेविक क्रान्ति ने किसानों और मजदूरों को अत्याचार एवं शोषण का मुकाबला करने की शक्ति प्रदान की थी। बोल्शेविक क्रान्ति के विरोध का मतलब है : अत्याचार एवं शोषण का मुकाबला करनेवाली मजदूरों और किसानों की शक्ति को कमजोर करना। लेकिन भारत में अभी लड़ाई समाजवाद के लिए न हो रही थी, लड़ाई राष्ट्रीय स्वाधीनता के लिए थी। जमींदारों से किसानों का संघर्ष भी इसी लड़ाई के अन्तर्गत है। यह बात कमलकिशोर गोयनका बहुत अच्छी तरह समझते हैं। कहते हैं : "लेखक अंग्रेजों द्वारा स्थापित जमींदारी-प्रथा का विरोधी है, और वह कृषकों की मुक्ति एवं विकास के लिए उसका मूलोच्छेद चाहता है। इस प्रकार, ग्रामीण क्षेत्र को अंग्रेजी सत्ता से बचाने की यह लेखकीय आकांक्षा, उपन्यास के मूल उद्देश्य को और भी सशक्त और व्यापक बना देती है" (उप., पृ. 217)।

वर्तमान जमींदारी प्रथा अंग्रेजों ने स्थापित की है। ग्रामीण क्षेत्र को अंग्रेजी सत्ता से बचाने के लिए क्या करना चाहिए? जमींदारी प्रथा का मूलोच्छेद करना चाहिए। बोल्शेविक क्रान्ति का प्रभाव भारतीय किसानों पर किस रूप में पड़ता है? वह अत्याचारी जमींदारों से उन्हें लड़ना सिखाता है। क्रान्ति का यह प्रभाव बलराज के चरित्र में व्यक्त हुआ है। गोयनका की राय है : "बलराज बोल्शेविक क्रान्ति की उपज है, जो जमींदारों और सरकारी हाकिमों के अत्याचार-शोषणों का समान रूप से विरोध करता है" (उप., पृ. 182)। बोल्शेविक क्रान्ति के प्रभाव को कम करने का मतलब है : अंग्रेजी राज के विरुद्ध किसानों के प्रतिरोध को कम करना, जमींदारों और सरकारी हाकिमों के अत्याचार और शोषण को कायम रखना।

किसानों का जमींदार-विरोधी संघर्ष स्वाधीनता संग्राम का ही अंग है। गोयनका जानते हैं कि "उपन्यास में जमींदारी प्रथा की अनिष्टकारिता दिखाने में लेखक अंग्रेजी शासनतंत्र और उसकी प्रणाली का ही विरोध करता है" (उप., पृ. 217)। फिर भी उन्होंने राष्ट्रीय स्वाधीनता संग्राम के गौरवपूर्ण सन्दर्भ से 'प्रेमाश्रम' को हटाकर उसे अध्यात्मवाद और भौतिकवाद की टक्कर के चौखटे में फिट किया है। उद्देश्य स्पष्ट है : ठीक उसी चीज का विरोध करना, जिससे स्वाधीनता संग्राम शक्तिशाली बनता था। 'प्रेमाश्रम' भौतिकवाद पर अध्यात्मवाद की विजय की गाथा है! "बलराज आदि की विरोधशक्ति आगे चलकर प्रेमशंकर के जीवन-मूल्यों की क्रियात्मक धारा में घुलमिल जाती है" (उप.)। किन्तु 'प्रेमाश्रम' का खलनायक बलराज नहीं है, ज्ञानशंकर है। प्रेमशंकर का अध्यात्मवाद ज्ञानशंकर के भौतिकवाद पर विजयी हो सकता है, बलराज के भौतिकवाद पर नहीं। प्रेमशंकर बलराज के मित्र हैं, शत्रु नहीं। बलराज जिस उद्देश्य को यथार्थ जगत में प्राप्त करना चाहता है, उसे प्रेमशंकर कल्पनालोक में प्राप्त करा देते हैं।

यथार्थवाद और काल्पनिक इच्छापूर्ति के विरोध को गोयनका ने गांधीवाद और मार्क्सवाद का विरोध बना दिया है। किसानों में गांधीवाद के प्रतिनिधि कादिर

मियाँ हैं और वह गाँववालों की आलोचना के विरुद्ध बलराज के पिता मनोहर का समर्थन करते हैं।

ट्रस्टीशिप सिद्धान्त के उल्लेख के बाद गोयनका कहते हैं : "प्रेमचन्द ने इन विचारों को उपन्यास में चित्रित करके यह भी स्पष्ट कर दिया है कि वह बोल्शेविक (उसूलों) के 'कायल' होने की घोषणा करने पर भी उसे (उन्हें) पूर्ण रूप से ग्रहण नहीं कर पाए हैं। प्रेमचन्द द्वारा हृदय-परिवर्तन, अहिंसात्मक सुधार, रामराज्य आदि के समर्थक बनकर (आदि का समर्थन), वास्तव में, बोल्शेविक के प्रभाव से मुक्ति की चेष्टा ही कही जाएगी, क्योंकि बोल्शेविज्म इन सभी सिद्धान्तों और विचारधाराओं का समर्थन नहीं करता" (उप., पृ. 211)। 'प्रेमाश्रम' बोल्शेविज्म के प्रभाव से मुक्ति की चेष्टा का इतिहास है, वह अंग्रेजीराज और उसके समर्थक जमींदारों के अत्याचार से किसानों की मुक्ति की चेष्टा का इतिहास नहीं है! देहात में अनेक जमींदार और ताल्लुकेदार हैं "लेकिन संघर्ष की कथा ज्ञानशंकर के गाँवों में ही उत्पन्न होती है' (उप., पृ. 218)। इससे निष्कर्ष यह निकाला कि 'प्रेमाश्रम' की मूल कथा किसान-जमींदार संघर्ष की कथा नहीं है वरन् 'पश्चिमी जीवनदृष्टि, संस्कार और मूल्यों की अनिष्टकारिता और भारतीय जीवनदृष्टि, संस्कार और मूल्यों की श्रेष्ठता दिखाना ही लेखक का उद्देश्य रहा है।' (उप.)।

ट्रस्टीशिप का सिद्धान्त भारतीय नहीं है, इसलिए भारतीय और पश्चिमी जीवन-दृष्टियों की बात करना व्यर्थ है। सभी जमींदारों के विरुद्ध संघर्ष क्यों नहीं होता, यह प्रश्न महत्त्वपूर्ण है। इसका उत्तर बीज रूप में इस स्थापना में विद्यमान है : "लेखक अंग्रेजों द्वारा स्थापित जमींदारी प्रथा का विरोधी है" (उप., पृ. 217)। किस जमींदार का कहाँ कितना विरोध किया जाता है, यह अंग्रेजी राज से उसके सम्बन्धों पर और उसके शोषण, अत्याचार की मात्रा पर निर्भर है। यहाँ दो तरह के जमींदार हैं। एक तरह के वे हैं, जो पुरानी सामन्ती परम्परा के अनुसार किसानों से व्यवहार करते हैं, उनका शोषण अनियंत्रित नहीं है, वह कानून अथवा पुराने जमाने से चले आते नियमों की सीमा में रहता है। दूसरी तरह के जमींदार वे हैं, जो अंग्रेजों का समर्थन पाकर गैरकानूनी तरीकों से किसानों का शोषण करते हैं। अंग्रेजी राज में इन जमींदारों के अनियंत्रित शोषण से किसान सबसे ज्यादा तबाह हुए। सवाल पाश्चात्य और भारतीय शिक्षा का नहीं है, नये और पुराने, दो तरह के सामन्तवाद के भेद का है। किसान यह भेद खूब अच्छी तरह समझते हैं। "सुक्खू 'बड़े सरकार' और 'छोटे सरकार' (ज्ञानशंकर) के जमाने के अन्तर को स्पष्ट करता है। वह छोटे सरकार के उपद्रवों (इजाफा लगान, बेदखली, अखराज आदि) का भी उल्लेख करता है।... तीसरे अध्याय में मनोहर पुनः बड़े सरकार के प्रजापालन और उनके कार्यों का उल्लेख कर ज्ञानशंकर से उनके अन्तर को स्पष्ट करता है" (उप., पृ. 214-15)। दो तरह के सामन्तवाद का अन्तर बार-बार स्पष्ट किया गया है।

उपन्यास के चित्रफलक से अंग्रेजी राज को हटा दीजिए, दो तरह के सामन्तवाद का भेद खत्म हो जाएगा; तब यह सवाल बहुत वाजिब होगा कि प्रेमचन्द जमींदारी प्रथा मिटाना चाहते हैं तो सभी जमींदारों के खिलाफ किसानों को संघर्ष करते क्यों नहीं दिखाते? नहीं दिखाते, इसलिए सुधारवादी हैं—यह कहना भी वाजिब होगा। लेकिन जो 'क्रान्तिकारी' लेखक 'प्रेमाश्रम' पर इस ढंग से विचार करते हैं, वे अंग्रेजी राज की भूमिका आँखों से ओझल कर देते हैं। उनके लिए अंग्रेजों से लड़ाई मुख्य नहीं है, जमींदारों से लड़ाई मुख्य है, वे जमींदार चाहे अंग्रेजी राज के समर्थक हों, चाहे विरोधी! 'प्रेमाश्रम' में किसानों की लड़ाई ज्ञानशंकर से इसलिए नहीं होती कि वह अंग्रेजी पढ़े हैं, वरन् इसलिए कि उन्हें अंग्रेजी राज में इजाफा लगान, बेदखली, अखराज आदि की छूट है।

'प्रेमाश्रम' में अध्यात्मवाद और भौतिकवाद की टक्कर नहीं है, भारतीय शिक्षा और पाश्चात्य शिक्षा की टक्कर नहीं है, गांधीवाद और बोल्शेविक की टक्कर भी नहीं है। यहाँ किसानों की टक्कर अंग्रेजी राज से है, उसके अत्याचारी हाकिमों तथा उनके भरोसे किसानों को सतानेवाले जमींदारों से है। हाकिमों और जमींदारों के अत्याचार का मुकाबला उसे सहकर किया जा सकता है, उसके विरुद्ध बल-प्रयोग द्वारा किया जा सकता है, और कानूनी लड़ाई लड़कर भी किया जा सकता है। अत्याचार को सहने की नीति कादिर खाँ और प्रेमशंकर की है। कादिर के लिए प्रेमचन्द ने लिखा है : "दीन-रक्षा उसका लक्ष्य था, किन्तु क्रोध और द्वेष को उभाड़कर नहीं, वरन् सद्व्यवहार तथा सत्य-प्रेरणा से" ('प्रेमाश्रम', इलाहाबाद, 1962, पृ. 49)। सरकारी अफसर ने हुक्म दिया कि टेनिस कोर्ट तैयार करने के लिए किसान घास छीलकर मैदान साफ करें। इस काम के लिए "वे लोग भी पकड़े गए जो अब तक अपनी वृद्धावस्था या जाति-सम्मान के कारण बचे हुए थे" (उप., पृ. 178)। दुखरन भगत ने विरोध किया, चपरासी ने ढकेला तो भागकर घर में घुस गए और किवाड़ बन्द कर लिये। कादिर ने उन्हें समझा-बुझाकर घास छीलने पर राजी किया, लेकिन जब जमीन लीपने का हुक्म हुआ तो दुखरन भगत अड़ गए। तहसीलदार ने ताव में आकर कहा : "है कोई चपरासी, जरा लगाओ तो बदमाश को पचास जूते, मिजाज ठंडा हो जाय।" (उप., पृ. 181)। एक चपरासी ने भगत को धक्का दिया और उन्हें जूते मारने लगा। "कादिर खाँ कुएँ पर से दौड़े हुए आये और उस निर्दय चपरासी के सामने सिर झुकाकर बोले, सेख जी, इनके बदले मुझे जितना चाहिए मार लीजिए, अब बहुत हो गया" (उप.)। चपरासी ने कादिर को ढकेल दिया और फिर जूता उठाया, तभी इक्के से कूदकर प्रेमशंकर ने कहा : "खबरदार जो फिर हाथ लगाया" (उप.)।

बलप्रयोग की नौबत आ सकती थी पर आई नहीं। किसानों के बीच एक भद्र पुरुष को देखकर "चपरासी सकते में आ गया" (उप.)। फिर तहसीलदार से बहस हुई। तहसीलदार ने प्रेमशंकर को धमकाया : "आप यहाँ से चले जाएँ, वरना आपके हक में अच्छा न होगा" (उप., पृ. 182)। फिर नाजिर को हुक्म दिया : "चपरासियों

से कहिए, इन चमारों की अच्छी तरह खबर लें। यही इनकी मजदूरी है" ('प्रेमाश्रम')। चपरासियों ने बेगारों को घेरा : "कांस्टेबलों ने भी बन्दूकों के कुन्दे चलाने शुरू किये।" प्रेमशंकर ने कहा : "तहसीलदार साहब, मैं आपसे मिन्नत करता हूँ कि चपरासियों को मारपीट करने से मना कर दें, वरना इन गरीबों का खून हो जाएगा।" इस मिन्नत का कोई असर नहीं होता, उल्टा तहसीलदार प्रेमशंकर पर आरोप लगाता है कि वह किसान सभा के आदमी हैं और किसानों को भड़काते हैं। किसानों की ओर से बलप्रयोग की नौबत आ सकती थी। "प्रेमशंकर ने देखा तो लखनपुरवालों के चेहरे रोष से विकृत हो रहे थे।" बलप्रयोग या आत्मसमर्पण; और कोई रास्ता न था। प्रेमशंकर ने "तुरन्त अपने कर्तव्य का निश्चय कर लिया। गाँववालों की ओर रुख करके बोले, तहसीलदार साहब का हुक्म मानो। एक आदमी भी यहाँ से न जाए। सब आदमियों को मुँहमाँगी मजूरी दी जाएगी" (उप.)। प्रेमशंकर के कहने से दुखरन भगत को घर जाने की इजाजत मिल गई। फिर तहसीलदार प्रेमशंकर को अपने खेमे में ले गया और वहाँ उसने अपनी मजबूरी की ऐसी कथा कही कि "प्रेमशंकर को तहसीलदार से सहानुभूति हो गई" (उप., पृ. 183)। अब तहसीलदार के विरोध का सवाल ही न था!

प्रेमचन्द ने 'प्रेमाश्रम' में लिखा था : "सत्याग्रह में अन्याय का दमन करने की शक्ति है, यह सिद्धान्त भ्रान्तिपूर्ण सिद्ध हो गया" (उप., पृ. 239)। कह सकते हैं कि 'प्रेमाश्रम' गांधीवाद की विफलता चित्रित करनेवाला उपन्यास है। पर यह बात ध्यान में रखना चाहिए कि 'प्रेमाश्रम' का गांधीवाद असहयोग आन्दोलन से पहले का गांधीवाद है। अंग्रेजों ने प्रथम विश्वयुद्ध के बाद रिफार्म बिल पास कर दिया था। गांधी जी किसी शर्त के बिना सुधारों को अमल में लाने के पक्ष में थे। उपन्यास के अन्त में प्रेमशंकर चुनाव लड़ते हैं और जीत जाते हैं। वह अंग्रेजी राज से रचनात्मक सहयोग करने की नीति पर चलते हैं। राजसभा के सदस्य बनने से प्रेमशंकर और उनके साथियों को "अपने कार्यक्षेत्र को और विस्तृत करने का सुअवसर मिला...(वे) विरोध के लिए विरोध न करते बल्कि शोध के लिए। इस सदुद्योग और कर्तव्यपरायणता ने शीघ्र ही राजसभा में इस मंत्रिमंडल का सिक्का जमा दिया" (उप., पृ. 398)। यहाँ बिलकुल स्पष्ट हो जाता है कि प्रेमशंकर का गांधीवाद असहयोग आन्दोलन से पहले का गांधीवाद है। उसकी विफलता स्वयं गांधी जी ने देख ली थी, इसलिए अंग्रेजों की सदिच्छाओं का भरोसा करके राजसभा के चुनाव लड़ने के बदले उन्होंने असहयोग का रास्ता अपनाया। 'प्रेमाश्रम' में गांधीवाद का रूप अस्थायी है, उसकी विजय अस्थायी है।

कादिर और प्रेमशंकर से अलग रास्ता मनोहर का है। वह अन्याय होते देखकर चुप नहीं रह सकता। वह ज्ञानशंकर से दबता नहीं है। कादिर खाँ को अपमानित होते देखकर "तेवर बदल बोला दादा, इस दरबार से अब दया धर्म उठ गया। चलो, भगवान की जो इच्छा होगी, वह होगा। जिसने मुँह चीरा है, वह खाने को भी देगा। भीख

नहीं तो परदेश तो कहीं नहीं गया है" ('प्रेमाश्रम', पृ. 25-26)! वह कादिर का हाथ पकड़कर उन्हें बाहर खींच ले गया। अपनी पत्नी बिलासी के अपमान का बदला उसने गौस खाँ का वध करके लिया। बदला लेने की योजना मनोहर ने बनाई है, बलराज ने नहीं। मनोहर ही बलराज को समझाता है : "अपने मरजाद की रक्षा करना मरदों का काम है। ऐसे अत्याचारों का हम और क्या जवाब दे सकते हैं" (उप., पृ. 197)? बोल्शेविक सिद्धान्तों से मनोहर का कोई सम्बन्ध नहीं है पर वह खुदीराम बोस की परम्परा का आदमी है, अकेले ही प्रतिकार की योजना बनाता है और उस पर अमल करता है। किसान में जो सहज आत्मसम्मान की भावना होती है, वह उसे प्रेरित करती है। उस पर मुकदमा चलता है और इससे सारे शहर की जनता आन्दोलित होती है। "मजिस्ट्रेट के इजलास पर लखनपुर के अभियुक्त हाथों में हथकड़ियाँ पहने खड़े थे। शहर के सहस्त्रों मनुष्य इन विचित्र जीवधारियों को देखने के लिए एकत्र हो गए थे। सभी मनोहर को एक निगाह देखने के लिए उत्सुक हो रहे थे। कोई उसे धिक्कारता था, कोई कहता था—अच्छा किया, अत्याचारियों के साथ ऐसा ही करना चाहिए" (उप., पृ. 211)। ये असहयोग-आन्दोलन से पहले के राजनीतिक कैदी हैं। जन-प्रतिरोध की लहर शहर से देहात की ओर नहीं, देहात से शहर की ओर बह रही है। सभी मनोहर के समर्थक नहीं हैं पर दर्शकों में ऐसे भी हैं जो कहते हैं, अत्याचारियों के साथ ऐसा ही करना चाहिए। ऐसे लोगों की संख्या बराबर बढ़ती जाती है।

"सेशन जज के इजलास में एक महीने से मुकदमा चल रहा है। अभियुक्त ने फिर सफाई दी। आज मनोहर का बयान था। इजलास में एक मेला-सा लगा हुआ था। मनोहर ने बड़ी निर्भीक दृढ़ता के साथ सारी घटना आदि से अन्त तक बयान की और यदि जनता को अधिकार होता तो अन्य अभियुक्तों का बेदाग छूट जाना निश्चित था, किन्तु अदालत जाब्ते और नियमों के बन्धन में जकड़ी हुई थी" (उप., पृ. 233)। जनता की अदालत में जीत किसानों की हुई। अन्याय का बलपूर्वक दमन करना उचित है, इस सिद्धान्त की विजय हुई। लखनपुर के किसान अंग्रेजों की अदालत में मुकदमा हार गए पर अब अकेले नहीं थे, उनके साथ अन्य गाँवों के किसान थे और शहर की जनता थी। प्रेमचन्द ने लिखा है : "आज फैसला सुनाया जानेवाला था, इसलिए जमाव भी और दिनों से अधिक था। लखनपुर के लोग तो आए ही थे, आस-पास के देहातों से लोग बड़ी संख्या में आ पहुँचे थे। ठीक चार बजे जज ने तजवीज सुनाई—बिसेसर साह रिहा हो गए, बलराज और कादिर खाँ को काला पानी हुआ, शेष अभियुक्तों को सात-सात वर्ष का सपरिश्रम कारावास दिया गया...। चारों ओर कुहराम मच गया। दर्शकगण अभियुक्तों की ओर लपके, पर रक्षकों ने किसी को उनसे कुछ कहने, सुनने की आज्ञा न दी। मोटर तैयार खड़ी थी। सातों आदमी उसमें बिठाये गए, खिड़कियाँ बन्द कर दी गईं और मोटर जेल की तरफ चली" (उप., पृ. 280)। इस तरह के दृश्य भारत में अनेक बार देखने

को मिले, हिन्दी में उनका वर्णन यहाँ पहली बार हुआ है। विशेष बात यह है कि ये बन्दी मध्यवर्ग के पढ़े-लिखे युवक नहीं हैं, किसान हैं, और इनमें कादिर : "कब्र में पैर लटकाये बैठे, सजा मिली काले पानी की" ('प्रेमाश्रम')।

जिन लोगों ने किसी-न-किसी तरह सरकार की मदद की थी, उनके प्रति जनता के रोष का उभरना स्वाभाविक था। प्रेमचन्द ने इस रोष का बहुत अच्छा चित्रण किया है। बैरिस्टर इरफान अली मोटर पर हवा खाने जा रहे थे। प्रेमशंकर को देखकर मोटर रोक दी और उनसे बातें करने लगे। "इतने में सैकड़ों आदमियों ने चारों ओर से मोटर को घेर लिया और तगड़े आदमी ने सामने आकर कहा—इन्हीं की गरदन पर इन बेगुनाहों का खून है। सैकड़ों स्वरों से निकला—मोटर से खींच लो, जरा इसकी खिदमत कर दी जाय। इसने जितने रुपये लिये हैं, सब इसके पेट से निकाल लो" (उप., पृ. 281)। प्रेमशंकर ने किसी तरह उनकी जान बचाई। इरफान अली "मोटर पर बैठकर हवा हो गए। हजारों आदमियों ने तालियाँ बजाईं—भागा! भागा" (उप.)! भागना तो प्रेमशंकर भी चाहते थे क्योंकि लोगों को नियंत्रण में रखना कठिन था। "वह किसी तरह उनसे पीछा छुड़ाना चाहते थे, पर इसका कोई उपाय न सूझता था" (उप. पृ. 282)। भीड़ डाक्टर प्रियनाथ के बँगले के सामने पहुँची। इन्हीं ने पुलिस के कहने से गलत मेडिकल रिपोर्ट देकर गौस खाँ की हत्या में बहुत से गाँववालों को फँसाया था। लोगों ने उन्हें घेर लिया। डाक्टर ने धमकाया : "मैं सबको जेल भेजवा दूँगा, रैसकल्स!" इस पर प्रेमचन्द की टिप्पणी है : "डाक्टर साहब ने भय दिखलाकर काम निकालना चाहा, पर यह न समझे कि साधारणत: जो लोग आँख के इशारे पर काँप उठते हैं, वे विद्रोह के समय गोलियों की भी परवाह नहीं करते" (उप., पृ. 282)।

विद्रोह—किसके प्रति विद्रोह? स्पष्ट ही अंग्रेजी राज के प्रति विद्रोह। असहयोग आन्दोलन से पहले यह विद्रोह-भावना जनता में विद्यमान थी। विद्रोह के समय गोलियों की परवाह न करना, यह भावना गांधीवाद की देन न थी; वह जनता की महज देशभक्ति का विकास थी। "सैकड़ों लाठियाँ, छतरियाँ और छड़ियाँ उठ चुकी थीं" (उप.)। प्रेमशंकर ने डाक्टर को तो बचाया पर एक लाठी उनके अपने कन्धे पर पड़ ही गई। हड्डी टूट गई पर डॉ. प्रियनाथ के उपचार से वह जल्दी ही अच्छे हो गए। प्रियनाथ का हृदय-परिवर्तन हुआ; इरफान अली का हृदय-परिवर्तन हुआ; एक हैं सुक्खू चौधरी, उनका भी हृदय-परिवर्तन हुआ। "यह महानुभाव गाँव के मुखिया, सबसे बड़े किसान और सामर्थी पुरुष थे। असामियों पर उनका बहुत दबाव था, इसलिए नीतिकुशल खाँ साहब ने उन्हें अपना मंत्री बना लिया था" (उप., पृ. 47)। उनका हृदय-परिवर्तन प्रेमशंकर की तरह नहीं, कुछ अलग ढंग से हुआ। नये कारिन्दा फैजुल्लाह ने किसानों को बहुत सताया था। सुक्खू साधु हो गए पर गाँववालों का लगान चुकाने आए। फैजुल्लाह हिसाब में धाँधली करने लगा तो "सहसा चौधरी ने अपना चिमटा उठाया और इतने जोर से फैजुल्लाह के सिर पर मारा कि वह जमीन

पर गिर पड़ा। तब बोले, यही अदालत का खर्च है, जी चाहे तो और ले लो" (उप., पृ. 242)। प्रेमचन्द ने पृ. 239 पर सत्याग्रह-सिद्धान्त को भ्रान्तिपूर्ण बताया था, और तीन पृष्ठ बाद ही अन्याय के दमन का यह उदाहरण प्रस्तुत किया।

ऐसी ही एक घटना 1857 में घटी थी। उसका विवरण अंग्रेज सैनिक अफसर गफ़ ने अपने संस्मरणों में दिया है। ब्रिटिश सेना की एक टुकड़ी कानपुर से लखनऊ की ओर जा रही थी। रास्ते में जो गाँव पड़ते थे, उनमें वह आग लगाती जाती थी। "एक गाँव में गफ़ और उसके साथी आग लगाने गए। अचानक उसमें से शरीर में भभूत मले एक साधु निकलकर गफ़ की ओर दौड़े। उनके हाथ में लाठी थी। गफ़ ने उन पर पिस्तौल चलाई लेकिन साधु ने लाठी चलाई और बोले—गफ़ द्वारा रोमन में दिये हुए वे प्रभावशाली शब्द ये हैं—'हम भी मारेगा, सूअर" (गफ़, ओल्ड मैमोरीज लन्दन, 1897, पृ. 198)। गाँव खाली, अकेला साधु, अंग्रेज सैनिक अस्त्र-शस्त्र लिये हुए। किन्तु कैसी अदम्य घृणा थी उनके हृदय में अंग्रेजों के लिए! गफ़ ने तलवार से लाठी का वार बचाया लेकिन पैंतरा सँभाल न पाया। साधु उसे गाली देते हुए जलते हुए गाँव में लौट गए। गफ़ ने उनकी वीरता की प्रशंसा करते हुए उन्हें 'गैलेंट स्काउंड्रेल' (साहसी बदमाश) कहा है। इस एक घटना से जनता की अदम्य प्रतिरोध भावना का पता चलता है" (रा.वि. शर्मा, सन् सत्तावन की राज्यक्रान्ति, आगरा, 1957, पृ. 277-78)। प्रेमचन्द इस घटना से परिचित रहे हों चाहे न रहे हों, वह जनता की अदम्य प्रतिरोध भावना से अवश्य परिचित थे।

किसान कानूनी लड़ाई भी लड़ते हैं, कभी हारते हैं, कभी जीतते हैं। यह कानूनी लड़ाई शहर के लोगों में राजनीतिक चेतना फैलाने का साधन बन जाती है। पर इस लड़ाई के लिए पैसे चाहिए और किसानों के पास इतने पैसे नहीं हैं कि अंग्रेजी राज से लम्बी कानूनी लड़ाई लड़ें। प्रेमशंकर ज्वाला सिंह से पूछते हैं : "आपके विचार में अपील करने के लिए कितने रुपये चाहिए?" ज्वाला सिंह बताते हैं : "ज्यादा नहीं तो चार-पाँच हजार तो अवश्य ही लग जाएँगे।" प्रेमशंकर के पास चार-पाँच सौ भी नहीं हैं। कहते हैं : "मेरे पास श्रद्धा के कुछ गहने अभी बचे हुए हैं। अगर वह सब बेच दिया जाए तो शायद हजार रुपये मिल जाएँ।" शीलमणि मना करती हैं और कहती हैं : "अगर ऐसी ही जरूरत है तो मेरे गहने ले जाइए।" मायाशंकर का प्रस्ताव है : "इस महीने की मेरी पूरी वृत्ति अपील में खर्च कर दीजिए। मुझे रुपयों की कोई खास जरूरत नहीं है" (उप., पृ. 350-51)। उधर इरफान अली का हृदय-परिवर्तन हुआ : "उन्होंने संकल्प कर लिया था कि अपील में अभियुक्तों को छुड़ाने के लिए दिल तोड़कर प्रयत्न करूँगा। वह अपील के खर्च का बोझ भी अपने ही सिर लेना चाहते थे" (उप., पृ. 354)।

कहीं से भी धन की व्यवस्था हुई हो, हो गई। अपील दायर हुई, हाईकोर्ट ने मातहत अदालत को हुक्म दिया कि मुकदमे की सुनवाई फिर से करे। बिसेसर साह

की गवाही पर गाँव के लोग फँसाए गए थे। उनका हृदय-परिवर्तन हो चुका था। इस बार उनका "बयान क्या था, पुलिस के हथकंडों और कूटनीति का विशद और शिक्षाप्रद निरूपण था" (उप., पृ. 357)। डाक्टर प्रियनाथ ने "पुलिस की बदौलत हजारों कमाए" थे, पर उनका हृदय-परिवर्तन हो चुका था, पुलिस अधिकारियों ने "जब उनका बयान सुना तो हाथों के तोते उड़ गए" (उप., पृ. 358)! सबसे बड़ी बात यह कि सरकारी गवाहों से जिरह करनेवाले इरफान अली का हृदय-परिवर्तन हो चुका था। पहले हाईकोर्ट में उन्होंने "अपने दावे को ऐसी सबल युक्तियों से पुष्ट किया और दंडभोगियों पर हुई निर्दयता को ऐसे करुणाभाव से व्यक्त किया कि जजों ने मुकदमे की दुबारा जाँच किये जाने की अनुमति दे दी" (उप., पृ. 357)। फिर मातहत अदालत में बिसेसर का बयान एक तो यों ही पुलिस का भंडाफोड़ करनेवाला था : "दूसरे इरफान अली की जिरहों ने रहा-सहा पर्दा भी खोल दिया" (उप.)। दारोगा खुर्शीद आलम का बयान हुआ तो "इरफान अली की जिरहों ने उनको बिलकुल उखाड़ दिया" (उप., पृ. 359)। तहसीलदार "घंटों तक लखनपुर वालों की उद्दंडता और दुर्जनता का आल्हा गाते रहे, लेकिन इरफान अली ने दस ही मिनट में उसका सारा ताना-बाना उधेड़कर रख दिया" (उप.)। सारे कैदी छोड़ दिये गए।

कानूनी लड़ाई की दो मंजिलें हैं। पहली मंजिल यथार्थवाद की भूमि पर है जब अभियुक्तों को सजा होती है, दूसरी मंजिल काल्पनिक इच्छापूर्ति की भूमि पर है जब अभियुक्त छोड़ दिये जाते हैं। गांधी जी अत्यन्त व्यवहारकुशल राजनीतिज्ञ थे। काल्पनिक इच्छापूर्ति के सपने देखना उनकी राजनीति और स्वभाव, दोनों के विरुद्ध था। कानूनी लड़ाई में किसानों की जीत के सपने को गांधीवाद कहना सही न होगा। कानूनी लड़ाई की तरह किसान-जमींदार-संघर्ष की दो मंजिलें हैं। पहली मंजिल यथार्थवाद की भूमि पर है जब सारा गाँव तबाह हो जाता है; दूसरी मंजिल काल्पनिक इच्छापूर्ति की भूमि पर है जब मायाशंकर ने अपने इलाके में जमींदारी प्रथा खत्म कर दी है, जब कादिर ने दो साल में तीन-चार सौ रुपये जोड़ लिये हैं, डेढ़ सौ की एक जोड़ी बैल लाए हैं, दुखरन भगत के हाथ में भी दो साल में तीन-चार सौ हो गए हैं और सौ रुपये की एक पछाहीं भैंस लाए हैं, तबला-हारमोनियम भी ले लिया है, सुक्खू चौधरी ने अपनी चालीस बीघे जमीन उन लोगों को दे दी है जिनके हिस्से में कुछ न पड़ा था, और बलराज : "बलराज रेशमी साफा बाँधे, मिर्जई पहने, घोड़े पर सवार...वह अब जिला सभा का सदस्य था" (उप., पृ. 409)। प्रेमशंकर ने अपनी कृषिशाला से सहायता देकर देहात में हरित क्रान्ति कर दी!

हरित क्रान्ति के लिए मशीनें चाहिए, रासायनिक खादें चाहिए। गांधीवाद में इनकी गुंजाइश नहीं है, लेकिन प्रेमशंकर की कृषि-सुधार योजना में है। योजना को अमल में लाने के लिए उन्हें दो लाख की पूँजी चाहिए। स्वभावत: इस पूँजी को जुटाने के लिए वह राजाओं और ताल्लुकदारों का ही मुँह जोहते हैं। राजा इन्द्रकुमार

सिंह उन्हें समझाते हैं : "हमारी सरकार ने कृषि की उन्नति के लिए कोई बात उठा नहीं रखी। जब वह करोड़ों रुपये व्यय करके कृतकार्य न हो सकी तो आप दो लाख की पूँजी से क्या कर लेंगे? आपके बनाए हुए यंत्र कोई सेंत में भी न लेगा। आपकी रासायनिक खादें पड़ी सड़ेंगी। बहुत हुआ, आप पाँच-सात सैकड़े मुनाफा दे देंगे। इससे क्या होता है?"

प्रेमशंकर कहते हैं : "मेरा उद्देश्य कोई व्यापार खोलना नहीं है। मैं तो केवल कृषि की उन्नति के लिए धन चाहता हूँ। सम्भव है, आगे चलकर लाभ हो, पर अभी तो मुनाफे की कोई आशा नहीं" (उप., पृ. 121)। प्रेमशंकर रासायनिक खादों का उपयोग करके यंत्रों की सहायता से नये ढंग की खेती करना चाहते हैं। शुरू में मुनाफे की कोई आशा नहीं है, आगे चलकर लाभ हो सकता है।

प्रेमशंकर के प्रयत्न से पैदावार में बढ़ती हुई। "जिन खेतों में मुश्किल से पाँच-सात मन उपज होती थी, वहाँ अब पन्द्रह-बीस मन का औसत पड़ता था। उस पर बाग की आमदनी अलग थी।...भूमि का आठवाँ भाग कपास के लिए अलग कर दिया गया था...प्रेमशंकर के उद्योग से आसपास के गाँवों में भी कपास की खेती होने लगी थी और कितने ही कोरियों और जुलाहों के उजड़े हुए घर आबाद हो गए थे" (उप., पृ. 1-99)। प्रेमचन्द कुटीर उद्योग के पक्ष में हैं, बड़े पैमाने के मशीनी उद्योग के नहीं। कुटीर उद्योग, अर्थात् छोटे पैमाने के पूँजीवादी उत्पादन के विकास में भी सामाजिक सम्बन्ध बाधक हैं। हरित क्रान्ति सपने की सबसे बड़ी कमजोरी यह है कि वह पुराने सामाजिक सम्बन्ध कायम रखते हुए सम्पन्न होती है। इनमें सबसे महत्त्वपूर्ण है राजा और प्रजा, अंग्रेज और हिन्दुस्तानी का सम्बन्ध।

प्रेमशंकर किसानों की दुरवस्था पर विचार करते हुए कहते हैं : "इस परस्पर विरोध का सबसे दुखजनक फल क्या है? भूमि का क्रमशः अत्यन्त अल्प भागों में विभाजित हो जाना और उसके लगान की अपरिमित वृद्धि।" प्रेमशंकर इस शासन के सुधार को तो मानव-शक्ति से परे समझते थे, लेकिन भूमि के बँटवारे का रोकना उन्हें साध्य जान पडता था (उप., पृ. 200)। स्वयं प्रेमचन्द ने प्रेमशंकर के 'गांधीवाद' की सीमाएँ स्पष्ट कर दी हैं। यह गांधीवाद असहयोग आन्दोलन से पहले का है, वह अंग्रेजी राज के सामने अपनी असमर्थता स्वीकार करता है। इस राज को, भारतीय जनता के मुख्य शत्रु को, कायम रखते हुए वह पारिवारिक सम्पत्ति का बँटवारा रोककर 'प्रेमाश्रम' का स्वप्नलोक रचता है। इस स्वप्नलोक में अंग्रेजी राज अदृश्य नहीं है। बलराज ने राजसभा में बेगार रोकने का बिल पास करा लिया है पर कहता है : "देखें, जिलाधीश क्या फैसला करते हैं" (उप., पृ. 410)। राजशक्ति का अधिष्ठान राजसभा नहीं है, जिलाधीश है। वह अधिष्ठान उपन्यास के अन्त तक अडिग बना हुआ है।

प्रेमशंकर ने जो 'प्रेमाश्रम' बनाया है, वह भी गांधी जी के आश्रमों से भिन्न है। "एक तरफ डाक्टर इरफान अली का सुन्दर बँगला था फूलों और लताओं से सजा

हुआ। उनके बँगले से मिला हुआ डॉ. प्रियनाथ का मकान था...जीविका के लिए एक गोशाला खोल ली थी जिसमें कई पछाहीं गाएँ-भैंसें थीं। दूध-मक्खन बिकने के लिए शहर चला जाता था। बाबू ज्वाला सिंह और प्रेमशंकर एक ही मकान में रहते थे।...(सैयद ईजाद हुसेन का) यतीमखाना यहीं उठ आया था...यतीमखाने के समीप ही मायाशंकर का मित्र भवन था...सब साथ-साथ पाठशाला को जाते और साथ-साथ भोजन करते" (उप., पृ. 289)। पाठशाला है, छात्रावास है, खेत हैं, कृषिशाला है, बागबानी के लिए बाग है, प्रमुख व्यक्तियों के लिए अलग-अलग बंगले, और मकान हैं। ऐसा लगता है, जैसे काशी हिन्दू विश्वविद्यालय के एक भाग पर प्रेमशंकर ने कब्जा जमाया हो और उसे 'प्रेमाश्रम' का नाम दे दिया हो।

प्रेमाश्रम का जीवन ज्ञानशंकर को भी पसन्द है। वह दूसरे-तीसरे महीने बनारस आते "और प्रेमशंकर के पास रहकर सरल जीवन का आनन्द उठाते" (उप., पृ. 388)। हृदय-परिवर्तन का चमत्कार! उन्हें यह सोचकर आश्चर्य होता है, तीन साल पहले वह एक हजार सालाना नफे के लिए सारे गाँव को फाँसी पर चढ़वा देना चाहते थे (उप.), पर अब उन्होंने धन कमाने के ऐसे कारगर ढंग सीख लिये थे कि प्रजा सब कुछ चुपचाप सह लेती थी। "असामियों पर अखराजु बकाया और इजाफे की नालिशों धूम से हो रही थीं, उनके पट्टे बदले जा रहे थे, और नजराने बड़ी कठोरता से वसूल किये जा रहे थे। रायसाहब ने रियासत पर पाँच लाख का ऋण छोड़ा था। उस पर लगभग 25 हजार वार्षिक ब्याज होता था। ज्ञानशंकर ने इन प्रयत्नों से सूद की पूर्ति की। इतने अत्याचार पर भी प्रजा असन्तुष्ट न थी। वह कड़वी दवाएँ मीठी करके पिलाते थे। गायत्री की बरसी में उन्होंने असामियों को एक हजार कम्बल बाँटे और ब्राह्मणों को भोज दिया। इसी तरह रायसाहब के इलाके में होली के दिन जलसे कराए और भोले-भाले असामियों को भरपेट भंग पिलाकर मुग्ध कर दिया। कई जगह मंडियाँ लगवा दीं, जिससे कृषकों को अपनी जिन्सें बेचने में सुविधा हो गई और रियासत को भी लाभ होने लगा" (उप., पृ. 387-88)। इसे आप चाहे हृदय-परिवर्तन कहें, चाहे मस्तिष्क-परिवर्तन, ज्ञानशंकर में परिवर्तन अवश्य हुआ। वह समझ गया था, प्रजा को दुहना इस तरह चाहिए कि वह विद्रोह करने पर आमादा न हो जाए। बरसी में किसानों को कम्बल देना, ब्राह्मणों का भोज करना, होली के पावन पर्व पर असामियों को भरपेट भंग पिलाना सब धर्म के काम हैं। प्रेमचन्द ने ज्ञानशंकर के इन कारनामों का वर्णन उसी अध्याय में किया है, जिसमें उन्होंने 'प्रेमाश्रम' के शान्त सरल जीवन की छवि अंकित की है। प्रेमचन्द इतने बड़े यथार्थवादी हैं कि कल्पनालोक रचते हुए भी धरती की तरफ देखना नहीं भूलते।

धर्म के नाम पर लोगों को ठगने के लिए ज्ञानशंकर को पाश्चात्य शिक्षा की जरूरत न थी। यूरुप और भारत, दोनों के लिए यह विद्या बहुत पुरानी है। अपने धार्मिक आडम्बर से ज्ञानशंकर पहले गायत्री को ठगता है, फिर उसकी प्रजा को ठगता

है। एक दूसरी तरह का ठग है ईजाद हुसेन। ज्ञानशंकर ने गोरखपुर में सनातन धर्म मंडल के वार्षिक उत्सव का आयोजन किया। उसमें मुसलमानों की धार्मिक संकीर्णता का विरोध करके ईजाद हुसेन ने काफी धन बटोरा। पुत्र ने कहा : "इतनी उम्मीद तो आपको भी न थी।" पिता ने उत्तर दिया : "हर्गिज नहीं। मैंने ज्यादा से ज्यादा 1000 रु. का अन्दाज किया था, मगर आज मालूम हुआ कि ये सब कितने अहमक होते हैं। इसी अपील पर किसी इस्लामी जलसे में मुशिकल से 100 रु. मिलते। इन बछिया के ताउओं की खूब तारीफ कीजिए। हजोमली तक हो तो मुजायका नहीं, फिर इनसे जितना चाहे वसूल कर लीजिए" (उप., पृ. 261)। विश्वभाषा अंग्रेजी ने जो थोड़े-से भारतीय शब्द स्वीकार किये हैं, उनमें एक शब्द है ठग।

ईजाद हुसेन का हृदय-परिवर्तन होता है, ज्ञानशंकर का हृदय-परिवर्तन होता है और अनेक बार होता है। किन्तु मायाशंकर ने जब अपनी जमींदारी के खात्मे की घोषणा की तो उसके हृदय को भारी झटका लगा। वह फिर रोया, उसके बाद गंगा में डूबकर मर गया। 'प्रेमाश्रम' में भौतिकवाद पर अध्यात्मवाद ने विजय पाई, यह घोषित करने के पहले यह देख लेना चाहिए, कितने आदमियों ने यहाँ आत्महत्या की। मनोहर, ज्ञानशंकर, विद्या, गायत्री—दो स्त्रियाँ, दो पुरुष, सब आत्महत्या करते हैं। ये सब ऐसे जाल में उलझ गए हैं कि उन्हें निकलने की राह नहीं मिलती। ज्ञानशंकर के लिए कहा जा सकता है, उसे पाश्चात्य शिक्षा मिली है पर बाकी तीन को ऐसी शिक्षा कहाँ मिली है? गायत्री को थोड़ी-बहुत अंग्रेजी आती है पर वह धर्म पर हृदय से विश्वास करती है। विद्या पुरानी रूढ़ियों से इतना जकड़ी हुई है कि विदेश से लौटा पति पश्चात्ताप नहीं करता तो वह उसके साथ रहने को तैयार नहीं होती। मनोहर गाँववालों के ताने सुन-सुनकर आत्मग्लानि के कारण प्राण दे देता है।

वास्तव में पाश्चात्य शिक्षा से ज्ञानशंकर का सम्बन्ध बहुत कमजोर है। पाश्चात्य सभ्यता के रंग-ढंग सीखने में उसे बड़ा कष्ट होता है। उसका परिचय नैनीताल के सभ्य समाज से करा दिया जाता है पर उसे ऐसा लगता था, जैसे किसी गहन घाटी में रास्ता भूल गया हो! "राय साहब उसे प्राय: एकान्त में सभ्य व्यवहार के उपदेश दिया करते। स्वयं नमूना बन उसे सिखाते, पुरुषों से क्योंकर बिना प्रयोजन ही मुस्कुराकर बातें करनी चाहिए, महिलाओं के रूप-लावण्य की क्योंकर सराहना करनी चाहिए, किन्तु अवसर पड़ने पर ज्ञानशंकर का मतिहरण हो जाता था" (उप., पृ. 101)। पाश्चात्य सभ्यता के रंग-ढंग अपनाने में असफल होकर वह उसकी आलोचना करने लगता है। "लोग ख्वाहमख्वाह अँगरेजियत के पीछे लट्ठ लिये फिरते हैं। थोड़ी-सी ख्याति और सत्ता के लिए इतना झंझट और इतने रंग-रोगन पर भी असंलियत का कहीं पता नहीं...और तो और, लोग लौंडियों के साथ नाचने पर भी मरते हैं" (उप., पृ. 102)। ऐसे व्यक्ति को पाश्चात्य सभ्यता और शिक्षा का प्रतिनिधि नहीं कहा जा सकता।

प्रेमशंकर ने मायाशंकर की पढ़ाई-लिखाई की जो व्यवस्था की है, उसका गांधी जी की शिक्षानीति से कोई सम्बन्ध नहीं है। प्रेमशंकर की योजना थी कि मायाशंकर को एक अध्यापक "अँगरेजी और हिसाब पढ़ाएगा, एक हिन्दी और संस्कृत, एक उर्दू और फारसी, एक फ्रेंच और जर्मन, पाँचवाँ तुम्हें व्यायाम, घोड़े की सवारी, नाव चलाना, शिकार खेलना सिखाएगा। इतिहास और भूगोल मैं पढ़ाया करूँगा" (उप., पृ. 351)। यह व्यवस्था पाश्चात्य ढंग की तो है ही, उसमें फ्रेंच और जर्मन के साथ घुड़सवारी सिखाने का विधान अभिजातवंश के नौजवानों को ध्यान में रखकर किया गया है। मायाशंकर को ठाठ-बाट पसन्द नहीं। वह दूसरे लड़कों की ही तरह शिक्षा पाना चाहता है।" प्रेमशंकर की इच्छा थी कि कई अध्यापक रखे जाएँ, सैर करने के लिए गाड़ियाँ रखी जाएँ, कई नौकर सेवा-टहल के लिए लगाये जाएँ, पर मायाशंकर अपने ऊपर इतना खर्च करने को राजी न हुआ। प्रेमशंकर को मजबूर होकर उसकी बात माननी पड़ी। केवल दो अध्यापक उसे पढ़ाने आते थे। फारसी पढ़ाने के लिए ईजाद हुसेन और संस्कृत पढ़ाने के लिए एक पंडित। सवारी के लिए एक घोड़ा भी था। अँगरेजी प्रेमशंकर स्वयं पढ़ाते थे। गणित ज्वाला सिंह के जिम्मे था, डाक्टर प्रियनाथ सप्ताह में दो दिन गाने की शिक्षा देते थे जिसमें यह निपुण थे और दो दिन आरोग्य शास्त्र पढ़ाते थे। डाक्टर इरफान अली अर्थशास्त्र के ज्ञाता थे। सप्ताह में दो दिन कानून सिखाते और दो दिन अर्थशास्त्र की व्याख्या करते" (उप., पृ. 390-91)।

मायाशंकर के सिर पर काफी विषयों का बोझ है। पार्के की बात यह है कि समूचे पाठ्यक्रम में धार्मिक शिक्षा के लिए कोई विधान नहीं है। स्पष्ट है, इस शिक्षा-व्यवस्था से अध्यात्मवाद का कोई सम्बन्ध नहीं है। निष्कर्ष यह निकला कि पाश्चात्य शिक्षा और भारतीय शिक्षा, भौतिकवाद और अध्यात्मवाद, बोल्शेविज्म और गांधीवाद—इस तरह के द्वंद्व के आधार पर 'प्रेमाश्रम' की व्याख्या नहीं की जा सकती। स्वयं गांधी जी के ट्रस्टीशिप सिद्धान्त का सम्बन्ध जापानी सामन्तों के इतिहास से अधिक है, भारतीय संस्कृति से कम। गांधी जी ने इस सिद्धान्त की चर्चा क्रान्तिकारी युवकों का विरोध करने के लिए शुरू की थी। प्रेमचन्द को इन युवकों से गहरी सहानुभूति थी। दोनों की भावना में यह मौलिक अन्तर था।

2. भारतीय संस्कृति के विविध रूप

भारतीय संस्कृति में अनेक धाराएँ हैं। एक तरह की धाराएँ रूढ़िवाद की पोषक हैं, दूसरी तरह की धाराएँ उसकी विरोधी हैं। भारतीय संस्कृति में वर्णव्यवस्था का समर्थन है, उसमें उसका खंडन भी है। मजे की बात है कि प्रेमशंकर जब तक अमरीका में रहे, तब तक "वर्णाश्रम धर्म का समर्थन करने में सदैव तत्पर" रहे ('प्रेमाश्रम', पृ. 113)। लेकिन जब उन्होंने 'प्रेमाश्रम' कायम किया, तब उन्होंने उसे वर्णाश्रम धर्म से मुक्त रखा। "यहाँ स्वामी की घुड़कियाँ न थीं, न सेवक की दीन ठकुरसुहातियाँ। यहाँ सब

एक-दूसरे के सेवक, एक-दूसरे के मित्र और हितैषी थे" (उप., पृ. 389)। प्रेमचन्द के कल्पनालोक में द्विज-शूद्र का भेद मिट गया है, उसके साथ भारतीय संस्कृति का परम्परागत रूप भी मिट गया है। प्रेमचन्द ने इस परम्परागत रूप के अस्तित्व की ओर बार-बार ध्यान दिया है। सनातन धर्म के वार्षिक समारोह में "एक विद्वान पंडित जी विधवा-विवाह पर भाषण कर रहे थे। ऐसे निंद्य विषय पर गम्भीरता से विचार करना अनुपयुक्त समझकर वह इसकी खूब हँसी उड़ा रहे थे और यथोचित हास्य और व्यंग्य, धिक्कार और तिरस्कार से काम लेते थे।" उन्होंने एक किस्सा सुनाया। उनके पड़ोस के एक बाबू जी ने अपनी माँ से विधवा-विवाह की बहुत प्रशंसा की तो वह बोली : "क्यों मेरा भी किसी से पाणिग्रहण नहीं करा देते? देश भर की विधवाएँ सोहागिन हो जाएँगी तो मुझसे क्योंकर रहा जाएगा? श्रोताओं ने प्रसन्न होकर तालियाँ बजाईं, कहकहों से पंडाल गूँज उठा" (उप., पृ. 257)।

विधवा-विवाह का निषेध भारतीय संस्कृति में है, इस निषेध का विरोध भी भारतीय संस्कृति में है। इस संस्कृति के मूल्यवान तत्त्व रूढ़ियों में निहित नहीं हैं, वे इन रूढ़ियों के विरोध में निहित हैं। प्रेमचन्द ने इन रूढ़ियों पर निरन्तर प्रहार किया; 'प्रेमाश्रम' इसलिए भी महान उपन्यास है कि उसमें रूढ़ियों की विशद आलोचना है। धार्मिक आडम्बरों से आर्थिक लाभ की प्राप्ति के लिए सबसे ज्यादा प्रयत्नशील है ज्ञानशंकर। पर वह अकेला नहीं है, उसके साथ सनातन धर्ममंडल के कर्णधार हैं, सैयद ईजाद हुसेन हैं, मोटर पर चलनेवाले संन्यासी हैं। "वह तिलकधारी पंडितों को तुच्छ समझते थे और मोटर पर बैठने के लिए अग्रसर हो जाते थे। एक संन्यासी महात्मा, जो विद्यारत्न की पदवी से अलंकृत थे, मोटर न मिलने से इतने अप्रसन्न हुए कि बहुत आरजू-मिन्नत करने पर भी फिटन पर न बैठे" (उप., पृ. 257)। भारतीयता का यह व्यापार स्वाधीन भारत में और भी बढ़ गया है।

'प्रेमाश्रम' में भारतीयता के अनेक रूप हैं। राय कमलानन्द शाक्त हैं, योगी हैं, कुछ वाममार्गी साधनाएँ करते हैं, फिर वैष्णव हो जाते हैं। तेजशंकर और प्रेमशंकर तंत्र-मंत्र में विश्वास करते हैं। उन्तालीस दिनों तक गंगा के किनारे मंत्र जपते हैं। "कभी मालूम होता था, आकाश फट पड़ता है, कभी आग की एक लहर सामने आती हुई नजर आती, कहीं कोई भयंकर राक्षस मुँह से अग्नि की ज्वाला निकालता हुआ उन्हें निगलने को लपकता" (उप., पृ. 371)। अमावस की रात उनकी साधना की अन्तिम रात थी। तेजशंकर ने भाई को तलवार दी और वार करने को कहा। उसे विश्वास है : "हमने मौत को कुचल दिया, काल को जीत लिया, अब हम अमर हैं" (उप., पृ. 373)। इस घोषणा से अधिक भारतीयता और कहाँ व्यक्त होगी? वार तेजशंकर को ही करना पड़ा। "कोई अभ्यस्त वधिक भी पशु की गर्दन पर तलवार चलाकर इतना स्थिर चित्त न रह सकता होगा" (उप.)। स्थितप्रज्ञता की पराकाष्ठा है। तेजशंकर को आशा थी कि भाई अभी जी उठेगा। आशा पूरी होते न

देख "उसने गंगाजल चुल्लू में लेकर भैरव मंत्र पढ़ा और उस पर एक फूँक मारकर उसे लाश पर छिड़क दिया; किन्तु यह क्रिया भी असफल हुई। उस कटे हुए सिर में कोई गति न हुई; उस मूरत देह में स्फूर्ति का कोई चिह्न न दिखाई दिया। मंत्र की जीवन संचारिणी शक्ति का कुछ असर न हुआ" (उप.)। अन्त में उसने तलवार से अपना गला काट लिया। "बलिदान पूरा हो गया। मिथ्या विश्वास ने दो लहलहाते हुए जीव पुष्पों को पैर से मसल दिया" (उप., पृ. 374)।

पाठक को लग सकता है, यह घटना अतिरंजित है, अपवादस्वरूप है। नरबलि के समाचार तो जब-तब अखबारों में छपते ही रहते हैं, 'प्रेमाश्रम' की घटना का भयंकर पक्ष यह है कि मंत्र सिद्ध करने के दौरान एक युवक ने अपने ही भाई का वध किया। इससे मिलती-जुलती घटना स्वाधीन भारत की राजधानी दिल्ली की विकासपुरी कालोनी में 1986 में घटित हुई।

8 जुलाई, 1986 के 'टाइम्स ऑफ इंडिया' के मुखपृष्ठ पर यह समाचार छपा :

Son Beheaded to Appease Gods

NEW DELHI, JULY 7 : A 35 years old craftsman beheaded his young son with an axe in a Delhi Development Authority park in Vikaspuri this afternoon to appease the gods.

The police said that Mange Ram who then set to pray near the body hoping that Ram Sewak, the boy would come back to life and he would be rewarded for his action, was arrested on charge of murder. The police also recovered several religious books from the suspect.

Preliminary investigation have revealed that Mange Ram who originally hails from Hamirpur in Uttar Pradesh and started believing than by making a human sacrifice he would be able to bring happiness all around. At about 4.30 p.m., he took his only son to the park and after performing a ritual, beheaded him.

According to the police, Mange Ram also has two daughters.

कारीगर माँगेराम ने देवताओं को प्रसन्न करने के लिए अपने पुत्र की बलि दे दी। तेजशंकर की तरह माँगेराम को भी आशा थी कि रामसेवक जी उठेगा पर वैसा हुआ नहीं। अखबार पढ़नेवाले जरूर समझते होंगे, यह घटना अपवादस्वरूप है। 'प्रेमाश्रम' की घटना बीसवीं सदी के आरम्भ की है, नई दिल्ली की घटना बीसवीं सदी के अवसान की है। लगता है, भारत इक्कीसवीं सदी में इस तंत्रवाद के साथ प्रवेश करेगा।

तंत्रवाद और वाममार्ग की पृष्ठभूमि को ध्यान में रखने से ही रामायण का ऐतिहासिक महत्त्व समझ में आ सकता है। "डपटसिंह के दालान में एक मिट्टी के तेल की कुप्पी जल रही थी। भूमि पर पुआल बिछी हुई थी और कई आदमी और लड़के एक मोटे टाट का टुकड़ा ओढ़े सिमटे पड़े थे। एक कोने में एक कुतिया बैठी

हुई पिल्लों को दूध पिला रही थी। डपटसिंह अभी सोये न थे। सोच रहे थे कि सुक्खू के कोल्हाड़े से गर्म रस आ जाए तो पीकर सोएँ। उनके छोटे भाई झपटसिंह कुप्पी के सामने रामायण लिये आँखें गड़ा-गड़ाकर पढ़ने का उद्योग कर रहे थे" (उप., पृ. 95)। प्रेमशंकर लखनपुर आए। "जब वह भोजन करके लेटे तो लोगों ने आपस में सलाह की कि बाबूसाहब को रामायण सुनाई जाय। बिसेसर साह अपने घर से ढोल-मजीरा लाये। कादिर खाँ ने ढोल लिया। मजीरे बजने लगे और रामायण का गान होने लगा" (उप., पृ. 186)। प्रेमचन्द ने कई जगह प्रेमशंकर पर व्यंग्य किया है, एक जगह रामायण के सन्दर्भ में है। "प्रेमशंकर को हिन्दी भाषा का अभ्यास न था और शायद ही कोई चौपाई उनकी समझ में आती हो..." (उप.), फिर भी वह किसानों का उद्धार करने को उत्सुक थे। अमरीका से कृषि विद्या सीखकर आए थे, बहुत जल्दी उन्हें मालूम हो गया कि "यहाँ के किसानों को जितना मूर्ख समझा जाता है, वे उतने मूर्ख नहीं हैं! उन्हें किसानों से कितनी ही नयी बातों का ज्ञान हुआ" (उप., पृ. 122)। जहाँ तक धार्मिक साधना का सम्बन्ध है, रामायण की चौपाइयाँ न समझने पर भी "वह इन देहातियों के विशुद्ध धर्मानुराग का आनन्द उठा रहे थे" (उप., पृ. 186)। इस धर्मानुराग में हिन्दू-मुसलमान दोनों शामिल हैं। कादिर 'भजन' गाते हैं : "मैं अपने राम को रिझाऊँ" (उप.)। पर इस धर्मानुराग के भी अनेक रूप हैं।

निराला ने बिल्लेसुर के लिए लिखा था : "अपनी जिन्दगी की किताब पढ़ते गए। किसी भी वैज्ञानिक से बढ़कर नास्तिक" ('बिल्लेसुर बकरिहा', किताब महल, 1958, पृ. 19)।

जिन्दगी की किताब में किसान जिस नास्तिक मत को पढ़ लेता है, उसे पाश्चात्य सभ्यता की देन नहीं कहा जा सकता। बिल्लेसुर बकरियाँ चराने चले। रास्ते में महावीर जी का मन्दिर मिला। "चढ़ गये और चबूतरे के ऊपर से मुँह की गुठली नीचे फेंक कर महावीर जी के पैर छुए और रोज की तरह कहा, मेरी बकरियों की रखवाली किए रहना" (उप., पृ. 41)। किन्तु बदमाश लड़के उनका बकरा चुरा ले गए। बिल्लेसुर ने उसकी कीमत आँकी थी आठ रुपये। घर लौटते समय "महावीर जी का वह मन्दिर दिखा। अँधेरा हो गया था। सामने से मन्दिर के चबूतरे पर चढ़े। चबूतरे-चबूतरे मन्दिर की उल्टी प्रदक्षिणा करके, पीछे महावीर जी के पास गए। लापरवाही से सामने खड़े हो गये और आवेग में भरकर कहने लगे—'देख, मैं गरीब हूँ। तुझे सब लोग गरीबों का सहायक कहते हैं, मैं इसीलिए तेरे पास आता था, और कहता था, मेरी बकरियों को और बच्चों को देखे रहना। क्या तूने रखवाली की, बता, लिये थूथन-सा मुँह खड़ा है?' कोई उत्तर नहीं मिला। बिल्लेसुर ने आँखों से आँखें मिलाये हुए महावीर जी के मुँह पर वह डंडा दिया कि मिट्टी का मुँह गिल्ली की तरह टूटकर बीघे-भर के फासले पर जा गिरा" (उप., पृ. 46)। यह घटना भी अपवादस्वरूप जान पड़ती है पर इससे मिलती-जुलती घटना 'प्रेमाश्रम' में घट चुकी है।

कादिर का भजन और रामायण का गायन सुनने से पहले प्रेमशंकर दुखरन भगत के द्वार पर पहुँचे। वहाँ उन्होंने "एक विचित्र दृश्य देखा। गाँव के कितने ही आदमी जमा थे। और भगत उनके बीच में खड़े हाथ में शालिग्राम की मूर्ति लिये उन्मत्तों की भाँति बहक-बहककर कह रहे थे—यह शालिग्राम हैं! अपने भक्तों पर बड़ी दया रखते हैं? सदा उनकी रक्षा किया करते हैं। इन्हें मोहनभोग बहुत अच्छा लगता है! खुद सत्तू खाता था, बच्चे चबेना चबाते थे, इन्हें मोहनभोग का भोग लगता था। इनके लिए जाकर कोसों से फूल और तुलसीदल लाता था।...यह भगती और सरधा क्या इसलिए कि मुझ पर जूते पड़ें, हकनाहक मारा जाऊँ, चमार बनूँ?...मैं अब तक भूल में पड़ा हुआ था। समझता था, इसकी उपासना करने से मेरे लोक-परलोक दोनों बन जाएँगे। आज आँखों के सामने से वह परदा हट गया। यह निरा मिट्टी का ढेला है। यह लो महाराज, जाओ जहाँ तुम्हारा जी चाहे! तुम्हारी यही पूजा है। उन्तालिस साल की भगती का तुमने मुझे जो बदला दिया है, मैं भी तुम्हें उसी का बदला देता हूँ। यह कहकर भगत ने शालिग्राम की प्रतिमा को जोर से एक ओर फेंक दिया" ('प्रेमाश्रम', पृ. 184)।

यह है यथार्थवाद। कल्पनालोक में स्थिति बदल जाती है। जमींदारी खत्म हो गई। कर्ज चुका दिया। तीन-चार सौ हाथ में हैं। सौ रुपये की पछाहीं भैंस ले आए हैं। सम्पत्ति के साथ भक्ति भी लौट आई। सुक्खू प्रेमशंकर से कहता है : "यह पहले ठाकुर जी के बड़े भगत थे। एक बार बेगार में पकड़े गए तो आकर ठाकुर जी पर क्रोध उतारा। उनकी प्रतिमा को तोड़-तोड़कर फेंक दिया। अब फिर ठाकुर जी के चरणों में इनकी श्रद्धा हुई है। भजन-कीर्तन का सब सामान इन्होंने मँगवाया है" (उप., पृ. 408)! 'भक्त और भगवान' में निराला की उक्ति याद आती है : "भक्त साधारण पिता का पुत्र था। सारा सांसारिक ताप पिता के पेड़ पर था, उस पर छाँह...उसी छाँह के छिद्रों से ज्योतिर्मय जल में नहाई भिन्न-भिन्न रूपों की प्रकृति को देखता रहता था। स्वभावत: जगत के करण-कारण भगवान पर उसकी भावना बँध गई।" निराला और प्रेमचन्द मनुष्य की भावनाओं का सम्बन्ध उसकी परिस्थितियों से जोड़ते हैं, यह उनके यथार्थबोध की विशेषता है।

विषाक्त भोजन करने के बाद राय कमलानन्द ने कहा : "यह सारी विडम्बना इसी जायदाद का फल है। इसी जायदाद के कारण हम और तुम एक-दूसरे के खून के प्यासे हो रहे हैं। संसार में जिधर देखो, ईर्ष्या और द्वेष, आघात और प्रत्याघात का साम्राज्य है। भाई भाई का बैरी, बाप बेटे का बैरी, पुरुष स्त्री का बैरी, इसी जायदाद के लिए! इनके हाथों जितना अनर्थ हुआ, हो रहा है और होगा, उसके देखते कहीं अच्छा है कि अधिकार की प्रथा ही मिटा दी जाती। यही वह खेत है जहाँ छल और कपट के पौधे लहराते हैं, जिसके कारण संसार रणक्षेत्र बना हुआ है। इसी ने मानवजाति को पशुओं से भी नीचे गिरा दिया है" (उप., पृ. 278-79)।

'प्रेमाश्रम' में सभी तरह की सम्पत्ति का विरोध नहीं है। प्रेमशंकर ने जो नई दुनिया बसाई है, उसका आधार व्यक्तिगत सम्पत्ति ही है। सबकी आर्थिक स्थिति का विवरण सुन लेने के बाद "मायाशंकर ऐसे प्रसन्न थे मानो स्वर्ग में बैठे हुए हैं। स्वार्थसेवी, माया के फन्दों में फँसे हुए मनुष्यों को यह शान्ति, यह सुख, यह आनन्द, यह आत्मोल्लास कहाँ नसीब" (उप., पृ. 411)! यहाँ जिन लोगों के सुख और आनन्द की बात कही गई है, उनमें संन्यासी कोई नहीं है। मायाशंकर के पास भी औरों की तरह व्यक्तिगत सम्पत्ति है। इन लोगों के आत्मोल्लास का भौतिक आधार यह सम्पत्ति है। संन्यासियों के लिए जो माया है, वह इनकी मुक्ति का साधन है। सम्पत्ति दो तरह की है : एक अपने श्रमफल का परिणाम, अन्य दूसरों के श्रमफल का परिणाम। इस दूसरी तरह की सम्पत्ति को लेकर 'प्रेमाश्रम' में जबर्दस्त विरोध-प्रदर्शन है। रायसाहब ने जिस जायदाद को सारे अनर्थों की जड़ माना है, वह यही दूसरी तरह की सम्पत्ति है।

जमींदार अपनी जायदाद का ट्रस्टी नहीं है, वह दलाल है। दलाल होने के कारण जिसे वह जायदाद कहता है, वह वास्तव में जायदाद है ही नहीं। राय कमलानन्द कहते हैं : "यह जायदाद नहीं है। इसे रियासत कहना भूल है। यह निरी दलाली है। हम केवल लगान वसूल करने के लिए रखे गए हैं। इसी दलाली के लिए हम एक-दूसरे के खून से अपने हाथ रँगते हैं" (उप., पृ. 279)। कुछ ऐसे ही विचार प्रेमशंकर के हैं। ज्ञानशंकर से उन्होंने कहा : "मैं यह सुनना ही नहीं चाहता कि मैं उस गाँव (लखनपुर) का जमींदार हूँ। मैं अपने श्रम की रोटी खाना चाहता हूँ। बीच का दलाल नहीं बनना चाहता" (उप., पृ. 140)। ट्रस्टीशिप का सिद्धान्त पूँजीपतियों की सम्पत्ति के लिए है, दलाल जमींदारों की सम्पत्ति के लिए नहीं। राय कमलानन्द की आलोचना का लक्ष्य केवल जमींदार की सम्पत्ति नहीं है, पूँजीपति की सम्पत्ति भी है। जो अनर्थ हुआ है और हो रहा है, उसी की ओर उनका ध्यान नहीं है वरन् जो होगा, उस पर भी उनका ध्यान है। "आप मिलें खोलते हैं तो समझते हैं, हमने जाति की बड़ी सेवा की; पर यथार्थ में आपने दस-बीस आदमियों को वनवास दे दिया। आपने उनके नैतिक और सामाजिक पतन का सामान पैदा कर दिया। हाँ, आपने और आपके साझेदारों ने 45 रु. प्रति सैकड़े लाभ अवश्य उठाया" (उप., पृ. 266)।

'प्रेमाश्रम' पढ़ते हुए कई बार ऐसा लगता है, मानो हम स्वाधीन भारत का दृश्य देख रहे हैं। इसका कारण यह है कि प्रेमचन्द पूँजीवादी सम्पत्ति और उसके आधार पर फलने-फूलनेवाले आचार-व्यवहार को पहचान रहे थे। चुनाव की सरगर्मी का हाल देखें : "सारे प्रान्त में धूम मची हुई थी। जैसे सहालग के दिनों में ढोल और नगाड़ों का नाद गूँजने लगता है, उसी भाँति इस समय जिधर देखिए, जाति प्रेम की चर्चा सुनाई देती थी। डाक्टर इरफान अली बनारस महाविद्यालय की तरफ से खड़े हुए। बाबू प्रियनाथ ने बनारस म्युनिसिपैलिटी का दामन पकड़ा। ज्वाला सिंह इटावे

के रईस थे, उन्होंने इटावे के कृषकों का आश्रय लिया। सैयद ईजाद हुसेन को भी जोश आया। वह मुस्लिम स्वत्व की रक्षा के लिए उठ खड़े हुए। प्रेमशंकर इस क्षेत्र में न आना चाहते थे; पर भवानी सिंह, बलराज और कादिर खाँ ने बनारस के कृषकों पर उनका मंत्र चलाना शुरू किया। तीन-चार महीनों तक बाजार खूब गर्म रहा, छापेखाने को ट्रैक्टों के छापने से सिर उठाने का अवकाश न मिलता था। कहीं दावतें होती थीं, कहीं नाटक दिखाये जा रहे थे। प्रत्येक उम्मीदवार अपनी-अपनी ढोल पीट रहा था, मानो संसार के कल्याण का उसी ने बीड़ा उठाया है" (उप., पृ. न 97)।

फिर चुनाव के बाद : "बहुधा वृक्ष पुंजों में संध्या समय पक्षियों के कलरव से कान पड़ी आवाज नहीं सुनाई देती लेकिन ज्यों ही अँधेरा हो जाता है और चिड़िया अपने-अपने घोंसलों में जा बैठती हैं, वहाँ नीरवता छा जाती है, उसी भाँति जाति के प्रतिनिधिगण राजसभा के सुसज्जित सुविशाल भवन में पहुँचकर शान्ति में मग्न हो गए। वे लम्बे-चौड़े वादे, वे बड़ी-बड़ी बातें सब भूल गईं। कोई मुवक्किलों के सेवा-सत्कार में लिप्त हुआ, कोई अपने बहीखाते की देखभाल में, कोई अपने सैर और शिकार में। जातिहित की वह उमंग शान्त हो गई" (उप., पृ. 398)। सम्पत्तिशाली वर्ग जैसे धर्म का उपयोग अपने ढंग से करते हैं, वैसे ही जनतंत्र का उपयोग भी अपने ढंग से करते हैं। नेता, वकील, डॉक्टर—सब तरह-तरह से सम्पत्ति के जाल में फँसे हुए हैं। ज्वाला सिंह के अनुसार वकील "यदि विवेक की रक्षा करे तो रोटियाँ चाहे भले खाय, समृद्धिशाली नहीं हो सकता और डाक्टरों का तो जीवन ही रईसों की कृपा पर निर्भर है, गरीबों से उन्हें क्या मिलेगा" (उप., पृ. 22)?

यही माया है—माया अर्थात् सम्पत्ति। नारि मुई घर सम्पति नासी, मूड़ मुड़ाय भये संन्यासी। सम्पत्ति त्यागकर आदमी संन्यासी बनता है, जो पहले ही सम्पत्तिहीन है, वह संन्यासी क्या बनेगा? संन्यास सम्पत्तिगत सम्बन्धों के प्रति एक तरह का विद्रोह है। संन्यासी उन्हें बदल नहीं सकता, वह उन्हें त्यागकर अलग हो जाता है। राय कमलानन्द प्रेमशंकर को समझाते हैं : "वासनाओं में पड़कर अविचलित रहना ही सच्चा वैराग्य है" (उप., पृ. 119)। लेकिन जब वह जायदाद की आलोचना करते हैं, तब उन्हें यह बात खलती है कि वह उसे छोड़ नहीं पाते। "तुम कहोगे, यह सब कोरी बकवाद है, रियासत इतनी बुरी चीज है तो उसे छोड़ क्यों नहीं देते? हाँ! यही तो रोना है कि इस रियासत ने हमें विलासी, आलसी और अपाहिज बना दिया" (उप., पृ. 279)। ज्ञानशंकर के सामने कमलानन्द ने जायदाद की जो आलोचना की, वह टॉल्स्टॉय की याद दिलाती है। टॉल्स्टॉय की ही तरह वह जीवन के अन्तिम चरण में घर से बाहर निकल गए। कमलानन्द ने वाममार्गी साधना और जायदाद दोनों का त्याग एक साथ किया।

'प्रेमाश्रम' में एक और आदमी ने संन्यास लिया, वह है सुक्खू चौधरी। कमलानन्द को चिन्ता नहीं है, उनके बाद किसानों का क्या होगा। सुक्खू को चिन्ता है। वह

जमींदार नहीं हैं, धनी किसान हैं। अपनी जमीन भूमिहीन किसानों में बाँट देते हैं, संन्यास मानो इन्हीं के हित में लिया था। कहते हैं : "मैंने अपने चालीसों बीघे उन बेचारों को दे दिये हैं जिनके हिस्से में कुछ न पड़ा था। इस तरह सात-आठ घर जो पहले मजूरी करते थे और बेगार के मारे मजूरी भी न करने पाते थे, अब भले आदमी हो गए। मेरा अपना निर्वाह भिक्षा से हो जाता है। हाँ, इच्छापूर्ण भिक्षा यहीं मिल जाती है, किसी दूसरे गाँव में पेट के लिए नहीं जाना पड़ता" (उप., पृ. 409)। कृषिशाला से मुख्यत: लाभ उन्हें होता है जिनके पास जमीन है, भले ही उस पर उनका मौरूसी हक न हो। गाँव में खेत मजदूरों के कुल सात-आठ घर हैं। इन्हें जमीन मिलेगी या नहीं? उन्नीसवीं सदी के पूर्वार्द्ध में जब एंगेल्स ने मजदूर वर्ग की दशा पर अपनी पुस्तक लिखी थी, तब वहाँ पूँजीवाद का काफी विकास हो चुका था पर खेत-मजदूर वहाँ भी बड़े भूस्वामियों की जमीन बाँटकर किसान बनना चाहते थे। 1844 में अर्ल रैडनर नाम के एक बड़े भूस्वामी ने अनाज सम्बन्धी कानूनों का विरोध करने के लिए सभा बुलाई थी। खेत-मजदूरों को इन कानूनों से कोई वास्ता न था; "उन्होंने अपने लिए एकदम अलग चीज की माँग की यानी छोटी किसानी लायक जमीन (small holdings) की, जिसकी लगान कम हो, तथा अर्ल रैडनर के मुँह पर हर तरह की खरी-खोटी कह डाली" (Marx-Engels, On Britain, लन्दन, 1953, पृ. 303)। जहाँ तक पराधीन आयलैंड का सवाल था, वहाँ "हर खेत-मजदूर असामी काश्तकार बनने की कोशिश करता है" (उप., पृ. 306)। प्रेमचन्द खेत-मजदूर की यह स्वाभाविक इच्छा समझते थे कि उसके पास भी जमीन हो, वह दूसरों की मजूरी करना छोड़कर 'भला आदमी' बन जाए। काल्पनिक समाधान प्रस्तुत करते समय प्रेमचन्द खेत-भजदूरों को भूले नहीं, यह तथ्य महत्त्वपूर्ण है।

किसान मरजाद का कायल है लेकिन 'प्रेमाश्रम' में मेहनत-मजूरी के प्रति एक नया दृष्टिकोण भी है। बलराज कहता है : "और फिर तुम जमींदार के गुलाम बने रहे तो उस जमाने में और कर ही क्या सकते थे? न अपने खेत में काम करते, किसी दूसरे के खेत में मजूरी करते। अब तो शहरों में मजूरों की माँग है, रुपया रोज खाने को मिलता है, रहने को पक्का घर अलग। अब हम जमींदारों की धौंस क्यों सहें, क्यों पेट भर खाने को तरसें" (उप., पृ. 51)? जिसे खेती करने को जमीन मिली है, वह भी जमींदार का गुलाम है; जिसे नहीं मिली, वह तो है ही। 'प्रेमाश्रम' नाम के कल्पनालोक में किसान हैं, शहरी मजदूर नहीं हैं। बलराज रूस के लिए कहता है, वहाँ "कास्तकारों का राज है" (उप.) लेकिन "उसी के पास कोई और देश बलगारी है। वहाँ अभी हाल की बात है, कास्तकारों ने राजा को गद्दी से उतार दिया है और अब किसानों और मजदूरों की पंचायत राज करती है" (उप., पृ. 51-52)। यहाँ किसानों के साथ मजदूर भी हैं। बलराज शहर जाकर मजदूरी करने की बात-भर करता है, 'गोदान' में गोबर शहर पहुँचकर मजदूरी करने ही लगता है।

बलराज उस जमाने की बात करता है जब किसान के सामने जमींदार की गुलामी छोड़कर और कोई रास्ता नहीं है। वह जमाना अंग्रेजी राज में ही देखने को मिला था, स्वदेशी आन्दोलन से पहले का जमाना, जब शहरों में थोड़ा-सा औद्योगिक विकास भी न हुआ था। अब नये जमाने में तबाह होता हुआ किसान शहरों को आशाभरी निगाहों से देख रहा है। जमींदार की गुलामी से मुक्त होने के लिए शहर चले जाएँगे, रुपया रोज खाने के मिलेगा, रहने को पक्का घर। यह भी एक सपना है पर एकदम काल्पनिक नहीं। उद्योग-धन्धों की तबाही से खेती पर निर्भर रहनेवालों की संख्या बेहद बढ़ गई थी। जैसे ही थोड़ा औद्योगिक विकास सम्भव हुआ, किसान गाँव छोड़कर शहर की तरफ भागने लगे। यह प्रक्रिया 'प्रेमाश्रम' में नहीं दिखाई गई पर उसकी ओर संकेत जरूर है। बहुत-से लोग रेलवे से सम्बन्धित कारखानों में काम करते थे, अन्य लोग फौज में भर्ती हुए थे। 'प्रेमाश्रम' के पात्रों की समस्याएँ अलग-अलग ढंग की हैं, आत्महत्या से लेकर संन्यास तक उनके समाधान भी अलग-अलग ढंग के हैं। भागो नहीं, लड़ो; हारो चाहे जीतो लेकिन लड़ो, अन्याय के सामने सिर न झुकाओ, चाहे बरबाद हो जाओ—यह सन्देश भी 'प्रेमाश्रम' में निहित है। यह कोई समाधान नहीं है। पर यह भावना हर काल्पनिक समाधान से बढ़कर है, सही समाधान की ओर इस भावना के सहारे ही आदमी बढ़ सकता है। प्रेमचन्द के उपन्यासों में अक्सर पुरुषों की अपेक्षा स्त्रियों का यथार्थबोध अधिक तीव्र होता दै, अपने अधिकारों के लिए लड़ने की भावना उनके द्वारा प्राय: व्यक्त होती है।

लाला प्रभाशंकर ज्ञानशंकर से मीठी-मीठी बातें करते हैं पर उनकी पत्नी उन्हें फटकार देती है : "कुछ सुन रहे हो सपूत की बातें! बोलते क्यों नहीं? क्या मुँह में दही जमा हुआ है। बाप हजारों रुपये साल साधू भिखारियों को खिला दिया करते थे। मरते दम तक पालकी के बारह कहार दरवाजे से नहीं टले। इन्हें आज हमारी रोटियाँ अखर रही हैं। लाला, हमारा जस मानो कि आज रईसों की तरह चैन कर रहे हो, नहीं तो मुँह में मक्खियाँ आती-जातीं" (उप., पृ. 30)। पति को इस तरह भतीजे के सामने फटकारना उचित तो न था पर क्या किया जाए, जमाना बदल गया था!

यह तो जमींदार घर की बात है। भोला हलवाहे की पत्नी बुधिया प्रेमशंकर से पति की शिकायत करती है : "दिन भर चक्की पीसती हूँ और जो कुछ पाती हूँ, वह सब गृहस्थी में झोंक देती हूँ। तिस पर भी भरपेट दाना नसीब नहीं होता। आप उसके हाथ में तलब न दिया करें। सब जुए में उड़ा देता है...आज से आप तलब मेरे हाथ में दिया करें।" भोला की पेशी होती है। सीधे अपराध स्वीकार न करके प्रेमशंकर के लिए जान भी निछावर करने को कहता है। इस पर बुधिया धिक्कारती है : "अरे जा, जालिये कहीं के! बाबूजी बीसों बार समझा के हार गए। तुझसे एक जुआ तो छोड़ा जाता नहीं, तू और क्या करेगा? जान पर खेलनेवाले और होते हैं"

(उप., पृ. 244-46)। स्त्री पति की दासी है; उसका धर्म है, उसकी हर आज्ञा का पालन करे—इस सिद्धान्त की भनक भी बुधिया के कान में नहीं पड़ी।

इरफान अली शहर के आदमी हैं, धन्धा वकालत का है। गोरखपुर से बुलावा आया है, घर में लड़की बीमार है, रुक नहीं सकते। बेगम से उनके डायलॉग का आखिरी हिस्सा इस प्रकार है :

"बेगम : लड़की की जान को खुदा के हवाले करते हो, लेकिन रुपये खुदा के हवाले नहीं किये जाते! लाहौल बिलाकूवत! आदमी में इनसानियत न हो, औलाद की मुहब्बत तो हो! दौलत की हवस औलाद के लिए होती है। जब औलाद ही न रही, तो रुपयों का क्या अलाव लगेगा?

इरफान : तुम अहमक हो, तुमसे कौन सिर मगजन करे" (उप., पृ. 250)!

बेगम के सामने इरफान अली की वकालत फेल हो जाती है।

जहाँ इतने स्तरों पर स्त्री अन्याय का विरोध करने को तैयार हो, वहाँ समझ लेना चाहिए कि सारे देश में विद्रोह की हवा चल रही है। यह हवा धीरे-धीरे चल रही है पर शान्त नहीं है, वह घरों के भीतर पहुँच रही है। सदियों से चले आते पितृसत्तात्मक समाज की रूढ़ियाँ तोड़कर नारी अब अपने मनुष्य होने का दावा पेश कर रही है। सबसे कठिन परिवार के भीतर विद्रोह होता है, पर यह आग वहाँ भी सुलग रही है। सभी स्त्रियों में यह विरोध-भावना नहीं है पर आम तौर से पुरुषों की अपेक्षा स्त्रियों में वह अधिक मुखर है। कभी-कभी जब एक स्त्री पस्त हो जाती है तो दूसरी उसे विद्रोह का पाठ पढ़ाती है। ज्ञानशंकर की योजना है कि गायत्री उनके पुत्र मायाशंकर को गोद ले ले। सारी तैयारी हो चुकी है। विद्या मायाशंकर की माँ है लेकिन उसका गोद लिया जाना कैसे रोके, उसकी समझ में नहीं आता। प्रेमशंकर की पत्नी श्रद्धा उसे रास्ता दिखाती है : "अभी शाम को जब यह लोग लौटें तब नीचे चली जाओ और माया का हाथ पकड़कर खींच लाओ। वह न आये तो सारी बातें खोलकर उससे कह दो। समझदार लड़का है, तुरन्त उनसे उसका मन फिर जाएगा।" श्रद्धा उसे पति का विरोध करना सिखा रही है पर विद्या को भय है, कहीं मायाशंकर ने बात न मानी तो क्या होगा? इस पर श्रद्धा उसे यह लोकतांत्रिक मार्ग अपनाने को कहती है : "तो रात को जब शहर के लोग जमा हों, जाकर भरी सभा में कह दो, यह सब मेरी इच्छा के विरुद्ध है। मैं अपने पुत्र को गोद नहीं देना चाहती। लोगों की सब चालें पट पड़ जाय। तुम्हारी जगह मैं होती तो वह महनामथ मचते कि इनके दाँत खट्टे हो जाते। क्या करूँ, मेरा कुछ अधिकार नहीं है, नहीं तो इन्हें तमाशा दिखा देती" (उप., पृ. 330)। पुत्र पर माता का भी अधिकार है, पिता से अधिक नहीं तो उसके बराबर। इस अधिकार के लिए उसे भरी सभा में लड़ना चाहिए, पति के छलकपट का भंडाफोड़ करना चाहिए। विद्या में यह सब करने का साहस नहीं है, होता तो आत्महत्या की नौबत न आती। पर यह आत्महत्या अनिवार्य नहीं है। 'प्रेमाश्रम' में उसका विकल्प मौजूद है।

भरी सभा में जाकर पति को चुनौती देने का साहस विद्या में नहीं है पर मनोहर की पत्नी बिलासी चरावर पर अपने और गाँव के सभी किसानों के अधिकारों के लिए गौस खाँ को चुनौती देती है : "चरावर सारे गाँव का है। जब सारा गाँव छोड़ देगा तो हम भी छोड़ देंगे।" गौस खाँ जानवरों को मवेशीखाने भेजने का हुक्म देता है। बिन्दा और कर्तार जानवरों को घेरने लगे। बिलासी ने कहा : "मैं कहती हूँ, इन्हें मत घेरो, नहीं तो ठीक न होगा।" पर चपरासियों ने जानवरों को घेर लिया और उन्हें एक तरफ ले चले। बिलासी पीछे-दौड़ी और बोली : "मैं कहती हूँ कि इन्हें छोड़ दो, नहीं तो ठीक न होगा।" इसके बाद :

"फैजू : हट जा रास्ते से। कुछ शामत तो नहीं आई है?

बिलासी रास्ते में खड़ी हो गई और बोली : ले कैसे जाओगे?

गौस खाँ : न हटे तो इसकी मरम्मत कर दो।

बिलासी : कहे देती हूँ, इन जानवरों के पीछे लहू की नदी बह जाएगी। माथे गिर जाएँगे।

फैजू : हटती है या नहीं चुड़ैल?

बिलासी : तू हट जा, दाढ़ीजार" (उप., पृ 193)!

गौस खाँ के वध के कारण सारा गाँव तबाह हुआ। सब लोग मनोहर को दोष देते थे। कादिर ने उसका समर्थन किया। "हम सबके सब कायर हैं, वही एक मर्द है" (उप., पृ. 215)। बिलासी को सारे गाँव के लोग जली-कटी सुनाते हैं। उसका समर्थन करते हैं तीर्थाटन से लौटकर सुक्खू चौधरी : "हाँ, जब से आया हूँ, वही चर्चा हो रही है और उसे सुनकर तुम पर ऐसी श्रद्धा हो गई है कि तुम्हारी पूजा करने को जी चाहता है।" और मनोहर : "वह वीर आत्मा था। इस मन्दिर में अब उसकी समाधि बनेगी और उसकी पूजा होगी।...उसको बुरा वही कह सकता है जिसकी आत्मा मर गई है, जो बेहया हो गया है। गाँव के दस-पाँच पुरुष फाँसी चढ़ जाएँ तो कोई चिन्ता नहीं, यहाँ एक-एक स्त्री के पीछे लाखों सिर कट गए हैं। सीता के पीछे रावण का राज्य विध्वंस हो गया। द्रौपदी के पीछे 18 लाख योद्धा मर मिटे। इज्जत के लिए दस-पाँच जानें चली जाएँ तो क्या बड़ी बात है! धन्य है मनोहर, तेरे साहस को, तेरे पराक्रम को, तेरे कलेजे को" (उप., पृ. 237-38)।

रामायण और महाभारत, ये दो महाकाव्य भारतीय संस्कृति के आधार ग्रंथ हैं। किसान उनका सारतत्त्व उक्त रूप में ग्रहण करता है। अन्याय के प्रतिकार की यह परम्परा भारतीय जनमानस में, शताब्दियों से वर्तमान है। यह संसार कर्मभूमि है, रंगभूमि है, यहाँ मनुष्य को कर्म करना है, अन्याय से लड़ना है। यहाँ काल्पनिक इच्छापूर्ति से समस्याओं का समाधान होनेवाला नहीं है। इच्छापूर्ति के जिस समाधान को गोयनका ने भारतीय संस्कृति, अध्यात्मवाद, गांधीवाद आदि से जोड़ा है, उसे स्वयं ही उन्होंने 'गोदान' में ध्वस्त होते दिखा दिया। लिखा है : "'गोदान' से पूर्व

प्रेमचन्द अपने अधिकांश उपन्यासों की मुख्य कथाओं में ऐसे संसार का निर्माण करते रहे हैं, जो जीवन के यथार्थ से अलग हटा हुआ है, जो उनका इच्छित संसार है। "'गोदान' में होरी की कथा प्रेमचन्द के इस इच्छित संसार के आरोपण से मुक्त है" ('शिल्प विधान', पृ. 450)। 'प्रेमाश्रम' के विवेचन में गोयनका ने जिसे अध्यात्मवाद और गांधीवाद की विजय कहा था, उसे उन्होंने स्वयं पराजय में बदल दिया। और भी। उन्होंने किसान-जमींदार संघर्ष से ध्यान हटाकर 'प्रेमाश्रम' की कथावस्तु को देशी-विदेशी संस्कृतियों का संघर्ष बना देने की बड़ी कोशिश की, फिर भी कई बार विवेचन में संघर्ष की बात उभर ही आई। यथा : "लेकिन ग्रंथकार ने ऐसे जमींदार को जमींदार-किसान की संघर्षकथा का नायक चुना है..." (उप., पृ. 218)। पुनश्च:, "लेखक द्वारा कृषकों की दयनीयता एवं शोषण से भरी कहानी को भी प्रधानता देने के कारण सीमित दृष्टिकोण उपलब्ध नहीं होता" (उप., पृ. 221)।

'प्रेमाश्रम' जमींदार-किसान संघर्ष की कथा है, उसमें कृषकों की दयनीयता एवं शोषण से भरी कहानी को प्रधानता दी गई है। इसके साथ ही इस उपन्यास में पुराने संस्कारों, धार्मिक रूढ़ियों और अन्धविश्वासों के विरुद्ध अनेक सामाजिक स्तरों पर स्त्रियों और पुरुषों के संघर्ष को भी चित्रित किया गया है। देशी-विदेशी संस्कृतियों के संघर्ष को उपन्यास की कथावस्तु पर आरोपित करने का अर्थ है : रूढ़ियों के विरुद्ध संघर्ष की अनदेखी करना, अप्रत्यक्ष रूप से रूढ़ियों का समर्थन करना। प्रेमचन्द ने अंग्रेजी राज और उसके सहारे शोषणचक्र चलानेवाले जमींदारों के विरुद्ध संघर्ष का चित्रण किया, इसके साथ उन्होंने सामाजिक रूढ़ियों के विरुद्ध संघर्ष का चित्रण भी किया। इससे उपन्यास और प्रभावशाली हुआ, उसका यथार्थवाद और गहरा हुआ। इस यथार्थवाद के साथ एक तरह की आंचलिकता जुड़ी हुई है। 'गोदान' के साथ 'प्रेमाश्रम' पढ़ने से यह आंचलिकता स्पष्ट हो जाती है। होरी का गाँव अवध में है, मनोहर के गाँव में जब-तब अवधी बोली जाती है। दोनों गाँव गंगा के किनारे बसे हुए हैं।

3. 'प्रेमाश्रम' और 'गोदान' : राजनीतिक चेतना की दो मंजिलें

होरी बेलारी नाम के गाँव में रहता है। प्रेमचन्द जिले का नाम नहीं बताते, पर प्रान्त का नाम बता देते हैं। बेलारी अवध प्रान्त में है ('गोदान', बनारस, 1954, पृ. 12)। मनोहर का गाँव "लखनपुर बनारस नगर से बारह मील पर उत्तर की ओर एक बड़ा गाँव है" ('प्रेमाश्रम', पृ. 9)। इस गाँव में अवधी कई बार सुनने को मिलती है, भोजपुरी एक बार भी नहीं। प्रेमचन्द के किसान आम तौर से हिन्दी (खड़ी बोली) बोलते हैं, जनपदीय भाषाओं का व्यवहार नहीं करते। 'प्रेमाश्रम' में अपवादस्वरूप अवधी का व्यवहार महत्त्वपूर्ण है।

कर्तार चपरासी सुक्खू से : "अरे तुमका का पड़ी है, है कोऊ आगे-पीछे? चार दिन में हाथ पसारे चले जैहो। ई ताल तुमरे संग न जाई" (पृ. 175)।

बिन्दा चपरासी कर्तार से : "हमका तो ई मौजा मा तीस बरसें होय गईं। तब से दस कारिन्दे आये पर चरावर कोऊ न रोका। गाँव भर के मवेशी मजे से चरत रहे...। हमार जी तो अस ऊब गवा है कि मन करत है छोड़-छाड़ के घर चला जाई। सुनित है मालिक अवैया हैं। बस, एक बेर उनसे भेंट होइ जाय और अपने घर के राह लेई" (पृ. 191)।

बिन्दा पुन: कर्तार से ही : "हमका तो एक रुपया मिला रहे...होवे करी तो कौनो डर हौ? अब की अस जर आवा है कि ठठरी होय गया है...ई गायें-भैंसें तो मनोहर की जान परते (परती) हैं। बिलासी लीने आवत है।"

कर्तार ने बिलासी को मना किया। वह "बिन्दा महराज की ओर निश्चिन्त भाव से देखकर बोली—सुनत हौ महराज ठाकुर की बात!" कतार और बिलासी में सरकारी हुक्म को लेकर हिन्दी (खड़ी बोली) में बातचीत हुई। उसके बाद बिन्दा अवधी में बोला : "उन पुरानी बातन का न गावो, अबसे हुकुम भवा है। जानवर का और कौनो कैती लै जाव, नाहीं तो वह गौस खाँ आवत हैं, सभन का पकड़ के कानी हौद पठै देहैं?"

इस पर बिलासी ने अवधी में जवाब दिया : "कानी हौज कैसे पठै देहैं, कोई राहजनी है" (पृ. 192-93)?

प्रेमशंकर ने लखनपुर से कुछ दूर पर अपनी कृषिशाला बनाई है। वहाँ बँटवारे पर बातें हो रही हैं। एक किसान कहता है : "कहूँ कुछ न होई। हम तो आपे लोगन के पीछे-पीछे चलित हैं। जब आपे लोगन में भाई-भाई में निबाह नाहीं होय सकत है तो हमार कस होई? आपका नारायन सब कुछ दिये हैं, मुदा आपे अपने भाई से अलग रहत हो।" 'सभ्य' लोगों ने उसे डाँटा तो वह बोला : "साहब, हम गँवार मनई। ई सब फेरफार का जानी। जौन कुछ भूल-चूक हो गई होय माफ कीन जाए" (पृ. 200)।

पुलिस इंस्पेक्टर दयाशंकर की सिफारिश करते हुए एक बूढ़े चौकीदार ने डाक्टर प्रियनाथ से कहा : "हुजूर, इनका अच्छा कर देव। और तो नाहीं, मुदा हम सब जने आपन एक-एक तलब आपके नजर कर दे हैं" (पृ. 378)।

यह अवधी किस क्षेत्र की है, किसी एक क्षेत्र की है या उसमें अन्य क्षेत्रों के रूपों की मिलावट है, प्रेमचन्द ने उसे ऐसा ही लिखा था या छापते समय उसमें कुछ फेरफार हो गया है, इन सब मुद्दों पर बहस हो सकती है और मतभेद की गुंजाइश है। पर यह भाषा अवधी है, इस बारे में कोई सन्देह नहीं है। प्रेमचन्द की कल्पना में लखनपुर और उसके आसपास का जो इलाका है, वह अवध में है और वहाँ किसान अवधी बोलते हैं।

लखनपुर से थोड़ी दूर हाजीपुर है। यह गाँव नदी किनारे बसा है। ज्ञानशंकर लखनपुर से हाजीपुर गए तो देखा : 'युवतियाँ सिरों पर घड़े रखे नदी से पानी ला

रही थीं" (पृ. 139)। इसी नदी की बाढ़ में हाजीपुर डूब गया था। एक नदी होरी के गाँव के पास है। मेहता और मालती बेलारी पहुँचते हैं। "ज्यों ही मालती गाँव का चक्कर लगाकर लौटी, उन्होंने उसे साथ लेकर नदी की ओर प्रस्थान किया" ('गोदान', पृ. 313)। सिलिया का जना हुआ मातादीन का पुत्र जाता रहा तो 'उसने शव को दोनों हथेलियों पर उठा लिया और अकेला नदी के किनारे तक ले गया, जो एक मील का पाट छोड़कर एक पतली-सी धार में समा गई थी" (उप., पृ. 347)। गंगा छोड़कर यह और कौन नदी हो सकती है? बेलारी गंगा से थोड़ी दूर पर बसा हुआ है। 'प्रेमाश्रम' में इसी गाँव का नाम है लखनपुर। बेलारी के पास एक पुरा है जहाँ भोला रहता है; "भोला इसी गाँव से मिले हुए पुरवे का ग्वाला था" (उप., पृ. 7)। यह पुरा 'प्रेमाश्रम' का हाजीपुर है। भोला के पुरवे में "अधिकतर अहीर ही बसते थे", उसके दरवाजे पर बड़ी चरनी में "दस-बारह गायें-भैंसें खड़ी सानी खा रही थीं" (उप., पृ. 25)। हाजीपुर के पास "प्रात:काल गाय-भैंसों के रेवड़ के रेवड़ चरते दिखाई देते थे" ('प्रेमाश्रम', पृ. 129)। सम्भव है, ये रेवड़ अहीरों के हों जो भोला की तरह 'दूध-मक्खन का व्यवसाय' करते हों ('गोदान', पृ. 7)। मनोहर और होरी दोनों महतो हैं; मनोहर अहीर है, होरी भी उसी बिरादरी का जान पड़ता है।

भोला विधुर है, फिर से ब्याह करना चाहता है। होरी मदद करने का वचन देता है : "मेरे ससुराल में एक मेहरिया है। तीन-चार साल हुए, उसका आदमी उसे छोड़कर कलकत्ते चला गया" (उप., पृ. 9)। इससे संकेत मिलता है कि होरी और भोला एक ही बिरादरी के हैं। गोबर भोला की विधवा बेटी झुनिया की तलाश में 'अहिराने' पहुँचा (उप., पृ. 45)। गोबर सोचता है : "झुनिया को रख ले, तो रखेली को लेकर घर में रहेगा कैसे? बिरादरी का झंझट है। सारा गाँव काँव-काँव करने लगेगा" (उप., पृ. 47)। गोबर बिरादरी के जिस झंझट के बारे में सोचता है, उसका सम्बन्ध एक विधवा को घर में डालने से है, अन्तर्जातीय विवाह से नहीं।

ऊख की खेती बहुत जगह होती है, लखनपुर में मनोहर के यहाँ होती है, बेलारी में होरी के यहाँ होती है। मनोहर को देखते होरी गरीब है। गौस खाँ के अनुसार मनोहर "बीस बीघे जोतता है" ('प्रेमाश्रम', पृ. 23)। उसकी मदद के लिए रंगी चमार हलवाहा है और घर में भैंस है। होरी के पास पाँच बीघे की खेती है, अपनी स्त्री और बच्चों के साथ सारा काम खुद करता है और गाय रखने के सपने देखता है। बलराज का ब्याह हो गया है, गोबर ब्याह लायक हो गया है। होरी और मनोहर की आयु लगभग बराबर होगी। मनोहर किसी का दबाव सहने का आदी नहीं है, होरी दबाव सहते-सहते उसका आदी हो गया है। दोनों के स्वभाव में अन्तर है। पर बिलासी और धनिया के स्वभाव में बहुत बड़ी समानता है। लखनपुर में बिलासी जैसी, बेलारी में धनिया जैसी स्त्री दूसरी नहीं है। मनोहर और होरी के परिवारों में जो समानता है, उसका आधार समान चरित्रवाली ये दो स्त्रियाँ हैं।

लखनपुर में एक बिसेसर साह हैं। "साह जी के यहाँ शक्कर और अनाज का कारबार होता था। डेवढ़ी-सवाई चलती थी, लेन-देन करते थे, दो हल की खेती होती थी; गांजा-भाँग, चरस आदि का ठीका भी ले लिया था" ('प्रेमाश्रम', पृ. 97)। एक बिसेसर साह बेलारी में भी हैं। होरी गाय लेना चाहता है पर "अभी तक लगान नहीं चुकाया जा सका, बिसेसर साह का देना भी बाकी है, जिस पर आने रुपये का सूद चढ़ रहा है" ('गोदान', पृ. 7)। 'गोदान' और 'प्रेमाश्रम' में एक महत्त्वपूर्ण अन्तर यह है कि ज्ञानशंकर जैसा जमींदार यहाँ नहीं है। उसकी जगह ताल्लुकेदार राय अमरपाल सिंह हैं। 'गोदान' के रायसाहब 'प्रेमाश्रम' के राय कमलानन्द का नया संस्करण हैं। अमरपाल सिंह की तरह कमलानन्द का उल्लेख आम तौर से 'रायसाहब' के रूप में होता है : "किन्तु रायसाहब उन प्राणियों में न थे..."; "रायसाहब बड़े रसिक पुरुष थे", इत्यादि। ('प्रेमाश्रम', पृ. 71)। इससे पहले उनका परिचय देते हुए प्रेमचन्द ने लिखा है : "राय बहादुर कमलानन्द लखनऊ के एक बड़े रईस और ताल्लुकेदार थे" (उप., पृ. 70)। इससे भ्रम हो सकता है कि रायबहादुर होने के कारण उन्हें रायसाहब के रूप में याद किया जाता है। आगे ताल्लुकेदार एसोसिएशन के सिलसिले में प्रेमचन्द ने लिखा है : "राय कमलानन्द इस सभा के मंत्री चुने गए" (उप., पृ. 167)। कमलानन्द की रायबहादुरी से उनके रायसाहब होने का कोई सम्बन्ध नहीं है।

राय कमलानन्द की "पत्नी का देहान्त उनकी युवावस्था में हो गया, पर उन्होंने दूसरा विवाह न किया था" ('प्रेमाश्रम', पृ. 71)। "राय अमरपाल की पत्नी को मरे आज दस साल हो चुके थे; मगर दूसरी शादी न की थी" ('गोदान', पृ. 12)। कमलानन्द "संगीत के सूक्ष्म तत्त्वों के वेत्ता थे...काव्यकला में भी उनकी कुशलता और मार्मिकता कवियों को लज्जित कर देती थी"; इसके साथ ही "शिकार में उनके निशाने अचूक पड़ते थे" ('प्रेमाश्रम', पृ. 71)। इनके समानान्तर राय अमरपाल "साहित्य और संगीत के प्रेमी थे, ड्रामा के शौकीन, अच्छे वक्ता थे, अच्छे लेखक, अच्छे निशानेबाज" ('गोदान', पृ. 12)। राय कमलानन्द के कुछ गुण और अवगुण अमरपाल के दामाद दिग्विजय सिंह में हैं। शराब, गाँजा आदि ऐसा कोई नशा न था जो वह न करते हों। ऐयाश भी थे, पर "संगीत, नाट्यकला, हस्तरेखा, ज्योतिष, योग, लाठी, कुश्ती, निशानेबाजी आदि कलाओं में अपना जोड़ न रखते थे" (उप., पृ. 233)। ऐयाशी के साथ योग-साधना कमलानन्द के चरित्र की विशेषता है। नाट्यकला से प्रेम ज्ञानशंकर को भी है। वह अभिनय-कला में दक्ष है। उसने कृष्णलीला का आयोजन किया, स्वयं वैद्य का अभिनय किया। राधा की भूमिका में गायत्री के अभिनय-कौशल की सभी प्रशंसा कर रहे थे : "ज्ञानशंकर के अभिनय कौशल की भी सराहना हो रही थी" ('प्रेमाश्रम', पृ. 309)। राय अमरपाल सिंह ने रामलीला का आयोजन किया, उसके लिए उन्होंने स्वयं प्रहसन लिखा ('गोदान',

पृ. 52)। स्टेज के पीछे से उसका संचालन किया, सब कुछ इतना प्रभावशाली था कि "मेहता दौड़कर उनके गले लिपट गए और मुग्ध होकर बोले—आपकी दृष्टि इतनी पैनी है, इसका मुझे अनुमान न था" ('गोदान', पृ. 75)।

पर इनकी अभिनय-कला मंच से बाहर सामान्य जीवन में ज्यादा निखरती है। ज्ञानशंकर कृष्णभक्त बनकर दूसरों को ठगता है। राय अमरपाल ने पिता से सम्पत्ति के साथ "राम की भक्ति भी पाई थी और धनुष यज्ञ को नाटक का रूप देकर उसे शिष्ट मनोरंजन का साधन बना दिया था" (उप., पृ. 12)। रामभक्ति, देशभक्ति, राजभक्ति—इनका समन्वय साधारण अभिनय कौशल से सम्भव नहीं है। ज्ञानशंकर ने गायत्री को रानी का खिताब दिलवाया, अमरपाल ने स्वयं राजा का खिताब प्राप्त किया। कौंसिल का चुनाव दोनों लड़े, दोनों जीते, पर रायसाहब होम मेंबर हो गए। ऐसा सौभाग्य ज्ञानशंकर को प्राप्त न हुआ।

ज्ञानशंकर के पुत्र मायाशंकर की कुछ बातें रायसाहब के पुत्र रुद्रपाल में हैं। वह एम.ए. में पढ़ता था : "बड़ा निर्भीक, पक्का आदर्शवादी" था, रसिक और आलसी भी था पर उसे "अपने पिता की यह धन और मान-लिप्सा बुरी लगती थी" (उप., पृ. 319)। वह पिता की इच्छानुसार विवाह करने को राजी न हुआ तो राय साहब को लगा "जैसे सारा जीवन उजड़ गया हो। मिनिस्ट्री और इलाका और पदवी, सब जैसे बासी फूलों की तरह नीरस, निरानन्द हो गए हों" (उप., पृ. 320)! रुद्रपाल को मायाशंकर की तरह किसानों को जमीन का मालिक बना देने का अवसर न मिला पर उसने स्वयं भी रियासत का मालिक बनना स्वीकार न किया। मनपसन्द लड़की सरोज से ब्याह करके उसके साथ इंग्लैंड चला गया। रायसाहब का जीवन वैसे ही असफल हुआ, जैसे ज्ञानशंकर का। केवल उन्होंने आत्महत्या नहीं की। तंखा ने "रुद्रपाल की तरफ से रायसाहब पर हिसाबफहमी का दावा किया। रायसाहब पर दस लाख की डिग्री हो गई। सबसे बड़ा दुख था इस बात का कि अपने बेटे ने ही दगा दी...मगर अभी शायद उनके दु:ख का प्याला भरा न था। जो कुछ कसर थी, वह लड़की और दामाद के सम्बन्ध विच्छेद ने पूरी कर दी" (उप., पृ. 326)। इस उपन्यास का नाम भी रायसाहब को देखते 'नाकाम' रखा जा सकता था।

नेकनाम यहाँ मेहता हैं। प्रेमशंकर ने अमरीका में शिक्षा पाई, मेहता ने फ्रांस में। गोविन्दी ने उनसे अपनी व्यथा कही और उनसे सहायता माँगी; "मेहता अपनी नजरों में कभी इतने ऊँचे न उठे थे, उस वक्त भी नहीं, जब उनकी रचना को फ्रांस की एकाडमी ने इस शताब्दी की सबसे उत्तम कृति कहकर उन्हें बधाई दी थी" (उप., पृ. 201)। यद्यपि वह दर्शनशास्त्र के अध्यापक हैं, पर उन्हें कृषिशास्त्र से दिलचस्पी है। एक छोटी-मोटी कृषिशाला उनके बँगले में है। "अपने बगीचे में बैठे हुए पौधों पर विद्युतसंचार क्रिया की परीक्षा कर रहे थे। उन्होंने हाल में एक विज्ञान परिषद में यह सिद्ध किया था कि फसलें बिजली के जोर से बहुत थोड़े समय में पैदा की जा

सकती हैं, उनकी पैदावार बढ़ायी जा सकती है और बेफस्ल की चीजें भी उपजाई जा सकती हैं। आजकल सबेरे के दो-तीन घंटे वह इन्हीं परीक्षाओं में लगाया करते थे" (उप., पृ. 291)। लखनपुर के किसानों से जैसे प्रेमशंकर का सम्पर्क है, वैसे ही बेलारी के किसानों से मेहता का है। मालती के साथ कभी-कभी देहात चले जाते थे और "किसानों के साथ दो-चार घंटे रहकर उनके झोंपड़ों में रात काटकर, और उन्हीं का सा भोजन करके, अपने को धन्य समझते थे" (उप., पृ. 309)।

'प्रेमाश्रम' असहयोग आन्दोलन से पहले लिखा गया था, 'गोदान' असहयोग आन्दोलन ही नहीं, सन् '30 के सविनय अवज्ञा आन्दोलन के भी बाद लिखा गया था। 'प्रेमाश्रम' असहयोग आन्दोलन के बाद लिखा जाता, तो भी शायद उसमें ज्यादा फर्क न पड़ता। बहुत से बहुत प्रेमशंकर कौंसिल के चुनावों का बहिष्कार करते, ज्ञानशंकर तो चुने ही जाते। "पिछले सत्याग्रह संग्राम में राय साहब ने बड़ा यश कमाया था। कौंसिल की मेंबरी छोड़कर जेल चले गए थे। तब से उनके इलाके के असामियों को उनसे बड़ी श्रद्धा हो गई थी" ('गोदान', पृ. 12)। देशभक्ति के कारण किसानों के उत्पीड़न में कोई कमी न हुई। होरी से उन्होंने धर्म और नैतिकता की बहुत-सी बातें कहीं पर जैसे ही सुना, बेगारों ने काम करने से इनकार कर दिया है, उनके माथे पर बल पड़ गए, आँखें निकालकर बोले, "चलो मैं इन दुष्टों को ठीक करता हूँ। जब कभी खाने को नहीं दिया गया, तो आज यह नई बात क्यों" (उप., पृ. 15)? देशभक्ति के कारण उनकी राजभक्ति में बट्टा नहीं लगता। यद्यपि वह पत्रकार ओंकारनाथ से कहते हैं : "कांग्रेस में शरीक हुआ, उसका तावान अभी तक देता जाता हूँ। काली किताब में नाम दर्ज हो गया" (उप., पृ. 177), पर "रायसाहब राष्ट्रवादी होने पर भी हुक्काम से मेलजोल बनाए रखते थे" (उप., पृ. 12)। परिणाम यह कि एक दिन वह होम मेंबर हो गए। बादशाह सलामत के जन्मदिन पर उन्हें राजा की पदवी मिली। "जिस-वक्त हिज-एक्सेलेंसी गवर्नर ने उन्हें पदवी प्रदान की, गर्व के साथ राजभक्ति की ऐसी तरंग उनके मन में उठी कि उनका एक-एक रोम उससे प्लावित हो उठा" (उप., पृ. 318-19)।

रायसाहब के रूप में प्रेमचन्द ने जमींदार देशभक्त का खाका खींचा है। रायसाहब जेल गए थे, पूँजीवाद के प्रतिनिधि खन्ना भी गए थे। मालती भी जेल गई थी। कहती है, वह जेल "अपने मतलब से ही गई थी, उसी तरह जैसे रायसाहब और खन्ना गए थे।" अर्थात् ये लोग स्वार्थी देशभक्त हैं। मालती कारण बताती है : "इस नयी सभ्यता का आधार धन है, विद्या और सेवा और कुल हेज हैं। कभी-कभी इतिहास में ऐसे अवसर आ जाते हैं, जब धन को आन्दोलन के सामने नीचा देखना पड़ता है; मगर इसे अपवाद समझिए" (उप., पृ. 147)। नई सभ्यता, नया जमाना, व्यापार और बनियापन—यह सब 'प्रेमाश्रम' में ही नहीं है, 'गोदान' में भी है। जहाँ पूँजीपतियों का नेतृत्व न हो, ऐसे आन्दोलन अपवादस्वरूप होते हैं। सम्भव

है फ्रांस की राज्यक्रान्ति या रूस की राज्यक्रान्ति में धन को आन्दोलन के सामने नीचा देखना पड़ा हो। पर सन् '20 और '30 के आन्दोलनों में तो ऐसा न हुआ था। जो बात मालती ने तंखा से कही, वही दूसरे अन्दाज में, मेहता ने खन्ना से कही : "लक्ष्मीपतियों की बदौलत ही हमारी बड़ी-बड़ी संस्थाएँ चलती हैं। राष्ट्रीय आन्दोलन को दो-तीन साल तक किसने इतनी धूमधाम से चलाया? इतनी धर्मशालाएँ और पाठशालाएँ कौन बनवा रहा है? आज संसार का शासन-सूत्र बैंकरों के हाथ में है। सरकार उनके हाथ का खिलौना है" (उप., पृ. 242)। प्रेमचन्द देशी पूँजीवाद की सीमित भूमिका समझते हैं पर लक्ष्मीपतियों के चलाए हुए आन्दोलन से देश की बुनियादी समस्याएँ हल होंगी, उन्हें इसकी आशा नहीं है। जो आन्दोलन दो-तीन साल तक धूमधाम से चलाया गया, उसकी गहरी या हल्की छाप 'गोदान' पर नहीं है। इसीलिए यह कहना सही होगा कि प्रेमचन्द यदि 'प्रेमाश्रम' असहयोग आन्दोलन के बाद लिखते तो भी उसकी मूलकथा में ज्यादा फर्क न पड़ता।

पर असहयोग आन्दोलन के बाद प्रेमचन्द ने जो उपन्यास लिखे, वे 'प्रेमाश्रम' से भिन्न कोटि के हैं। इनमें यथार्थवाद का विकास हुआ है, काल्पनिक इच्छापूर्तिवाले समाधान नियंत्रित हुए हैं। इसी तरह सन् '30-32 वाले आन्दोलन के बाद उन्होंने 'गोदान' लिखा और यथार्थवाद का विकास एक नई मंजिल तक पहुँचा। कांग्रेस के नेतृत्व में चलनेवाले स्वाधीनता आन्दोलन ने जनता को, और लेखकों को, दो तरह से प्रभावित किया : एक ओर उसने राजनीतिक चेतना का प्रसार किया, दूसरी ओर उसकी विफलता ने उन्हें नई रणनीति खोजने को प्रेरित किया। स्वाधीनता आन्दोलन के पहले दौर में कांग्रेसी नीति का विकल्प है : नौजवान दलों द्वारा सशस्त्र क्रान्ति का प्रयास, दूसरे दौर में विकल्प है : जनआन्दोलन। छायावादी कवियों के गद्य-पद्य में यह परिवर्तन साफ देखा जा सकता है। ऐसा ही परिवर्तन 'प्रेमाश्रम' के बाद 'गोदान' में है।

फरवरी, 1919 के 'जमाना' में प्रेमचन्द ने नये-पुराने जमाने में भेद करते हुए जो लेख लिखा, उसमें सशस्त्र क्रान्ति अथवा हिंसात्मक प्रतिकारवाला विकल्प नहीं है। पर यह विकल्प प्रेमचन्द के मन में है, वह 'प्रेमाश्रम' में मनोहर की कार्यवाही द्वारा व्यक्त हुआ है। प्रेमचन्द जानते हैं कि ऐसा जमाना आ सकता है जब जाहिल रईसों या जमींदारों की "गर्दनें जनता के हाथों में होगी और वे बेबस निगाहों से इधर-उधर ताक रहे होंगे" ('प्रेमचन्द के विचार', भाग 3, दिल्ली, 1982, पृ. 267)। पर अभी वह जमींदारों से ही अपील करते हैं : "वे तात्कालिक हानि की चिन्ता न करके किसानों की भलाई और सुधार की कोशिश करें। स्वेच्छा से उन अधिकारों से हाथ खींच लें, जो उन्हें किसानों पर प्राप्त हैं। उनसे बेगार लेना छोड़ दें, उनके साथ आदमियत का बर्ताव करें, इजाफा और बेदखली से परहेज करें, ताकि जनता के दिलों में उनकी इज्जत और उनके प्रति श्रद्धा हो। हमारे कौंसिलरों और राजनीतिक नेताओं का कर्तव्य है कि वे अपने प्रस्तावों की परिधि को फैलाएँ और जनता (यानी

काश्तकारों) की हिमायत का एक प्रोग्राम तैयार करें और उसे अपनी कार्य-प्रणाली बना लें" (उप., पृ. 268-69)। अपने अधिकारों से हाथ खींचना, कौंसिलों में प्रस्तावों की परिधि को फैलाना, 'प्रेमाश्रम' में ये दोनों काम प्रेमशंकर करते हैं।

'जमाना' में लेख लिखते समय भी प्रेमचन्द जनआन्दोलन और जनक्रान्ति का महत्त्व बहुत अच्छी तरह समझ रहे थे; उस समय इतनी अच्छी तरह इनका महत्त्व समझनेवाले कम लोग थे। प्रेमचन्द ने लिखा था : "आनेवाला जमाना अब किसानों और मजदूरों का है। दुनिया की रफ्तार इसका साफ सबूत दे रही है। हिन्दुस्तान इस हवा से बेअसर नहीं हो सकता। हिमालय की चोटियाँ उसे इस हमले से नहीं बचा सकतीं। जल्द या देर से, शायद जल्द ही, हम जनता को केवल मुखर ही नहीं—अपने अधिकारों की माँग करनेवाले के रूप में देखेंगे और तब वह आपकी किस्मतों की मालिक होगी। तब आपको अपनी बेइंसाफियों याद आएँगी और आप हाथ मलकर रह जाएँगे। जनता की इस ठहरी हुई हालत के धोखे में न आइए। इन्कलाब के पहले कौन जानता था कि रूस की पीड़ित जनता में इतनी ताकत छिपी हुई है? हार के पहले कौन जानता था कि जर्मनी का एकच्छत्र स्वैराचारी शासन जनता के ज्वालामुखी पर बैठा हुआ है। निकट भविष्य में हिन्दुस्तान के लाखों मजदूर और कारीगर फ्रांस से वापस आएँगे, लाखों सिपाही लड़ाई के बाद अपने-अपने घर लौटेंगे। क्या आप समझते हैं कि उन पर उन आजाद देशों की आबोहवा का कुछ भी असर न होगा" (उप., पृ. 268)?

ऐसा जमाना आ सकता है कि जनता अपने अधिकारों की माँग करनेवाले के रूप में दिखाई दे, इस रूप में वह जमींदारों की किस्मतों की मालिक होगी, तब जमींदारों को अपनी बेइंसाफियाँ याद आएँगी पर वे कुछ न कर पाएँगे, सिर्फ हाथ मलकर रह जाएँगे। अभी जनता ठहरी हुई हालत में है अर्थात् जनआन्दोलन का अभाव है। पर इससे धोखा न खाना चाहिए। रूसी क्रान्ति से पहले किसी को पता न था कि रूसी जनता में इतनी ताकत छिपी हुई है। प्रेमचन्द के लिए रूसी क्रान्ति इस छिपी हुई ताकत का विस्फोट है, वह लगभग एक स्वतःस्फूर्त प्रक्रिया है। उसमें बोल्शेविक पार्टी की संगठनात्मक भूमिका या तो प्रेमचन्द की आँखों से छिपी हुई है या वह उसे बहुत महत्त्वपूर्ण नहीं समझते। इसी कारण इतना सब लिखने के बाद भी वह जमींदारों से अपील करते हैं कि वे स्वेच्छा से उन अधिकारों से हाथ खींच लें जो उन्हें किसानों पर प्राप्त हैं।

इस अपील के समानान्तर, लेख में, जनक्रान्ति की सम्भावना विद्यमान है, इस सम्भावना को प्रथम विश्वयुद्ध के बाद की परिस्थितियों में विशेष उपकरणों द्वारा यथार्थ का रूप दिया जा सकता है। युद्ध के बाद हिन्दुस्तान के लाखों मजदूर और कारीगर फ्रांस से वापस आएँगे, लाखों सिपाही घर लौटेंगे। वे आजाद देशों की आबोहवा का असर लेकर लौटेंगे। ये सब क्रान्ति के विशेष उपकरण हैं, हर समय वे सुलभ नहीं होते, वे महायुद्ध के बाद की विशेष परिस्थितियों में सुलभ हुए थे। वे

जनता की ठहरी हुई हालत को बदल सकते हैं। लगभग इसी तरह के विचार उन्हीं दिनों लोकमान्य तिलक के दिमाग में भी आए थे। वह अभी लन्दन में थे। उनकी निगरानी की जिम्मेदारी जिन ब्रिटिश गुप्तचरों पर थी, उन्होंने अपनी रिपोर्ट में लिखा था : "जहाँ तक स्वयं भारत में (स्वराज्य सम्बन्धी) प्रचार का सवाल है, मिस्टर तिलक नहीं समझते कि अब उसकी उतनी ज्यादा जरूरत है जितनी पहले थी। उनके विचार से वापस आनेवाले मजदूर बटालियन, सैनिक, इंग्लैंड की चाकरी में लड़नेवाले सीमान्त प्रदेश के कबीले, शाही सेवा के सैन्य दल, जर्मनी से आनेवाले कैदी आदि, ये सब जिस मोर्चे से भी आएँ, वे परिस्थिति के कारण ही प्रचार संस्थाएँ बन जाएँगे और स्वयं को ऐसी संस्थाएँ बना लेंगे। उनके अपने हर सूबे, जिले, शहर और गाँव में लोग उनका प्रभाव महसूस करेंगे और उनका काम पूरा किया जाएगा। जहाँ के वे रहनेवाले हैं, वहाँ की देहाती जनता के लिए इसका भारी महत्त्व होगा" (D.V. Tanmankar, Lokamanya Tilak, लन्दन, 1956, पृ. 288)।

प्रेमचन्द ने मजदूरों और सैनिकों की वापसी की बात किसानों के सन्दर्भ में कही है। उनकी वापसी से जनता की ठहरी हुई हालत बदलेगी। तिलक सम्बन्धी रिपोर्ट में यह बात स्पष्ट कर दी गई है कि देहाती जनता के लिए मजदूरों और सैनिकों की वापसी महत्त्वपूर्ण होगी। जुलाई, 1920 में कम्युनिस्ट इंटरनेशनल की दूसरी कांग्रेस में लेनिन ने कहा था : "ब्रिटिश पूँजीपति वर्ग ने भारत के सैनिकों को समझाया कि जर्मनी के विरुद्ध ग्रेट ब्रिटेन की रक्षा करना भारतीय किसानों का कर्तव्य है...पूँजीपति वर्ग ने उन्हें हथियार इस्तेमाल करना सिखाया, बड़े काम की चीज सिखाई, इसके लिए हमें पूँजीपति वर्ग के प्रति आभार प्रकट करना चाहिए, सभी रूसी किसानों और मजदूरों की ओर से, खास तौर से रूसी लाल फौज की ओर से, आभार प्रकट करना चाहिए" (लेनिन, 'कलेक्टेड वर्क्स मास्को', 1974, खंड 31, पृ. 232)। दूसरे विश्वयुद्ध के बाद भारतीय जनता के क्रान्तिकारी उभार और नाविक विद्रोह को याद कर लेने से ही लेनिन की दूरदर्शिता प्रमाणित हो जाएगी। 1919-20 में भी क्रान्ति की सम्भावना विद्यमान थी, यह सम्भावना तिलक और प्रेमचन्द के सामने थी। क्रान्तिकारी पार्टी के अभाव में वह यथार्थ का रूप न ले सकी थी। सन् '45-47 में क्रान्तिकारी पार्टी तो थी पर वह दृढ़ता से सही रणनीति के अनुसार क्रान्ति का संचालन न कर सकी। फिर भी तिलक, प्रेमचन्द और लेनिन के लिए ट्रस्टीशिप का विकल्प यहाँ मौजूद था, यह तथ्य अत्यन्त महत्त्वपूर्ण तो है ही, वर्तमान भारत के लिए अत्यन्त प्रासंगिक भी है।

भारत के स्वाधीन होने पर जमींदार हाकिम बनें, इसका विरोध प्रेमचन्द ने 1919 में भी किया था। "कोई कारण नहीं कि वह (जनता) दूसरे देश के हाकिमों के मुकाबले में आपकी हुकूमत को ज्यादा पसन्द करे। जो रैयत अपने अत्याचारी और लालची जमींदार के मुँह में दबी हुई है, जिन अधिकारसम्पन्न लोगों के अत्याचार

और बेगार से उसका हृदय छलनी हो रहा है, उनको हाकिम के रूप में देखने की कोई इच्छा उसे नहीं हो सकती" ('प्रेमचन्द के विचार', भाग तीन, पृ. 267)। 1920 के पहले कांग्रेस में जमींदार वर्ग काफी प्रभावशाली था, 1920 के बाद पूँजीपति वर्ग विशेष प्रभावशाली हुआ। प्रेमचन्द के लिए इससे देश की बुनियादी समस्या हल होनेवाली न थी। जो बात उन्होंने जमींदार नेताओं को लक्ष्य करके 1919 में कही थी, वही बात उन्होंने पूँजीवादी नेताओं को लक्ष्य करके 'गबन' (1931) में कही : "अरे, तुम क्या देश का उद्धार करोगे! पहले अपना उद्धार कर लो। गरीबों को लूटकर विलायत का घर भरना तुम्हारा काम है।" बात प्रेमचन्द की है, कहा उसे देवीदीन ने है। प्रेमचन्द पूँजीवादी जनतंत्र के समर्थक नहीं हैं, यह स्पष्ट है। वह ऐसा जनतंत्र चाहते हैं जिसमें सत्ता मजदूरों और किसानों के हाथ में हो। ऐसा जनतंत्र कायम करने में मजदूर वर्ग की भूमिका किस तरह की होगी, भारत में अनेक स्तरों का सामन्तवाद है और अनेक स्तरों का पूँजीवाद है, क्रान्ति के दौरान और उसके बाद इन स्तरों के प्रति कौन-सी नीति अपनाई जाएगी, इस तरह की अनेक समस्याएँ हैं, जिन पर प्रेमचन्द ने नहीं लिखा। पर उनके चिन्तन की दिशा स्पष्ट है। यह दिशा नये जनतंत्र की ओर ले जानेवाली है। स्वराज मेहनत करनेवालों का या मुनाफाखोरों का—प्रेमचन्द की ओर से उनके किसी भी पाठक को इस सवाल का जवाब देने में कठिनाई न होगी। प्रेमचन्द के पुनर्मूल्यांकन के अनेक चालू प्रयासों का उद्देश्य यह है कि पाठक वर्तमान व्यवस्था से सन्तुष्ट रहें, राज मेहनत करनेवालों का हो या मुनाफाखोरों का—ऐसी बेकार बातों में न उलझें।

4. महाजनी शोषण और सामाजिक रूढ़िवाद

मेहता ने खन्ना से कहा : "आज संसार का शासनसूत्र बैंकरों के हाथ में है।" पूँजी की शक्ति अदृश्य है, इसलिए उससे लड़ना कठिन होता है। जमींदार और उसके लठैत किसान के सामने प्रत्यक्ष हैं पर महाजन की शक्ति अप्रत्यक्ष है। ऊपर से देखने में वह कमजोर लगता है, हास्यास्पद भी, पर उसके बिना किसान का काम नहीं चलता। इस महाजनी कारोबार का सबसे विकट पहलू यह है कि पैसा हाथ में हो तो किसान स्वयं उसे सूद पर उठा देता है। "एक समय होरी ने भी महाजनी की थी" ('गोदान', पृ. 103)। गोबर शहर में साल-भर रह चुका है। "अब वह छोटा-मोटा महाजन है। पड़ोस के एक्केवालों, गाड़ीवालों और धोबियों को सूद पर रुपये उधार देता है" (उप., पृ. 204)। किसान स्वयं महाजन बनकर धन कमाना चाहता है, इसीलिए उसे महाजनी की प्रथा बहुत स्वाभाविक जान पड़ती है। महाजन सूद लेकर मुकर जाए, हिसाब में तीन के तेरह बताए, यह बेईमानी है। किसान इस बेईमानी को समझता है, उसका प्रतिवाद करता है पर व्यक्तिगत स्तर पर। महाजनी प्रथा ठीक है, व्यापक है, उसे पालने-पोसनेवाली शक्ति किसान को दिखाई नहीं देती।

संसार का शासनसूत्र बैंकरों के हाथ में है। सबसे बड़े बैंकर इंग्लैंड के शहरों में हैं, छोटे बैंकर भारत के शहरों में हैं। इनके एजेंट देहात में फैले हुए हैं। बेलारी में कई तरह के महाजन हैं। "सबसे बड़े महाजन थे झिंगुरी सिंह। वह शहर के एक बड़े महाजन के एजेंट थे। उनके नीचे कई आदमी और थे, जो आसपास के देहातों में घूम-घूम कर लेनदेन करते थे" (उप., पृ. 103)। इस तरह ऊपर के महाजन नीचे देहात के महाजनों से जुड़े हुए हैं। प्रेमचन्द जिन दिनों यह सब लिख रहे थे, उन्हीं दिनों (या कुछ दिन बाद) रजनी पामदत्त भारत पर अपनी प्रसिद्ध पुस्तक में इस प्रक्रिया का अध्ययन कर रहे थे।

सूदखोरी भारत में पहले भी थी पर तब महाजन कर्जदार किसान की भूमि न हथिया सकता था। अंग्रेजी कानून के अन्तर्गत वह किसान के माल-असबाब की कुड़की करा सकता था, उसकी जमीन हथिया सकता था। "पूँजीवादी शोषण की सारी व्यवस्था की वह अपरिहार्य धुरी बन गया। मालगुजारी उगाहने का वह अनिवार्य माध्यम है; यही नहीं, वह सूदखोरी के साथ आम तौर से गल्ले के व्यापारी की भूमिका भी निबाहता है। कटाई के समय फसल खरीदने में उसकी स्थिति इजारेदार की होती है। अक्सर वह किसानों को बीज और खेती के उपकरण पेशगी देता है। आम तौर से उसके बहीखाते देखकर किसान इस बात की जाँच नहीं कर पाते कि वे कितना दे चुके हैं, कितना और उन्हें देना है। इस तरह वे अधिकाधिक उसके जाल में फँसते जाते हैं। वह गाँव का तानाशाह बन जाता है। जैसे-जैसे जमीन उसके हाथ आती जाती है, वैसे-वैसे यह प्रक्रिया और आगे बढ़ाई जाती है। किसान खेत-मजदूर या बटाईदार बन जाते हैं और केवल उसी के लिए काम करते हैं। जो कुछ पैदा करते हैं, वह सूद और लगान मिलाकर उसे देते जाते हैं। वह अधिकाधिक भारत के ग्रामीण अर्थतंत्र का छोटा पूँजीपति बन जाता है, किसानों से अपने मजदूरों की तरह काम कराता है" (रजनी पाम दत्त, 'इंडिया टुडे', बम्बई, 1947, पृ. 207-08)।

पूँजी का सबसे पुराना, क्रूर और बर्बर रूप है सूदखोर पूँजी। सामन्ती व्यवस्था में जहाँ वित्त का चलन हुआ, इस पूँजी ने अपने कर्तब दिखाने शुरू किए। वह खाते-पीते किसान को मुफलिस और मुफलिस को गुलाम बनाकर छोड़ती है। अंग्रेजों ने पुरानी सूदखोरी को कायम ही नहीं रखा वरन् उसे अधिक व्यापक और क्रूर बना दिया। अंग्रेजी राज के प्रतिक्रियावादी स्वरूप की पहचान महाजनी कारोबार के अध्ययन के बिना नहीं हो सकती। 'गोदान' की दुनिया वही है जो 'प्रेमाश्रम' की है पर इस बीच साम्राज्यवादी शोषण का घनत्व और बढ़ा है। इसे बढ़ाने के उपकरण हैं महाजन। रजनी पामदत्त ने महाजनी कारोबार की जो विशेषताएँ बताई हैं, उनमें अनेक 'गोदान' में मौजूद हैं। होरी ने भोला से गाय खरीदी। दाम न दे सका तो भोला उसके बैल ले गया। औरों के खेत में बोआई होने लगी, होरी के खेत यों ही पड़े थे। दातादीन ने कहा : "हमारा-तुम्हारा आधा साझा रहेगा।" होरी देख रहा था :

"केवल बोआई के लिए आधी फसल देनी पड़ रही है", पर मजबूर था। दातादीन ने तुरत कहा : "तो चलो, मैं अभी बीज तोल दूँ" (उप., पृ. 183)। महाजन बीज देता है, खेत जोतने को बैल देता है; उत्पादन का मुख्य साधन 'खेत' होरी का है, मेहनत उसकी और उसके सारे परिवार की है, पर वह आधी फसल देने को मजबूर है। खेत का मालिक होते हुए भी वह बटाईदार बनता है।

अभी ऊख का सहारा था। खेत में फसल तैयार हुई तो होरी ऊख काटने पहुँचा। दुलारी सहुआइन ने कहा : "पहले मेरे रुपये दे दो तब ऊख काटने दूँगी" (उप., पृ. 187)। होरी ने किसी तरह दुलारी को टाला पर झिंगुरी सिंह बड़े महाजन हैं। नदी पार शक्कर मिल खुला था। "झिंगुरी सिंह ने मिल के मैनेजर से पहले ही सब कुछ कह-सुन रखा था।...तौल शुरू होते ही झिंगुरी सिंह ने मिल के फाटक पर आसन जमा लिया। हर एक की ऊख तौलाते थे, दाम का पुरजा लेते थे, खजांची से रुपये वसूल करते थे और अपना पावना काटकर असामी को दे देते थे। असामी कितना ही रोये, चीखे, किसी की न सुनते थे। मालिक का यही हुक्म था। उनका क्या बस" (उप., पृ. 188)। यह महाजन उत्पादन के स्रोत पर कब्जा किये बैठा है। सबके खेतों पर जाकर पैसा वसूलने में तो समय लगता, शक्कर मिल खुलने से काम आसान हो गया। देशी पूँजीपति का एजेंट देहात के महाजन से मिला हुआ है और यह महाजन अपने से बड़े शहर के महाजन का एजेंट है। जिस मालिक के हुक्म की बात कही गई है, वह शहर का बड़ा महाजन है।

होरी अब स्वयं ऊख बोने की स्थिति में नहीं है। वह और उसका परिवार दातादीन के खेत में मजूरी करता है। "धनिया, सोना, रूपा तीनों तलैया से ऊख के भीगे हुए गट्ठे निकाल-निकालकर खेत में ला रही हैं, और होरी गँडासे से ऊख के टुकड़े कर रहा है। अब वह दातादीन की मजूरी करने लगा है। किसान नहीं, मजूर है। दातादीन से अब उसका पुरोहित-जजमान का नाता नहीं, मालिक-मजूर का नाता है" (उप., पृ. 207-08)। इस तरह ऋणग्रस्त किसान महाजन की मजदूरी करने को बाध्य होता है। पुरोहित-जजमान के पुराने वर्णसम्बन्ध का स्थान नये मालिक-मजूर के सम्बन्ध ने ले लिया। यह मालिक अपने मजूर से गुलाम की तरह काम लेता है। और मालिक की नजर में गुलाम आदमी नहीं, जानवर है। दातादीन ने होरी से और जल्दी हाथ चलाने को कहा। धनिया ने प्रतिवाद किया : "क्या जरा दम भी न लेने दोगे महाराज? हम भी तो आदमी हैं। तुम्हारी मजूरी करने से बैल नहीं हो गए। जरा मूड पर एक गट्ठा लादकर लाओ, तो हाल मालूम हो।" दातादीन के लिए मजूर और बैल में फर्क नहीं था। बोले : "पैसे देते हैं काम करने के लिए, दम मारने के लिए नहीं। दम लेना है, तो घर जाकर दम लो" (उप., पृ. 208)। होरी ताव खाकर जल्दी-जल्दी गँडासा चलाने लगा। एक जून चबेने पर काटता था, दूसरे जून कभी आधा पेट भोजन मिला, कभी वह भी नहीं। हाथ जवाब दे रहा था पर दम लेने की गुंजाइश न थी। आखिर "गँडासा

हाथ से छूट गया और वह औंधे मुँह जमीन पर पड़ गया" **(उप., पृ. 209)**। इस बार होरी गिरा तो उठ बैठा, दुबारा गिरा तो फिर न उठ सका। धनिया से कहता गया : "अब कब तक जिलायेगी? सब दुर्दशा तो हो गई। अब मरने दे" (उप., पृ. 363)।

गाँव में महाजनी का काम पटेश्वरी नाम के पटवारी भी करते हैं। वह न जमींदार हैं, न जमींदार के कारिन्दे : "पर पटवारी होने के नाते खेत बेगार में जुतवाते थे, सिंचाई बेगार में करवाते थे और असामियों को एक-दूसरे से लड़ाकर रकमें मारते थे। सारा गाँव उनसे काँपता था। गरीबों को दस-दस, पाँच-पाँच कर्ज देकर उन्होंने कई हजार की सम्पत्ति बना ली थी। फसल की चीजें असामियों से लेकर कचहरी और पुलिस के अमलों की भेंट करते थे" (उप., पृ. 120-21)। यहाँ सरकारी तंत्र महाजनी शोषणतंत्र से मिलकर एकाकार हो गया। सरकारी कर्मचारी महाजन बनता है तो वह किसान को अन्य महाजनों से अधिक आतंकित करता है। पटेश्वरी कर्जदार शोभा को याद दिलाते हैं : "मैं जमींदार या महाजन का नौकर नहीं हूँ, सरकार बहादुर का नौकर हूँ जिसका दुनिया भर में राज है और जो तुम्हारे महाजन और जमींदार दोनों का मालिक है" (उप., पृ. 189)। पटेश्वरी से बड़ा अफसर है थानेदार। होरी की गाय को जहर देकर हीरा भाग गया। दारोगा ने हीरा के घर की तलाशी लेने की धमकी देकर होरी से कुछ रकम ऐंठनी चाही। बीच में पटेश्वरी और अन्य महाजनों को हिस्सा चाहिए। पटेश्वरी दारोगा से कहते हैं : "जब ऐसा ही कोई अवसर आ जाता है, तो आपकी बदौलत हम भी कुछ पा जाते हैं" (उप., पृ. 115)। पटेश्वरी गाँव के चार मुखियों अर्थात् महाजनों की सिफारिश करना नहीं भूलते। होरी झिंगुरी सिंह से तीस रुपये उधार लेता है और दारोगा को भेंट करने चलता है, पर धनिया ने सारा खेल चौपट कर दिया। "यहाँ तो बाँट-बखरा होनेवाला था, सभी के मुँह मीठे होते। ये हत्यारे गाँव के मुखिया हैं, गरीबों का खून चूसनेवाले। सूद-ब्याज, डेढ़ी-सवाई, नजर-नजराना, घूस-घास जैसे भी हो, गरीबों को लूटो। उस पर सुराज चाहिए। जेहल आने से सुराज न मिलेगा। सुराज मिलेगा धरम से, न्याय से" (उप., पृ. 117)।

थोड़े से वाक्यों में धनिया ने सरकारी तंत्र से महाजनी प्रथा के सम्बन्ध को और स्वाधीनता आन्दोलन की मूल समस्या को यहाँ स्पष्ट कर दिया। गरीबों की लूट बन्द करो तब सुराज के हकदार बनोगे—इसका मतलब यह भी है कि महाजनों के चंगुल से किसानों को छुड़ाने का आन्दोलन चलाओ, तब देखो, किसान कैसे आगे बढ़कर आजादी की लड़ाई में हिस्सा लेते हैं महाजनों की मालिक है सरकार और सरकार का प्रतिनिधि है दारोगा। रुपये तो उसे मिलने ही चाहिए। होरी "न देगा, गाँव के मुखिया देंगे और पन्द्रह की जगह पूरे पचास रुपये" (उप., पृ. 117)। पटेश्वरी को लगता है, यह तो अँधेर है। दारोगा कहता है : "तुमने अभी अँधेर नहीं देखा। कहो तो वह भी दिखा दूँ। एक-एक को पाँच-पाँच साल के लिए भेजवा दूँ। यह

मेरे बायें हाथ का खेल है। डाके में सारे गाँव को काले पानी भेजवा सकता हूँ। इस धोखे में न रहना" (उप., पृ. 118)। राज्यसत्ता की दंडशक्ति का प्रतीक है दारोगा। वह सिद्ध कर देता है कि वह महाजन से अधिक शक्तिशाली है।

सरकारी हाकिम, जमींदार और उसके कर्मचारी मिलकर किसान को कैसे दुहते हैं, यह उपन्यास के अन्त की ओर होरी के भावी दामाद रामसेवक ने स्पष्ट कर दिया : "यहाँ तो जो किसान है, वह सबका नरम चारा है। पटवारी को नजराना और दस्तूरी न दे, तो गाँव में रहना मुश्किल। जमींदार के चपरासी और कारिन्दों का पेट न भरे तो निबाह न हो। थानेदार और कानिसिटिबिल तो जैसे उसके दामाद हैं... कभी कानूनगो आते हैं, कभी तहसीलदार, कभी डिपटी, कभी जंट, कभी कलक्टर, कभी कमिश्नर; किसान को उनके सामने हाथ बाँधे हाजिर रहना चाहिए" (उप., पृ. 354)। हम यहाँ 'प्रेमाश्रम' की दुनिया में पहुँच गए हैं। फर्क यह है कि अफसरों की संख्या बढ़ गई है। कुओं में दवाई डालनेवाला डाक्टर, ढोरों को देखनेवाला डाक्टर, लड़कों का इम्तहान लेनेवाला इसपिट्टर, "और न जाने किस-किस महकमे के अफसर हैं, नगर के अलग, जंगल के अलग, ताड़ी सराब के अलग, गाँव सुधार के अलग, खेती विभाग के अलग। कहाँ तक गिनाऊँ। पादड़ी आ जाता है, तो उसे भी रसद देना पड़ता है, नहीं शिकायत कर दे" (उप., पृ. 354)। महाजनी के चलन का यह अर्थ नहीं है कि और तरह के उत्पीड़न समाप्त हो गए हैं पर उनमें इजारेदार पूँजीवाद से सीधे जुड़ा हुआ और सबसे प्राणघातक यह महाजनी उत्पीड़न है। साम्राज्यवादी शोषण के इस रूप को इतने विस्तार और इतने मर्मस्पर्शी ढंग से उजागर करनेवाला हिन्दी में और कोई उपन्यास नहीं है।

होरी की कथा उन तमाम छोटे मालिक किसानों की कथा है जो भारत में और भारत के बाहर पूँजीवादी सम्बन्धों के प्रसार के साथ भूमिहीन और मुफलिस बनकर मजदूरी करने को बाध्य होते हैं। 'गोदान' में प्रेमचन्द ने अवध के किसान को बहुत नजदीक से देखा है। व्यक्तिगत सम्पत्ति का मोह उसकी रग-रग में समाया है। कहने को कह देता है, जमीन रेहन रख देने पर मजूरी करेगा, पर उसकी इज्जत और आबरू जमीन पर ही अवलंबित थी। "जिसके पास जमीन नहीं, वह गृहस्थ नहीं, मजूर है" (उप., पृ. 274)। किसान के मन का भाव पढ़कर यह बात प्रेमचन्द कहते हैं। कुल-मर्यादा के सारे भाव, धर्म और नैतिकता के सारे विचार उसकी छोटी-सी भू-सम्पत्ति से जुड़े हुए हैं। इस सम्पत्ति के लिए होरी अन्त तक लड़ता है। "हारे हुए महीप की भाँति उसने अपने को इन तीन बीघे के किले में बन्द कर लिया था और उसे प्राणों की तरह बचा रहा था। फाके सहे, बदनाम हुआ, मजूरी की; पर किले को हाथ से न जाने दिया; मगर अब वह किला भी हाथ से निकला जाता था" (उप., पृ. 350)। 'गोदान' अंग्रेजी राज में तबाह होते हुए भारतीय किसान के लम्बे संघर्ष की कहानी है। वह तबाह इसलिए नहीं होता कि वह विलायती माल खरीदता

है, वरन् इसलिए तबाह होता है कि उसका श्रमफल महाजनों के माध्यम से वित्त में रूपान्तरित होकर इजारेदार पूँजीपतियों के पास पहुँच जाता है।

होरी किसी महाकाव्य का धीरोदात्त नायक नहीं है। पर निराला ने 'राम की शक्तिपूजा' में जो बात राम के लिए कही है, वह प्रेमचन्द ने 'गोदान' में होरी के लिए कही है : "जीवन के संघर्ष में उसे सदैव हार हुई; पर उसने कभी हिम्मत नहीं हारी। प्रत्येक हार जैसे उसे लड़ने की शक्ति दे देती थी; मगर अब वह उस अन्तिम दशा को पहुँच गया था, जब उसमें आत्मविश्वास भी न रहा था" (उप., पृ. 350)। लेकिन :

'वह रहा एक मन और राम का जो न थका।'

और होरी : "कौन कहता है, जीवन संग्राम में वह हारा है? यह उल्लास, यह गर्व, यह पुलक क्या हार के लक्षण हैं! इन्हीं हारों में उसकी विजय है" (उप., पृ. 362)। केवल होरी की पराजय को देखना, उसके संघर्ष को न देखना आलोचक के अपने ही पराजयवादी दृष्टिकोण का परिणाम हो सकता है। होरी हिन्दी कथा साहित्य का सबसे जीवन्त पात्र है; अपनी पराजय के कारण नहीं, अपने संघर्ष के कारण।

होरी को मदद की जरूरत है। यह मदद उसे शहर के पढ़े-लिखे लोगों से मिल सकती है। दर्शनशास्त्र के प्रोफेसर मेहता उसकी मदद करना भी चाहते हैं, पर वह मूल समस्या नहीं समझते और शायद किसानों के संगठन की क्षमता भी उनमें नहीं है। गोबर मदद कर सकता है पर वह बहुत पिछड़े हुए किस्म का मजदूर साबित होता है। शराब पीता है और झुनिया को पीटता है। प्रेमचन्द कहते हैं : "सभी श्रमिकों की यही दशा थी। सभी ताड़ी या शराब में अपनी दैहिक थकान और मानसिक अवसाद को डुबोया करते थे" (उप., पृ. 280)। यह बात सही नहीं है। प्रेमचन्द जिन दिनों यह उपन्यास लिख रहे थे, उन दिनों लखनऊ के रेल कारखाने में सैकड़ों मजदूर काम करते थे। इनमें कुछ शहर में रहते थे, कुछ आसपास के गाँवों से सबेरे आते थे और शाम को लौट जाते थे। उनमें ऊँची-नीची जातियों के लोग थे पर यहाँ एक साथ काम करने से उनमें भाईचारे की नई भावना का विकास हो रहा था। इसका असर गाँवों पर भी पड़ रहा था। लखनऊ में मजदूरों के संगठन का काम शुरू हो गया था। कुछ तो बड़े घरों के लोग थे जो शौकिया ट्रेड यूनियनों में काम करते थे ('गोदान' के मिर्जा खुर्शेद इनके प्रतिनिधि हैं) पर कई मार्क्सवादी कार्यकर्ता भी थे जो मजदूरों के संगठन का क्रान्तिकारी महत्त्व समझते थे और बड़ी लगन से काम करते थे। सम्भव है, प्रेमचन्द का परिचय मिर्जा खुर्शेद जैसों से ही हुआ हो, इसलिए मजदूर वर्ग से उन्हें विशेष आशा न रही हो। मालती, मेहता, खुर्शेद आदि को उपन्यास में जरूरत से ज्यादा जगह दी गई है, मजदूरों को जरूरत से कम, इसका कारण भी मजदूरों से परिचय की कमी हो सकती है। वैसे मजदूर आन्दोलन अभी इतना शक्तिशाली न

था कि वह किसानों के संगठन में सहायता करता और उन्हें साथ लेकर जनवादी क्रान्ति के मार्ग पर आगे बढ़ता—अपनी जगह यह बात भी सही है।

होरी को शहर से मदद नहीं मिलती, गाँव में वह अकेला पड़ गया है। हीरा भाग गया है, होरी उसकी खेती सँभालता है। घर में जब खाने को नहीं रहता तब हीरा की बहू उसकी मदद करती है। भोला की बहू नोहरी और गोबर भी रुपये-पैसे देकर उसकी मदद करते हैं पर इससे होरी का उद्धार नहीं होता। अपने रूढ़िवादी विचारों के कारण वह अपने लिए नित नई मुसीबतें खड़ी कर लेता है। 'गोदान' भारतीय रूढ़िवाद पर कड़ा प्रहार है। रूढ़ियों को पालनेवाले वही जमींदार और महाजन हैं जिनकी पीठ पर अंग्रेज सरकार का हाथ है। अंग्रेजी राज में रूढ़ियों के बन्धन और कठोर हो गए हैं, कारण यह कि इन बन्धनों से ऊपरवालों को लाभ होता है। वे सब मिलकर रस्सी खींचते हैं और धर्मभीरु किसान को निरन्तर कसते जाते हैं। दातादीन ने धमकाया : "अगर मैं ब्राह्मण हूँ तो अपने पूरे दो सौ रुपये लेकर दिखा दूँगा।" गोबर चुपचाप बैठा रहा : "मगर होरी के पेट में धर्म की क्रान्ति मची हुई थी। अगर ठाकुर या बनिये के रुपये होते, तो उसे ज्यादा चिन्ता न होती; लेकिन ब्राह्मण के रुपये! उसकी एक पाई भी दब गई, तो हड्डी तोड़कर निकलेगी। भगवान न करें कि ब्राह्मण का कोप किसी पर गिरे। बंस में कोई चिल्लू भर पानी देनेवाला, घर में दिया जलानेवाला भी नहीं रहता। उसका धर्मभीरु मन त्रस्त हो उठा" (उप., पृ. 224)। दातादीन महाजनी का धन्धा करते हैं, जिसका पुराने ब्राह्मण धर्म से कोई भी सम्बन्ध नहीं है। वर्ण-व्यवस्था का आर्थिक आधार नष्ट हो चुका है, फिर भी पुराने संस्कार बने हुए हैं। नये शोषक उससे लाभ उठाते हैं। 'गोदान' में होरी जहाँ भी रूढ़ियों के प्रभाव से गलत काम करता है, कोई-न-कोई उसकी आलोचना करके उसे सही रास्ता बतानेवाला जरूर रहता है, वह उस पर न चले, वह अलग बात है। यहाँ गोबर कहता है : "तुम्हीं लोगों ने तो इन सबों का मिजाज बिगाड़ दिया है। तीस रुपये दिये, अब दो सौ रुपये लेगा, और डाँट ऊपर से बताएगा और तुमसे मजूरी कराएगा और काम कराते-कराते मार डालेगा!" दातादीन का मजूर बनकर होरी जब काम करते-करते बेहोश होकर गिर पड़ता है, तब गोबर की बात न मानने और रूढ़ियों से बँधे रहने का फल प्रत्यक्ष हो जाता है। अंग्रेजी राज में किसान तबाह हो रहा था; आर्थिक तबाही के अलावा परिवार का पुराना ढाँचा टूट रहा था। यही नहीं कि संयुक्त परिवार की व्यवस्था खत्म हो रही थी, वरन स्त्री-पुरुष के सम्बन्ध, पति-पत्नी के सम्बन्ध भी बदल रहे थे। व्यक्तिगत सम्पत्ति और राज्यसत्ता के उद्‌भव पर अपनी पुस्तक में एंगेल्स ने बताया है कि (कुल सम्पत्तिवाले पुराने कुटुम्ब से भिन्न) आधुनिक व्यक्तिपरक परिवार का आधार नारी की खुली या मुँदी-ढकी दासता है। अधिकांश परिवारों में, पुरुष सबके लिए कमाई करता है, इस कारण कानूनी विशेषाधिकार पाए बिना ही उसे प्रभुत्व का स्थान मिल जाता है। "परिवार

में वह पूँजीपति है; पत्नी सर्वहारा की प्रतिनिधि है" (Engels, 'The Origin of the Family Private Property and the State', मास्को, 1977, पृ. 74)। होरी का संयुक्त परिवार टूट चुका है; जिस मरजाद की उसे चिन्ता रहती है, उसका सम्बन्ध इसी टूटे हुए परिवार से है। अब वह छोटे मालिक किसान के व्यक्तिपरक परिवार का अगुवा है। किन्तु वह अकेले कमाई नहीं करता, धनिया भी बराबर काम करती है, बेटे के साथ बेटियाँ काम करती हैं। होरी के परिवार को हम अर्द्ध सर्वहारा परिवार कह सकते हैं। पितृसत्तात्मक परिवार किसी तरह का हो, उसका अगुवा पुरुष होता है और वह चाहता है कि परिवार के सभी सदस्यों पर उसका एकच्छत्र शासन हो। ऐसा शासन वह अपनी पत्नी या पत्नियों पर भी चाहता है।

पूँजीवादी सम्बन्धों के विकास के साथ संयुक्त परिवार का ढाँचा टूटता है। वास्तव में वह टूटता है मजदूरों के लिए, पूँजीपतियों के लिए संयुक्त परिवार पहले से भी अधिक महत्त्वपूर्ण हो जाता है। पुराने ढंग के रक्त-सम्बन्ध—वास्तविक या कल्पित—सम्पत्ति के विस्तार और सुरक्षा के साधन बन जाते हैं। एक ओर बिड़ला और टाटा के 'परिवार' ऐसा विराट रूप धारण करते हैं, जैसा पहले किसी सामन्त के परिवार का न था, दूसरी ओर मेहनत करनेवाले किसानों और मजदूरों का परिवार टूटता चला जाता है, जैसे होरी का परिवार टूटता है। पूँजीवाद एक ओर समाज के निचले स्तर पर जाति-बिरादरी को तोड़ता है, दूसरी ओर समाज के ऊपरवाले स्तर पर जाति-बिरादरी को मजबूत करता है या नई बिरादरियाँ कायम करता है। बड़े पूँजीपतियों का वर्ग, बड़े सामन्तों के वर्ग की तरह, बिरादरियों का समुदाय होता है। 'गोदान' में रायसाहब और होरी के परिवारों के आकार में जो अन्तर है, वह ध्यान देने योग्य है। "रायसाहब का परिवार बहुत विशाल था। कोई डेढ़ सौ सरदार एक साथ भोजन करते थे। कई चचा थे, दरजनों चचेरे भाई, कई सगे भाई, बीसियों नाते के भाई।...रियासत से सबके वसीके बँधे हुए थे। किसी को कोई काम करने की जरूरत न थी" (उप., पृ. 13)। रियासत और वसीके हटाकर यदि हम कहें, कम्पनियों से सबके लाभांश बँधे हुए थे, तो बड़े पूँजीपति के परिवार की कल्पना एक हद तक की जा सकेगी। पुराने समाज का मानो यह नियम है : बड़ी सम्पत्ति बड़ा परिवार, छोटी सम्पत्ति छोटा परिवार, शून्य सम्पत्ति-शून्य परिवार। शहरी सर्वहारा के लिए स्थिर पारिवारिक जीवन बिताना अत्यन्त कठिन होता है।

जमीन का मालिक होरी है, कर्ज लेने का अधिकार उसी को है। धनिया सम्पत्तिहीन है, अधिकारहीन है, सर्वहारा है। वह सर्वहारा इसलिए भी है कि वह पति की कमाई नहीं खाती, उसके साथ बराबर काम करती है; घर में चूल्हे-चौके का काम उसी के जिम्मे है, सो अलग से। जो स्त्री काम करेगी, वह दबकर न रहेगी। बहुत दबाई जाएगी तो पति को छोड़कर अलग भी हो सकती है। थानेदारवाली घटना में होरी से मार खाने के बाद धनिया पति को ललकारती है : "तू समझता होगा, मैं इसे रोटी कपड़ा

देता हूँ। आज से अपना घर सँभाल। देख तो इसी गाँव में तेरी छाती पर मूँग दलकर रहती हूँ कि नहीं, और उसमें अच्छा खाऊँ-पहनूँगी। इच्छा हो, देख ले" (उप., पृ. 117)। खन्ना की पत्नी गोबिन्दी भी मार खाती है पर रोकर रह जाती है, धनिया की तरह अलग होकर खाने-कमाने की चुनौती देना उसके बस में नहीं है। पूँजीपति की बीवी और कामकाजी किसान की पत्नी में यही अन्तर है। होरी और धनिया ने बरसों साथ काम किया है, बरसों एक साथ दु:ख झेले हैं, उनमें लड़ाई-झगड़े के बावजूद गहरा प्यार है, ऐसा प्यार गोबर और धनिया में नहीं है, मालती और मेहता में नहीं है, प्रेमचन्द-साहित्य में शायद स्त्री-पुरुष के किसी जोड़े में नहीं है।

धनिया होरी को छोड़ेगी नहीं, पर उसने अधिकार जता दिया, वह चाहे तो उसे छोड़ भी सकती है। मारने का अधिकार केवल पुरुष को नहीं है। धनिया ने बड़े भोलेपन से कहा : "तुम्हें इतना गुस्सा कैसे आ गया? मुझे तो तुम्हारे ऊपर कितना ही गुस्सा आए, मगर हाथ न उठाऊँगी" (उप., पृ. 120)। हाथ उठाने का अधिकार उसे भी है, यह उसने जता दिया; उस पर हाथ उठाएगी नहीं, यह बात अलग है। शहरी सर्वहारा किसान का नेतृत्व करने को यहाँ नहीं है, पर देहाती सर्वहारा के रूप में धनिया हर जगह होरी का नेतृत्व करती है। वह पिछड़े हुए किसान की चेतना का विकल्प है। होरी समझता है, जमींदार की खुशामद करने से वह मुसीबतों से बचा रहेगा। " 'जब दूसरों के पाँवों तले अपनी गर्दन दबी हुई है, तो उन पाँवों को सहलाने में ही कुशल है।' धनिया इतनी व्यवहारकुशल न थी। उसका विचार था कि हमने जमींदार के खेत जोते हैं, तो वह अपना लगान ही तो लेगा। उसकी खुशामद क्यों करें, उसके तलवे क्यों सहलाएँ" (उप., पृ. 5)। प्रेमचन्द ने 'व्यवहारकुशल' व्यंग्य से लिखा होगा, होरी कितना अकुशल सिद्ध होता है, यह आगे कथा में साफ दिखाई देता है। धनिया की विद्रोह-भावना का विश्लेषण करते हुए प्रेमचन्द कहते हैं : "जिस गृहस्थी में पेट की रोटियाँ भी न मिलें, उसके लिए इतनी खुशामद क्यों? इस परिस्थिति से उसका मन बराबर विद्रोह किया करता था और दो-चार घुड़कियाँ खा लेने पर ही उसे यथार्थ का ज्ञान होता था" (उप.)। यथार्थ का ज्ञान—क्या माने? कुछ नहीं हो सकता, उसका विद्रोह करना बेकार है—यह ज्ञान? सम्भव है, प्रेमचन्द का यही आशय हो। दबकर रहो, सिर उठाकर न चलो—यह नीति होरी की है। धनिया पहले इस नीति का विरोध करती है, फिर विवश होकर उसी पर चलती है। प्रेमचन्द का ऐसा ही आशय था, इस धारणा की पुष्टि प्रेमचन्द के इन वाक्यों से होती है : "कभी तो जीवन का सुख न मिला। इस चिरस्थायी जीर्णावस्था ने उसके आत्मसम्मान को उदासीनता का रूप दे दिया था" (उप.)। आत्मसम्मान की जगह उदासीनता, लड़ने से कुछ न होगा, यह भाव!

ऐसा लगता है, प्रेमचन्द ने धनिया के चरित्र की जो हदें उपन्यास के आरम्भ में बाँधी, उन्हें उसने जल्दी ही तोड़ दिया। उसके चरित्र का स्वत: विकास होता

गया; वह आगे बढ़ी, प्रेमचन्द उसके पीछे चले। सर्वहारा धनिया ने केवल होरी का नहीं, प्रेमचन्द का नेतृत्व किया। पर वह थी तो उन्हीं की रचना। कह सकते हैं, प्रेमचन्द का चेतन मन उन्हें जितनी दूर ले जाता था, उनका उपचेतन मन उन्हें उससे और आगे ठेलता चला जाता था। आत्मसम्मान के भाव का स्थान उदासीनता ने ले लिया—यह बात होरी के लिए सही हो सकती है, धनिया के लिए नहीं। उसका विद्रोह सफल हो चाहे असफल, वह बार-बार विद्रोह करके यही सिद्ध करती है कि यथार्थ का ज्ञान उसे है, होरी को नहीं। होरी कर्ज लेकर दारोगा को घूस देने जा रहा था, धनिया ने अकेले दारोगा का मुकाबला किया, उसने "अपने साहस से स्त्रियों का ही नहीं, पुरुषों का नेतृत्व भी प्राप्त कर लिया था" (उप., पृ. 119)। कम-से-कम एक बार धनिया का विद्रोह सफल हुआ, स्वयं प्रेमचन्द ने स्वीकार किया, उसने पुरुषों का नेतृत्व भी प्राप्त कर लिया था।

उसकी विद्रोह-भावना की कठिन परीक्षा तब हुई जब गर्भवती विधवा झुनिया उसके घर आई। थोड़े-से मानसिक संघर्ष के बाद उसने उसे आश्रय देने का फैसला किया। इसके लिए उसने होरी को जिस तरह राजी किया, वह एक ओर उसकी व्यवहारकुशलता का प्रमाण है, दूसरी ओर उसकी नेतृत्व-क्षमता का। "उसे घर में आने ही न देना चाहिए था...अच्छा, चल, देखूँ कैसे नहीं उठती, घसीटकर बाहर निकाल दूँगा।"—यह कहनेवाला होरी घर पहुँचकर झुनिया की पीठ पर हाथ फेरते हुए उसे दिलासा देता है : "डर मत बेटी, डर मत। तेरा घर है, तेरा द्वार है, तेरे हम हैं। आराम से रह। जैसी तू भोला की बेटी है, वैसी ही मेरी बेटी है। जब तक हम जीते हैं, किसी बात की चिन्ता मत कर। हमारे रहते कोई तुझे तिरछी आँखों न देख सकेगा। भोज-भात जो लगेगा, वह हम सब दे लेंगे, तू खातिर जमा रख" (उप., पृ. 124-25)। थानेदार का विरोध करना उतना कठिन नहीं है जितना बिरादरी का, सदियों से चली आती रूढ़ियों का। 1930-40 के दशक में हिन्दी प्रदेश के गाँवों में एक सामाजिक क्रान्ति घटित हो रही थी। इसका चित्रण प्रेमचन्द ने किया है, निराला ने किया है। गर्भवती झुनिया को घर में रखकर होरी ने उस क्रान्ति में भाग लिया, जिसका नेतृत्व धनिया कर रही थी। होरी और धनिया अकेले पड़ जाते हैं, रूढ़ियों के आगे झुकने के कारण नहीं, उनके आगे तनकर खड़े होने के कारण।

गाँव में तहलका मच गया। झुनिया के दो भाई लाठी लिये गोबर को मारने के फिराक में घूमने लगे! भोला ने कहा, होरी से गाय के दाम वसूल करेगा, न देगा तो दावा करके उसका घर नीलाम करा देगा। "गाँववालों ने होरी को जाति-बाहर कर दिया" (उप., पृ. 125)। यह बहुत बड़ा दंड था। बहुमत रूढ़िवादियों का है, इनके विरोध में खड़े हैं होरी और धनिया। रूढ़िवादियों की नैतिकता दो तरह की है। होरी को दंड देते हैं पर दातादीन के पुत्र मातादीन की प्रतिष्ठा बरकरार रहती है। "वह एक चमारिन से फँसा हुआ था। इसे सारा गाँव जानता था; पर वह तिलक

लगाता था, पोथी-पत्रे बाँचता था, कथा-भागवत कहता था, धर्म-संस्कार कराता था। उसकी प्रतिष्ठा में जरा भी कमी न थी" (उप., पृ. 127)।

गाँव-भर के पाखंडी होरी के विरुद्ध एक हो जाते हैं। वे चाहते हैं कि होरी झुनिया को निकाल दे पर वह इसके लिए तैयार नहीं है। उन्हें लगता है : "स्त्री-पुरुष दोनों जैसे समाज को चुनौती दे रहे हैं कि देखें, समाज क्या कर लेता है" (उप., पृ. 129)! पंचायत ने होरी पर सौ रुपये नकद और तीस मन अनाज डाँड़ लगाया। (यह होरी की बिरादरी की पंचायत नहीं है, पूरे गाँव की पंचायत है)। धनिया ने प्रतिरोध किया पर होरी यहाँ उसका नेतृत्व स्वीकार करने को तैयार न था। धनिया बिरादरी से अलग होकर रहने को तैयार है। "हमें नहीं रहना है बिरादरी में। बिरादरी में रहकर हमारी मुकत न हो जायगी। अब भी अपने पसीने की कमाई खाते हैं, तब भी अपने पसीने की कमाई खाएँगे" (उप., पृ. 131-32)। होरी ढुलमुल है, धनिया दृढ़ है। वह धनिया की बात मानता तो बहुत-सी मुसीबतों से बच जाता। लेकिन धनिया आसानी से हार माननेवाली नहीं थी। जब होरी अनाज की आखिरी टोकरी सिर पर रख रहा था, धनिया ने टोकरी पकड़ ली और बोली : "तुमने अकेले ही सब कुछ नहीं कर लिया है। मैं भी अपनी बच्चियों के साथ सती हुई हूँ। सीधे टोकरी रख दो, नहीं आज सदा के लिए नाता टूट जाएगा" (उप., पृ. 133)। श्रमिक नारी ने श्रमफल पर अपना अधिकार जताया, फिर समानता के आधार पर समझा दिया—तुम्हारी दासी नहीं हूँ अलग हो जाऊँगी। होरी को झुकना पड़ता है : "दूसरों के हिस्से पर मेरा कोई जोर नहीं है।" धनिया ने अनाज की टोकरी घर में रखी, फिर पोते के जन्मोत्सव में दोनों लड़कियों के साथ 'गला फाड़-फाड़कर' सोहर गाने लगी : "जिससे सारा गाँव सुन ले...अगर बिरादरी को उसकी परवा नहीं है, तो वह भी बिरादरी की परवा नहीं करती" (उप.)! इस तरह धनिया की नैतिक विजय हुई। वह झुकी नहीं—न पति के सामने, न सारे गाँव के सामने।

मातादीन पंडित की प्रेमिका सिलिया चमारिन को आश्रय देकर धनिया ने और भी साहस का काम किया। सिलिया के बाप को और उसकी बिरादरी के अन्य लोगों को सिलिया-मातादीन का सम्बन्ध पसन्द न था। मातादीन "सिलिया का तन और मन, दोनों लेकर भी बदले में कुछ न देना चाहता था" (उप., पृ. 252)। सिलिया के बाप का तर्क सीधा है, बाम्हन के साथ रहना है तो बाम्हन की तरह रह। चमारिन ही बनी रहना था तो बिरादरी की नाक क्यों कटाई। जो भी सिलिया को रखे, वह हमारा होकर रहे। "तुम हमें बाम्हन नहीं बना सकते, मुदा हम तुम्हें चमार बना सकते हैं" (उप., पृ. 253)। चमारों ने मातादीन का जनेऊ तोड़ डाला : "मुँह में एक बड़ी सी हड्डी का टुकड़ा डाल दिया...इतने में खलिहान के सारे आदमी जमा हो गए; पर आश्चर्य यह कि कोई इन धर्म के लुटेरों से मुजाहिम न हुआ" (उप., पृ. 254)। इससे मिलती-जुलती घटना का वर्णन निराला के अधूरे उपन्यास 'चमेली' में है। "जमींदार की बिरादरी के सदस्य बख्तावर सिंह ने विधवा चमारिन चमेली का हाथ

पकड़ा, उसने महादेव को पुकारा, महादेव ने बख्तावर सिंह को पटक दिया और मारा" ('निराला की साहित्य-साधना', खंड 2, पृ. 485)।

सिलिया मातादीन को छोड़कर घर लौटने को तैयार न थी; मातादीन उसे छोड़कर प्रायश्चित्त करने को तैयार था। सिलिया के भाइयों ने उसे घसीटकर ले जाना चाहा : "उसकी साड़ी फट गई, पीठ और कमर की खाल छिल गई; पर वह जाने पर राजी न हुई" (उप., पृ. 255)। न बाम्हन के यहाँ जगह, न चमार के यहाँ। सिलिया कहाँ जाए? तब धनिया ने कहा : "जगह की कौन कमी है बेटी! तू चल मेरे घर रह!" होरी ने मानो अपनी व्यवहारकुशलता का परिचय देते हुए कहा : "बुलाती तो है, लेकिन पंडित को जानती नहीं?" धनिया के विचार से मातादीन ने सरासर अन्याय किया : "उसकी इज्जत ली, बिरादरी से निकलवाया, अब कहते हैं, मेरा तुझसे कोई वास्ता नहीं।" होरी का कहना है : "सिलिया उनकी है, मार-पीटकर या दुलार करके चाहे जैसे ले जाते पर मतई को बेधरम क्यों किया? इस पर "धनिया ने फटकार बताई अच्छा रहने दो, बड़े न्यायी बने हो। मरद मरद सब एक होते हैं। इसको मतई ने बेधरम किया तब तो किसी को बुरा न लगा। अब जो मतई बेधरम हो गए, तो क्यों बुरा लगता है" (उप., पृ. 257-58)?

धनिया यहाँ नारी-स्वाधीनता की पक्षधर महिलाओं की तरह बोलती है। शहर में ऐसी महिलाओं की एक सभा है भी। पर उन्हें कभी ऐसी परिस्थितियों का सामना नहीं करना पड़ता। यहाँ पूरा गाँव एक तरफ है, धनिया अकेली है। सहुआइन होरी से कहती है : "तुम सिलिया को निकाल बाहर क्यों नहीं करते। बैठे-बैठाये झगड़ा मोल ले लिया।" होरी अपनी विवशता दिखाकर कहता है : "धनिया उसे रखे हुए है, मैं क्या करूँ" (उप., पृ. 261)? परिवार का अगुवा पस्त हो गया, सर्वहारा की प्रतिनिधि धनिया अकेले रूढ़िवाद का मुकाबला करती है। लेकिन सर्वहारा-चेतना उसमें पूरी तरह नहीं जागी। होरी सोना के ब्याह में मरजाद के नाम पर पैसा खर्च करना नहीं चाहता। लेकिन धनिया कहती है : "हमें भी अपनी मरजाद का निबाह करना है।" "रुपये कहाँ से आएँगे?" इस पर धनिया आँखें चमकाकर बोली—"रुपये लाना मेरा काम नहीं है, तुम्हारा काम है" (उप., पृ. 266-67)। यहाँ सर्वहारा नेतृत्व के लिए उचित था कि वह अपने सहयोगी छोटे मालिक किसान की सलाह मान लेता।

धनिया होरी से तो कहती है कि मरद मरद सब एक होते हैं पर भोला को उकसाते हुए कहती है : "दूसरा मर्द होता, तो ऐसी औरत का सिर काट लेता।" होरी प्रतिवाद करता है, बेवफाई की ऐसी सख्त सजा न मिलनी चाहिए, पर धनिया उसे चुप कर देती हूँ : "औरत चाहे जिस रास्ते जाय, मर्द टुकुर-टुकुर देखता रहे! ऐसे मर्द को मैं मर्द नहीं कहती।" भोला उससे सहमत है पर क्या करे बेचारा! "बेसक मुझे उसका सिर काट लेना चाहिए था, लेकिन अब उतना पौरुख नहीं रहा।" धनिया ने उसकी मूर्खता का विश्लेषण करने के बाद अन्त में कहा, "अब

तो तुम्हारा धरम यही है कि गँडासे से उसका सिर काट लो। फाँसी ही तो पाओगे। फाँसी इस छीछालेदर से अच्छी" (उप., पृ. 298-99)! बड़ी जालिम है धनिया। लेकिन पढ़े-लिखे मेहता, दर्शनशास्त्र के प्रोफेसर, कम जालिम नहीं हैं। वह पत्नी से यह आशा करते हैं कि "मैं उसे मार ही डालूँ तो भी प्रतिहिंसा का भाव उसमें न आये, अगर मैं उसकी आँखों के सामने किसी स्त्री को प्यार करूँ, तो भी उसकी ईर्ष्या न जागे" (उप., पृ. 151)। 'गोदान' में स्त्रियाँ इतनी सहनशील नहीं हैं। भोला में तो पौरुख नहीं है पर उसकी पत्नी नोहरी में पौरुख की मात्रा काफी है। "एक दिन गाँव में यह खबर फैली कि नोहरी ने मारे जूतों के भोला की चाँद गंजी कर दी" (उप., पृ. 300)। यह हवा शहरों में भी पहुँच गई है। रायसाहब की पुत्री मीनाक्षी पति दिग्विजय सिंह से अलग हो गई थी और गुजारे की डिग्री भी पा चुकी थी, पर एक दिन हंटर लिये उनके बँगले पर पहुँची। वहाँ शोहदे जमा थे और वेश्या का नाच हो रहा था। पहले तो उसने शोहदों पर हंटर फटकारा और वे भाग निकले। "जब दिग्विजय सिंह अकेले रह गए, तो उसने उन पर सड़ासड़ हंटर जमाने शुरू किये और इतना मारा कि कुँवर साहब बेदम हो गए" (उप., पृ. 326)।

हर जगह स्त्री को इतनी आसानी से सफलता नहीं मिलती। हीरा की बहू पुनिया ने बँसोर को बाँस काटने से रोका, बँसोर ने उसे धक्का दिया। वह गिरी "मगर फिर सँभली और पाँव से तल्ली निकालकर चौधरी के सिर, मुँह, पीठ पर अंधाधुंध जमाने लगी। बँसोर होकर उसे ढकेल दे? उसका यह अपमान! मारती जाती थी और रोती भी जाती थी।" हीरा खबर सुनकर आया। बँसोर से लड़ने की क्या जरूरत थी? "आते ही उसने पुन्नी का हाथ पकड़ लिया और घसीटता हुआ अलग ले जाकर लगा लातें जमाने...पुन्नी हाय-हाय करती जाती थी और कोसती जाती थी—तेरी मिट्टी उठे, तुझे हैजा हो जाए। भगवान करे तू कोढ़ी हो जाय। हाथ-पाँव कट-कटकर गिरें" (उप., पृ. 30-31)। शारीरिक बल में पुनिया हीरा से पार नहीं पा सकती पर वाक्शक्ति में वह अद्वितीय है। आत्मसमर्पण करना नहीं जानती। "हीरा क्रोध में उसे मारता था; लेकिन चलता था उसी के इशारों पर, उस घोड़े की भाँति जो कभी-कभी स्वामी को लात मारकर भी उसी के आसन के नीचे चलता है" (उप., पृ. 29-30)। घोड़ा है हीरा, सवार है पुनिया। 'प्रेमाश्रम' की दुनिया कितना बदल गई है! क्या गाँव, क्या शहर, हर जगह स्त्री बगावत करने पर तुली है। मिल-मालिक देशभक्त खन्ना की पत्नी गोबिन्दी ही मार खाकर चुप रह जाती है। 'गोदान' के महिला-मंडल में वह अपवादस्वरूप है।

5. 'गोदान' ट्रैजेडी का स्वरूप

'प्रेमाश्रम' में व्यक्तिगत सम्पत्ति की आलोचना है। जैसे वहाँ इस सम्पत्ति का एक रूप राय कमलानन्द के यहाँ है, दूसरा मनोहर के यहाँ, वैसे ही 'गोदान' में सम्पत्ति

का एक रूप राय अमरपाल सिंह के यहाँ है, दूसरा होरी के यहाँ। परिस्थितियों को दोष देते हुए 'गोदान' के रायसाहब होरी से कहते हैं : "और जब तक सम्पत्ति की यह बेड़ी हमारे पैरों से न निकलेगी तब तक यह अभिशाप हमारे सिर पर मँडराता रहेगा, हम मानवता का वह पद न पा सकेंगे, जिस पर पहुँचना ही जीवन का अन्तिम लक्ष्य है" (उप., पृ. 15)। 'प्रेमाश्रम' के रायसाहब ने जो बात मनोहर से कही थी, वही यहाँ दोहराई गई है। "यह सारी विडम्बना इसी जायदाद का फल है...भाई भाई का बैरी, बाप बेटे का बैरी, पुरुष स्त्री का बैरी, इसी जायदाद के लिए!...इस रियासत ने हमें विलासी, आलसी और अपाहिज बना दिया" ('प्रेमाश्रम', पृ. 278-79)। राय कमलानन्द ने ये बातें सच्चे मन से कही थीं, जायदाद की समस्या उन्होंने अपने लिए संन्यास लेकर हल की; राय अमरपाल सिंह ने सम्पत्ति में इजाफा किया; पैरों की बेड़ियाँ और भी मोटी, और भी मजबूत हो गईं। पर क्या करें बेचारे! भाई भाई का बैरी, बाप बेटे का बैरी! राय अमरपाल अपमानित हुए, अभिलाषाएँ धूल में मिल गईं : "और सबसे बड़ा दुःख इस बात का था कि अपने बेटे ने ही दगा दी" ('गोदान', पृ. 326)।

बेटे रुद्रपाल ने विवाह के मामले को लेकर विद्रोह किया तो रायसाहब को लगा : "जैसे सारा जीवन उजड़ गया हो" (उप., पृ. 320)। होरी के उजड़ने में और रायसाहब के उजड़ने में कितना फर्क है! रायसाहब लड़े लेकिन हारे। "और अब संसार से निराश होकर उनकी आत्मा अन्तर्मुखी होती जाती थी" (उप., पृ. 328)। होरी की निराशा और रायसाहब की निराशा में कितना फर्क है। रायसाहब का मन "आप ही आप भक्ति की ओर झुका" (उप., पृ. 328)। सुक्खू का मन भक्ति की ओर झुका था, राय कमलानन्द संन्यासी हो गए थे, पर 'गोदान' के रायसाहब को भक्ति से शान्ति नहीं मिलती। "वह मोह को छोड़ना चाहते थे, पर मोह उन्हें न छोड़ता था और इस खींचतान में उन्हें अपमान, ग्लानि और अशान्ति से छुटकारा न मिलता था" (उप.)। होरी के मन पर धर्म का आतंक है पर वह भक्त नहीं है। अपमान और ग्लानि के भावों से वह परिचित है। रूपा के ब्याह के सिलसिले में उसने रुपये लिये तो "जैसे अपमान के अथाह गढ़े में गिर पड़ा है और गिरता चला जाता है।" और गोबर से कहता है : "मैंने इस जमीन के मोह में पाप की गठरी सिर पर लादी" (उप., पृ. 358)। रायसाहब की ग्लानि और होरी की ग्लानि में कितना अन्तर है। ग्लानि का कारण है मोह और मोह का कारण है सम्पत्ति। गोबर होरी को अपराधबोध से मुक्त करते हुए कहता है : "जैजात न बचाते तो रहते कहाँ" (उप., पृ. 359)?

होरी ग्लानि का भाव लिये नहीं मरा। गोबर बिदा हुआ तो होरी रोया लेकिन "पुत्र से यह श्रद्धा और स्नेह पाकर वह तेजवान हो गया है, विशाल हो गया है। कई दिन पहले उस पर जो अवसाद-सा छा गया था, एक अन्धकार-सा, जहाँ वह अपना मार्ग भूल जाता था, वहाँ अब उत्साह और प्रकाश है" (उप., पृ. 359)।

बाप-बेटे के टूटे हुए सम्बन्ध जुड़ गए हैं। राय अमरपाल और रुद्रपाल के टूटे हुए सम्बन्ध नहीं जुड़ते। होरी का भाई हीरा अपराधी है; उसने गाय को जहर दिया था। वह भी आकर चरणों में गिर पड़ा है। इससे बड़ी विजय और क्या होगी? बँटवारा होने पर, सम्पत्ति का नाश होने पर भी, गरीब आदमियों के पारिवारिक स्नेह-सम्बन्ध कायम रहते हैं, विपत्ति में और सुदृढ़ होते हैं। परास्त होरी की जीवन-कथा का विजयपक्ष पारिवारिक सम्बन्धों को ध्यान में रखने से ही समझा जा सकता है। और ये पारिवारिक सम्बन्ध रायसाहब जैसों के पारिवारिक सम्बन्धों से एकदम भिन्न स्तर के हैं। मेहता को जो शिकार खेलते समय जंगली लड़की मिली थी, उसके सहज स्नेहभाव से मालती का स्वार्थी प्रेमभाव एकदम अलग है; इसी तरह होरी-गोबर का पिता-पुत्र सम्बन्ध अमरपाल-रुद्रपाल के पिता-पुत्र सम्बन्ध से एकदम अलग है। अनेक स्तरों पर कई तरह के पारिवारिक सम्बन्धों की यह भिन्नता प्रेमचन्द 'गोदान' में आदि से अन्त तक दिखाते हैं। होरी की विजय-पराजय की कहानी का महत्त्व इस भिन्नता पर ध्यान देने से प्रकट हो जाता है।

किसान के लिए उसकी मर्यादा के अनेक लक्षण हैं। उनमें एक है दरवाजे पर गाय का बँधा होना। भोला की गायों में होरी ने एक को पसन्द किया और सोचने लगा : "द्वार पर बँधेगी, तो द्वार की शोभा बढ़ जाएगी" (उप., पृ. 9)। द्वार की शोभा बढ़ाने के फेर में होरी को गाय से हाथ धोने पड़े। गाय घर के भीतर बाँधी जाती थी। लेकिन एक दिन बड़ी उमस थी। होरी गाय को खोलकर बाहर ले चला तो "धनिया ने टोका भी, कहाँ लिये जाते हो? पर होरी ने सुना नहीं, बोला—बाहर हवा में बाँधे देता हूँ" (उप., पृ. 196)। हवा में बाँधने पर हीरा को मौका मिला और उसने गाय को जहर दे दिया। इस गाय के लिए होरी ने छल किया, अपराध किया; उपन्यास के अन्त में उसने जमीन के लिए छल किया, अपराध किया। उपन्यास के आदि और अन्त में होरी के छल और अपराधों में आन्तरिक संगति है। भोला की सगाई का वादा करके वह उससे गाय लेता है। "भोला के साथ वह छल कर रहा था और यह व्यवहार उसकी मर्यादा के अनुकूल था" (उप., पृ. 9)। इससे बड़ा अपराध वह गाय के मरने पर करता है। होरी पहले तो धनिया को बता देता है कि गाय को हीरा ने जहर दिया है : "मैंने अपनी आँखों देखा। सच, तेरे सिर की सौंह" (उप., पृ. 109)। बाद को जब धनिया हीरा को पकड़वाने की धमकी देती है, तब होरी मुकर जाता है। धनिया के ललकारने पर बेटे की झूठी कसम खा जाता है। होरी ने गोबर के माथे पर काँपता हुआ हाथ रखकर काँपते हुए स्वर में कहा : "मैं बेटे की कसम खाता हूँ कि मैंने हीरा को नाँद के पास नहीं देखा" (उप., पृ. 111)। झूठी कसम खाने से बेटे का अनिष्ट हो सकता है, इस भय से उसका हाथ काँपता है, आवाज काँपती है। उपन्यास के अन्त में वह फिर अपराध करता है। दातादीन प्रस्ताव करते हैं : "लड़की का ब्याह भी हो जायगा, और तुम्हारे खेत भी

बच जाएँगे" (उप., पृ. 351)। जिससे ब्याह होना है, वह होरी से दो-चार साल ही छोटा था। गहरी चोट लगी। "आज उसके ऐसे दिन आ गए हैं कि उससे लड़की बेचने की बात कही जाती है" (उप., पृ. 351-52)।

लेकिन इस बार अपराध में धनिया भी शामिल है। रामसेवक को देखने के बाद कहती है : "उमिर तो ज्यादा है; लेकिन तुम लोगों की राय है, तो मुझे भी मंजूर है" (उप., प्र. 355)। धनिया के सहमत होने पर भी होरी के मन में अपराधबोध बना रहा। गोबर ने उसे समझाया : "जैजात न बचाते तो रहते कहाँ?" और मुक्ति का मार्ग भी दिखाया : "रामसेवक के रुपये अदा कर देने चाहिए" (उप., पृ. 358)। दातादीन के माध्यम से उसने दो सौ रुपये लिये थे, उन्हें अदा कर दे तो बेटी बेचने के अपराध से मुक्त हो जाएगा। दामाद उम्र में बड़ा है तो क्या, उसके हाथ बेटी को बेचा तो नहीं है। घर में पोता है, उसके लिए दूध का इन्तजाम करना है। "यों अभी उसे गाय की कोई जल्दी न थी, मगर मंगल यहीं है और वह गाय के बिना कैसे रह सकता है" (उप., पृ. 360)! उपन्यास के आरम्भ में गाय रखने का सम्बन्ध गृहस्थ की मर्यादा से है, अन्त में उसका सम्बन्ध पारिवारिक आवश्यकता से है। आरम्भ में गाय उसके यहाँ आ गई पर रहने न पाई, अन्त में वह आ ही न पाई और होरी को अपनी साध पूरी किये बिना दुनिया से कूच करना पड़ा। विडम्बना यह कि जो अपने पोते के लिए गाय न ले सका, उससे मृत्यु के समय गोदान करने को कहा गया। 'गोदान' नाम में जो गहरा व्यंग्य निहित है, वह उपन्यास के आदि और अन्त में गाय सम्बन्धी कड़ियों को जोड़ने से स्पष्ट होता है।

एक विडम्बना यह कि होरी जब दूसरी गाय लेने की तैयारी कर रहा था, तब पहली गाय के हत्यारे ने आकर क्षमा माँगी। और इसी हत्यारे के कारण उसने बेटे की झूठी कसम खाई थी! दूसरी विडम्बना यह कि जो रूपा एक गाय के लिए बहन से लड़ती है : "गाय मेरी होगी, उसका दूध मैं दुहूँगी, उसका गोबर मैं पाथूँगी, तुझे कुछ न मिलेगा" (उप., पृ. 35), उसके पास अब गायें ही गायें हैं, यद्यपि "इस द्वार पर ढोरों का एक रेवड़ देखकर उसे वह हर्ष न हो सकता था, जो अपने द्वार पर एक गाय देखकर होता" (उप., पृ. 359-60)। उसने तै किया कि अबकी जाएगी तो एक गाय साथ लेती जाएगी। फिर सोचा, अपने जाने का इन्तजार न करे, रामसेवक से पूछकर किसी के हाथ गाय भेज दे। "मंजूरी हो गई, और दूसरे दिन एक अहीर के मारफत रूपा ने गाय भेज दी" (उप., पृ. 360)। अब सबसे बड़ी विडम्बना यह कि गाय के पहुँचने से पहले होरी की मृत्यु हो गई। गाय समय से पहुँच जाती तो शायद होरी बच जाता। बच सकता था पर न बच पाया, यही तो ट्रैजेडी है। शेक्सपियर के नाटक 'किंग लियर' में लियर और उसकी पुत्री कौर्डिलिया जेल में हैं। एडमंड ने अधिकारियों से कह रखा है कि उसे फाँसी दे दें और इसका दोष उसी के माथे मढ़ दें कि निराश होकर उसने आत्महत्या कर ली। एडमंड का हृदय-परिवर्तन हुआ तो उसने

तुरन्त आदमी भेजा कि फाँसी का आदेश रद्द करा दे। पर उसके अधिकारियों तक पहुँचने के पहले ही कौर्डिलिया को फाँसी दी जा चुकी थी। कौर्डिलिया बच जाती तो लियर भी कुछ दिन और जीता; दोनों बच सकते थे पर न बच पाए। यही तो ट्रैजेडी है।

पर यह नाटक का अन्त मात्र है। 'यही तो ट्रैजेडी है'—यह बात केवल एक घटना, जीवन की एक विडम्बना के सन्दर्भ में सही है। यूनानी ट्रैजेडी का दुखान्त होना आवश्यक नहीं है। मुख्य बात है करुणा जगानेवाली कथा, मनुष्य का वीरतापूर्ण संघर्ष। लियर अपने दुखों को याद करते हुए कहता है :

I should e'en die with pity to see another thus.

(अपनी-सी हालत में दूसरे को देखता तो दया के मारे प्राण निकल जाते।)

होरी की ट्रैजेडी तभी शुरू हो गई थी जब उसने भोला की गाय खरीदने का विचार किया था। उसके अपने चरित्र की कमजोरी यह है : "वह जानता था, घर में रुपये नहीं हैं, अभी तक लगान नहीं चुकाया जा सका, बिसेसर साह का देना भी बाकी है, जिस पर आने-रुपये का सूद चढ़ रहा है; लेकिन दरिद्रता में जो एक प्रकार की अदूरदर्शिता होती है, वह निर्लज्जता; जो तकाजे, गाली और मार से भी भयभीत नहीं होती, उसने उसे प्रोत्साहित किया। बरसों से जो साध मन को आन्दोलित कर रही थी, उसने उसे विचलित कर दिया" ('गोदान', पृ. 7)। 'गोदान' में और लोग भी कर्ज लेते हैं पर जिस तरह होरी कर्ज लेता है, उस तरह और कोई नहीं लेता। उसके कर्ज लेने का विरोध धनिया करती है, गोबर करता है, लेकिन परिवार का अगुवा होने के नाते वह अपने आगे किसी की चलने नहीं देता। शेक्सपियर के महानाटकों में नायक बाह्य परिस्थितियों से जूझते हुए ही परास्त नहीं होते, उनकी अपनी कमजोरी भी उन्हें पराजय की ओर ठेलती है। लेकिन यह कमजोरी कभी भी पराजय का मुख्य कारण नहीं होती। मुख्य कारण होती हैं बाह्य परिस्थितियाँ। 'किंग लियर' के तीसरे अंक में वर्षा और शीत का सामना करते हुए लियर से होरी की तुलना मजे में की जा सकती है : "एक तो जाड़ों की रात, दूसरे माघ की वर्षा। मौत का-सा सन्नाटा छाया हुआ था। अँधेरा तक न सूझता था। होरी भोजन करके पुनिया के मटर के खेत की मेंड़ पर अपनी मड़ैया में लेटा हुआ था। चाहता था, शीत को भूल जाए और सो रहे; लेकिन तार-तार कम्बल और फटी हुई मिर्जई और शीत के झोंकों से गीली पुआल। इतने शत्रुओं के सम्मुख आने का नींद में साहस न था। आज तमाखू भी न मिली कि उसी से मन बहलाता। उपला सुलगा लाया था, पर शीत में वह भी बुझ गया। बेवाय फटे पैरों को पेट में डालकर और हाथों को जाँघों के बीच में दबाकर और कम्बल में मुँह छिपाकर अपनी ही गर्म साँसों से अपने को गर्म करने की चेष्टा कर रहा था" ('गोदान', पृ. 120-21)।

यूनान के महान नाटककारों के और शेक्सपियर के नायक अभिजात वर्ग के होते हैं, अपने दु:ख और संघर्ष के कारण उनका एक तरह से साधारणीकरण

होता है, अपना अभिजातपन छोड़कर वे सामान्य-जनों के स्तर पर आ जाते हैं। शेक्सपियर ने 'किंग लियर' में यह प्रक्रिया बहुत सचेत रूप से दिखाई है। पर इन नाटकों में किसान नायक नहीं है। हार्डी के उपन्यासों में धनी किसान नायक होते हैं और परिस्थितियों के दबाव से तबाह होते हैं। साधारण या निर्धन किसान को पूरे उपन्यास के मुख्य पात्र के रूप में न तो हार्डी ने चित्रित किया है, न टॉल्स्टॉय ने। बेवाय फटे पैरों को पेट में डालकर और हाथों को जाँघों के बीच में दबाकर शीत में ठिठुरनेवाला किसान नायक 'गोदान' में ही है। बहुत साधारण से उपकरण, बहुत साधारण से शब्द, प्रेमचन्द का हिन्दी गद्य यहाँ उदात्त का उदाहरण बन गया है। वह कम्बल साधारण होकर भी असाधारण है। "और कम्बल तो उसके जन्म से भी पहले का है। बचपन में अपने बाप के साथ वह इसी में सोता था, जवानी में गोबर को लेकर इसी कम्बल में उसके जाड़े कटे थे और बुढ़ापे में आज वही बूढ़ा कम्बल उसका साथी है; पर अब वह भोजन को चबानेवाला दाँत नहीं, दुखनेवाला दाँत है" (उप., पृ. 1)। कोई भी कवि यह लिखकर अपने कवि होने को सार्थक मान सकता था; यह कथाकार का गद्य है। सन् '30 के बाद प्रेमचन्द और निराला ने यथार्थवाद के साथ हिन्दी में कलात्मक गद्यलेखन का विकास भी किया।

केवल दु:ख सहने से ट्रैजेडी का सृजन नहीं होता। आदमी दुख सहता है, हारता है, फिर भी लड़ता है, इस संघर्ष से ट्रैजेडी का सृजन होता है। "जीवन के संघर्ष में उसे सदैव हार हुई; पर उसने कभी हिम्मत नहीं हारी। प्रत्येक हार जैसे उसे भाग्य से लड़ने की शक्ति दे देती थी" (उप., पृ. 350)। ट्रैजेडी का विन्यास यहाँ है, हारने में, फिर भी लड़ते रहने में। कथा ट्रैजेडी है या नहीं, यह मृत्यु पर निर्भर नहीं है। धनिया की मृत्यु नहीं होती पर उसका चरित्र होरी से कम ट्रैजिक नहीं है। उसकी उम्र ही अभी क्या थी। "छत्तीसवाँ ही साल तो था; पर सारे बाल पक गए थे, चेहरे पर झुर्रियाँ पड़ गई थीं, सारी देह ढल गई थी, वह सुन्दर गेहुँआ रंग सँवला गया था और आँखों से भी कम सूझने लगा था" जानती थी, कितना ही पेट-तन काटे, लगान बेबाक होना मुश्किल है। "फिर भी वह हार न मानती थी" (उप., पृ. 5)। जो बात होरी के बारे में प्रेमचन्द ने उपन्यास के अन्त में कही है, वह धनिया के बारे में उन्होंने उपन्यास के आरम्भ में कह दी है। धनिया से तुलनीय है निराला की 'देवी' : "उम्र पच्चीस साल से कम। दोनों स्तन खुले हुए। प्रकृति की मारों से लड़ती हुई, मुरझाकर, मुमकिन, किसी को पच्चीस साल से कुछ ज्यादा जँचे। ज्योतिष का सुख-दु:ख चक्र इसके जीवन में अचल हो गया है। सहते-सहते अब दु:ख का अस्तित्व इसके पास न होगा।"

'देवी' लड़ती है, प्रकृति की मारों से। पर केवल इन मारों से नहीं। सड़क पार करना उसके लिए बड़ा संघर्ष है। "पानी पीने के लिए रास्ते के उस पार जाना पड़ता था। पानी की कल उसी तरफ थी। इस पार से उस पार तक इतना रास्ता पार करते

उसे आधे घंटे ज्यादा लग जाता था। एक फर्लांग पर कोई इक्का या ताँगा आता होता, तो पगली खड़ी हुई उसके निकल जाने की प्रतीक्षा करती रहती।" उदात्त का सृजन केवल योद्धाओं के चित्रण से नहीं होता, सामान्य जनों के चित्रण से भी उसका सृजन सम्भव है। निराला ने देवी के लिए कहा था : "लोग नैपोलियन की वीरता की प्रशंसा करते हैं। पर यह कितनी बड़ी शक्ति है, कोई नहीं सोचता।"

निराला और प्रेमचन्द एक ही समय, एक ही मार्ग पर चल रहे थे। 'गोदान' ट्रैजेडी है। यहाँ दो मुख्य पात्र हैं—धनिया और होरी। एक की मृत्यु होती है, एक की नहीं होती। ट्रैजेडी केवल एक के चरित से नहीं, दोनों के चरित मिलाकर बनी है।

कमलकिशोर गोयनका का विचार है कि होरी की मौत न तो हीरोइक है, न घनीभूत त्रासदी की अनुभूति दे पाती है। होरी मजदूरी करते मरा, लू लगने से मरा। उसे किस तरह मरना चाहिए था? "वह जिस शोषण और विषमता के चक्र में पिसता रहा है और उसमें जीवित रहते हुए वह धीरे-धीरे रिसता रहा है, यदि वह उन परिस्थितियों में संघर्ष करते हुए मरता तब उसकी मौत उसके जीवन-चरित्र को एक नये ही रंग में रँग देती और उसकी मौत सूरदास के समान 'हीरोइक' मौत बन जाती। इस स्थिति के बावजूद प्रेमचन्द ने होरी की मौत को भी सूरदास के समान गौरवान्वित करने की चेष्टा की है, जिसके कारण होरी की मौत न तो 'हीरोइक' बन पाती है और न घनीभूत त्रासदी की अनुभूति ही दे पाती है।...प्रेमचन्द सूरदास और होरी, दोनों की हारों में विजय के गौरव के दर्शन करते हैं, और समान रूप से दोनों के साथ एक-सा ट्रीटमेंट करते हैं, जिसके कारण होरी की मौत सूरदास के समान 'हीरोइक' नहीं बन पाती, क्योंकि वह सूरदास के समान न तो सक्रिय संघर्ष करता है और न महत लक्ष्यों के प्रति प्रतिबद्ध है" (कमलकिशोर गोयनका, 'प्रेमचन्द : अध्ययन की नई दिशाएँ', दिल्ली, 1981, पृ. 123-24)। प्रेमचन्द के लिए होरी परिस्थितियों से संघर्ष करता है, हारता है, फिर भी लड़ता है; गोयनका के लिए वह शोषण और विषमता के चक्र में 'पिसता रहा है', उस चक्र में जीवित रहते हुए 'रिसता रहा है', वह सूरदास के समान 'सक्रिय संघर्ष' नहीं करता, अर्थात् वह निष्क्रियता का प्रतीक है। वह चक्र में पिसते रहने और रिसते रहने के अलावा और कुछ नहीं कर पाता। एक विशेष प्रकार के वामपंथी लेखन में दुनिया के किसान आम तौर से, भारत के किसान खास तौर से, निष्क्रिय होते हैं। होरी मानो इनका प्रतिनिधि है। 'गोदान' की लोकप्रियता का यही कारण होगा। वामपंथी लेखन की इसी दृष्टि के अनुरूप गोयनका की यह राय है कि "होरी की कथा इस भूमि से (के) अनन्तकाल से पीड़ित, शोषित, दलित किसानों की कथा को अपने अन्दर समेटे हुए है" (उप., पृ. 126)। सूरदास की मौत हीरोइक है तो वह अपवाद है, मरना तो होरी की तरह चाहिए, वरना उपन्यास का नायक किसानों का प्रतिनिधि न बन पाएगा।

विजेन्द्रनारायण सिंह वामपंथी लेखक हैं। उनका कहना है : "प्रेमचन्द के किसान क्रान्ति तो दूर, विद्रोह की भी बात नहीं करते हैं। उनके किसान विद्रोही नहीं हैं।...प्रेमचन्द की यह इच्छा जरूर है कि किसान विद्रोह करे। 'प्रेमाश्रम' के मनोहर और बलराज के चरित्र में विद्रोह के स्फुलिंग के दर्शन होते हैं। प्रेमचन्द के सम्पूर्ण कथा-साहित्य में विद्रोह की थोड़ी चिनगारियाँ 'प्रेमाश्रम' के मनोहर और बलराज में मिलती हैं। किन्तु, ये नियम नहीं वरन् अपवाद हैं। नियम है होरी" (विजेन्द्रनारायण सिंह, 'प्रेमचन्द : सवर्ण से अवर्ण तक की यात्रा का समाजशास्त्र', 'आलोचना', जनवरी-जून, 1983, पृ. 88 और पृ. 93)। संघर्ष करनेवाले पात्र किसानों के प्रतिनिधि नहीं हैं—यह स्थापना विजेन्द्रनारायण सिंह की है, कमलकिशोर गोयनका की है। गोयनका ने होरी की मौत का विवेचन वामपंथी पैंतरा साधे हुए किया है, यह उनके अनेक वाक्यों से प्रकट हो जाता है, यथा : "यदि होरी की जमीन खूनी जमींदार एवं पंचों के पेट में समा जाती और वह मजदूर बनकर जीवन के कष्टों को झेलता और उन्हीं परिस्थितियों में भूखा रहकर मर जाता, तब वह वर्तमान त्रासदी से निश्चित रूप से अधिक घनीभूत एवं घनघोर त्रासदी होती" ('नई दिशा', पृ. 125)।

प्रेमचन्द ऐसा क्यों नहीं कर पाए, इसका कारण विजेन्द्रनारायण सिंह ने बताया है। "प्रेमचन्द के कथा-साहित्य के किसान ये ही मध्यकिसान हैं। उनके पास जमीन भी है और थोड़े औजार भी तथा बैल भी।" और "क्रान्ति के सम्बन्ध में इन किसानों की ढुलमुल नीति का लेनिन को पूरी तरह एहसास था" ('आलोचना', पृ. 90-91)। किसान न सही, क्या अन्य किसी तरह के लोग देहात में क्रान्तिकारी या विद्रोही हो सकते हैं? और प्रेमचन्द ने इन्हें पहचाना था क्या? विजेन्द्रनारायण सिंह कहते हैं : "प्रेमचन्द के सबसे विद्रोही नायक 'रंगभूमि' का चमार सूरदास और 'कफ़न' के घीसू माधव हैं। ये किसान नहीं, बल्कि अछूत हैं" (उप., पृ. 96)।

सूरदास न तो चमड़े का कोई काम करता है, न किसी जमींदार या किसान के यहाँ मजूरी करता है। वह भीख माँगता है और यह पेशा चमारों से ज्यादा ब्राह्मण अपनाए हुए हैं। जैसाकि 'गोदान' में धनिया ने दातादीन पंडित को लक्ष्य करके कहा था : "भीख माँगो तुम जो भिखमंगे की जात हो" ('गोदान', पृ. 209)। समाज में सूरदास की स्थिति अछूतों की-सी नहीं है। गाँव में ठाकुर जी का मन्दिर है। इसके पुजारी दयागिरि सगुण ईश्वर के उपासक हैं। मन्दिर के चबूतरे पर सारे दिन दस-पाँच आदमी लेटे या बैठे रहते हैं। नायक राम पंडा समेत वहाँ अनेक जातियों के लोग गाते-बजाते हैं। "सूरदास इस संगत का प्राण था" ('रंगभूमि', इलाहाबाद, 1978, पृ. 20)। बनारस के पास पाँडेपुर की इस बस्ती में छुआछूत को लेकर वैसी कट्टरता नहीं है, जैसी आम तौर से अवध के गाँवों में देखी जाती है। सूरदास पाँड़ेपुर के समाज का सम्मानित सदस्य है। मन्दिर में देर से पहुँचा; प्रेमचन्द कहते हैं : "सभासद आ गए थे, केवल सभापति की कमी थी" (उप.)।

इस सम्मानित स्थिति के अलावा सूरदास के पास जमीन भी है, इतनी जमीन है कि उस पर कारखाना लगाया जा सकता है; गोदाम, दफ्तर, मैनेजर का बँगला, श्रमजीवियों के कमरे आदि भी बनाये जा सकते हैं। वहाँ आसपास के जानवर चरने आया करते थे। उनके चरने के वह पैसे नहीं लेता, चाहे तो ले सकता है; चाहे तो जमीन को बेच भी सकता है। वह जमीन के लिए लड़ता है तो अछूतों के नहीं, उन्हीं किसानों के हित में लड़ता है जिनसे विजेन्द्रपाल सिंह ने उसे अलग किया है। जहाँ तक घीसू और माधव का सम्बन्ध है, उन्हें खेत-मजदूरों का प्रतिनिधि नहीं कहा जा सकता। "गाँव में काम की कमी न थी" लेकिन वे काम तभी करते थे जब फाके होने लगें। उनके काम करने का ढंग यह था कि "घीसू एक दिन काम करता तो तीन दिन आराम करता। माधव इतना कमजोर था कि आध घंटे काम करता तो घंटे भर चिलम पीता।" मजदूरी के बदले वे चोरी करके पेट भरना ज्यादा अच्छा समझते थे। "मटर-आलू की फसल में दूसरों के खेतों से मटर-आलू उखाड़ लाते और भून-भूनकर खा लेते या दस-पाँच ऊख उखाड़ लाते; और रात को चूसते।" माधव का ब्याह हुआ तो उसकी पत्नी ने "इस खानदान में व्यवस्था की नींव डाली।" यदि घीसू और माधव क्रान्तिकारी थे तो यह स्त्री क्रान्तिविरोधी थी, क्योंकि वह उनके जीवन को व्यवस्थित करना चाहती थी। वह जरूर मजदूरी करती होगी क्योंकि वह "इन दोनों बेगैरतों का दोजख भरती रहती थी।" उसके आने के बाद ये दोनों अकड़ने लगे थे, कोई काम को बुलाता तो "दुगुनी मजदूरी माँगते।" जब वह प्रसव-वेदना में मर रही थी, तो "ये दोनों शायद इसी इन्तजार में थे कि वह मर जाए, तो आराम से सोएँ।"

गाँवों में चमार इसी तरह के होते हैं, खेत-मजदूर ऐसे ही निर्दयी और स्वार्थी होते हैं, यह समझना भ्रम है। प्रेमचन्द इस कहानी से दिखाना यह चाहते हैं कि जो किसान दिन-रात मेहनत करते हैं, उनकी हालत इनसे ज्यादा अच्छी नहीं है। किसानों का श्रमफल ऊपरवाले लूट ले जाते हैं। घीसू और माधव का श्रमफल किसान लूटते हों, यह स्थिति नहीं है, श्रमफल किसानों का लूटा जाता है और उसे लूटनेवाले किसानों से भिन्न वर्ग के हैं। प्रेमचद कहते हैं : "जिस समाज में रात-दिन मेहनत करनेवालों की हालत उनकी हालत से कुछ बहुत अच्छी न थी, और किसानों के मुकाबले में वे लोग जो किसानों की दुर्बलताओं से लाभ उठाना जानते थे, कहीं ज्यादा सम्पन्न थे, वहाँ इस तरह की मनोवृत्ति का पैदा हो जाना कोई अचरज की बात न थी।" घीसू को सिर्फ इस बात से तस्कीन है कि "अगर वह फटेहाल है तो कम-से-कम उसे किसानों की तरह जी-तोड़ मेहनत नहीं करनी पड़ती, और उसकी सरलता और निरीहता से दूसरे लोग बेजा फायदा तो नहीं उठाते (धनजंय वर्मा, 'हिन्दी की प्रगतिशील कहानियाँ', दिल्ली, 1986, पृ. 12-14)। जी-तोड़ मेहनत किसान करते हैं, घीसू और माधव नहीं। जो लोग सम्पन्न हैं, वे किसानों की दुर्बलताओं

से लाभ उठाते हैं, माधव और घीसू की दुर्बलताओं से नहीं। यदि ये मेहनती और शोषित किसान घीसू और माधव की तरह 'विद्रोही' हो जाएँ तो खेतों में चोरी से उखाड़ लाने के लिए आलू, मटर, ऊख, कुछ भी सुलभ न हो। विद्रोह करने का मतलब है खेती का काम बन्द कर देना। लेकिन विद्रोही बनने के बाद खाएँगे क्या?

घीसू और माधव गाँव के जमींदार के पास गए। वहाँ दो रुपये वसूल किये। फिर दो-दो चार-चार आने बनियों और महाजनों से उगाहे। "एक घंटे में घीसू के पास पाँच रुपये की अच्छी रकम जमा हो गई" (उप., पृ. 16)। खेती छोड़ने के बाद 'विद्रोही' किसान भी यही करते? विजेन्द्रनारायण कहते हैं : "प्रेमचन्द के कथा साहित्य का आरम्भ मध्यवर्ग के आख्यान से हुआ था। (1913 की कहानी 'बाँका जमींदार' में विद्रोही बंजारों का चित्रण भी देखें। —रा. वि.।) बाद में उन्होंने भारतीय कृषक की दरिद्रता की महागाथा लिखी, किन्तु उसकी अन्तिम परिणति जनता के निम्नतम वर्ग यानी अवर्णों के जीवन की करुणा के यथार्थवादी आकलन में होती है। प्रेमचन्द के कथा-साहित्य का यह विकास उनके निजी मानसिक विकास का पूर्ण प्रतिफलन है। वर्ण से अवर्ण तक की इस यात्रा की इस पहचान में उनके यथार्थवादी रुझान की परख हो जाती है। किसानों के सम्बन्ध में बड़ी ममता से रची गई अपनी ही प्रतिभा के भंजन में उन्हें कोई हिचक नहीं होती है" (उप., पृ. 97-98)। क्रान्ति के दायरे से मध्य ही नहीं, गरीब किसान भी निकाल दिये गए हैं, रह गए हैं केवल अछूत। वर्ग का स्थान वर्ण ने ले लिया है। वर्ण में भी एक जाति विशेष के सदस्य ही विद्रोह करते हैं। प्रेमचन्द को अपनी प्रतिभा के भंजन में हिचक नहीं थी तो हमें ही 'गोदान' के भंजन में हिचक क्यों हो? कठिनाई यह है कि अपने कथा-साहित्य के विकास में तथा अपने निजी मानसिक विकास में प्रेमचन्द आगे बढ़ने के बदले पीछे की ओर लौटते हैं। 'रंगभूमि' के सूरदास के बाद उन्होंने 'गोदान' में होरी की कथा लिखी—पूर्ण सहानुभूति के साथ। इसे आगे बढ़ना कैसे कहें? सूरदास की सक्रियता, होरी की निष्क्रियता—गोयनका और विजेन्द्रनारायण सिंह की यह सामान्य भूमि है। होरी यदि मजदूर बनकर जीवन के कष्टों को झेलता हुआ मर जाता तो उसकी त्रासदी निश्चित रूप से अधिक घनीभूत एवं घनघोर होती। होरी के बारे में गोयनका और विजेन्द्रनारायण सिंह की धारणाओं का सार तत्त्व एक ही है।

विजेन्द्रनारायण सिंह का लेख उस दौर की रचना है जब वामपंथी विचारधारा की एक शाखा ने जनवादी क्रान्ति की जगह सर्वहारा क्रान्ति का लक्ष्य स्थापित किया और इसकी मुख्य शक्ति माना खेत-मजदूरों को। जो अधिक उदार थे, उन्होंने निर्धन किसानों को भी शामिल कर लिया। यह क्रान्ति बहुत जल्दी शूद्र और द्विज का संघर्ष बन गई। उक्त शाखा से जुड़े हुए लेखकों ने इस संघर्ष को प्रेमचन्द पर आरोपित किया। स्वाधीनता संग्राम का अर्थ है सामन्त विरोधी संग्राम, सामन्त विरोधी संग्राम का अर्थ है द्विज-शूद्र संग्राम। इस परिप्रेक्ष्य में प्रेमचन्द का ही नहीं, समूचे

भक्ति साहित्य का पुनर्मूल्यांकन जरूरी हो गया। निर्गुण धारा प्रगतिशील, सगुण धारा प्रतिक्रियावादी, इसमें कृष्णभक्ति कम, रामभक्ति विशेष प्रतिक्रियावादी सिद्ध हुई।

गोयनका ने प्रेमचन्द के उपन्यासों के शिल्प-विधान पर अपना शोधग्रंथ उस समय पूरा किया था जब आदमी अपने भीतर से टूटता था, उसका मोहभंग होता था और उसके मोहभंग की यह प्रक्रिया जीवन की सबसे बड़ी ट्रैजेडी मानी जाती थी। बाहरी परिस्थितियों से जूझना गौण था, मुख्य जूझना अपने भीतर होता था। 'गोदान' में होरी टूटा, होरी के साथ प्रेमचन्द टूटे। "होरी का जन्म लेखक की गहन, घनीभूत और लम्बे समय तक चलनेवाली पीड़ा का परिणाम है।... होरी का जन्म लेखक के 'मोहभंग' का परिणाम ही नहीं है, बल्कि प्रेमचन्द के आस्था-स्तम्भ के टूटने की पीड़ा के बीच होरी का साहित्य में जन्म होता है। आस्थाओं का विघटन, प्रेमचन्द के लिए, उनका स्वयं का टूटना है और यह किसी भी लेखक के लिए चरम पीड़ाजनक स्थिति है। प्रेमचन्द का प्रेमचन्द के रूप में टूटकर गोदानकार के रूप में नया रूप ग्रहण करना एक बड़ी घटना है, और इसी बड़ी घटना से एक साधारण किसान होरी के जन्म की कहानी प्रारम्भ होती है" ('शिल्प विधान', पृ. 450)। मुक्तिबोध की, व्यक्तित्व के रूपान्तरण वाली बात आपको याद आती है न?

दिसम्बर, 1933 में हिन्दू सम्प्रदायवाद की आलोचना करते हुए प्रेमचन्द ने विश्वास प्रकट किया था कि "निकट भविष्य में आजकल का पूँजीवाद जमीन पर पड़ा होगा और उसकी लाश पर समाजवाद की धारा बह रही होगी" ('प्रेमचन्द के विचार', भाग 1, पृ. 224-25)।

होरी को चाहे जो कुछ हुआ हो, प्रेमचन्द की आस्था अटूट थी। समाजवाद की विजय होगी और पूँजीवाद पराजित होगा, उनका यह विश्वास निरन्तर दृढ़ होता गया। गोयनका का सारा प्रयत्न इस उद्देश्य के लिए है कि प्रेमचन्द को समाजवाद की छाया से बचाया जाए। 'प्रेमाश्रम' में उन्होंने भौतिकवाद पर अध्यात्मवाद की विजय दिखाई, अध्यात्मवाद को गांधीवाद का पर्याय माना। 'गोदान' में प्रेमचन्द का मोहभंग हुआ; स्पष्ट ही गांधीवाद और अध्यात्मवाद के प्रति उनका मोह टूटा होगा। इसके बाद वह समाजवाद की दिशा में न बढ़े, बढ़े तो अस्तित्ववाद की दिशा में! गोयनका ने प्रेमचन्द के लेख 'महाजनी सभ्यता' का जिक्र किया है लेकिन उसमें जो सोवियत संघ और समाजवाद का जोरदार समर्थन है, उसका जिक्र नहीं किया। उनके लिए महाजनी सभ्यता समाजवाद से टकरानेवाली पूँजीवादी सभ्यता नहीं है वरन् दातादीन और मंगरू साह की सभ्यता है, जिससे किसान और जमींदार, दोनों तबाह होते हैं। 'कृषक की इस परिणति के लिए प्रेमचन्द महाजनी सभ्यता को मुख्य रूप से दोषी मानते हैं। महाजनों के जाल में किसान और जमींदार फँसे हैं। इसका परिणाम दोनों को भुगतना पड़ता है। किसान जमीन की रक्षा के लिए मजदूरी करते

हुए मरने को विवश होता है, और जमींदार का सुख-संसार छिन्न-भिन्न होकर ध्वस्त हो जाता है" ('शिल्प विधान', पृ. 449)।

संसार दुःख का कारण है। यहाँ गरीब-अमीर, दोनों दुःख सहते हैं। किसान अपना दुःख तो देखता है, जमींदार के दुःख को वह क्या जाने! यह विचार प्रेमचन्द का नहीं, बगुला भगत रायसाहब का है। उनके दर्शनशास्त्र का रहस्य कुछ तो होरी उनके सामने ही समझ गया था : "होरी ने मन में सोचा, अभी यह कैसी-कैसी नीति और धरम की बातें कर रहे थे और एकाएक इतने गरम हो गए" ('गोदान', पृ. 16)! जो कसर रह गई थी, उसे गोबर ने पूरा कर दिया। होरी ने कहा : "हमें अपने ही पेट की चिन्ता है, उन्हें हजारों चिन्ताएँ घेरे रहती हैं।" इस पर गोबर ने सवाल किया : "तो फिर अपना इलाका हमें क्यों नहीं दे देते? हम अपने खेत, बैल, हल, कुदाल सब देने को तैयार हैं। करेंगे बदला" (उप., पृ. 18)?

गोयनका ने महाजनी सभ्यता की जो व्याख्या की है, उसका जवाब 'गोदान' में मौजूद है। महाजनी सभ्यता को गाँव के सूदखोरों तक सीमित किया जाए, तो भी उसे उपन्यास की मुख्य समस्या मानने में गोयनका को दुविधा है। "प्रेमचन्द के अनुसार जमींदार, साहूकार, सरकार, मिलमालिक आदि अनेक शक्तियाँ किसान को अपना शिकार बनाती हैं, लेकिन वे यह मानते हैं कि किसानों के उद्धार का सबसे आवश्यक अंग उन्हें महाजन के पंजे से निकालना है" ('शिल्प-विधान', पृ. 449) लेकिन : "ऋण की समस्या भी, 'गोदान' की मूल समस्या नहीं है।" (उप., पृ. 485)। दुविधा का कारण यह है कि गोयनका कृषि-संस्कृति को अंग्रेजी राज और महाजनी शोषण जैसी अस्थायी चीजों से थोड़ा अलग हटाकर देखना चाहते हैं।

"'गोदान' का उद्देश्य कृषि संस्कृति के ध्वंस की यथार्थ कहानी कहना है" (उप.)। यह बात उन्होंने होरी की मौतवाले निबन्ध में दोहराई है। "होरी की मौत इस अर्थ में महत्त्वपूर्ण बनती है कि वह जिस कृषक संस्कृति में जीता है, साँस लेता है, वह उसकी मृत्यु के साथ ही ध्वंस की ओर उन्मुख होती है" ('नई दिशाएँ' पृ. 126)। तब नई दिशाओं का नयापन किस बात में है? नयापन है 'गोदान' के शिल्प-विधान को उलट देने में। पहले जो बातें कथाशिल्प को संवारती थीं, वे अब उसे बिगाड़ती हैं। शिल्प-विधान के अनुसार : "'गोदान' में लेखकीय टिप्पणियों के कथा संकेत नहीं हैं। अधिकांश कथा संकेत पात्रों के संवादों से दिए गए हैं जो अत्यन्त स्वाभाविक और संगत हैं" (पृ. 457)। 'नई दिशाएँ' के अनुसार "प्रेमचन्द ने 'गोदान' के अन्तिम अध्याय बड़ी शीघ्रता में लिखे थे, क्योंकि कई वर्षों से लिखने पर भी वह समाप्त नहीं हो रहा था। 'गोदान' के पैंतीसवें अध्याय की आरम्भिक पंक्तियों से यह ध्वनि निकलती है कि लेखक ने अपने नायक के अन्तिम दिनों की घटनाओं को प्रस्तुत करने का निर्णय कर लिया है और इसके लिए पाठक को अपने विश्वास में लेना चाहते हैं। लेखक ने अध्याय के आरम्भ में लिखा है...लेखक इस

वर्णन से पाठक के मन में यह बात उत्पन्न कर देना चाहता है कि होरी की अन्तिम दशा आ पहुँची है और वह मृत्यु की ओर चल पड़ा है।...इसी अध्याय के दूसरे अवतरण में प्रेमचन्द छत्तीसवें अध्याय के आरम्भ में होरी की भावी मौत की स्पष्ट "शब्दों में घोषणा कर देते हैं" (पृ. 121-22)।

'शिल्प-विधान' के अनुसार : "होरी का यह वाक्य—'साठे तक पहुँचने की नौबत न आने पाएगी धनिया", "सत्य होने पर पाठक के मन में बार-बार उभरता है" (पृ. 457-58)। 'नई दिशाएँ' में वह पाठक के मन में एक बार भी नहीं उभरता क्योंकि प्रेमचन्द उपन्यास खत्म करने की जल्दी में हैं और होरी के सहज रूप से मरने का इन्तजार नहीं कर सकते! 'शिल्प-विधान' के अनुसार : "लेखक ने एक कथा संकेत दूसरी पद्धति के द्वारा दिया है। दूसरी बार गोबर के शहर जाते समय का वर्णन करते हुए लेखक ने लिखा है, 'जब गोबर उसके चरणों पर झुका तो होरी रो पड़ा, मानो फिर उसे पुत्र के दर्शन न होंगे। इस वाक्य से होरी की भावी मृत्यु का संकेत मिल जाता है" (पृ. 458)। 'नई दिशाएँ' के अनुसार : यह संकेत मिलना ही गुनाह है। होरी का रो पड़ना तो स्वाभाविक है "परन्तु 'मानो फिर उसे पुत्र के दर्शन न होंगे', लिखकर लेखक होरी की भावी मृत्यु की स्पष्ट रूप से घोषणा कर देता है" (पृ. 122)। 'नई दिशाएँ' के निबन्धों में प्रेमचन्द कथा-शिल्पी के ऊँचे आसन से नीचे आ गए हैं। यही नहीं, वह समाज-सुधारक के आसन से भी कुछ नीचे खिसक आए हैं। 'एक चौंकानेवाला पत्र', विधवा विवाह से सम्बन्धित है। इस पत्र में प्रेमचन्द ने लिखा था : "मैंने विधवा का विवाह कराके हिन्दू नारी को आदर्श से गिरा दिया था। उस वक्त जवानी की उम्र थी और सुधार की प्रवृत्ति जोरों पर थी" ('नई दिशाएँ', पृ. 13)। इस पत्र पर कई तरह से विचार करने के बाद गोयनका ने यह निष्कर्ष निकाला है, 'यह पत्र उनकी परिवर्तित विचारधारा का प्रामाणिक रूप से उद्‌घाटन करता है तथा बताता है कि एक समय ऐसा भी आया, जब प्रेमचन्द ने अपनी प्रगतिशील एवं आधुनिक विचारधारा को छोड़कर पुरानी परम्परागत विचारधारा को स्वीकार कर लिया" (उप, पृ. 16)। इससे तुलनीय है गोयनका की यह धारणा कि सूरदास की मौत हीरोइक है, होरी की मौत हीरोइक नहीं है।

6. विचारधारा का प्रश्न

प्रेमचन्द के शिल्प में ही गिरावट नहीं आई, उनकी विचारधारा भी अपनी प्रगतिशीलता छोड़कर प्रतिक्रियावादी बन गई! गोयनका प्रगतिशील विचारधारा के हामी बनकर प्रेमचन्द की आलोचना कर रहे हैं! उन्हें झुनिया की याद क्यों नहीं आई? उपन्यास के तीसरे ही अध्याय में भोला होरी से कहता है : "लड़की है झुनिया, वह भी नसीब की खोटी...उसका आदमी बम्बई में दूध की दुकान करता था। उन दिनों वहाँ हिन्दू-मुसलमानों में दंगा हुआ, तो किसी ने उसके पेट में छुरा भोंक दिया"

('गोदान', पृ. 24)। होरी ने झुनिया को अपने यहाँ शरण दी; पटेश्वरी को चिन्ता यह है : "झुनिया को देखकर दूसरी विधवाओं का मन बढ़ेगा कि नहीं" (उप., पृ. 130)? झुनिया सम्बन्धी घटना उपन्यास का वह मोड़ है जो होरी के जीवन को अनिवार्य रूप से ट्रैजेडी बना देता है। गर्भवती झुनिया को घर में रखना होरी का सबसे वीरतापूर्ण कार्य है। वह जानता है, इसका परिणाम क्या होगा। वह सब कुछ भोगने को तैयार है। वह सदियों से चली आती परम्परा को चुनौती दे रहा है, रूढ़ियों को तोड़ने की समस्या कर्ज की समस्या से घुलमिल जाती है। जो महाजन हैं, वही समाज के नेता हैं, रूढ़ियों के सबसे बड़े रक्षक हैं। इस घटना के सहारे प्रेमचन्द ने उनकी नैतिकता की असिलयत जाहिर कर दी है। इस घटना से प्रेमचन्द ने धनिया की क्रान्तिकारिता को उभारा है। झुनिया और गोबर का ब्याह नहीं हुआ पर ब्याह की रस्म से एक ऊँची नैतिकता और है : "ब्याहता न सही; पर उसकी बाँह तो पकड़ी है मेरे बेटे ने ही" (उप., पृ. 128)। प्रेमचन्द विधवा-विवाह के समर्थन से दस कदम आगे बढ़कर इस नई नैतिकता के प्रति सहानुभूति जगाते हैं। समाज के नेताओं को उस शिशु की जरा भी चिन्ता नहीं है जो झुनिया के गर्भ में है। उसकी चिन्ता धनिया को है। "झुनिया के गर्भ में जो बालक है, वह धनिया ही के हृदय का टुकड़ा तो है। हँसी के डर से उसके प्राण कैसे ले लेती" (उप.)! फिर पोता होने पर धनिया ने गला फाड़कर जब सोहर गाए जिससे सारा गाँव सुन ले, तब उसने इन्कलाब जिन्दाबाद के नारे लगानेवालों को मात कर दिया।

प्रेमचन्द के 'हमखुर्मा व हमसवाब' उपन्यास का हिन्दी रूपान्तर 1907 में 'प्रेमा' नाम से छपा। उसमें उन्होंने विधवा का विवाह कराया। 1927 में 'प्रतिज्ञा' उपन्यास छपा। यह पहले उपन्यास का संशोधित रूप था। प्रेमचन्द ने डॉ. रघुवीर सिंह को लिखा : "उस रूप में मैं उस पुस्तक (प्रेमा) को नहीं देखना चाहता था। इसलिए मैंने कथा में उलट-फेर कर इसे लिख डाला। आप देखेंगे कि आरम्भ दोनों का भिन्न है, अन्त भी भिन्न, समानता केवल पात्रों के नामों में है" ('नई दिशाएँ', पृ. 13)। इससे निष्कर्ष निकलता है कि सन् '27 में प्रेमचन्द के कदम डगमगाए थे और मई 1932 में डॉ. रघुवीर सिंह को लिखे पत्र में वह अपने ढुलमुलपन को उचित ठहरा रहे थे। पर 1932 में उन्होंने अपने को सँभाल लिया था और उस साल 'गोदान' शुरू करते समय उन्होंने तै कर लिया था कि विधवा झुनिया और गोबर के अनब्याहे प्रेमसम्बन्ध का समर्थन करेंगे। तीसरे अध्याय में भोला ने कहा : "जाकर लिवा लाया कि दूसरी सगाई कर दूँगा; मगर वह राजी ही नहीं होती" ('गोदान', पृ. 24)। विधवा विवाह का समर्थन तो यहाँ हो ही गया। भोला दूसरी सगाई की बात यों करता है मानो यह बहुत साधारण बात हो! पर झुनिया राजी ही नहीं होती क्योंकि उसे दूसरी भूमिका निभानी है। इसी अध्याय में गोबर से झुनिया का परिचय होता है, और पहले ही प्रेमसंवाद के बाद : "उसका मुँह उदास हो गया। वह विधवा है" (उप.,

पृ. 26)। मई, 1932 में प्रेमचन्द ने रघुवीर सिंह को पत्र लिखा। 25 फरवरी, 1932 को उन्होंने दयानरायन निगम को सूचना दी थी : "एक नया नाविल भी शुरू कर दिया है" ('चिट्ठी-पत्री', इलाहाबाद, 1962, पृ. 192), यह नया नाविल 'गोदान' ही हो सकता है। 17 जून, 1932 को उन्होंने 'कर्मभूमि' के बारे में उन्हें लिखा : "मेरा नया नाविल 'कर्मभूमि' छप रहा है" (उप., पृ. 196)। 'कर्मभूमि' लिखना उन्होंने 10 अप्रैल, 1931 को शुरू किया था। (प्रेमचन्द : 'कलम का सिपाही', पृ. 356)। 13 मई, 1932 के पत्र में प्रेमचन्द ने उन्हें लिखा : "मेरा 'नाविल बेवा' तैयार हो गया है" ('चिट्ठी-पत्री', भाग 1, पृ. 194)। यह भी 'नया नाविल' न था, 'प्रतिज्ञा' का रूपान्तर था। यदि प्रेमचन्द ने फरवरी, 1932 में 'गोदान' लिखना शुरू किया तो यह बहुत सम्भव है कि उन्होंने आधी मई तक उसके तीन अध्याय पूरे कर लिये हों। उस हालत में या तो वह रघुवीर सिंह को महज अपनी 1927 की वैचारिक स्थिति बता रहे थे, या फिर उन्हें चकमा दे रहे थे! जो भी हो, 'गोदान' लिखते समय वह 'प्रेमा' की जमीन से आगे बढ़कर विधवा के अवैध प्रेम-सम्बन्ध का समर्थन कर रहे थे, इसमें सन्देह की गुंजाइश नहीं।

गोयनका ने रघुवीर सिंह को लिखे पत्र के सिलसिले में एक दिलचस्प सवाल किया है : "क्या ऐसा तो नहीं कि प्रेमचन्द पर महात्मा गांधी के विधवा विवाह सम्बन्धी विचारों का इतना गहरा प्रभाव पड़ा कि उन्होंने अपनी पूर्व त्रुटि को ठीक करने के लिए नये उपन्यास की रचना कर डाली? गांधी जी विधवा विवाह को पाप मानते थे" ('नई दिशाएँ', पृ. 13-15)। अब यदि गांधी जी के प्रभाव से प्रेमचन्द ने विधवा-विवाह का समर्थन वापस लिया, अपनी प्रगतिशील और आधुनिक विचारधारा छोड़ दी, तब गांधीवाद किस तरह की विचारधारा हुई? इस विचारधारा के कई पहलू थे और प्रेमचन्द उन सभी से सहमत न थे, खास तौर से 'गोदान' की रचनावाले दौर में।

प्रेमचन्द पर अपना शोधकार्य शैलेश ज़ैदी ने 1972 में आरम्भ किया था। उनका शोध-ग्रंथ 'प्रेमचन्द की उपन्यास यात्रा : नव मूल्यांकन' 1978 में प्रकाशित हुआ। अपने नव मूल्यांकन के दौरान ज़ैदी ने पूरे शोध-ग्रंथ में गोयनका का उल्लेख नहीं किया है, केवल परिशिष्ट में अन्य लेखकों के साथ उनकी पुस्तक पर भी टिप्पणी लिखी है। इसके अनुसार गोयनका ने अपने शोधप्रबन्ध में प्रेमचन्द के उपन्यासों का 'मनोवैज्ञानिक विश्लेषण' प्रस्तुत किया है पर "बहुत अधिक विस्तार में आने के कारण डॉ. गोयनका की दृष्टि आग्रहपूर्ण बन गई है।" हाँ, शिल्प-शैली का विवेचन "अनेक स्थलों पर लेखक से असहमति होते हुए भी" स्तुत्य है (उपन्यास यात्रा, पृ. 515)। जहाँ गोयनका से ज़ैदी की सहमति है, उन स्थलों को विशेष स्तुत्य मानना चाहिए। ऐसे स्थल अनेक हैं, यद्यपि स्वयं ज़ैदी ने उनका उल्लेख नहीं किया। कुछ उदाहरण प्रस्तुत हैं :

1. गोयनका : "डॉ. इन्द्रनाथ मदान इसे 'एक कृषि सम्बन्धी महाकाव्य' तथा डॉ. रामविलास शर्मा 'किसान जीवन का महाकाव्य' मानते हैं। क्या कृषक जीवन पर सर्वप्रथम उपन्यास होने मात्र से 'प्रेमाश्रम' को महाकाव्य के समकक्ष रखा जा सकता है? 'प्रेमाश्रम' की मूल चेतना भी किसान-जमींदार के संघर्ष और परस्पर सम्बन्धों तक ही सीमित नहीं है" (पृ. 222-23)।

ज़ैदी : " 'प्रेमाश्रम' पर जब आलोचकों की निगाह पड़ी तो किसी ने कहा यह किसान जीवन का महाकाव्य है" (पृ. 159)। " 'प्रेमाश्रम' को कृषक जीवन का महाकाव्य कहने से पहले इसकी जाँच की जानी चाहिए कि उपन्यास के कितने पृष्ठों में किसानों की जिन्दगी की चर्चा की गई है" (पृ. 160)। "इसलिए 'प्रेमाश्रम' को कृषक जीवन का महाकाव्य कहना उसके फलक को संकुचित करना है" (पृ. 165)।

'प्रेमाश्रम' की मूल कथा किसान-जमींदार संघर्ष को लेकर नहीं रची गई क्योंकि संघर्ष सभी जमींदारों के विरुद्ध नहीं है।

2. गोयनका : "उपन्यास में ज्ञानशंकर, प्रभाशंकर, रायसाहब, गायत्री आदि अनेक जमींदार और ताल्लुकेदार हैं, लेकिन संघर्ष की कथा केवल ज्ञानशंकर के गाँवों में ही उत्पन्न होती है" (पृ. 218)।

ज़ैदी : "फिर राय कमलानन्द को कोई किसान बुरा नहीं कहता...गायत्री देवी की किसानों पर इतनी कृपा है...प्रभाशंकर जब तक जमींदारी देखते थे...स्पष्ट ध्वनित होता है कि प्रेमचन्द को प्रत्येक जमींदार या प्रत्येक ताल्लुकेदार से शिकायत नहीं है।" (पृ. 160-61)।

असली समस्या है देशी-विदेशी शिक्षा की।

3. गोयनका : "ज्ञानशंकर पश्चिमी शिक्षा-दीक्षा से प्राप्त पाश्चात्य संस्कारों की उपज है" (पृ. 183)।

ज़ैदी : "प्रेमचन्द ने शायद यह कहना चाहा है कि हमारी शिक्षा प्रणाली इनसान को ज्ञानशंकर, इरफान अली, ज्वाला सिंह और प्रियनाथ बनना सिखाती है" (पृ. 161)। "प्रेमचन्द इस प्रकार की शिक्षा के पक्ष में बिलकुल नहीं थे...उनकी आदर्श शिक्षा प्रणाली गुरूकुलों की शिक्षा प्रणाली थी" (पृ. 162)। फिर भी 'प्रेमाश्रम' की मूल कथा किसान-जमींदार संघर्ष-कथा ही है।

4. गोयनका : "लेकिन ग्रंथकार ने ऐसे जमींदार को जमींदार किसान की संघर्ष कथा का नायक चुना है...।" (पृ. 218)। "लेखक द्वारा कृषकों की दयनीयता एवं शोषण से भरी कहानी को भी प्रधानता देने के कारण...।" (पृ. 221)।

ज़ैदी : "'प्रेमाश्रम' में भी एक ऐसे ही व्यक्ति की कहानी सुनाई गई है जो जमींदार और कृषक वर्ग के मध्य होनेवाले हिमालयी संघर्ष में अपना स्थान बनाने की इच्छा रखता है" (पृ. 180)। सरकारी नौकरी से इस्तीफा देने के बाद प्रेमचन्द

सोच रहे हैं, 'सोजेवतन तुमने जला दिया...'प्रेमाश्रम' जलाकर दिखाओ तो जानें... बलराज और मनोहर तुम्हारी गर्दन धड़ से अलग कर देंगे। तुम इन किसानों को समझते क्या हो? ये पशु नहीं हैं—इनसान हैं और इन्हें भी जीने का हक है। ये जान गए हैं कि इस सारे राष्ट्रीय वैभव और प्रभुत्व का कारण वे खुद हैं। 'प्रेमाश्रम' ऐसे ही किसानों की कहानी है" (पृ. 8)। ऐसे क्रान्तिकारी किसानों की कथा में विजय होती है अध्यात्मवाद की!

5. गोयनका : "बलराज बोल्शेविक क्रान्ति की उपज है...बलराज आदि की विरोधशक्ति आगे चलकर प्रेमशंकर के जीवन-मूल्यों की क्रियात्मक धारा में घुलमिल जाती है" (पृ. 182)।

ज़ैदी : "'प्रेमाश्रम' में भौतिकता पर आध्यात्मिकता की विजय स्पष्ट रूप से देखी जा सकती है" (पृ. 190)।

'गोदान' की रचना के समय प्रेमचन्द का मोहभंग हुआ।

6. गोयनका : "आस्थाओं का विघटन, प्रेमचन्द का स्वयं उनका टूटना है" (पृ. 450)।

ज़ैदी : "'गोदान के लेखनकाल तक 'प्रेमाश्रमकार' की दृष्टि में आमूल परिवर्तन हो चुका था" (पृ. 410)। इस परिवर्तन के प्रमाणस्वरूप ज़ैदी ने प्रेमचन्द के जो वाक्य उद्धृत किये हैं, उनमें ये वाक्य खास तौर से ध्यान देने योग्य हैं : "आध्यात्मिक मार्ग की परीक्षा हमने कुछ कर ली...फल इसके सिवा और कुछ न हुआ कि...समाज जहाँ खड़ा था, वहीं खड़ा रह गया, नहीं, और पीछे हट गया... पुराने ज्ञानियों ने सारे झगड़ों की जिम्मेदार 'जर, जमीन' और 'जन' रखी थी। आज उसके लिए केवल एक ही शब्द काफी है—सम्पत्ति" (उप.)।

यद्यापि अध्यात्मवाद की 'प्रेमाश्रम'कालीन विजय, 'गोदान'कालीन पराजय में बदल गई, फिर भी ज़ैदी अध्यात्मवादवाला सूत्र आसानी से छोड़नेवाले नहीं थे : एक है भौतिकवाद, दूसरा है एकात्मवाद। इनका समन्वय हुआ भौतिक एकात्मवाद। "प्रेमचन्द का यह भौतिक एकात्मवाद ही उनकी दृष्टि में सच्चा समाजवाद था" (पृ. 411)।

यह सच्चा समाजवाद बड़े विचित्र ढंग से फ्रांसीसी कथाकार कामू का अस्तित्ववाद बन जाता है। मोहभंग का अर्थ क्या है? जीवन की व्यर्थता का अहसास। मोह क्या है? जीवन की सार्थकता में विश्वास। मूल सूत्र गोयनका का है, व्याख्या ज़ैदी की है।

7. गोयनका : "प्रेमचन्द के आस्था-स्तम्भ के टूटने की पीड़ा के बीच होरी का साहित्य में जन्म होता है" (पृ. 450)।

ज़ैदी : "उसके (होरी के) समक्ष अस्तित्व और मृत्यु में से किसी एक को चुन लेने की स्वतंत्रता है...होरी अस्तित्व को चुनता है इसलिए कर्म में प्रवृत्त रहते हुए

भी परतंत्रता को झेलता है। एल्बर्ट कामू (Albert Camus) की दृष्टि में मनुष्य के अस्तित्व की दु:खद अर्थहीनता इसमें नहीं है कि वह मृत्यु के समक्ष डटा रहता है बल्कि इसमें है कि वह दुर्व्यवस्था, तर्कशून्यता एवं न्याय के मध्य जीता है और सब कुछ समझते हुए भी उससे निकलने में स्वयं को असमर्थ पाता है। 'गोदान' का होरी कामू की पीढ़ी का ही एक व्यक्ति है, जो यह जानती है कि संसार को बदल सकना उसके लिए सम्भव नहीं है" (पृ. 397)।

जाहिर है, यहाँ अंग्रेजी राज, जमींदार, महाजन सब अदृश्य हो जाते हैं, रह जाता है केवल होरी का आत्मसंघर्ष, मृत्यु को न चुनकर अस्तित्व को चुनने के कारण उसका परतंत्रता को झेलते रहना, कामू के साथ होरी का इस परम सत्य से साक्षात्कार कि संसार को बदल सकना सम्भव नहीं है। कमाल की बात यह है कि 'कर्मभूमि' के प्रकाशन के बाद से ही प्रेमचन्द की रार्जनात्मक प्रतिभा "लेनिन की ओर दोस्ती का हाथ बढ़ा रही थी" (पृ. 385)। और "प्रगतिशील एवं आलोचनात्मक सोपानों को तै करते हुए 'गोदान' में वे समाजवादी यथार्थवाद की विचारभूमि को प्राप्त कर लेते हैं" (पृ. 383)। पता नहीं, प्रेमचन्द ने यह समाजवादी यथार्थवाद भारतीय साहित्य से प्राप्त किया था या वह उन्हें कहीं बाहर से प्राप्त हुआ था। वास्तव में ऐसे समाजवादी यथार्थवाद को कहीं भी ढूँढ़ पाना कठिन होगा जिसकी आधारशिला यह सिद्धान्त हो कि इस दुनिया को बदल पाना सम्भव नहीं है।

ज़ैदी ने प्रेमचन्द का राष्ट्रीयकरण और अन्तरराष्ट्रीयकरण एक साथ किया है। एक ओर वह "विशुद्ध भारतीय कलाकार हैं" (पृ. 13), "मूलत : वे एक वेदान्ती हैं" (पृ. 14), "उनके आर्यसमाजी संस्कार प्रगतिशील बुनियादों पर विकसित हुए थे" (पृ. 398), दूसरी ओर उनकी तुलना रूसी उपन्यासकारों से ही की जा सकती है। एक ओर " 'प्रेमाश्रम' में प्रेमचन्द एकात्मवाद के आध्यात्मिक धरातल पर खड़े थे" (पृ. 411), दूसरी ओर "प्रेमचन्द ने रूसी उपन्यासकारों की भाँति अन्तरराष्ट्रीयता और मानवतावाद की मनोवेदना को नैतिक सिद्धान्तों, विचारों और समाजवादी दृष्टिकोण के साथ जन्म लेनेवाले पात्रों के माध्यम से 'प्रेमाश्रम' में प्रत्यार्पित किया है, और जीवन के उन आयामों के साथ उन्हें जोड़ दिया है जिनका सार्वभौमिक महत्त्व है" (पृ. 189)। रूसी उपन्यासकारों में क्रान्ति से पहले और बाद के, दोनों तरह के, कलाकार हैं। यथा : प्रेमचन्द की "प्रतिभा टॉल्स्टॉय की भाँति ही भावना-प्रधान थी" (पृ. 430), " 'कर्मभूमि' लिखते समय जहाँ उपन्यासकार ने टॉल्स्टॉय कृत 'वार एंड पीस' से प्रेरणा ग्रहण की है, वहीं 'गोदान' के ताने-बाने में अन्ना करेनिना के सूत्र भी देखे जा सकते हैं" (पृ. 455)। यह तो हुई क्रान्ति से पहले के उपन्यासकार से तुलना। रूसी क्रान्ति के बाद के लेखक हैं शोलोखोव। "शोलोखोव की भाँति प्रेमचन्द ने भी अन्तरराष्ट्रीय ऐतिहासिक महत्त्व के प्रश्नों को इसमें उठाया है" (पृ. 190)। इसमें—अर्थात् 'प्रेमाश्रम' में।

रूसियों के अलावा, भारत की तटस्थ नीति के अनुरूप, ज़ैदी ने पश्चिमी यूरुप के उपन्यासकारों से अनेक प्रसंगों में प्रेमचन्द की समता दिखाई है। "प्रेमचन्द का सेवासदन जार्ज इलियट के उपन्यास 'ऐडम बीड' का स्मरण दिलाता है" (पृ. 150)। " 'रंगभूमि' के लेखन में 'साइलस मार्नर' का आंशिक प्रभाव देखा जा सकता है" (पृ. 225), "हार्डी ने डर्बी फील्ड्स के नैतिक पतन को इतिहासबद्ध किया है तो प्रेमचन्द ने ('निर्मला' में) कायस्थों के नैतिक पतन का प्रलेख प्रस्तुत किया है" (पृ 285)। " 'कर्मभूमि' और उससे पूर्व की औपन्यासिक कृतियों में प्रेमचन्द की दृष्टि गेटे से पर्याप्त साम्य रखती थी" (पृ. 381)। इत्यादि, इत्यादि, इत्यादि। फिर इस तरह की तुलनात्मक आलोचना का जोरदार खंडन करते हुए ज़ैदी ने लिखा : "प्रेमचन्द की तुलना विश्व के प्रसिद्ध उपन्यासकारों में टॉल्स्टॉय, गोर्की, शरतचन्द्र, ताराशंकर, डीकेन्स, थैकरे आदि से करने का प्रयत्न किया गया है। किन्तु इस तुलना के साँचे अपने में दोषपूर्ण हैं। कारण यह है कि प्रेमचन्द ने हिन्दी उपन्यास को अलग से एक क्षितिज दिया है और यह क्षितिज विशुद्ध भारतीय रंगों और रेखाओं के सम्मिश्रण से जीवन्त दिखाई देता है" (पृ. 499-500)।

हिन्दी आलोचना को ज़ैदी की मुख्य देन है उनका व्यक्ति प्रेमचन्द सम्बन्धी अध्ययन। उनके समक्ष यह महत्त्वपूर्ण प्रश्न था कि "एक व्यक्ति जो तेरह वर्ष की अवस्था तक झूठा, चकमेबाज, तिकड़मी, बीड़ी-सिगरेट पीनेवाला और यौन सम्बन्धी बातचीत में रुचि लेनेवाला रहा हो, वह अचानक एकदम से बदल किस प्रकार सकता है" (पृ. 11)? मतलब यह कि प्रेमचन्द बदले नहीं। "मैंने अपने अध्ययन के बाद यह देखा कि किशोर धनपत के सारे संस्कार युवक धनपत और प्रौढ़ प्रेमचन्द में विद्यमान हैं" (उप.)। इन संस्कारों ने प्रेमचन्द को कलम का सिपाही नहीं 'कलम का सौदागर' बना दिया (उप.)। एक ओर व्यक्ति प्रेमचन्द और साहित्यकार प्रेमचन्द में जबर्दस्त फासला है : "व्यक्ति प्रेमचन्द साहित्यकार प्रेमचन्द के सामने बौना था" (पृ. 480); दूसरी ओर इसी व्यक्ति प्रेमचन्द के अनुभव उपन्यासों में चित्रित हैं और इस कारण वे महान कृतियाँ भी हैं। "इस प्रकार वैयक्तिक जीवन के अनुभव और सामूहिक जीवन के निरीक्षण की सहायता से उसने 'सेवासदन' को अपने युग का प्रामाणिक इतिहास बना दिया" (पृ. 135)। 'प्रेमाश्रम' में "मनोहर, कादिर और प्रेमशंकर के साथ प्रेमचन्द ने वस्तुत: स्वयं को लेखनी में उतार दिया है" (पृ. 170)।

हिन्दी के शोधग्रंथों में ऐसा अद्भुत रस अन्यत्र दुर्लभ है।

गोयनका ने प्रश्न किया है : "क्या प्रेमचन्द का भूत-प्रेत पर विश्वास था?"

एक तो भूत-प्रेतों की बात वैसे ही चौंकानेवाली होती है, फिर प्रेमचन्द को भूत-प्रेतों पर विश्वास हो तो बात और भी चौंकानेवाली होगी। प्रेमचन्द ने विधवा-विवाह के बारे में जो पत्र डॉ. रघुवीर सिंह को लिखा था, उसे 'शिल्प-विधान' में उद्धृत करते हुए गोयनका ने बताया था : "उस पत्र में प्रेमचन्द ने कुछ चौंकानेवाली सामग्री

लिखी है" (पृ. 545)। लोगों ने या तो यह पत्र पढ़ा नहीं या पढ़ा तो चौंके नहीं, इसीलिए गोयनका ने 'नई दिशाएँ' के लेख में उसे फिर उद्धृत किया और लेख को शीर्षक दिया : "एक चौंकानेवाला पत्र"। लेख की शुरुआत इस तरह की : "आप इस लेख के शीर्षक को पढ़कर शायद चौंक रहे हैं! आपका चौंकना स्वाभाविक ही है..." गोयनका पाठक को चौंकने के लिए प्रेरित करते हैं। फिर तीसरे पैरा में : "प्रेमचन्द के इस चौंकानेवाले पत्र का सम्बन्ध उनके विधवा-सुधार के प्रयासों से है" ('नई दिशाएँ'; पृ. 13)। पुन: पत्र उद्धृत करने के बाद : "प्रेमचन्द का यह पत्र एक साधारण पाठक के लिए चौंकानेवाला है" (उप., पृ. 13)। फिर लेख के अन्तिम पैराग्राफ में गोयनका ने डॉ. रघुवीर सिंह से सम्पर्क किया और "प्रेमचन्द के इस चौंकानेवाले पत्र के सम्बन्ध में जानकारी माँगी" (उप., पृ. 16)। गोयनका को अद्‌भुत रस से विशेष प्रेम है, यह समझना कठिन नहीं है।

जादू का खेल देखकर दर्शक इसलिए चौंकते हैं कि उन्हें पता नहीं होता कि जादूगर की झोली में क्या है। 'शिल्प-विधान' में गोयनका ने यह नहीं बताया कि प्रेमचन्द का वह पत्र उन्हें कहाँ देखने को मिला। लेकिन 'नई दिशाएँ' वाले निबन्ध में उन्होंने बता दिया है कि "'आजकल' पत्रिका के फरवरी, 1952 के अंक में प्रेमचन्द के इस पत्र की प्रतिलिपि श्री रघुवीर के ही लेख में प्रकाशित की गई है" (उप., पृ. 13)। "क्या प्रेमचन्द का भूतप्रेत पर विश्वास था?"—इस लेख में रामदास गौड़ को लिखा प्रेमचन्द का पत्र उद्धृत है। इसके बारे में गोयनका ने नहीं बताया कि पत्र उन्होंने कहाँ देखा। मूल पत्र उदयशंकर शास्त्री के पास था। शास्त्री जी ने मुझे बताया था कि गोयनका ने वह पत्र उनके यहाँ देखा था, यह भी कि शास्त्री जी इससे पहले उसे कहीं प्रकाशित करा चुके थे। (इस वर्ष शास्त्री जी का देहान्त हो गया)। 'नई दिशाएँ' की भूमिका में गोयनका ने अपने लेखों का महत्त्व बता दिया है : "प्रेमचन्द के जीवन, विचार तथा साहित्य पर अध्ययन की नई दिशाओं को खोलनेवाले ये लेख...।" ये लेख "विगत 7-8 वर्षों में देश की अधिकांश प्रतिष्ठित पत्रिकाओं में छप चुके हैं!" 'प्रेमचन्द अध्ययन की नई दिशाएँ', संकलन का अन्तिम लेख "प्रेमचन्द शताब्दी समारोह में 2 फरवरी, 1980 को पढ़ा गया था" (उप., पृ. 214)। इससे पहले 1978 में ज़ैदी की 'उपन्यास-यात्रा' प्रकाशित हो चुकी थी। उक्त निबन्ध में इस पुस्तक का जिक्र नहीं है। यह बात चौंकानेवाली नहीं है क्योंकि भूत-प्रेतवाले पत्र के साथ उदयशंकर का नाम नहीं है तो व्यक्ति प्रेमचन्द के अध्ययन-सूत्रों के सिलसिले में ज़ैदी का ही नाम क्यों हो?

प्रेमचन्द ने 14 नवम्बर, 1931 के पत्र में पुत्री के अस्वस्थ होने की चर्चा करते हुए रामदास गौड़ को लिखा था : "कह नहीं सकता वहाँ कोई आसेबर (भूत-प्रेत) था या क्या बात हुई। पर सन्देह हो रहा है कि जरूर कुछ-न-कुछ था...।" पत्र उद्धृत करने के बाद "मैं अपनी प्रतिक्रिया व्यक्त नहीं करूँगा", कहकर गोयनका ने पाठक

से कुछ बातों पर गौर करने को कहा है। इनमें पहली बात यह है : "प्रेमचन्द जैसे महान लेखक तथा महात्मा गांधी जैसे अमर नेता के सम्बन्ध में हम क्यों मान लेते हैं कि उनमें साधारण मनुष्य के समान दुर्बलताएँ नहीं होंगी" (उप., पृ. 23)? यह प्रश्न 'नई दिशाएँ' के गोयनका ने 'शिल्प-विधान' के गोयनका से किया है। इस बीच ज़ैदी की 'उपन्यास-यात्रा' निकल गई है। ज़ैदी ने लिखा था, 'हमारी कमजोरी यह है कि हम अपने प्रत्येक श्रेष्ठ साहित्यकार को भगवान का अवतार, महापुरुष और दिव्यात्मा समझ बैठते हैं। गोया हमारी समझ में एक चरित्रहीन व्यक्ति कोई श्रेष्ठ साहित्यिक रचना करने की सामर्थ्य ही नहीं रखता" ('उपन्यास-यात्रा', पृ. 12)।

7. प्रामाणिक जीवनी का प्रश्न

प्रेमचन्द की जीवनी पढ़कर ज़ैदी के मन में कई सवाल उठे : "1970 में जब मैंने पहली बार अमृतराय की पुस्तक 'प्रेमचन्द : कलम का सिपाही' पढ़ी, तो मेरे मन में प्रेमचन्द को लेकर अनेक प्रश्न बनने लगे। मुझे लगा कि अमृतराय ने बड़े कलात्मक ढंग से प्रेमचन्द के जीवन के दुर्बल पक्षों को दबा दिया है" (उप., पृ. 10)। साहित्य के अध्ययन के लिए साहित्यकार के जीवन का ठीक-ठीक परिचय आवश्यक है, यह मानकर ज़ैदी ने "प्रेमचन्द का प्रामाणिक जीवन प्रस्तुत करने का प्रयास किया है" (उप., पृ. 11)। कुछ ऐसे ही प्रश्न गोयनका के मन में उभरे और प्रामाणिक जीवनी की आवश्यकता उन्होंने भी महसूस की। यह आवश्यकता उन्होंने 'शिल्प-विधान'वाले दौर में नहीं, 'नई दिशाओं'वाले दौर में महसूस की। "प्रेमचन्द के अध्ययन की नई दिशाओं को प्रस्तुत करते समय मेरी दृष्टि सबसे पहले उनके जीवन पर जाती है। अमृतराय और मदनगोपाल की जीवनियों को देखते हुए प्रेमचन्द के जीवन पर और कुछ कहने की सम्भावना प्राय: समाप्त हो गई थी, परन्तु विगत दस वर्षों से निरन्तर कार्य करने के पश्चात् जो नई सामग्री मुझे मिली है उसे देखते हुए उनकी जीवनी को नये सिरे से लिखने की आवश्यकता उत्पन्न हो गई है। इस नई सामग्री से उनके जीवन के अनेक ऐसे प्रश्न उभरकर सामने आए हैं, जिनका कोई उत्तर इन दोनों ही जीवनियों से प्राप्त नहीं होता" ('नई दिशाएँ' पृ. 208)। प्रेमचन्द सम्बन्धी जो प्रसंग अज्ञात हैं, उनमें एक का सम्बन्ध सूदखोरी से है। 10 अगस्त, 1915 को दयानरायन निगम के नाम लिखे पत्र के अनुसार "प्रेमचन्द ने स्वयं एक महाजन के समान तीन सौ रुपये तीन असामियों को अठारह फीसदी सूद पर कर्ज के रूप में दिए" (उप., पृ. 209)। इसी पत्र के आधार पर ज़ैदी ने भी लिखा था : "प्रेमचन्द ने इसी जमाने में 18 प्रतिशत सूद पर रुपये उठाने का धन्धा भी शुरू कर दिया था।" ('उपन्यास-यात्रा', पृ. 71; फुटनोट में चिट्ठी-पत्री की पृष्ठ संख्या 45 की जगह 47 छपी है।)

ज़ैदी को जो बात सबसे ज्यादा खटकी, वह प्रेमचन्द की गरीबी की चर्चा थी। "प्रारम्भ में मुझे सबसे अधिक जो बात खटकी, वह थी प्रेमचन्द की गरीबी और

दरिद्रता की तसवीर" (उप., पृ. 10)। यह बात गोयनका को भी खटकी। उन्होंने मानो पहली बार विषय-प्रवर्तन करते हुए कहा : "यहाँ मैं प्रेमचन्द की निर्धनता और निर्धनता में जीवन-यापन करने की स्थापित मान्यताओं के सम्बन्ध में कुछ कह देना चाहता हूँ। डॉ. रामविलास शर्मा ने लिखा है कि प्रेमचन्द निर्धनता में जीवित रहे और निर्धनता में ही मर गए। मैं नहीं जानता कि डॉ. रामविलास शर्मा निर्धनता की क्या परिभाषा करते हैं, लेकिन मेरे पास कुछ ऐसे तथ्य हैं जो कुछ दूसरी ही बात कहते हैं" ('नई दिशाएँ', पृ. 210)। दरिद्रता की परिभाषा की टीका ज़ैदी लिख चुके थे : "मैं नहीं समझ पाता कि जिस युग में एक मजदूर को दो पैसे से एक आने तक मजूरी मिलती हो, उसी युग के एक ऐसे छात्र को जो दो-तीन आने तक की चाट खा जाता हो और बड़े संकोच से दो आने निकाल कर रामलीला के रामचन्द्र को दे देता हो, निर्धन और दरिद्र किस प्रकार कहा जा सकता है।...1895 ई. में जब एक प्राइमरी स्कूल के अध्यापक को ढाई रुपये मासिक मिलते हों और वह उसमें अपने परिवार का खर्च चलाता हो, पाँच रुपये मासिक पानेवाले छात्र की दरिद्रता और गरीबी की चर्चा करना सर्वथा निर्मूल है" ('उपन्यास-यात्रा', पृ. 11)। दरिद्रता की परिभाषा की टीका लिखी जा चुकी थी, मौलिकता केवल अभिव्यक्ति की शैली में है।

अब कुछ तथ्यों को देखें जो गोयनका के पास हैं और जो कुछ दूसरी ही बात कहते हैं :

नई दिशाएँ : "सन् 1900 में प्रेमचन्द का वेतन 20 रुपये मासिक था।"

उपन्यास-यात्रा : "2 जुलाई, सन् 1900 ई. को वे बहराइच के जिला स्कूल में पाँचवें मास्टर के पद पर नियुक्त हुए। वेतन था बीस रुपये माहवार" (पृ. 59)।

नई दिशाएँ : "1905 में 25 रुपये।"

उपन्यास-यात्रा : "मई, 1905 में उनका तबादला तीस रुपये मासिक वेतन पर डिस्ट्रिक्ट स्कूल कानपुर के लिए हो गया" (पृ. 60)।

नई दिशाएँ : "1907 में 40 रुपये।"

उपन्यास-यात्रा : "10 जून, 1909 को धनपत को डिस्ट्रिक्ट बोर्ड हमीरपुर के अधीन सब डिप्टी इंस्पेक्टर आफ स्कूल्स होने का पत्र मिला और 24 जून को धनपत ने महोबा में इस नये पद का चार्ज ले लिया। वेतन तीस रुपये से बढ़ाकर पचास रुपये कर दिया गया" (पृ. 65)।

नई दिशाएँ : "1912 में 60 रुपये।"

उपन्यास-यात्रा : "1910 के अगस्त की 18 तारीख को प्रेमचन्द गोरखपुर पहुँचे।...गोरखपुर में तनख्वाह फिर साठ रुपये हो गई।" (पृ. 66)।

नई दिशाएँ—	"सन् 1925 में 'रंगभूमि' की प्रकाशित 5000 प्रतियों पर उन्हें रायल्टी की सम्पूर्ण राशि 1800 रुपये एकमुश्त प्राप्त हुई थी।"
उपन्यास-यात्रा—	"फरवरी, 1925 ई. में उनका हिन्दी उपन्यास 'रंगभूमि' गंगा पुस्तकमाला से निकला। इस उपन्यास के लिए दुलारे लाल भार्गव ने प्रेमचन्द को अट्ठारह सौ रुपये दिये" (पृ. 84)।
नई दिशाएँ—	"बम्बई की फिल्म कम्पनी में कार्य करने पर 900 रुपये मासिक वेतन मिलता था।"
उपन्यास-यात्रा—	"जून, 1034 ई. की पहली तारीख को प्रेमचन्द बम्बई पहुँच गए। अजन्ता सिनेटोन फिल्म कम्पनी से आठ हजार रुपये वार्षिक के अनुबन्ध पर हस्ताक्षर कर दिये गए।...चलते समय कम्पनी से छह हजार तीन सौ रुपये प्रेमचन्द को मिले" (पृ. 97)।

तथ्यों के प्रस्तुतीकरण में थोड़ा हेर-फेर है किन्तु अधिकतर तथ्य एक से हैं। यह नहीं कहा जा सकता कि गोयनका के पास ऐसे तथ्य हैं जिनका पता ज़ैदी को न था। दरअसल ज़ैदी ने प्रेमचन्द की आय पर व्यापक रूप में विचार किया है। जैसे गोरखपुर में वेतन साठ रुपये था, वार्डन हुए तो बीस रुपये वेतन में और जुड़ गए, फर्स्ट एड का डिप्लोमा कोर्स कर लिया तो दस रुपये और बढ़े ('उपन्यास-यात्रा', पृ. 66)। प्रेस लगाने, दूसरों के साथ व्यवसाय करने आदि पर उन्होंने विस्तार से लिखा है। मरने के समय प्रेमचन्द बैंक में कितने रुपये जमा कर गए थे, इसका पता ज़ैदी न लगा पाए थे। लेकिन इसका पता लगाना चाहिए, यह बात उन्हें मालूम थी। "मृत्यु के समय प्रेमचन्द का बैंक बैलेंस कितना था, इसका कोई संकेत नहीं मिलता" (उप., पृ. 99)।

गोयनका ने प्रेमचन्द के बैंक बैलेंस का पता लगा लिया, इसके लिए वह बधाई के पात्र हैं। इस अन्तिम तथ्य का उद्‌घाटन करते हुए गोयनका ने अपना विषय-प्रवर्तनवाला भाषण इस प्रकार समाप्त किया : "बनारस बैंक की एक पासबुक के अनुसार 24 सितम्बर, 1936 को इस खाते में 4471 रुपये 5 आने 11 पाई जमा थे। यह उनकी मृत्यु के 14 दिन पहले का विवरण है जो इस पासबुक में दर्ज है। अब आप ही बताएँ और फैसला करें कि क्या ये तथ्य निर्धनता में जीवित एवं मर जानेवाले प्रेमचन्द की कहानी कहते हैं या एक मध्यवर्ग के व्यक्ति के आर्थिक जीवन की कथा कहते हैं" ('नई दिशाएँ', पृ. 210)?

यहाँ थोड़ा-सा स्पष्टीकरण आवश्यक है। प्रेमचन्द निर्धनता में जीवित रहे और निर्धनता में मर गए, यह वाक्य मैंने कहाँ लिखा है, इसका उल्लेख गोयनका ने नहीं

किया। मैंने प्रेमचन्द के 'कटु अनुभवों' का जिक्र किया है, उन्हें 'दुखी हिन्दुस्तान के गरीबों के लेखक' के रूप में याद किया और छप्पन साल की उम्र में उनकी मृत्यु के लिए अंग्रेज साम्राज्यवादियों को उत्तरदायी ठहराया है। "जब 'सोजेवतन' की प्रतियाँ जलाई गईं, तब से लेकर 'हंस' के लिए जमानतें देने तक—और आखिरी जमानत उन्होंने अपनी मृत्यु के साल ही दी थी—उन्हें बराबर ब्रिटिश साम्राज्यवाद से टक्कर लेनी पड़ी। यह कहना सच होगा कि प्रेमचन्द देश की आजादी के लिए लड़ते हुए शहीद हुए और उनका खून अंग्रेज साम्राज्यवादियों के सिर पर है" ('प्रेमचन्द और उनका युग', 1965, पृ. 28)।

इस समय हवा ऐसी है कि साहित्य के, साहित्यकार के व्यक्तित्व के, भारतीय जनता के अपने अन्तर्विरोध प्रधान हो गए हैं। ब्रिटिश साम्राज्यवाद में इन सबका अन्तर्विरोध गौण, प्राय: नगण्य हो गया है। प्रेमचन्द की दरिद्रता का प्रश्न इतना महत्त्वपूर्ण क्यों हो गया है? इसलिए महत्त्वपूर्ण हो गया है प्रेमचन्द का देशभक्त लेखक होना न होना इस प्रश्न के उत्तर पर निर्भर है। वह दरिद्र नहीं थे तो पैसा कमा रहे थे। पैसा कमाऊ लेखक देश के लिए, वह भी देश के निर्धन किसानों के लिए, साहित्य क्यों लिखेगा? यह बात ज़ैदी ने बहुत साफ-साफ कह दी है : "प्रेमचन्द कलम के मजदूर या सिपाही नहीं है। उन्हें यदि कुछ कहा जा सकता है, तो कलम का सौदागर" ('उपन्यास-यात्रा', पृ. 11)। प्रेमचन्द ने अत्याचार और आतंक पर वार तो किये थे : "किन्तु उसका कलम एक सिपाही की निष्ठा और नि:स्वार्थ सेवा की भावना से रिक्त था। उसके पास एक बहुमूल्य कलम था और वह इस कलम का सौदा करने से कभी नहीं चूका" (उप., पृ. 43)। जैसे 'जागरण' और 'हंस' का सौदा करने में। "घाटे का ढिंढोरा पीटने का अर्थ उस समय स्पष्ट हो जाता है जब प्रेमचन्द 'जागरण' और 'हंस' का सौदा करने बैठ जाते हैं" (उप., पृ. 95)। घाटे का ढिंढोरा पीटने में मतलब क्या था? "मतलब यह कि बड़ा साहस था और साहित्य सेवा के लिए बड़ा त्याग, कि इतना घाटा झेलकर भी डटे रहे और 'हंस' तथा 'जागरण' के अतिरिक्त अपनी तथा अन्य लेखकों की पुस्तकें धड़ाधड़ छापते रहे।" (उप.)। साहित्य-सेवा के लिए त्याग और साहस दिखाने का स्वाँग किया; वास्तविक उद्‌देश्य था पैसा कमाना।

पैसा कमाने में उन्होंने अपने भाई को भी ठगा। गोयनका कहते हैं : "जीवनीकार कहते हैं कि प्रेमचन्द ने अपने छोटे भाई महताब राय का पुत्र के समान पालन पोषण किया, लेकिन महताब राय के पुत्र डॉक्टर रामकुमार राय कहते हैं कि महताब राय अपनी सज्जनता एवं बड़े भाई को पिता तुल्य मानने के कारण प्रेमचन्द की सभी उचित-अनुचित बातों को मानते रहे" ('नई दिशाएँ', पृ. 210)। गोयनका ने इशारा करके छोड़ दिया है। पूरी बात ज़ैदी ने कही है : "महताब राय सीधे-सादे आदमी थे। प्रेमचन्द का लिहाज भी बहुत करते थे। अन्ततोगत्वा वह उनकी बातों में आ ही

गए। सरस्वती प्रेस खोला...सितम्बर, 1925 तक नरम-गरम बातें करके प्रेमचन्द उसके पूरे मालिक बन बैठे" (उप., पृ. 80)।

गोयनका के पास और भी बहुत से तथ्य हैं। "प्रवासीलाल वर्मा 'हंस' के उपसम्पादक और 'सरस्वती प्रेस' के संचालक थे, परन्तु प्रेमचन्द ने सन् 1936 के आरम्भ में उन्हें 900 रुपये का गबन करने के आरोप में नौकरी एवं व्यवसाय से निकाल दिया।...सरस्वती प्रेस में हुई मजदूरों की हड़ताल के सम्बन्ध में भी अभी तक सभी तथ्य सामने नहीं आ सके हैं। प्रेस कर्मचारियों ने किस कारण हड़ताल की और किन शर्तों पर समझौता हुआ, ये सभी तथ्य अभी तक अज्ञात बने हुए हैं" (उप., पृ. 211-12)। सभी तथ्य जब ज्ञात होंगे, तब होंगे, अभी जो गोयनका ने कह दिया है, उससे क्या यह सिद्ध नहीं होता कि प्रेमचन्द एक साधारण पूँजीवादी व्यवसायी थे और अपने सहयोगियों और मजूदरों से वैसे ही पेश आते थे, जैसे इस तरह के व्यवसायी पेश आते हैं?

"एक समय ऐसा भी आया, जब प्रेमचन्द ने अपनी प्रगतिशील एवं आधुनिक विचारधारा को छोड़कर पुरानी परम्परागत विचारधारा को स्वीकार कर लिया" ('नई दिशाएँ', पृ. 16)। गोयनका की इस स्थापना से महताब राय, प्रवासीलाल वर्मा, प्रेस के मजदूरों की हड़ताल आदि से सम्बन्धित उनके उल्लेखों को मिलाकर पढ़ें तो प्रेमचन्द की प्रामाणिक जीवनी के लिए उनकी तड़प का उद्देश्य स्पष्ट हो जाएगा। उद्देश्य है, प्रेमचन्द-साहित्य की प्रगतिशीलता का सफाया करना, अर्थात् भारतीय साहित्य की साम्राज्यविरोधी, सामन्तविरोधी धारा में प्रेमचन्द के योगदान को अस्वीकार करना। प्रेमचन्द के महत्त्व को, उनकी लोकप्रियता को अस्वीकारना सरल नहीं है। वह तात्कालिक विषयों पर लिखते हैं, इनका महत्त्व अस्थायी है—उनकी लोकप्रियता ने इस तरह की धारणाओं को खंडित कर दिया है। अब आक्षेप दूसरे ढंग से होते हैं, उनकी जीवनी और व्यक्तित्व के तटस्थ और वस्तुगत अध्ययन के नाम पर। शुरुआत इस सवाल से होती है "हम यह क्यों मान लेते हैं कि 'प्रेमचन्द जैसे महान लेखक' में साधारण मनुष्य के समान दुर्बलताएँ नहीं होंगी" ('नई दिशाएँ', पृ. 23)? बहुत जल्दी पता चल जाता है कि प्रेमचन्द की दुर्बलताएँ असाधारण हैं, वह साधारण मनुष्यों से गिरे हुए हैं। कलाकार के महत्त्व को बचाए रखने के लिए आवश्यक हो जाता है कि उसके व्यक्तित्व को उसका कला से अलग रखा जाय। भूत-प्रेत पर विश्वासवाले निबन्ध में गोयनका अपने पाठक को उस घटना की ओर ले चलते हैं : "जहाँ वे एक लेखक के रूप में नहीं, एक सामान्य-साधारण मनुष्य के रूप में हमें दिखलाई देते हैं" (उप., पृ. 21)। यहाँ व्यक्ति प्रेमचन्द को लेखक प्रेमचन्द से अलग किया गया है। यह काम पहले जैदी ने किया, क्षुद्र व्यक्ति और महान लेखक में भेद करते हुए लिखा : "व्यक्ति प्रेमचन्द साहित्यकार प्रेमचन्द के सामने बौना था" ('उपन्यास-यात्रा', पृ. 480)।

यह बौना व्यक्ति ज़ैदी की पुस्तक में अचानक जीवट के और बड़ी सूझबूझ के काम करता है। "प्रेमचन्द ने 14 फरवरी, 1921 को सरकारी नौकरी से इस्तीफा दे दिया" (उप., पृ. 73)। व्यक्ति प्रेमचन्द ने इस्तीफा दिया। क्यों इस्तीफा दिया? यह बौना व्यक्ति अचानक देशभक्त कैसे बन गया? इससे पहले : "यह स्वदेश प्रेम सभी देशवासियों को एक तार में बाँधता है, धनपत की समझ में अब यह बात पूरी तरह आ गई थी" (उप., पृ. 64)। बड़े आश्चर्य की बात है कि जिस आदमी में नि:स्वार्थ सेवा का भाव था ही नहीं, वह स्वदेश प्रेम के आधार पर राष्ट्रीय एकता की बात इतनी आसानी से समझ गया! अधिकांश पढ़े-लिखे लोग तो इससे उल्टी दिशा में चल रहे थे। फिर प्रेमचन्द ने कहानियाँ लिखीं और ऐसी कहानियाँ लिखीं कि पुस्तक की सात सौ प्रतियाँ जब्त कर ली गईं। जब कलम के सौदागर बनने चले थे, तब किसी और ढंग से सौदागरी न कर सकते थे? उर्दू और हिन्दी में कौन ऐसी कहानियाँ लिख रहा था? व्यवहारकुशल आदमी के लिए आ बैल मुझे मार की नीति पर चलना कहाँ तक उचित था? लेखक और व्यक्ति को यहाँ कैसे अलग करेंगे? व्यक्ति राजभक्त, लेखक देशभक्त! या दोनों ही बौने? लेकिन 'सरस्वती' के अनुसार 'सोजेवतन' की कहानियाँ पढ़कर "स्वदेश भक्ति का पवित्र भाव हृदय में अंकुरित हो जाता है" (उप., पृ. 65)। लेखक का हृदय एक, व्यक्ति का हृदय दूसरा? एक पवित्र, दूसरा अपवित्र!

कांग्रेस के नागपुर अधिवेशन के बाद : "देश का विवेक जाग उठा। स्वदेशी वस्तुओं के उत्पादन पर जोर दिया गया। विदेशी वस्तुओं के बहिष्कार की माँग की गई। सरकारी स्कूलों और नौकरियों का बहिष्कार करने की होड़ लग गई। प्रेमचन्द के विचारों से ये सभी बातें मेल खाती थीं" (उप., पृ. 74)। इसका अर्थ यह है कि सन् '20 के आन्दोलन से पहले ही प्रेमचन्द की विचारधारा सुनिश्चित हो चुकी थी। ज़ैदी ने व्यक्ति प्रेमचन्द को जिस घटिया स्तर का मनुष्य चित्रित किया है, उसे देखते देशभक्तवाली यह प्रतिबद्धता आकस्मिक ही नहीं, अप्रासंगिक भी लगती है। लेकिन व्यक्ति प्रेमचन्द की इस देशभक्ति के बिना उनके साहित्य की व्याख्या कैसे की जा सकती है?

'गोदान' लिखने के बाद, उसके प्रकाशन तक : "प्रेमचन्द की मान्यताएँ अपने नये मार्ग की टोह पा चुकी थीं" (उप., पृ. 98)। नये मार्ग की जरूरत क्यों पड़ी? क्या पुराने मार्ग पर चलने से काफी कमाई न हो रही थी? "मन की क्रान्ति कागज पर बिखरने के लिए आतुर थी" (उप., पृ. 99)। इसका अर्थ यह है कि 'सोजेवतन' से लेकर 'मंगलसूत्र' तक प्रेमचन्द साहित्य के साम्राज्यविरोधी सामन्तविरोधी मार्ग पर निरन्तर आगे बढ़ते गए। व्यक्तित्व की असामान्य दृढ़ता और कार्यक्षमता के बिना यह विकास सम्भव कैसे हुआ? ज़ैदी प्रेमचन्द-साहित्य के विकास की मुख्य दिशा पहचानते हैं लेकिन भारतीयता और अस्तित्ववाद के तार उलझाकर इस साहित्य के विवेचन में विकास की दिशा को आँखों से ओझल कर देते हैं। प्रेमचन्द के

व्यक्तित्व का मेल न वह भारतीयता से करा पाते हैं, न अस्तित्ववाद से; प्रगतिशील साहित्य की रचना से और भी नहीं।

प्रेमचन्द ने अपने छात्र जीवन के बारे में लिखा था : "जाड़ों के दिन थे। पास एक कौड़ी न थी। दो दिन एक-एक पैसे का खाकर काटे थे। मेरे महाजन ने उधार देने से इनकार कर दिया था। संकोचवश मैं उससे माँग न सका था। चिराग जल चुके थे। मैं एक बुकसेलर की दुकान पर एक किताब बेचने लगा। एक चक्रवर्ती-गणित-कुंजी, दो साल हुए, खरीदी थी। अब तक उसे बड़े जतन से रखे हुए था; पर आज चारों ओर से निराश होकर मैंने उसे बेचने का निश्चय किया। किताब दो रुपये की थी, लेकिन एक रुपये पर सौदा ठीक हुआ।" यह अंश इस पुस्तक के पहले अध्याय में उद्धृत है। ज़ैदी का कहना है : "बड़ा आदमी हो जाने के बाद अपनी गरीबी की चर्चा करने में बड़ा आनन्द आता है" (उप., पृ. 53)। ज़ैदी ने यह मान लिया है कि प्रेमचन्द को अपने पिता से हर महीने पढ़ाई के खर्च के लिए पाँच रुपये मिलते थे। यह बात शिवरानी देवी की पुस्तक 'प्रेमचन्द : घर में' के आधार पर उन्होंने लिखी है। पर अन्य प्रसंग में इस गवाह को वह अत्यन्त अविश्वसनीय मानते हैं।

"शादी-ब्याह ऐसी चीज नहीं है कि उसकी तारीख और सन् तक याद न रहें? पर शिवरानी देवी के साथ शादी का मामला कुछ ऐसा ही है।" शिवरानी देवी के एक विवरण के अनुसार उनका ब्याह 1909 में हुआ। दूसरे दो विवरणों के अनुसार 1907 में हुआ (उप., पृ. 63)। प्रेमचन्द और उनके पिता में जो पाँच रुपये देने की बात हुई थी, उस समय शिवरानी देवी वहाँ मौजूद न थीं; अपने विवाह में वह बेशक मौजूद थीं। उस विवाह का सन् उन्हें याद नहीं; प्रेमचन्द के पिता ने पाँच रुपये देने को कहा था, यह उन्हें ठीक-ठीक याद रहा, यह कैसे मान लिया जाए?

पिता से पाँच रुपये माहवार पक्के किये : "हेड मास्टर से जोड़तोड़ करके फीस भी माफ करा ली। अब पाँच रुपये में ऐश ही ऐश था। किन्तु जब ऐश ही करना है, तो पाँच रुपये की क्या बिसात! इसलिए कुछ ही समय में बाँस के फाटक पर एक ट्यूशन भी पक्का कर लिया। ट्यूशन से कम-से-कम दो रुपये तो मिल ही जाते होंगे" (उप., पृ. 53)। प्रेमचन्द बाँस के फाटक चार बजे पहुँचते थे और छह बजे छुट्टी पाते थे। ये जाड़े के दिनों के छह थे। इम्तहान सिर पर था। ऐश करने का बड़ा अच्छा तरीका निकाला था प्रेमचन्द ने! छह बजे के बाद वह अपने गाँव जाते थे। गाँव पाँच मील पर था। लेकिन ज़ैदी के लिए "लमही से बनारस का फासला ही कितना था, और वह भी एक गाँव के युवक के लिए। गाँवों में तो जमींदारों के लड़के भी कोस-दो कोस आसानी से पैदल चल लेते हैं" (उप., पृ. 51)। यानी पाँच मील जाना, पाँच मील आना, पन्द्रह साल के लड़के के लिए दस मील की यह चलाई कोई बात ही न थी। अमृतराय के अनुसार लमही बनारस से

'करीब चार मील दूर' है। ('कलम का सिपाही', पृ. 5)। ज़ैदी के अनुसार लमही बनारस से 'केवल चार-पाँच मील के फासले पर' है ('उपन्यास-यात्रा', पृ. 44)। यानी प्रेमचन्द को आठ-दस मील रोज चलना पड़ता था।

शादी के लिए गुड़ आया। प्रेमचन्द और उनके साथियों ने गुड़ खाना शुरू किया। प्रेमचन्द ने जब देखा कि गुड़ की रक्षा न होगी तो बक्से की चाबी कुएँ में फेंक दी। इसे गरीबी का चित्र माननेवाले मन्मथनाथ गुप्त को फटकारते हुए ज़ैदी ने लिखा है : "मैं नहीं समझ पाता कि इसमें गरीबी का चित्र प्रस्तुत करनेवाली कौन-सी बात है। इसके प्रकाश में एक असंयमी, गैरजिम्मेदार, यारबाश, खिलंडरे और चटोरे व्यक्ति का रूप उभरकर सामने आता है" (उप., पृ. 52)। जिस बात की कैफियत ज़ैदी ने नहीं दी, वह यह कि ऐसा लड़का ऐंट्रेंस परीक्षा द्वितीय श्रेणी में पास कैसे कर सका। प्रेमचन्द को यह परीक्षा 1897 में देनी थी। उस साल उनके पिता का देहान्त हुआ और वह परीक्षा न दे पाए। ज़ैदी अपनी सहज उदारता से कहते हैं : "यह भी सम्भव है कि परीक्षा दी हो और फेल हो गए हों" (उप., पृ. 56)। और एक की जगह दो साल की पढ़ाई के कारण ही द्वितीय श्रेणी में पास हुए हों। वैसे पिता के न रहने पर असंयमी और गैरजिम्मेदार लड़के का और भी बिगड़ जाना ज्यादा स्वाभाविक था।

प्रेमचन्द ने नौकरी की, तब भी पढ़ाई जारी रखी। "1916 में एफ.ए. की परीक्षा बस्ती में रहकर द्वितीय श्रेणी में पास कर ली" (उप., पृ. 66)। इसके बाद "1919 ई. की बी.ए. की परीक्षा में बैठे और द्वितीय श्रेणी में उत्तीर्ण हो गए" (उप., पृ. 70)। प्रेमचन्द की यह सफलता उनके असंयमी और गैरजिम्मेदार स्वभाव से कहीं मेल नहीं खाती। प्रेमचन्द परीक्षाएँ देने के अलावा और बहुत-सा साहित्य पढ़ते थे और केवल मनोरंजन के लिए नहीं। 'प्रेमाश्रम' लिखने के समय "प्रेमचन्द टॉल्स्टॉय के भक्त तो थे ही" (उप., पृ. 74)। मानो कलम की सौदागरी सीखने के लिए प्रेमचन्द ने टॉल्स्टॉय को खास तौर से गुरु बनाया हो! टॉल्स्टॉय को पढ़ने की प्रवृत्ति उनमें जागी कैसे? और 'ले मिजेरायल' विक्टर ह्यूगो का यह ग्रंथ प्रेमचन्द को बहुत प्रिय था" (उप, पृ. 25)। यह सब पढ़ने के लिए उन्हें समय कैसे मिल जाता था? उर्दू में बहुत से उपन्यास उन्होंने मनोरंजन के लिए पड़े होंगे लेकिन "शेख सादी की फारसी रचनाओं ने प्रेमचन्द को कुछ इतना आकृष्ट किया कि महात्मा शेख सादी नामक एक पुस्तक ही लिख डाली" (उप., पृ. 23)। फारसी के अलावा "उर्दू कवियों में प्रेमचन्द को कोई बहुत प्रिय था, तो वह थे डॉ. इकबाल" (उप.)। "उर्दू लेखकों से हटकर अपनी चिट्ठियों और निबन्धों में प्रेमचन्द ने जिन पाश्चात्य लेखकों की चर्चा की है, उनमें थैकरे, डिकेंस, इलियट, गाल्सवर्दी, अनातोले फ्रान्स, रोमां रोलां, तुर्गनेव, टॉल्स्टॉय, चेखोव और गोर्की के नाम विशेष उल्लेख्य हैं" (उप., पृ. 25-26)। कितने घंटे पढ़ते थे रोज प्रेमचन्द? और वह लिखते भी थे!

"अच्छा ही हुआ कि प्रेमचन्द ने जब आँखें खोलीं, उनका पहला परिचय उर्दू से हुआ" (उप., पृ. 23)। अच्छा इसलिए हुआ कि हिन्दी में 'हिन्दी हिन्दू हिन्दुस्तान' की धूम थी : "उर्दू की पत्रिकाएँ इन साम्प्रदायिक भावनाओं से मुक्त थीं" (उप., पृ. 22)। प्रेमचन्द ने 'जमाना' में भारतेन्दु हरिश्चन्द्र, बिहारी और केशव पर निबन्ध लिखे, 'माधुरी', 'हंस', 'मर्यादा', 'जागरण' का सम्पादन किया। बहुत-सी हिन्दी पुस्तकों की समीक्षा लिखी, बहुत सी रचनाएँ पढ़कर कुछ छापी होंगी, कुछ वापस की होंगी। उन्हें पेचिश ने बहुत दिनों तक परेशान किया। और 'मंगलसूत्र' "प्रेमचन्द ने अपनी बीमारी की अवस्था में लिखा था" (उप., पृ. 99)। बीमारी बढ़ी तो "कै के साथ शरीर का रक्त मुँह से बाहर आ जाता" (उप.)। और इस अधूरे उपन्यास में प्रेमचन्द ने लिखा था : "दरिन्दों के बीच में उनसे लड़ने के लिए हथियार बाँधना पड़ेगा। उनके पंजों का शिकार बनना देवतापन नहीं, जड़ता है।" प्रेमचन्द की इस तेजस्विता का स्रोत उनके अपराजेय व्यक्तित्व में था। क्या प्रेमचन्द का भूतप्रेत पर विश्वास था?—इसके समानान्तर यह प्रश्न भी करना चाहिए : क्या प्रेमचन्द को मरते समय ईश्वर याद आया था? उन्होंने मृत्यु से कुछ घंटे पहले जैनेन्द्र से कहा था : "जैनेन्द्र, लोग ऐसे समय याद किया करते हैं ईश्वर, मुझे भी याद दिलाई जाती है। पर अभी तक मुझे ईश्वर को कष्ट देने की जरूरत नहीं मालूम हुई है।" प्रेमचन्द ने मृत्यु का जिस तरह सामना किया, वह उनके जीवन का सबसे साहसपूर्ण काम था।

ऐसा नहीं था कि उनके जीवन और साहित्य में अन्तर्विरोध न रहे हों। न उनका जन्म सर्वहारा वर्ग में हुआ था, न उन्होंने सर्वहारा वर्ग के क्रान्तिकारी दर्शन मार्क्सवाद को पूरी तरह अपनाया था। प्रेमचन्द की सम्पत्ति के बारे में मैंने लिखा था : "प्रेमचन्द व्यवहारकुशलता से उतनी दूर न थे जितना अमृतराय ने उन्हें दिखलाया है। साझेदारी का प्रेस घाटा भले देता हो, अन्त में रह गया वह केवल प्रेमचन्द का। वह अपने भाई को भी यह घाटेवाला प्रेस बेचने को तैयार न थे। उन्होंने गाँव में मकान बनवाया था और रक्षाबन्धन के अवसर पर—उस जमाने में—एक सौ पैंतीस रुपये की लौंग बेटी के लिए, पैंतालीस-पैंतालीस की घड़ियाँ बेटों के लिए लाए थे" (देखिए, शिवरानी देवी, 'प्रेमचन्द : घर में')। अमृतराय ने इस घटना का जिक्र नहीं किया, न यह लिखा है कि प्रेमचन्द अपनी पुस्तकों के रूप में जो सम्पत्ति छोड़ गए, उससे उनके बेटों को कितना मुनाफा हुआ" ('प्रेमचन्द और उनका युग', पृ. 181)

व्यक्ति प्रेमचन्द के बारे में ज़ैदी ने जो सनसनीखेज विवरण प्रस्तुत किये हैं, उनमें कुछ के सूत्र यहाँ मौजूद हैं; प्रेमचन्द की प्रामाणिक जीवनी के सिलसिले नें गोयनका ने जो प्रयास नई दिशाओं में किये हैं, उनमें अधिकांश के सूत्र ज़ैदी की पुस्तक में हैं। अन्तर्विरोधों को सही परिप्रेक्ष्य में न देखने पर व्यक्ति प्रेमचन्द के चरित्र की उन विशेषताओं की व्याख्या नहीं की जा सकती, जिनका प्रतिफलन उनका साहित्य है। उस साहित्य के महत्त्व को अस्वीकारना किसी ज़ैदी या गोयनका के बस में नहीं

है। व्यक्ति प्रेमचन्द को वह जितना ही लेखक प्रेमचन्द से अलग करेंगे, उतना ही वे स्वयं अन्तर्विरोधों में फँसते जाएँगे। हिन्दी-उर्दू में जितने रूढ़िवादी थे, प्रेमचन्द के जीवनकाल में वे सब उनके विरोधी थे। इस रूढ़िवाद के संरक्षक थे यहाँ के सामन्त और पुरोहित और इस जर्जर सामाजिक व्यवस्था का पोषक था ब्रिटिश साम्राज्यवाद। इस साम्राज्यवाद और उसके द्वारा पाली-पोसी जानेवाली समाज-व्यवस्था पर सबसे शक्तिशाली प्रहार किया था प्रेमचन्द ने। भारत के आधुनिक साहित्य में उनसे बड़े कलाकार हैं, उनसे बड़ा साम्राज्यविरोधी, सामन्तविरोधी लेखक दूसरा नहीं है। भारत अभी अन्तरराष्ट्रीय महाजनी पूँजीवाद के जाल में फँसा हुआ है, सामन्ती अवशेषों से वह अभी मुक्त नहीं हुआ, अन्धविश्वास मिटने के बदले किसी हद तक दृढ़ हुए हैं। इनमें जाति-बिरादरी और सम्प्रदायवाले अन्धविश्वास सर्वोपरि हैं। भारत का पूँजीपति वर्ग वर्तमान व्यवस्था में पैबन्द लगाकर काम चलाना चाहता है, बुनियादी परिवर्तन करने की क्षमता उसमें नहीं है। यही नहीं, वह इस तरह के परिवर्तन से डरता है। प्रेमचन्द का साहित्य इस परिवर्तन की प्रेरणा देता है। जितने भी लेखक इस परिवर्तन के लिए काम करते हैं, वे प्रेमचन्द से जुड़े हैं, उनसे प्रभावित हैं। पूँजीपति वर्ग इस प्रभाव से चिन्तित है। वह भारतीय संस्कृति के नाम पर रूढ़िवाद से समझौता करता है, एक हद तक बिरादरीबाजी और साम्प्रदायिकता के प्रसार में सहायता करता है। यही कारण है कि जो लेखक इस वर्ग के हित-चिन्तक हैं, वे भारतीयता के नाम पर प्रेमचन्द साहित्य की ऐसी व्याख्या करते हैं जिससे संघर्षवाला साहित्य उससे बाहर जा पड़े। प्रेमचन्द की आस्थाएँ टूट गईं, वह 'गोदान'कार बने, होरी के जीवन-मरण का सारतत्त्व यह निकला कि संसार को बदल सकना उसके लिए सम्भव नहीं है। इससे काम न चले तो एक अस्त्र और है : प्रेमचन्द पैसा कमाऊ लेखक थे, नि:स्वार्थ सेवाभाव से तो उन्होंने साहित्य लिखा न था। वह साहित्य प्रेरणादायक हो कैसे सकता है? मुमकिन है, किसी समय प्रगतिशील रहे हों पर एक समय वह भी आया जब प्रेमचन्द ने अपनी प्रगतिशील विचारधारा को छोड़कर पुरानी परम्परागत विचारधारा को स्वीकार कर लिया! प्रेमचन्द की मृत्यु के बाद आधी शताब्दी बीत रही है। उनके जीवन और साहित्य को लेकर विचारधारात्मक संघर्ष जारी है। नि:सन्देह भारत के इक्कीसवीं शताब्दी में प्रवेश करते समय भी यह संघर्ष जारी रहेगा। प्रेमचन्द-साहित्य का ऐतिहासिक महत्त्व ऐसा ही है।

8. उपन्यासों के सन्दर्भ : कहानियों में

बड़े भित्तिचित्र बनाने के पहले कलाकार अक्सर छोटे रेखाचित्र बनाते हैं, इन रेखाचित्रों को अंशत: ग्रहण करते और अंशत: छोड़ते हुए वे भित्तिचित्र की विशद भूमि तक पहुँचते हैं। प्रेमचन्द की कहानियाँ स्वतंत्र रचनाएँ हैं, उपन्यासों के विवेचन में उनसे सहायता ली जा सकती है, पर उपन्यास लिखने की तैयारी के लिए उन्होंने

कहानियाँ लिखी हों, यह कहना उचित न होगा। फिर भी चित्रकारों और कवियों के मन में कुछ अनुभाव उभरते और डूबते रहते हैं और किन्हीं विशेष परिस्थितियों में, किन्हीं विशेष संरचनाओं में, वे अपना भरा-पूरा संवर्द्धित आकार ग्रहण करते हैं। (कुछ अस्फुट, कुछ प्रस्फुट, भाव, बिम्ब, विचार, भाषा, छन्द—इन सभी के लिए यहाँ मैंने 'अनुभाव' शब्द का प्रयोग किया है। निराला की साहित्य-साधना के दूसरे खंड में उभरने-डूबने की इस प्रक्रिया के कुछ उदाहरण मैंने दिये हैं)। प्रेमचन्द ने भले ही सचेत रूप से प्रयास न किया हो, पर उनकी कुछ कहानियों के अनुभाव उनके मन में संवर्द्धित होते रहे हैं और जब वे उपन्यास की बड़ी संरचना के अंश बने, तब मानो उनका विकासक्रम पूरा हुआ, उनकी अभिव्यक्ति पूर्ण हुई; इसके साथ ही उनकी मूल व्यंजना में परिवर्तन हुआ और उन्होंने बड़ी संरचना के अन्य अनुभावों को भी प्रभावित किया। इसके साथ ही एक उल्टी प्रक्रिया भी घटित हो सकती है; उपन्यास लिख डाला, उसके बाद उसके किसी पात्र, घटना आदि को लेकर थोड़े हेर-फेर से कहानी लिख दी।

प्रेमचन्द की 'बाँका जमींदार' कहानी अक्तूबर, 1913 के 'जमाना' में प्रकाशित हुई थी ('गुप्तधन', भाग 1, इलाहाबाद, 1978, पृ. 158-66)। कुछ सूत्र इसे 'प्रेमाश्रम' से जोड़ते हैं। ठाकुर प्रद्युम्न सिंह वकील हैं। कानूनी ज्ञान से अधिक वे अपने और अन्य सहयोगियों के बाहुबल का भरोसा करते हैं। उनकी विशेषताएँ तीन तरह के जमींदारों में अलग-अलग विकसित हुईं। ज्ञानशंकर की तरह वह पढ़े-लिखे हैं, राय कमलानन्द की तरह शारीरिक बल पर भरोसा करनेवाले और सनकी हैं और प्रेमशंकर अथवा मायाशंकर की तरह वह अपनी जमीन किसानों को देते हैं। वह पुश्तैनी जमींदार नहीं हैं, गाँव उन्हें एक जमींदार मुवक्किल से मिल गया है। इस जमींदार को कत्ल के अपराध में पकड़ा गया था। जिस तरह किसानों को 'प्रेमाश्रम' में सताया जाता है, उसी तरह यहाँ भी उन्हें सताया जाता है और इस प्रक्रिया में एक किसान की मृत्यु हो गई। जमींदार ने 'सिर्फ रस्मोरिवाज के माफिक' एक असामी को दिन-भर जेठ की जलती हुई धूप में खड़ा रखा था, मर गया तो जमींदार क्या करे? धूप में खड़ा रखने आदि के अत्याचार किसानों पर प्रथम विश्वयुद्ध से पहले से होते आ रहे थे। वकील प्रद्युम्न सिंह ने अपराधी जमींदार को बचा लिया। "उनके यहाँ शहर के पहलवानों और फेकैतों का हमेशा जमघट रहता था," और इन्हीं के बल पर वह मुकदमा जीते। मेहनताने के रूप मे उन्हें वह गाँव मिला जिसके किसानों को "इस बात का गर्व था कि कभी कोई जमींदार उन्हें बस में नहीं कर सका।"

मालिक बनते ही प्रद्युम्न सिंह ने तीन साल का पेशगी लगान भरने का हुक्म दिया। मजबूर होकर किसान गाँव छोड़कर चले गए। साल-भर बाद गाँव फिर आबाद हुआ। फसल अच्छी हुई। खबर पाकर प्रद्युम्न सिंह ने अपने लठैतों के साथ गाँव का दौरा किया। वहाँ उन्होंने लेमनेड और बर्फ की फर्माइश की। फर्माइश पूरी न

हुई और किसान फिर गाँव छोड़कर भागे। तीन साल बाद वहाँ बंजारे आकर बस गए। "उनके आते ही गाँव में लक्ष्मी का राज हो गया।" यहाँ ऊख जरूर बोई गई होगी क्योंकि अन्य बातों के अलावा "कोल्हाड़ों ने फिर धुएँ और भाप की चादरें पहनीं।" प्रद्युम्न सिंह ने फिर गाँव का दौरा किया पर इस बार उन्होंने धौंस दिखाई तो बूढ़े हरदास ने कहा : "हम आपकी रैयत हैं लेकिन हमको अपनी आबरू प्यारी है और चाहे जमींदार को अपना सिर दे दें, आबरू नहीं दे सकते।" इससे 'प्रेमाश्रम' में मनोहर और बलराज की बातों को मिलाकर देखें; रूसी क्रान्ति से पहले किसान जमींदार की ज्यादतियों का मुकाबला करने लगे हैं। ये बंजारे पुराने ढंग के नियमित किसान नहीं हैं, खानाबदोश जिन्दगी बिताते हुए उन्होंने आत्मसम्मान का भाव बनाये रखा है, उनका समाज बिरादरियों में बँटा हुआ नहीं है, ऐसे किसान जमींदार के लठैतों का मुकाबला करते हैं। प्रेमचन्द के नेक इरादे साफ जाहिर हैं—किसानों को मिलकर अत्याचारी जमींदारों का मुकाबला करना चाहिए।

प्रद्युम्न सिंह ने अपने लठैत सरदार अर्जुनसिंह को हुक्म दिया : "कल शाम तक इन लोगों से मेरा गाँव साफ हो जाए।" इस पर हरदास ने कहा : "हमने इस गाँव को छोड़ने के लिए नहीं बसाया है। जब तक जिएँगे, इसी गाँव में रहेंगे, यहीं पैदा होंगे और यहीं मरेंगे। आप बड़े आदमी हैं और बड़ों की समझ भी बड़ी होती है। हम लोग अक्खड़ गँवार हैं। नाहक गरीबों की जान के पीछे न पड़िए। खून-खराबा हो जाएगा। लेकिन आपको यही मंजूर है तो हमारी तरफ से आपके सिपाहियों को चुनौती है, जब चाहें दिल के अरमान निकाल लें।" हरदास को मनोहर और बलराज का पूर्व रूप कहना उचित होगा। हरदास के साथियों ने लाठियाँ चलाईं। "अर्जुन सिंह ने समझदारी से काम लिया। ताहम उनके चन्द आदमियों के लिए गुड़ और हल्दी पीने का सामान हो चुका था।" हरदास के साथी लड़ते हैं, मनोहर अकेला लड़ता है, होरी नहीं लड़ता; इन तीनों को मिलाकर देखें—किसान हमेशा पस्त नहीं था, उसे पस्त बनाया गया है। सन् '13 का हरदास सन् '33 में होरी बन गया है। प्रद्युम्न सिंह और राय कमलानन्द भी होशियार होकर राय अमरपाल सिंह बन गए हैं। फिर भी किसान अपराजेय रहा और सन् '45-47 के जनसंघर्षों में उसने अपनी शक्ति का फिर से परिचय दिया।

लठैतों के मार खाने के बाद प्रद्युम्न सिंह का हृदय-परिवर्तन हो गया। वह बहुत दिनों से जमींदार बनने का सपना देख रहे थे। "ठाकुर प्रद्युम्न सिंह की निगाहें बहुत अर्से से एक बहुत उपजाऊ मौजे पर लगी हुई थीं। लेकिन बैंक का एकाउंट कभी हौसले को कदम नहीं बढ़ाने देता था। जब जमींदार उन्हें वही गाँव देने लगा, तब "वकील साहब फड़क उठे। दो-चार बार निस्पृह बैरागियों की तरह इनकार करने के बाद इस भेंट को कबूल कर लिया। मुँहमाँगी मुराद मिली।" लेकिन लठैतों के पिटने के बाद उन्होंने वह मुराद किसान के हवाले की और कारण यह बताया :

"मेरी दिली आरजू यह थी कि इस गाँव में वे लोग आबाद हों जो जुल्म का मर्दों की तरह सामना करें, जो अपने अधिकारों और रियायतों की मर्दों की तरह हिफाजत करें, जो हुकूमत के गुलाम न हों, जो रोब और अख्तियार की तेज निगाह देखकर बच्चों की तरह डर से सहम न जाएँ।" प्रेमशंकर इस तरह बातें नहीं करते। वह भी गाँव की जमीन किसानों के देते हैं पर अहिंसावादी ढंग से। केवल मनोहर में हरदास का तेज बाकी है। पचास साल बाद बंजारों के उस गाँव की स्त्रियाँ प्रद्युम्न सिंह की पूजा करती हैं, कई नौजवान दौलत और हुकूमत की बुलन्दी पर पहुँच गए : "लेकिन बूढ़े और अक्खड़ हरदास के नाम पर अब भी गर्व करतै हैं।" यही नहीं, जिस दिन किसानों ने जमींदार के लठैतों का मुकाबला किया था, उस दिन की याद में उत्सव करते हैं। "और भादों सुदी एकादशी के दिन अब भी उसी मुबारक फतेह की यादगार में जश्न मनाये जाते हैं।" प्रेमचन्द ने तिथि का उल्लेख इतने सहज ढंग से किया है कि लगता है, उस दिन सचमुच कहीं उत्सव का आयोजन होता था। "गो पचास साल से ज्यादा गुजर गए हैं"—यह लिखकर उन्होंने मानो इशारा किया है कि इस कहानी का आधार परम्परा से चली आती एक पुरानी कथा है।

सन् 1913 में यह कहानी छपी। इससे पचास साल पीछे चले तो 1863 में पहुँचे। गदर को अभी पाँच साल भी नहीं बीते। लोग लड़ना-मरना जानते हैं, आबरू का मतलब समझते हैं। अंग्रेज नये जमींदारों को गाँव दे रहे थे। हो सकता है, ऐसे किसी नये जमींदार के लठैतों को किसानों ने सबक सिखाया हो, उसकी याद उनके मन में बनी रही हो और उस दिन, भादों सुदी एकादशी को, वह विजय-पर्व मनाते हों!

इस कहानी में किसान, जमीन पर अपना मौरूसी हक कायम करने के लिए नहीं लड़ते; जमीन उन्हें जमींदार की कृपा से मिल जाती है। यही स्थिति 'प्रेमाश्रम' में है। 'प्रेमाश्रम' से पहले एक प्रेमशंकर 'पशु से मनुष्य' कहानी में हैं; नाम और गुण, दोनों में उपन्यास के प्रेमशंकर के समान हैं। वह 'बड़े सन्तोषी, सरल, सहृदय मनुष्य' हैं। खास बात यह है कि "वे कई साल अमेरिका रह चुके थे। वहाँ उन्होंने कृषि विज्ञान का खूब अध्ययन किया था और यहाँ आकर इस वृत्ति को अपनी जीविका का आधार बना लिया था" ('मानसरोवर', भाग 8, इलाहाबाद, 1978, पृ. 107)। यह प्रेमशंकर 'प्रेमाश्रम' वाले प्रेमशंकर हैं, इसमें कोई सन्देह नहीं। प्रश्न यह है : कहानी पहले लिखी गई या उपन्यास (या दोनों साथ लिखे गए)? और भी क्या इस कहानी से उपन्यास के विवेचन में (अथवा उपन्यास से कहानी के विवेचन में) सहायता मिलती है?

'प्रेमचन्द : कलम का सिपाही' के परिशिष्ट-2 में इसका प्रकाशन काल फरवरी, 1920 दिया हुआ है। इस हिसाब से जब प्रेमचन्द उपन्यास खत्म कर रहे थे, तभी वह यह कहानी भी लिख रहे थे। डॉ. मेहरा बॉर ऐट लॉ 'प्रेमाश्रम' के डॉ. इरफान अली बॉर ऐट लॉ के प्रतिरूप हैं। "डाक्टर महोदय को बागबानी से विशेष प्रेम था"

(उप., पृ. 102)। इधर इरफान अली : "शाम-सबेरे वह प्रेमशंकर के साथ बागबानी करते थे, जिसका उन्हें पहले से ही शौक था" ('प्रेमाश्रम', पृ. 389)। उन्होंने आमों की चोरी के अपराध में दुर्गा माली को हंटर लगाए, फिर उसे निकाल दिया। जब वह आमों की कुछ अच्छी कलमें लेने प्रेमशंकर के यहाँ पहुँचे तो उन्होंने देखा कि दुर्गा वहाँ काम कर रहा है। प्रेमशंकर खुद भी काम कर रहे थे। वहाँ किसी को वेतन न दिया जाता था। "सब लोग लाभ में बराबर के साझेदार हैं।...अबकी नारंगियाँ खूब हुई हैं, मटर की फलियों, गन्ने, गोभी आदि से अच्छी आमदनी हो रही है" (उप., पृ. 108-09)। कलमी आम और नारंगी के पेड़ 'प्रेमाश्रम' में भी हैं। कहानी में मटर की फलियों, गन्ने, और गोभी का जिक्र है। खेती भी होती थी, पर जोर बागबानी पर है। 'प्रेमाश्रम' में जोर खेती पर है : 'बाग की आमदनी अलग' से है। ('प्रेमाश्रम', पृ. 198)। 'प्रेमाश्रम' में असामी किसान है। "यद्यपि प्रेमशंकर केवल उसके प्रबन्धकर्ता थे, पर वस्तुत: असामियों की भक्ति और पूर्ण विश्वास ने उन्हें उसका स्वामी बना दिया था" (उप., पृ. 198)। कहानी में असामियों का पता नहीं है। प्रेमशंकर समेत कुल सात आदमी हैं। किसान-जमींदार संघर्ष की समस्या यहाँ नहीं है। उसकी जगह मालिक और नौकर के सम्बन्धों की समस्या है। प्रेमशंकर अपनी जमीन के मालिक हैं, उस पर वह सहकारिता का प्रयोग कर रहे हैं। वह और उनके सहायक मिलकर काम करते हैं। जो लाभ होता है, उसमें दस प्रतिशत धर्मखाते में डालते हैं, बाकी आपस में बाँट लेते हैं। मालिक-नौकर की समस्या इस प्रकार है : "मालिक चाहता है कि इससे जितना काम लेते बने, लेना चाहिए। नौकर चाहता है कि मैं कम-से-कम काम करूँ। उसमें स्नेह या सहानुभूति का नाम तक नहीं होता। दोनों यथार्थ में एक-दूसरे के शत्रु होते हैं" ('मानसरोवर', भाग 8, पृ. 109)।

दुर्गा मेहरा के यहाँ नौकर था। मासिक वेतन पाँच रुपये था, गुजारा न होता था। "दुर्गा, डाक्टर साहब की नजर बचाकर बगीचे से फूल चुन लेता और बाजार में पुजारियों के हाथ बेच दिया करता था। कभी-कभी फलों पर भी हाथ साफ किया करता" (उप., पृ. 102)। प्रेमशंकर के यहाँ दुर्गा का स्वभाव बिलकुल बदल जाता है। मेहरा के पूछने पर वह बतलाते हैं : "यहाँ तो खूब मेहनत करता है, यहाँ तक कि दोपहर की छुट्टी में भी आराम नहीं करता। मुझे तो इस पर इतना भरोसा हो गया कि सारा बगीचा इस पर छोड़ रखा है" (उप., पृ. 108)।

इसी तरह 'प्रेमाश्रम' में : "भोला अहीर जिसके मारे खलिहान में अनाज न बचता था, दमड़ी पासी जिसका पेशा ही लठैती था, अब गाँव के सबसे मेहनती और ईमानदार किसान थे" (उप., पृ. 199); दमड़ी ने प्रेमशंकर से शिकायत की : "भोला कल एक टोकरी अमरूद तोड़कर बेच आया है" (उप., पृ. 216)। दुर्गा माली का प्रतिरूप है भोला। सुधर गया है लेकिन पूरी तरह नहीं। जुआ भी खेलता है। बुधिया ने उसे ठीक कर दिया। प्रेमशंकर पूछते हैं : "तुम्हारी तलब बुधिया को दे दिया

करूँ" (उप., पृ. 2436)? आगे से बुधिया को भोला की तलब दी जाया करेगी। तलब नौकरों को दी जाती है। प्रेमचन्द की कल्पना में प्रेमशंकर के सहयोगियों का नौकरवाला रूप समाप्त नहीं हुआ। प्रेमशंकर मस्ता कोरी की झोंपड़ी की ओर चले "कि अकस्मात दुर्गा, मस्ता और कृषिशाला के कई और नौकर एक मनुष्य को खींच-खींचकर लाते हुए दिखाई दिये" (उप., पृ. 293)। जिसे वे खींच रहे थे, वह बिसेसर साह थे। मुख्य बात यह कि दुर्गा, मस्ता आदि कृषिशाला के नौकर हैं। मालिक-नौकर की समस्या पहले है, जमींदार-किसान समस्या बाद को। 'पशु से मनुष्य' में प्रेमचन्द ने पहली समस्या हल की, 'प्रेमाश्रम' में दूसरी। पहली समस्या की छाया दूसरी पर है, इसलिए कृषिशाला में कुछ लोग नौकर हैं। कहानी उन्होंने पहले लिखी होगी, उपन्यास बाद को।

प्रेमचन्द के मन में शायद सबसे बढ़िया नौकरी माली की है। मिर्जा खुर्शेद ने मजदूरों को कबड्डी खेलने के लिए बटोरा, गोबर को उन्होंने "पौधे सींचने का काम सौंपा" ('गोदान', पृ. 144)। आगे चलकर "मालती ने अपने बाग के लिए गोबर को माली रख लिया। पन्द्रह रुपये वेतन तय हुआ। माली का काम उसे पसन्द था। यही काम उसने किया था और उसमें मँजा हुआ था। मिल की मजदूरी में वेतन ज्यादा मिलता था; पर उस काम से उसे उलझन होती थी" (उप., पृ. 336)। औद्योगिक विकास मजदूरों का संगठन, पूँजीपति-मजदूर-संघर्ष, इन सबसे प्रेमचन्द को भी उलझन होती है। वे ऐसे उलझनें पुराने दस्तकारीवाले श्रम विभाजन के सहारे दूर करते हैं। मालिक अच्छा हो तो 'पशु से मनुष्य' में दुर्गा की, 'प्रेमाश्रम' में भोला की, 'गोदान' में गोबर की समस्या हल हो जाएगी।

'पशु से मनुष्य' में मालिक-नौकरवाले प्रसंग में प्रेमशंकर कहते हैं : "इस प्रतिद्वंद्विता का दुष्परिणाम हम और आप देख ही रहे हैं। मोटे और पतले आदमियों के पृथक्-पृथक् दल बन गए हैं और उनमें घोर संग्राम हो रहा है। मैंने अन्य देशों में इस घातक संग्राम के दृश्य देखे हैं और मुझे घृणा हो गई है। सहकारिता ही हमें इस संकट से मुक्त कर सकती है" ('मानसरोवर', भाग 8, पृ. 179)। अन्य देशों में प्रेमशंकर ने जो कुछ देखा था, उसका सम्बन्ध पूँजीपतियों और मजूदूरों के संघर्ष से अवश्य रहा होगा। किन्तु 'प्रेमाश्रम' या 'गोदान' में उन्होंने सहकारिता के आधार पर कहीं इस तरह के संघर्ष के समाधान का प्रयत्न नहीं किया। वह अपना यह नुस्खा आजमाते हैं किसान-जमींदार-संघर्ष पर। 'पशु से मनुष्य' में सहकारिता मालिक-नौकर की समस्या, छोटे पैमाने पर, हल करती है; 'प्रेमाश्रम' में उसे बड़े पैमाने पर, एक बड़ी समस्या के हल के लिए, इस्तेमाल किया गया है। 'प्रेमाश्रम' लिखते समय प्रेमचन्द के लिए किसान-जमींदार सम्बन्धों की समस्या बहुत महत्त्वपूर्ण है। 'प्रेमाश्रम' के बाद, या उसे लिखते समय, वह उसे भूल जाएँ, सहकारिता का उपयोग माली और उसके मालिक के सम्बन्धों को सुधारने के लिए करें, तो यह

बड़े आश्चर्य की बात होगी। सम्भावना यह है कि कहानी 'प्रेमाश्रम' से पहले लिखी गई थी, प्रकाशित वह फरवरी, 1920 में हुई।

कहानी में एक मार्के की बात यह है कि डाक्टर मेहरा अन्त तक अपनी बात पर अड़े रहते हैं, हृदय-परिवर्तन की नौबत नहीं आती। वह समझते हैं कि दुर्गा पैदायशी बदमाश है और जन्म के संस्कार मिटाये नहीं जा सकते। प्रेमचन्द के कथा-साहित्य में हृदय-परिवर्तन सर्वत्र नहीं होता। दूसरी मार्के की बात ऐतिहासिक भौतिकवाद का यह सिद्धान्त है : "समाज का चक्र साम्य से आरम्भ होकर फिर साम्य पर ही समाप्त होता है। एकाधिपत्य, रईसों का प्रभुत्व और वाणिज्य-प्राबल्य, उसकी मध्यवर्ती दशाएँ हैं। वर्तमान चक्र ने मध्यवर्ती दशाओं को भोग लिया है और वह अपने अन्तिम स्थान के निकट आता जाता है" (उप., पृ. 112)। आरम्भ में आदिम साम्यवाद, व्यक्तिगत सम्पत्ति का अभाव, सहकारिता का चलन; इसके बाद सम्पत्ति के अनेक रूप, वर्गों का आपसी संघर्ष; अन्त में पुन: सामूहिक श्रम और सामूहिक सम्पत्ति। यह सिद्धान्त प्रेमशंकर ने प्रस्तुत किया है। उन्होंने यह नहीं बताया कि नया साम्यवाद पुराने साम्यवाद से भिन्न होगा, वह ज्ञान-विज्ञान की उपलब्धियों का उपयोग करेगा, पर यह स्पष्ट है कि प्रेमशंकर व्यक्तिगत सम्पत्ति और वर्गयुक्त समाज-व्यवस्था को अस्थायी मानते हैं। सन् '20 के आसपास प्रेमचन्द ने ऐतिहासिक भौतिकवाद पर कोई पुस्तक पढ़ी होगी, इसकी सम्भावना बहुत कम है। विकास-सिद्धान्त भारतीय दर्शन का बहुत पुराना सिद्धान्त है। दुनिया बदलती है, यह तो सभी जानते हैं, पर बदलने का अर्थ एक ही जगह चक्कर खाना नहीं है। परिवर्तन के साथ विकास भी होता है। यह धारणा भारतीय दर्शन में विद्यमान है। डारविन से प्रभावित जर्मन लेखक हैकेल के विकासवाद सम्बन्धी विचारों को 'सरस्वती' के माध्यम से महावीर प्रसाद द्विवेदी ने हिन्दी पाठकों तक पहुँचाया था। प्रेमचन्द इस विचार-सामग्री से भी परिचित रहे होंगे। पर वह इस सिद्धान्त को सामाजिक क्षेत्र में लागू कर रहे थे, अतीत ही नहीं, भविष्य की बात कर रहे थे। यह काम हिन्दी में किसी और ने अब तक न किया था।

श्रम-विभाजन के बारे में मेहरा के तर्क का जवाब देते हुए प्रेमशंकर कहते हैं, हर आदमी मजूरी (अर्थात् शारीरिक श्रम) करने पर मजबूर न किया जाएगा। लोग अपनी क्षमता के अनुसार काम करेंगे पर "मानसिक और औद्योगिक कामों में इतना फर्क न्याय के विरुद्ध है" (उप., पृ. 111)। शारीरिक श्रमवाले कामों को यहाँ औद्योगिक काम कहा गया है। प्रेमचन्द शारीरिक और मानसिक श्रम की दूरी को कम करने के पक्ष में हैं। कुछ लोगों को आपत्ति है कि "इस साम्य से गुणी लोगों का अनादर होगा"; प्रेमशंकर का उत्तर है कि संसार के बड़े से बड़े कवि, पंडित, आविष्कारक, शिक्षक "धन और प्रभुता के लोभ से मुक्त थे" (उप., पृ. 111-12)। मेहरा प्रेमशंकर के विचारों को देवलोक के लिए उपयुक्त बताकर उन्हें वास्तविक संसार के लिए

अप्रासंगिक सिद्ध करना चाहते हैं। प्रेमशंकर उन्हें वास्तविक संसार की दशा बतलाते हुए कहते हैं : "केवल इसी कारण से अभी तक धनवानों का, जमींदारों का और शिक्षित समुदाय का प्रभुत्व जमा हुआ है। पर इसके पहले भी, कई बार इस प्रभुत्व को धक्का लग चुका है। और चिह्नों से ज्ञात होता है कि निकट भविष्य में फिर इसकी पराजय होनेवाली है। कदाचित् यह हार निर्णयात्मक होगी" (उप., पृ. 112)।

उस समय सोवियत संघ में शायद ही कोई मार्क्सवादी ऐसा रहा हो जो विश्वक्रान्ति पर, पूँजीवाद की पराजय और श्रमिक जनता की आसन्न विजय पर विश्वास न करता हो। ये लोग कल्पनालोकी समाजवादी नहीं थे, संसार के एक बड़े भूखंड में क्रान्ति कर चुके थे और अब वे विश्वक्रान्ति की विजय के लिए प्रयत्नशील थे, खास तौर से एशियाई जनता के स्वाधीनता संग्राम की सहायता करना चाहते थे। प्रेमचन्द को यदि लगा कि सम्पत्तिशाली वर्गों की पराजय होने ही वाली है तो इसमें आश्चर्य की बात नहीं है। धनवानों के प्रभुत्व को पहले भी कई बार धक्का लग चुका था, इस बार उनकी हार 'निर्णयात्मक' होगी। नई क्रान्ति सम्पत्तिशाली वर्गों के प्रभुत्व को सदा के लिए समाप्त कर देगी—यह धारणा प्रेमचन्द को बोल्शेविक क्रान्ति की विजय से प्राप्त हुई है। पर उनके विचार रूस के उन लोकवादियों के-से हैं जो पूँजीवादी विकास के बिना ही समाजवाद की मंजिल तक पहुँच जाना चाहते थे। प्रेमशंकर कहते हैं : "हम शहरों में कारखाने खोलते फिरते हैं, इसलिए कि मजदूरों की मेहनत से मोटे हो जाएँ। 30 रु. और 40 रु. सैकड़े लाभ की कल्पना करके फूले नहीं समाते, पर ऐसा कहीं देखने में नहीं आता कि किसी शिक्षित सज्जन ने कपड़ा बुनना या खेत जोतना शुरू किया हो" (उप., पृ. 112-13)। प्रेमचन्द के चिन्तन की यह कमजोरी है; वह औद्योगिक विकास से बचकर, कुटीर उद्योगों के रास्ते, साम्यवाद तक पहुँचना चाहते हैं। यह कमजोरी प्रेमशंकर के माध्यम से व्यक्त हुई है। कहानी में प्रेमशंकर की भूमिका सीमित है; पाठक खेत जोतने और कपड़ा बुनने की बात सुन लेता है पर रहता है बागबानी की दुनिया में। दुर्गा माली पहले फल-फूल चुराकर बेच लेता था, अब नहीं बेचता। उसका चोरी न करना समाज-व्यवस्था में किसी बड़े परिवर्तन की सूचना नहीं है। किन्तु 'प्रेमाश्रम' में प्रेमशंकर की भूमिका विस्तृत है और उसका असर पूरे उपन्यास की संरचना पर पड़ता है। इस संरचना के दो अलग टुकड़े साफ दिखाई देते हैं : लखनपुर के किसानों की यथार्थ दशा का चित्रण और समस्याओं के समाधान के लिए 'प्रेमाश्रम' के रूप में काल्पनिक इच्छापूर्ति।

प्रेमचन्द औद्योगिक विकास का विरोध करते हैं लेकिन उनका 'प्रेमाश्रम' बिकाऊ माल की दुनिया से बाहर नहीं है। 'पशु से मनुष्य' में नारंगियाँ खूब हुई हैं, मटर की फलियों, गन्ने, गोभी आदि से 'अच्छी आमदनी' हो रही है (उप., पृ. 108-09)। आमदनी इन सब पदार्थों को बाजार में बेचने से होती है। उनका उत्पादन तात्कालिक उपभोग के लिए नहीं किया गया। कहानी में प्रेमशंकर और उनके सहयोगियों के पास

एक साइकिल भी है। भारत में तब साइकिलें बनती न थीं। स्पष्ट ही बिलायती माल है। सात आदमियों का यह साम्यवादी समाज भारत के बाजार से ही नहीं, बिलायत के बाजार भी से जुड़ा हुआ है। उपन्यास में 'प्रेमाश्रम' की उत्पादित वस्तुएँ : "दूध-मक्खन बिकने के लिए शहर चला आता था" ('प्रेमाश्रम', पृ. 389)। शहर के इस बाजार पर देशी ही नहीं, विदेशी बनियों का कब्जा है। सहकारिता, काल्पनिक इच्छापूर्ति के द्वारा भी, पूँजीवादी सम्बन्धों को खत्म नहीं कर पाती : न कहानी में, न उपन्यास में!

यहाँ यह कह देना उचित होगा कि स्वयं प्रेमशंकर साम्यवादी होने का दावा नहीं करते। ज्ञानशंकर की आपत्ति है कि साम्य सिद्धान्त 'अस्वाभाविक' है, उसे "व्यवहार में लाना असम्भव है"? प्रेमशंकर उत्तर देते हैं : "यहाँ साम्यवाद की तो कभी चर्चा नहीं हुई है" (उप., पृ. 390)। इसी तरह के आक्षेप का उत्तर देते हुए कहानी के प्रेमशंकर कहते हैं : "मैं सोशलिस्ट 'या 'डिमोक्रेट' कुछ नहीं हूँ। मैं केवल न्याय और धर्म का दीन सेवक हूँ" ('मानसरोवर', भाग 8, पृ. 109)। भारत के पुराने ग्राम-समाज द्विज-शूद्र के भेद, विशेषाधिकारी और अधिकारहीन समुदायों के भेद पर आधारित थे। प्रेमचन्द यह भेद स्वीकार नहीं करते। इसी अस्वीकृति के सन्दर्भ में वह साम्य शब्द का व्यवहार करते हैं। उसका सम्बन्ध भारतीय सन्तों के मानवतावाद से है, योरुप के कल्पनालोकी समाजवाद से नहीं।

'गोदान' की दुनिया में प्रेमशंकर नहीं हैं, उनका साम्यवाद नहीं है पर जमींदार यह सीख गए हैं कि केवल देशभक्त बनना काफी नहीं है, किसानों का शोषण बनाये रखने के लिए उन्हें साम्यवादियों की-सी बातें करनी चाहिए। मेहता रायसाहब की आलोचना करते हुए कहते हैं : "मुझे उन लोगों से जरा भी हमदर्दी नहीं है, जो बातें तो करते हैं कम्युनिस्टों की-सी मगर जीवन है रईसों का-सा : उतना ही विलासमय, उतना ही स्वार्थों से भरा हुआ" ('गोदान', पृ. 53)। रायसाहब के एक प्रतिरूप 'रियासत का दीवान' के राजा साहब हैं। उनके दीवान का नाम है मेहता। स्वयं दीवान तो नहीं पर उनका पुत्र जयकृष्ण किसी हद तक 'गोदान' के मेहता से मिलता है। 1932 में उग्र भाषण करने के अपराध में उसे छह महीने की सजा हुई थी। उसके पिता दीवान हुए तो उसे "राजा साहब ने खास तौर पर बुलाया था और उससे जी खोलकर बातें की थीं...जयकृष्ण पर राजा साहब के साम्यवादी विचारों का बड़ा प्रभाव पड़ा था। उसे ज्ञात हुआ कि राजा साहब केवल देशभक्त ही नहीं, क्रान्ति के समर्थक भी हैं। रूस और फ्रांस की क्रान्ति पर दोनों में खूब बहस हुई थी; लेकिन अब की यहाँ उसने कुछ और ही रंग देखा। रियासत के हर एक किसान और जमींदार से जबरन चन्दा वसूल किया जा रहा था। पुलिस गाँव-गाँव चन्दा उगाहती फिरती थी। रकम दीवान साहब नियत करते थे। वसूल करना पुलिस का काम था। हजारों मजदूर सरकारी इमारतों, सजावट और सड़कों की मरम्मत में बेगार भर रहे थे। बनियों से डंडों के जोर से रसद जमा की जा रही थी" ('मानसरोवर', भाग 2, पृ. 168-69)।

'कलम का सिपाही' के अनुसार यह कहानी मई, 1934 के 'हंस' में छपी थी। जिन दिनों प्रेमचन्द 'गोदान' में रायसाहब का रूप निखार रहे थे, उन्हीं दिनों इन साम्यवादी राजा साहब का रेखाचित्र भी उन्होंने तैयार किया था। इस कहानी में सन् '32 का स्पष्ट उल्लेख है। गोलमेज-सम्मेलन से स्वराज न मिला; सविनय अवज्ञा आन्दोलन एक दलदल में फँसकर समाप्त हो गया। समाजवाद की चर्चा ने जोर पकड़ा और ऐसा जोर पकड़ा कि राजा और ताल्लुकेदार भी समाजवादी बातें करने लगे। इनकी देशभक्ति और क्रान्तिकारिता के प्रति प्रेमचन्द ने जनता को सतर्क किया था। कहानी में प्रेमचन्द ने रियासती व्यवस्था से अंग्रेजी राज की पुलिस का सीधा सम्बन्ध दिखाया है। इस सम्बन्ध के कारण किसान ही नहीं, जमींदार और बनिये भी पीड़ित हैं। एक बड़े साम्राज्यविरोधी, सामन्त-विरोधी मोर्चे के उपकरण यहाँ मौजूद हैं। राजा साहब की तुलना में रायसाहब का चित्रण अधिक कौशल से किया गया है और वह उपन्यास के जीवन्त पात्रों में हैं। कहानियों में वैसा 'देशभक्त' जमींदार दूसरा नहीं है।

'कलम का सिपाही' के अनुसार 'पूस की रात' मई, 1930 की 'माधुरी' में छपी थी। सविनय अवज्ञा आन्दोलन के दौर में प्रेमचन्द की निगाह निर्धन किसानों पर थी। कहानी में होरी का पूर्वरूप हल्कू है। होरी के पास बाप का पुराना कम्बल है, हल्कू ने तीन रुपये जोड़े हैं कम्बल खरीदने के लिए। समस्या ऋण की है। होरी के मुकाबले हल्कू भारी-भरकम डील का है। होरी की तरह आसान रास्ता ढूँढ़ता है। जाड़ा आएगा, तब देखा जाएगा, अभी तो महाजन के तकाजे से छुट्टी मिले। उसकी पत्नी का नाम मुन्नी, धनिया का प्रतिरूप। पति से दूर हटकर आँखें तरेरती हुई बोली : "कर चुके दूसरा उपाय! जरा सुनूँ तो कौन उपाय करोगे? कोई खैरात दे देगा कम्मल? न जाने कितनी बाकी है, जो किसी तरह चुकने ही नहीं आती। मैं कहती हूँ, तुम क्यों नहीं खेती छोड़ देते? मर-मर काम करो, उपज हो तो बाकी दे दो, चलो छुट्टी हुई। बाकी चुकाने के लिए ही तो हमारा जन्म हुआ है। पेट के लिए मजूरी करो। ऐसी खेती से बाज आये। मैं रुपये न दूँगी—न दूँगी ('मानसरोवर', भाग 1 पृ. 157)। एक आँच की कसर भी नहीं है, हू-ब-हू धनिया है। पर वह हल्कू की बात बहुत आसानी से मान जाती है और उसे तीन रुपये दे देती है। कहानी के छोटे फलक में उसके पूर्ण चरित-विस्तार के लिए मानो गुंजाइश नहीं है। शुरू में झलक दिखाकर अन्त में ही प्रकट होती है।

जो चीज हल्कू को होरी से जोड़ती है, वह उसका जाड़े की रात में, खेत की रखवाली के लिए, वहाँ जाकर सोना है। "पूस की अँधेरी रात। आकाश पर तारे भी ठिठुरते हुए मालूम होते थे। हल्कू अपने खेत के किनारे ऊख के पत्तों की एक छतरी के नीचे बाँस के खटोले पर अपनी पुरानी गाढ़े की चादर ओढ़े पड़ा काँप रहा था। खाट के नीचे उसका संगी कुत्ता जबरा पेट में मुँह डाले सर्दी से कूँ-कूँ कर रहा था। दो में एक को भी नींद न आती थी" (उप., पृ. 158)। ठंढ और अँधेरे का उल्लेख

केवल दो वाक्यों में है, फिर हल्कू और जबरा पर ठंढ का असर दिखाया गया है। अँधेरा गौण है, ठंड मुख्य है। इससे होरी के परिवेश की तुलना करें।

"माघ के दिन थे। महावट लगी हुई थी। घटाटोप अँधेरा छाया हुआ था। एक तो जाड़ों की रात, दूसरे माघ की वर्षा। मौत का-सा सन्नाटा छाया हुआ था। अँधेरा तक न सूझता। होरी भोजन करके पुनिया के मटर के खेत की मेंड़ पर अपनी मँड़ैया में लेटा हुआ था। चाहता था, शीत को भूल जाए और सो रहे; लेकिन तार-तार कम्बल और फटी हुई मिर्जई और शीत के झोंकों से गीली पुआल। इतने शत्रुओं के सम्मुख आने का नींद में साहस न था ('गोदान', पृ. 120-21)। पूस की जगह माघ है। महावट लगी हुई है। माघ की वर्षा से ठंढ और बढ़ गई है। अँधेरा महत्त्वपूर्ण है। मिल्टन के नरक में अँधेरा दिखाई देता था, यहाँ अँधेरा भी नहीं सूझता। हल्कू का खेत नील गायें चर गईं। चलो, छुट्टी मिली, अब रात को ठंढ में सोना तो न पड़ेगा। हल्कू कहीं मजूरी करेगा, खाने-भर को पैदा कर लेगा। कम्बल के लिए तीन रुपये उसने मजूरी के पैसों से ही जोड़े थे। होरी को मजूरी के पैसों का सहारा नहीं है। उसका भविष्य अन्धकारमय है। 'पूस की रात' से 'गोदान' में इस रात का अँधेरा और घना होना ही चाहिए। कहानी में किसान की वेदना के साथ व्यंग्य और परिहास है; वह एक ओर वेदना को तीव्र करता है, दूसरी ओर उसे काटता भी है। कोई बात नहीं, जब पड़ेगी तब निपट लेंगे—यह भाव। 'गोदान' में उस रात को होरी के आसपास कहीं परिहास और विनोद का भाव नहीं है। हल्कू की अपेक्षा होरी अधिक ट्रैजिक है। हल्कू के साथ ठंढ का साथी उसका कुत्ता जबरा है, होरी एकदम अकेला है। उसके सामने उसका अतीत और वर्तमान है और उसका यह आत्मज्ञान : "मैं बुड्ढा होकर भी उल्लू बना रह गया" (उप., पृ. 121)।

I am a very foolish fond old man,
Four score end upward, not an hour more not less.

लियर को जो ज्ञान अस्सी साल में हुआ, होरी को वह उसकी आधी उम्र में हो गया। ठंढ और अँधेरे के अलावा, कहानी से भिन्न उपन्यास में, तीसरा तत्त्व और है—मौत का-सा सन्नाटा। आत्मज्ञान के लिए बड़ा उपयुक्त वातावरण है।

हल्कू के पाम चिलम है, तमाखू है, गड्ढे में सुरक्षित आग भी है। पर होरी : "आज तमाखू भी न मिला कि उसी से मन बहलाता। उपला सुलगा लाया, पर शीत में वह भी बुझ गया" (उप., पृ. 121)। प्रेमचन्द ने 'पूस की रात' के कुछ उपकरण हटा दिये। कुत्ता नहीं है, तमाखू नहीं है, आग नहीं है। यहाँ बाग में पत्तियाँ बटोरकर जलाने, अलाव के बुझ जाने पर भी गर्म राख के पास दँदाने की गुंजाइश नहीं है। उक्त उपकरण हटा देने से सारा अनुभव और समृद्ध हो गया है। होरी को, ठंढ दूर करनेवाले उपकरणों के बिना ही, उस रात का, और जीवन के अनुभवों का सामना करना है।

'पूस की रात' का केन्द्रीय बिम्ब यह है : "हल्कू ने घुटनियों को गरदन में चिपकाते हुए कहा..." ('मानसरोवर', भाग 1, पृ. 158)। फिर थोड़ी देर बाद : "एक घंटा और गुजर गया। रात ने शीत को हवा से धधकाना शुरू किया। हल्कू उठ बैठा और दोनों घुटनों को छाती से मिलाकर सिर को उसमें छिपा लिया, फिर भी ठंढ कम न हुई। ऐसा जान पड़ता था, सारा रक्त जम गया है, धमनियों में रक्त की जगह हिम बह रही है। उसने झुककर आकाश की ओर देखा, अभी कितनी रात बाकी है। सप्तर्षि अभी आकाश में आधे भी नहीं चढ़े। ऊपर आ जाएँगे तब कहीं सबेरा होगा। अभी पहर से ऊपर रात है" (उप., पृ. 160)। हवा से आग धधकाई जाती है, यहाँ विरोधी तत्त्व शीत को धधकाया गया है। इस साहसी प्रयोग से प्रेमचन्द ने शीत के घनत्व को पाठक के मन में उतार दिया है। शेष उपमान फालतू-से हैं। रक्त के जमने, धमनियों में हिम बहने से शीत के घनत्व में वृद्धि नहीं होती। 'पूस की रात' में अँधेरा है, पर आसमान में तारे हैं; 'गोदान' की रात में घटाटोप अँधेरा है। हल्कू की रात काटे नहीं कटती, तारे देखकर सोचता है, भोर होने में पहर भर की देर है। होरी को केवल शीत का बोध होता है, वह अपने विचारों में खो जाता है।

हल्कू के पास पुरानी गाढ़े की चादर है, होरी के पास पुराना 'बूढ़ा कम्बल' है। सारी कविता इस कम्बल में है; गाढ़े की चादर के आसपास कहीं कोई कविता नहीं है। हल्कू ने घुटनियों को गरदन में चिपकाया, कुछ देर बाद दोनों घुटनों को छाती से मिलाकर सिर को उसमें छिपा लिया। 'गोदान' में भी यह बिम्ब है, पर वहाँ भाषा, भाव, बिम्ब—सब एक साथ संवर्द्धित होकर नया अनुभाव बन गए हैं। "बेवाय फटे पैरों को पेट में डालकर और हाथों को जाँघों के बीच में दबाकर और कम्बल में मुँह छिपाकर अपनी ही गर्म साँसों से अपने को गर्म करने की चेष्टा कर रहा था" ('गोदान', पृ. 121)। केवल घुटनों कहने से काम न चलेगा, बेवाय फटे पैर हैं। घुटनों को गरदन में चिपकाने, फिर छाती में मिलाने के बदले होरी ने बेवाय फटे पैरों को पेट में डालकर हाथों को जाँघों के बीच में दबाया। 'पूस की रात' में कुत्ते की देह से दुर्गंध आ रही थी पर हल्कू उसे अपनी गोद में चिमटाए हुए था। यहाँ केवल होरी की गर्म साँसें हैं; वह उन्हीं से अपने को गर्माने का असफल प्रयास करता है। विडम्बना यह कि ऐसे में धनिया ने पुकारा। होरी को लगा : "देवी प्रसन्न हो गई, उसे वरदान देने आई है", पर "इसके साथ ही इस बादल-बूँदी और जाड़े-पाले में इतनी रात गए, उसका आना शंकाप्रद भी था" (उप., पृ. 122)। वरदानवाला भाव बहुत जल्दी तिरोहित हो गया। शंकावाला भाव सही निकला। पूस की रात में सबेरे जब हल्कू की नींद खुली, तब धूप फैल गई थी, मुन्नी पास खड़ी थी। कह रही थी—खेत चौपट हो गया। 'गोदान' में धनिया 'इतनी रात गए' आई है, धूप फैलने का सवाल नहीं है; गर्भवती झुनिया को उसके

सहारे छोड़कर गोबर के भागने का समाचार लेकर आई है। यह खेत के चौपट होने से अधिक भयानक समाचार है। यहाँ से ट्रैजेडी नया मोड़ लेकर आगे बढ़ेगी।

'पूस की रात' प्रेमचन्द की श्रेष्ठ कहानियों में है, उसके प्रभावशाली होने में कोई सन्देह नहीं है। पर यदि मुन्नी से धनिया की तुलना करें तो यह अवश्य लगेगा कि कहानी का फलक उसके चरित्र-विकास के लिए बहुत छोटा है। हल्कू का खेती का अनुभव उस एक रात की घटनाओं में साकार हो गया है। पर हल्कू के सम्बन्धियों का पता नहीं है, उसकी अपनी किसी सन्तान का उल्लेख नहीं है। होरी मँड़ैया में अकेला है, स्मृति में टूटा और जुड़ा हुआ पूरा पारिवारिक परिवेश मौजूद है। "सब यह समझते हैं कि वह पुनिया को लूटे लेता है...भोला कई बेर याद दिला चुके हैं कि कहीं कोई सगाई का डौल करो...सोभा उससे कई बार कह चुका है कि पुनिया के विचार उसकी ओर से अच्छे नहीं हैं...धनिया का दिल भी अभी तक साफ नहीं हुआ...कोई बात कहनी होती है, तो सोना या रूपा से कहलाती है...कल मुझसे कहा भी, तो सोना की साड़ी के लिए" (उप., पृ. 121)। परिवार का जो ताना-बाना इससे पहले प्रेमचन्द ने फैलाया था, उसे यहाँ उन्होंने समेट लिया है। कहानी में ताना-बाना फैलाने की गुंजाइश नहीं, समेटने का सवाल पैदा नहीं होता। किन्तु इसके बिना होरी की कथा अधूरी रहेगी, उसके चरित्र का भरपूर विकास न होगा, वह कृषक-जीवन का प्रतिनिधि पात्र न बनेगा। 'पूस की रात' रेखाचित्र है, भित्तिचित्र है 'गोदान', यद्यपि यहाँ जिन घटनाओं का उल्लेख किया गया है, उनका विवरण 'पूस की रात' से कम जगह घेरता है। किसी को रहस्य का ज्ञान प्रकृति का सौन्दर्य देखकर होता है, हल्कू को यह ज्ञान पशु और मनुष्य की मैत्री के भौतिक स्पर्श से होता है। कुत्ते की देह से दुर्गंध आ रही थी, पर हल्कू उसे अपनी गोद में चिमटाए हुए 'सुख का अनुभव कर रहा था', उसकी पवित्र आत्मा में कुत्ते के प्रति 'घृणा की गंध तक न थी', इस अनोखी मैत्री ने जैसे उसकी आत्मा के सब द्वार खोल दिये थे और उसका एक-एक अणु प्रकाश से चमक रहा था ('मानसरोवर', भाग 1, पृ. 159)। क्या किसी रहस्यवादी कवि की आत्मा के द्वार इस तरह कभी खुले होंगे? क्या किसी रहस्यवादी कवि का अणु-अणु, उसकी देह का अणु-अणु, इस तरह प्रकाश से चमका होगा? प्रेमचन्द कहीं न कहीं भारतीय सन्तों की आत्मा से जुड़े हुए हैं, और वह भारत के किसानों को भी उस आत्मा से जुड़ा हुआ देखते हैं। खास बात यह कि अणु-अणु से प्रकाश, सुख भोगते हुए नहीं, दुःख सहते हुए फूटा था।

जद ते माई जनमिया, कदे न जाना सुक्ख।
डाली डाली मैं फिराँ, पाताँ पाताँ दुक्ख॥

ऐसा दुःख सहनेवाले कबीर ने आकाश से अमृत बरसते देखा था :

गगन गरजि बरसे अमी, बादर गहर गँभीर।
चहुँ दिसि दमकै दामिनी, भीजै दास कबीर॥

और मृत्यु से पहले होरी : "यह उल्लास, यह गर्व, यह पुलक क्या हार के लक्षण हैं...उसकी छाती फूल उठी है, मुख पर तेज आ गया है" ('गोदान', पृ. 362)।

'मुक्तिमार्ग' कहानी में बुद्धू गड़रिये पर गोहत्या का अपराध लगाया गया है। प्रायश्चित्त स्वरूप वह भीख माँगता, घूमता था। "गरीब जाकर द्वारों पर खड़ा होता और मुँह छिपाये हुए कहता—गाय की बाछी दिया बनवास" ('मानसरोवर', भाग 3, पृ. 250)। बुद्धू पर तो मिथ्या दोष लगाया गया है, हीरा ने सच ही गोहत्या की थी। स्वयं होरी ने उसे नाँद के पास खड़े देखा था। गोहत्या का अपराधी भाई हीरा उसके पैरों पर गिरा तो : "हीरा की कृतज्ञता में उसके जीवन की सारी सफलता मूर्तिमान हो गई है" ('गोदान', पृ. 362)। होरी किस महात्मा से कम है? समाज के बहिष्कृतों को गले लगाना महात्माओं का काम है। होरी ने केवल हीरा को गले लगाया हो, भाई होने के नाते, सो बात नहीं है। इससे पहले वह गर्भवती विधवा झुनिया को, उसके बाद पंडित मातादीन की परित्यक्ता प्रेमिका चमारिन सिलिया को (बेशक धनिया के थोड़े-से दबाव से) आश्रय दे चुका है।

विधवा झुनिया और गोबर के अनब्याहे सम्बन्ध को प्रेमचन्द जायज मानते हैं 'गोदान' में। इससे पहले 'अलग्योझा' कहानी में वह विधवा मुलिया से उसके देवर, पति के सौतेले भाई, केदार का ब्याह कराने की घोषणा कर चुके हैं। सास से केदार के मन की बात सुनी तो : "वैधव्य के शोक से मुरझाया हुआ मुलिया का पीत बदन कमल की भाँति अरुण हो उठा। दस वर्षों में जो कुछ खोया था, वह इसी क्षण में मानो ब्याज के साथ मिल गया। वही लावण्य, वही विकास, वही आकर्षण, वही लोच" ('मानसरोवर', भाग 1, पृ. 34)। विधवा-विवाह के प्रस्ताव से प्रेमचन्द अत्यन्त प्रसन्न हैं। 'कलम का सिपाही' के अनुसार यह कहानी अक्तूबर, 1929 की 'माधुरी' में छपी थी। यदि सन् '27 में प्रेमचन्द विधवा-विवाह के विरोधी हो गए थे तो यह उनका अस्थायी भाव मात्र था।

'कलम का सिपाही' के अनुसार 'स्वामिनी' सितम्बर, 1931 के 'विशाल भारत' में छपी थी। इसमें स्वामिनी विधवा रामप्यारी अपने हलवाहे जोखू से पूछती है, अपनी सगाई क्यों नहीं कर लेते? वह जैसी मेहरिया चाहता है, उसके गुन बताना शुरू करता है। और अन्त में : "मैं चाहता हूँ कि वह तुम्हारी तरह हो।" इस पर "प्यारी का मुख लज्जा से आरक्त हो गया। उसने पीछे हटकर कहा—तुम बड़े नटखट हो! हँसी-हँसी में सब कुछ कह गए" (उप., पृ. 140)। विधवा-विवाह के विरोध का भाव अस्थायी था, इसकी पुष्टि हुई।

'अलग्योझा' कहानी में मुलिया के ससुर का नाम है भोला महतो। प्रेमचन्द शायद महतो शब्द का प्रयोग अहीरों के लिए ही करते हैं। 'गोदान' के भोला महतो के पास बहुत-सी गायें हैं, पर यहाँ "भोला महतो गाय की चिन्ता ही में चल बसे। न रुपये आये और न गाय मिली। मजबूर थे" (उप., पृ. 16)। किसान गाय रखना

चाहता था, पैसों के अभाव में रख नहीं पाता, मन की साध मन में लिए संसार से विदा हो जाता है—यह सूत्र यहाँ मौजूद है। भोला के मरने के बाद उसका बेटा गले की मुहर बेचकर गाय ले आया। कोई उत्सव नहीं हुआ, गाय को घर आते दिखाया भी नहीं गया, कहानी में गाय की कोई भूमिका नहीं है। लेकिन भोला महतो मरे थे गाय की चिन्ता करते हुए। गाय के दर्शन होते हैं 'मुक्तिधन' में। यह कहानी 'अलग्योझा' से पाँच साल पहले अप्रैल, 1924 की 'माधुरी' में ('कलम का सिपाही' के अनुसार) प्रकाशित हुई थी। "रहमान एक गरीब किसान था...जमींदार ने इजाफा लगान का दावा दायर किया था...घर में बैलों के सिवा और कोई सम्पत्ति न थी। वह इस गऊ को प्राणों से भी प्रिय समझता था; पर रुपयों की कोई तदबीर न हो सकी, तो विवश होकर गाय बेचनी पड़ी ('मानसरोवर', भाग 3, पृ. 175-76)।

गाय का रूप इस प्रकार है : "गऊ मोहनी रूप थी। छोटी गर्दन, भारी पुट्ठे और दूध से भरे हुए थन थे! पास ही एक सुन्दर बलिष्ठ बछड़ा गऊ की गर्दन से लगा हुआ खड़ा था" (उप., पृ. 174)। होरी की गाय : "ऐसा अच्छा डील-डौल, दोनों जून में छह-सात सेर दूध, सीधी ऐसी कि बच्चा भी दुह ले। इसका तो एक-एक बाछा सौ-सौ का होगा" ('गोदान', पृ. 9)। रहमान की गाय महाजन के पास पहुँच गई, इधर बेलारी के महाजन "झिंगुरी सिंह ने जब से उसके द्वार पर गाय देखी थी, उस पर दाँत लगाये हुए थे" (उप., पृ. 104)। होरी झिंगुरी सिंह के हाथ गाय बेचने को तैयार भी हो जाता है। "यह तय किया गया कि जब दोनों लड़कियाँ रात को सो जाएँ, तो गाय झिंगुरी सिंह के पास पहुँचा दी जाए" (उप., पृ. 106)। पर उसी रात उसे जहर दे दिया गया।

भोला महतो की गाय रखने की साध, कर्ज के बोझ से दबा हुआ रहमान, रहमान की मोहिनी रूप गाय, रात को खेत में बसनेवाला तत्त्व, हल्कू की जुझारू पत्नी मुन्नी, देशभक्ति और क्रान्ति की बातें करनेवाले राजा साहब, फिर से विवाहित जीवन बिताने को तैयार विधवाएँ—ये सारे सूत्र 'गोदान' में प्रेमचन्द ने एक जगह बटोर लिये हैं। सन् '24 में 'मुक्तिधन' कहानी छपी; तब तक प्रेमचन्द होरी की गाय देख चुके थे। सन् '29 में 'अलग्योझा' कहानी छपी; तब तक उस किसान की बहुत हल्की झलक उन्हें मिल गई थी जो गाय लेने की साध पूरी किये बिना मर जाता है। साल-भर बाद 'पूस की रात' छपी; तब गायवाले सूत्र से अलग खेती में तबाह होता हुआ होरी और उसकी परिस्थितियों से समझौता न कर पानेवाली धनिया प्रेमचन्द के सामने थे। इन दो मूल सूत्रों को एक में जोड़कर सन् '32 में प्रेमचन्द ने 'गोदान' की रचना आरम्भ की। कहानियों में जो अनुभाव अस्फुट थे, वे यहाँ संवर्द्धित प्रस्फुटित हुए। हिन्दी प्रदेश में सभी जगह भूमिव्यवस्था एक-सी नहीं थी। प्रेमचन्द ने जहाँ ताल्लुकेदारों और बड़े जमींदारों का चित्रण किया है, वहाँ उनकी कल्पना में अवध जनपद रहा है। वह सन् '27 से '31 तक लखनऊ

में थे; इसी अवधि में 'गोदान' की रूपरेखा उनकी कल्पना में उभर रही थी। वह परताबगढ़ और इलाहाबाद में रह चुके थे और कई साल कानपुर में रहे। कई जगह और कई तरह की अवधी उन्हें सुनने को मिली थी। 'प्रेमाश्रम' में कुछ पात्र जब-तब अवधी बोलते हैं, इसका उल्लेख हो चुका है। कुछ पात्र जब-तब कहानियों में भी अवधी बोलते हैं। यथा 'निमंत्रण' में भंडारी : "जौन कछु होई, सब आय जाई।" इस वाक्य से आगे-पीछे वह अवधी मिश्रित खड़ी बोली बोलता है : "चुपाई मारे बैठे रहै।" "घबड़ाये का नहीं होता। तुम्हारे सिवाय और कोई जिवैया नहीं बैठा है" ('मानसरोवर', भाग 5, पृ. 31)। ऐसी ही मिश्रित भाषा का व्यवहार मोटेराम की पत्नी सोना करती है : "जोहत-जोहत आधी रात बीत गई, तब ई विपत्त फाट परी।" "ऐसे तो बड़े विद्वान बनत रहैं। अब काहे नाहीं बोलत बनत। मुँह में दही जम गया, जीभै नहीं खुलत है" (उप., पृ. 32)। विशुद्ध अवधी में भी : "अरे हाँ, लरिकन से ई सब पँवारा से का मतलब। तुमका धरम परै मिठाई देव, न धरम परै न देव। ई का कि बाप का नाम बताओ तब मिठाई देव" (उप., पृ. 33-34)। अमृतलाल नागर की लखनऊ केन्द्रित आंचलिकता की शुरुआत प्रेमचन्द सन् '26 में कर चुके थे। 'निमंत्रण' कहानी नवम्बर, 1926 की 'सरस्वती' में छपी थी ('कलम का सिपाही' के अनुसार)। मोटेराम शास्त्री लखनऊ के थे। उनकी पत्नी का कनौजी के रंगवाली अवधी बोलना बहुत स्वाभाविक है।

'नशा' कहानी में एक ग्रामीण बोला : "दफ्तरन माँ घुस पावत नाहीं, उस पै इत्ता मिजाज" (उप., भाग 1 ,पृ. 123)। 'कलम का सिपाही' के अनुसार यह कहानी फरवरी, 1934 के 'चाँद 'में छपी थी। 'गोदान' के लेखनकाल में उन्होंने यह कहानी भी लिखी थी। उपदेश में एक नौजवान किसान अवधी मिश्रित भोजपुरी बोलता है : "भैया! ऊ तहकीकात देखे गइल रहलीं। दारोगा जी सबका डाँटत-मारत रहें।" देवी मुखिया बोला : "मुख्तार साहब, हमका चाहे काट डारो मुदा हम एक कौड़ी न देबै। थाना कचहरी जहाँ कहो चलै के तैयार हई। ई सुनके मुख्तार लाल हुई गएन। चार सिपाहिन से कहेन कि एहिका पकरि कै खूब मारो, तब देवी चिल्लाय-चिल्लाय रोवे लागल, एतने में सरमाँ जी कोठी पर से खट-खट उतरेन और मुख्तार का लगे डाँटे। मुख्तार ठाढ़े झूर होय गयेन। दारोगा जी धीरे से घोड़ा मँगवाय के भागेन। मनई सरमाँ जी का असीसत चला जात हैं" (उप., भाग 8, पृ. 296)। इसी कहानी में कई लोग भोजपुरी की जमीन से अलग हटकर अवधी बोलते हैं। शिवदीन : "भैया, आप जाके दारोगा जी को काहे नाहीं समझावत हौ? राम-राम! ऐसन अँधेर! अरे भैया! हमारे होस में ई सब कोल्हू चलत रहे हैं। माघ-पूस में रात-भर गाँव में मेला लगा रहत रहा, पर जब से इ नासिनी विद्या फैली है तब से कोऊका ऊख के नेरे जाय का हियाव नहीं परत है" (उप., पृ. 294-95)। रामदास : "शर्मा जी कोठा पर हैं; और नीचू बेचारन पर मार परत है।...ऊख बोये

ढेर रहै मुदा दुष्टन के मारे बचै पावै। तू मानत नाहीं भैया, पर आँखन देखी बात है कि कराह के कराह रस जर गवा और छटाँकौ भर माल न परा। न जानी अस कौन मन्तर मार देत है" (उप., पृ. 295)।

'कलम का सिपाही' के अनुसार यह कहानी मई, 1917 के 'जमाना' में छपी थी। भोजपुरी क्षेत्र, अवध और बुन्देलखंड—हिन्दी प्रदेश के इन तीन बड़े जनपदों से प्रेमचन्द परिचित थे। बनारस से पूरब की तरफ कम गए थे, पछाँह की तरफ ज्यादा रहे थे। उनके उपन्यासों और कहानियों के पात्र एक तरह से अन्तर्जनपदीय हैं, और हिन्दी प्रदेश से बाहर निकलकर भारतीय हैं। मन चंगा तो कठौती में गंगा। प्रेमचन्द की गंगा जिस कठौती में बहती थी, वह लखनपुर और बेलारी में थी। उनकी कहानियों में जहाँ-तहाँ पात्र जो अवधी बोलते हैं, हिन्दी के अलावा जनपदीय उपभाषा के नाम पर प्रेमचन्द जो मुख्यत: अवधी का व्यवहार करते हैं, उससे सिद्ध यह होता है कि सन् '17 से '36 तक प्रेमचन्द के सामने किसी-न-किसी रूप में अवध का जनजीवन रहा है। खास तौर से, उनके कथा-साहित्य में ताल्लुकेदारों और बड़े जमींदारों से किसानों के सम्बन्धों का विवेचन करते हुए, इस तथ्य को ध्यान में रखना आवश्यक है। जाति-बिरादरी की कट्टरता जैसी अवध में है, वैसी भोजपुरी क्षेत्र में नहीं है। प्रेमचन्द ने यह कट्टरता अवध में देखी थी और आजीवन उसकी आलोचना करते रहे। उन्हें घृणा का प्रचारक कहनेवाले विद्वान भी अवध के थे। प्रेमचन्द की उर्दू में फारसीवाला तत्त्व लखनऊ की देन है, दिल्ली की उर्दू में कभी इतनी ज्यादा अरबी-फारसी नहीं रही—यानी प्रेमचन्द के जमाने तक। उनकी हिन्दी में संस्कृतवाला तत्त्व बहुत कम है, उस हिन्दी पर अवधी की छाप है। कथा कहनेवाले से अलग जहाँ मनोहर, बलराज, होरी, धनिया बातें करते हैं, वह हिन्दी प्रेमचन्द की अपनी सृष्टि है। अवधी के संस्कार उन्होंने शहरों की हिन्दी में उतार दिये हैं। यह उनके सर्जनशील उपचेतन का सबसे बड़ा कमाल है। किसान शहर की हिन्दी बोलते हैं, फिर भी देहाती बने रहते हैं। बहुतों ने किसानों पर लिखा है पर किसी के किसान पात्र वैसी हिन्दी नहीं बोलते। इस हिन्दी में कुछ ऐसा है जो बदलनेवाला नहीं है, अंग्रेजी की वाक्य-रचना से प्रभावित विद्वानों की भाषा इस हिन्दी का मुकाबला नहीं कर सकती। यह हिन्दी उनके उपन्यासों में है, उनकी कहानियों में है। जैसे उपन्यासों के सन्दर्भ कहानियों में हैं, वैसे ही प्रेमचन्द की हिन्दी के सन्दर्भ अवधी में हैं।